古代歷史文化 研究輯刊

十九編

王明蓀 主編

第 **11** 冊

五代時期的政權更迭與地理形勢

黃英士 著

國家圖書館出版品預行編目資料

五代時期的政權更迭與地理形勢／黃英士 著 -- 初版 -- 新北
市：花木蘭文化事業有限公司，2018〔民107〕
目 4+270 面；19×26 公分
（古代歷史文化研究輯刊 十九編；第 11 冊）
ISBN 978-986-485-407-3（精裝）
1. 政權 2. 五代史
618   107002306

ISBN-978-986-485-407-3

古代歷史文化研究輯刊
十九編 第十一冊   ISBN：978-986-485-407-3

五代時期的政權更迭與地理形勢

作　　者 黃英士
主　　編 王明蓀
總 編 輯 杜潔祥
副總編輯 楊嘉樂
編　　輯 許郁翎、王筑　美術編輯　陳逸婷
出　　版 花木蘭文化事業有限公司
發 行 人 高小娟
聯絡地址 235 新北市中和區中安街七二號十三樓
　　　　 電話：02-2923-1455／傳眞：02-2923-1452
網　　址 http://www.huamulan.tw 信箱 hml810518@gmail.com
印　　刷 普羅文化出版廣告事業
初　　版 2018 年 3 月
全書字數 245203 字
定　　價 十九編 39 冊（精裝）台幣 100,000 元

五代時期的政權更迭與地理形勢

黃英士　著

作者簡介

黃英士，民國 50 年生，祖籍江西臨川，政治作戰學校美術系 72 年班，三軍大學陸軍指揮參謀學院 85 年班，中國文化大學史學碩士（100 年）、史學博士（105 年）。

提　　要

　　本文由博士論文重新整理而成，作者嘗試結合史學與軍事戰略研究，經由爬梳唐末五代政權的更迭過程，探討此間地理形勢的運用情形及其對國勢的影響。具體探討的問題包括朱溫崛起前期屢屢戰勝對手的條件為何？唐末諸鎮利用地理形勢與朱溫對抗的成果如何？在五代政權迅速移轉過程中，關中、河北、河東的地略角色應該如何詮釋？建都汴洛有明顯的地理形勢缺陷，此建都決策的沿革如何？應如何克服？

　　北宋的格局承自五代，五代的亂象源自唐末，承唐授宋的五代，向來被視為大唐帝國之殘局，其實也是歷史大轉振時期的起點，經過五代逾半世紀的紊亂與重整，催生了文化璀璨的宋朝，但在建國 167 年之後，北宋再度因為遊牧民族之壓迫而偏安江南。國防上，導致北宋受制於契丹的原因，最常見的指責就是石敬瑭割燕雲之地與契丹，然則，失去燕山之險的宋朝，從此不再能夠反制契丹的入侵了嗎？本文整理五代軍人的戰爭經驗，爬梳其對地理形勢的利用，提出不同於宋人說詞的實際答案。

　　本文主要的貢獻在於對五代時期的戰爭經驗提出新的觀察論述，對朱溫的用兵特質有具體的歸納，對史載之「徐汴構怨」、「西軍不振」等內容與說法提出合理質疑，對李存勗乃「膽略絕人」、「善戰者」的評論提出修正；對五代時期的軍事思想可能屬於倒退現象提出新的論述證據；對宋朝試圖以所謂的「兵險」取代「形勢」的觀點，整理出歷史上的循環因素；尤其能利用五代時期的戰爭經驗對河東、河北、河南三大區塊的地理形勢關係，進行深入分析。

目
次

表圖目次

第一章 緒 論

一、研究動機與目的

　　五代向來被視爲大唐帝國之殘局，而其承唐授宋，卻是一個大轉捩時期的起始點。〔註1〕對於這些人類歷史發展過程中的治、亂現象，勞榦（1907～2003）認爲，由不同的角度（如文化、政治、實用工具等）可能產生不同的週期解釋，週期不一定是循環的，甚至自晚唐之亂至宋治也可以視爲一個週期。無論由何種角度、如何劃分發展週期，他說：「歸根結蒂，動亂是政治問題。」〔註2〕依此觀點，深入了解五代的政權更迭應該是觀察這個治、亂週期的基礎。

〔註1〕對我國歷史的分期，學界之觀點與角度相當多元，姚從吾（1894～1970）曾廣泛回顧，參見氏著，〈國史擴大綿延的一個看法〉，《中原文獻》5：4～5：6（民62），頁6～11、17～20、6～11。另有金毓黻（1887～1962）認爲，秦漢、隋唐以及宋遼金朝是我民族文化與政治制度上的三個大轉捩時期，此三時期都充滿了華、夷文化融合的色彩。雷海宗（1902～1962）以東晉淝水之戰爲分水嶺，爲中國歷史分二周（古典的中國與綜合的中國），並提出鴉片戰爭之後進入第三周的可能。黃仁宇（1918～2000）則認爲，中國歷史上的第二帝國包括隋唐宋。分見金毓黻，《宋遼金史》（臺北：臺灣商務印書館，1946），頁5。傅斯年，〈夷夏東西說〉，《中央研究院史語所集刊》6：4（民25），頁557～567。雷海宗，《中國文化與中國的兵》（北京：商務印書館，2003），頁141～160。黃仁宇，《放寬歷史的視界》（臺北：允晨文化出版公司，1990），頁161～179，「三個大帝國」。

〔註2〕勞榦，〈中國歷史上的治亂週期〉，《大陸雜誌》卷17期1（民47），頁31～33。

　　如果自五代之亂至北宋之治，可視為一個週期，一如秦漢與隋唐帝國開展之前的混亂階段，理當可以將五代政權更迭過程中的激烈互動，視為刺激與醞釀一個新時代，產生新的統合力量之開始，只是，宋初失去收復幽燕的契機，未能達成全國統一的目標，其國勢不如漢、唐盛世，於是在北宋建國167年之後，再度因為北方遊牧民族之壓迫而偏安江南。唐末五代時期雖經過近百年的紊亂與重整，然較諸國史上產生秦漢、隋唐盛世的二大轉捩期，顯然相對短暫，似乎大轉捩時期的人群激烈互動程度（包括時間長度、範圍廣度、力道強度），與醞釀下一階段的強盛程度關係密切。此一粗淺的印象引發筆者對五代政權更迭的歷史現象與影響產生興趣。

　　晚近的歷史人類學者如（美）賈德‧戴蒙（Jared Mason Diamond）、（英）尼爾‧弗格森（Nell Ferguson），先後以遼闊的視野探討全體人類的長期互動，試圖找出人類生存至今日竟由某個族群勝出的原因。他們把人類歷史發展的動力歸結在人群互動的因果關係上，尤其是具有競爭性質的互動。〔註3〕戴蒙所說的人群互動，顯然包括本文所關心的政治、戰爭及其所產生的政權更迭現象，必須注意的是，即如戴蒙等人的研究成果已經明白的對（美）亨丁敦（E. Huntington 1876～1947）的「地理決定論」〔註4〕觀點提出修正，然其並不否認地理上的差異對人類發展具有重要影響。〔註5〕其

〔註3〕　「人類歷史發展的動力，來自不同的個體、不同群體間的互動」，參見（美）賈德‧戴蒙（Jared Mason Diamond）著，王道還、廖月娟譯，《槍砲、病菌與鋼鐵：人類社會的命運》（臺北：時報文化出版公司，1998），導讀。另參見（英）尼爾‧弗格森（Nall Ferguson）著，黃煜文譯，《文明》（臺北：聯經出版公司，2012），頁38～39；該書補充戴蒙的觀點，列出六個主要原因，說明西方人何以成為今日人類社會的霸權，第一個標題就是「競爭」。

〔註4〕　或稱「地理環境決定論」。美國地理學家亨丁敦在《亞洲的脈動》（E.Huntington, The Pulesof Asia, Boston,1907）書中認為，13世紀蒙古人大規模向外擴張，是由於居住地氣候變乾和牧場條件日益變壞所致。其後，在《文明與氣候》（Civilization And Climate, Yale University,1915）書中，提出人類文化只能在具有刺激性氣候的地區才能發展的假說。他進一步在《人文地理學概論》（Principles of Human Geography）指出，自然條件是經濟與文化地理分佈的決定性因素。詳見，亨丁敦（E. Huntington）、克興（S. W. Cushing）原著，王誨初、鄭次川譯，《人文地理學概論 Principles of human geography》（上海：商務印書館，民19）。

〔註5〕　賈德‧戴蒙的論述不否認早先流行的「地理決定論」在現代大歷史上的貢獻。見氏著，《槍砲、病菌與鋼鐵：人類社會的命運》，頁14，王道還導讀。另，張家駒（1914～1973）在引述諸多歐美地理環境支配論（The Geographic-environment Theory）的學者觀點後，早已主張：「地理環境並非處於完全支

實，戴蒙等學者研究的是人類全體長期互動發展趨勢下的核心問題，而亨丁敦注意的是人類發展某個階段下的地理影響因素。由此視之，二者尚無衝突。

和上述學者的視野相較，五代是一個相對短窄的特定時空範圍，其政權更迭過程中充斥著戰爭的影響，在此短暫過程中，地理形勢的影響似乎是國史上值得討論卻尚未被深入檢視的部分。本文將藉由爬梳五代時期史事，試著透過軍事戰略與區域地理形勢的角度，分析中原地區地理形勢在五代政權更迭過程中的作用，〔註6〕理解該時代人物在這方面的運用知能。具體的問題包括，朱溫崛起前期屢屢戰勝對手的條件爲何？唐末諸鎮利用地理形勢與朱溫對抗的成果如何？在五代政權迅速移轉過程中，關中、河北、河東的地略角色應該如何詮釋？建都汴洛在地理形勢上的缺陷究竟如何形成，應如何克服？後梁先以汴州爲京，後唐則移回洛都，此後三代又移都回汴，他們建都的決定除了交通與經濟因素之外，由地理形勢的角度應如何看待？眾人皆知石敬瑭割幽燕之地奉契丹，導致中原失去燕山之險，然而，失去燕山之險的中原，從此必然飽受契丹蹂躪嗎？五代政權有三代來自河東，後期又有北漢據太原與後周汴洛政權對峙，河東的地略角色在這政權迅速移轉過程中應該如何詮釋？

二、時空斷限與研究方法

（一）時空斷限

史書上的五代，自唐亡迄宋立（907～960），歷十四主，約五十三年（參

配的地位。」他認爲「人類爲求更優之生存計，或積極地予以改良，或消極的轉移，或擴充其地位。歷史上民族之轉徙與混合，文化中心之壇遷，疆域之拓展，商業之往來，莫不循此軌轍，交相興謝。」見氏著《宋代社會中心南遷史（上篇）》，收入《張家駒史學文存》（上海：人民出版社，2010）。

〔註6〕 歷代對「中原」包含範圍之認知並不固定。李孝聰指出，廣義的中原包括黃河中下游區域，即今日之陝、晉、冀、魯、豫各省。見氏著，《中國區域歷史地理》（北京：北京大學出版社，2004），第三章。王興亞認爲，古代中原地域大致是以洛陽爲中心，以河南爲基本範圍，浮動在今河南、陝西、山西、河北、山東間。見氏著，〈中原地域稱謂的由來及其地域範圍的壇變〉，《石家莊學院學報》卷17期4（2015），頁17～28。另參見張偉然，〈唐人心目中的文化區域及地理意象〉，收入李孝聰主編，《地域結構與運作空間》（上海：上海辭書出版社，2003）。

見表一 五代國號與帝王一覽表），〔註7〕此時期除了中原的五個相繼政權外，在其權力難及之處，另有十餘個實質獨立的政權，宋人概以五代十國稱之，他們都是唐朝藩鎮的延續與擴大。〔註8〕

藩鎮在安史亂後林立，影響唐朝國祚，到唐僖宗（873～888 在位）時，不但許多藩鎮與中央只維持表面上的君臣稱謂，更因龐勛、黃巢之亂使得天子威信盪到谷底。在這樣的背景下，若出現一位年輕鎮帥，不但勤於打擊造反的亂賊，也勇於挑戰跋扈的藩鎮，當為唐廷所樂見，此人正是朱溫。

朱溫是五代後梁開國皇帝，後人因其敗德亂行，視之為流氓惡棍與亂倫者，予以相當負面的評價。但如果我們將時間暫時停留在唐僖宗時期，中央重臣得知此人，是因為他在關鍵時刻以同州要域歸附，而其棄暗投明之後，又較其他方鎮更積極地北逐黃巢、西破蔡賊。很可能，中央多數官員因此而視之為百年難得一見的忠良將才，而寄予振衰起敝的重望。

唐朝在「黃巢叛亂」之後進入末期，〔註9〕因為追剿黃巢，發生在朱溫、李克用二帥間的「上源驛事件」，成為多數學者研究唐末五代史事的起點，並賦予李克用爭霸的野心，成為藩鎮相攻的敘述主軸；即使這種說法很有問題。約二十一年之後，朱溫沐猴而冠，李存勗則繼承父業矢志抗梁，中原戰火又延燒近二十年而梁滅。李存勗建唐滅梁之後，雖然西征岐蜀，北敵契丹，但內爭不斷，政治敗壞，兵變奪政又成風氣。及至石敬瑭以割幽燕之地為餌，引外力以遂內鬥，其後繼者的主要課題，遂在內政之外再增外交與外患，終於導致滅國。河東鎮帥劉知遠乘契丹北遷之際稱帝建漢，南下接收中原，此

〔註7〕據《舊五代史》，參考《新五代史》。本文《舊五代史》使用陳尚君輯纂，《舊五代史新輯會證》（上海：復旦大學出版社，2005）。《新五代史》使用北京中華書局 1974 年版。李克用事蹟收入《舊五代史・唐武皇紀》；《新五代史・莊宗紀上》實紀武皇事，惟稱「克用」，不冠以「王」。兩五代史皆排除後梁僭位之朱友珪。

〔註8〕臣光曰：「由是禍亂繼起，兵革不息，民墜塗炭，無所控訴，凡二百餘年，然後大宋受命。」宋・司馬光編著，《資治通鑑》（北京：中華書局，1956）卷 220，頁 7066，唐紀肅宗乾元元年（758）條末。劉恕著有《五代十國紀年》。見元・脫脫等撰，《宋史》（北京：中華書局，1974）卷 444〈劉恕傳〉，頁 13118。

〔註9〕黃巢叛亂，大陸地區學者多將之視為農民革命，或稱黃巢起義。如，方積六，《黃巢起義考》（北京：中國社會科學出版社，1983）。惟黃巢出身鹽販，非農民，且其在長安稱帝的事實，顯示論者稱之為「以農民階級利益發起的革命」有爭議；本文仍愛史載之稱。

際之中原衰蔽，藩鎮勢力已然消解。趙匡胤建宋繼周，以中央禁軍先後平服南北各地政權，卻依舊未能結束自唐末以來的中國分裂局面，尤以北漢未滅、燕雲未復，宋室如鯁在喉。而趙光義擊滅北漢政權之後，竟以突擊幽州之舉開啓對遼戰爭，契丹從此成爲宋朝的惡夢。唐末、宋初政局既與五代一貫相連，本研究之時間斷限即超出史書上的五代，起自朱溫得帥，迄於北漢瓦解（883～979）。

　　本研究涵蓋之空間，北以燕山、陰山山脈爲界，西面達渭河盆地周邊，南面及於淮水，東面止於海，區域內地形主要屬於黃土高原與黃淮平原。此兩種地形以太行山脈、豫西山地爲區分線，線東多爲丘陵和平原，高度少有超過過一千公尺者，線西之高原與山地則少有低於一千公尺以下者。黃河由塞北高原婉蜒而來，經勝州（今內蒙古鄂爾多斯市）轉南下直至潼關，〔註10〕將黃土高原切割出今日稱爲山西與陝西的兩大區塊，河水在潼關遇秦嶺東緣山勢阻擋，轉向東流，又將地勢平坦的黃淮平原切割爲河南、河北兩大區塊。河南區塊東部臨海區有一突起的山東丘陵，自成一格，今日屬山東行政區，其山嶺均成東北/西南之震旦方向。

　　上述區域經過大河切割與太行山脈區隔，概略分析出四個大區塊，分別是高原區的山西、陝西與平原區的河北、河南（參見圖一）。唐朝據以規畫爲河南道、河東道、河北道、關內道，〔註11〕在燕山、陰山山脈以南，秦嶺以北的區域主要屬華北氣候區，四季分明是其特色（參見圖二）。冬季各月均溫皆在攝氏 0 度以下，夏季氣溫與華中氣候區相同；年雨量變化極大，旱則赤地千里，田土龜裂，潦則汪洋一片，盡成澤國。這種畫面在本時期頗爲常見，而且深刻的影響到政治與軍事。〔註12〕

〔註10〕潼關北與風陵堆山隔河相對，見李吉甫，《元和郡縣圖志》（北京：中華書局，1983）卷 12〈河東道〉，頁 325。

〔註11〕唐代地緣政治結構與地方行政、監察區的畫分關係密切，參見成一農，〈唐代的地緣政治結構〉，收入李孝聰主編，《唐代地域結構與運作空間》（上海：上海辭書出版社，2003）。

〔註12〕例如後梁與晉相爭時期的開平二年到四年之間，後晉少帝即位後的天福七年到八年之際。分見《舊五代史・梁書太祖紀》卷 5，頁 204～206；《舊五代史・晉書少帝紀》卷 81～82，頁 2476、2491～2493、2498、2507、2516、2525、2539、2540、2548、2550。

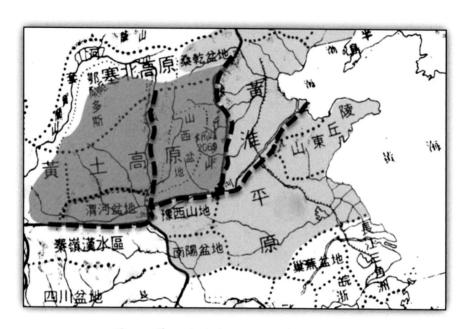

圖一　華北地區的四區塊劃分圖〔註13〕

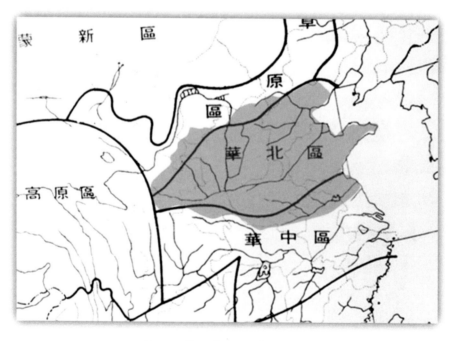

圖二　華北氣候區域位置圖

〔註13〕圖一、二之底圖分別取自任德庚，《中國地理》（臺北：三民書局，民83），頁12、27。

（二）研究方法

本文所稱的「地理」，包含了自然形成的山原河谷外貌以及人為造就於其上的城關橋路，「地理形勢」是指這些地表物貌的分布位置及其對人群活動產生的作用。對於地理形勢的研究，清初顧祖禹（1631～1692）蒐集歷代對州郡位置及其作用的認識，編成《讀史方輿紀要》，是我國結合歷史與地理討論形勢作用的典範作品，其〈歷代州域形勢紀要序〉言：

> 時代之因革，視乎州域，州域之乘除，關乎形勢。州域之建置有定，而形勢之變動無方。譬之奕焉，州域其畫方之道也，形勢其布子之法也。〔註14〕

引文中的「州域」是指疆域範圍，「乘除」是指作用，「形勢之變動無方」是指運用之巧妙，故其「形勢」的概念蘊含了動態認知。〔註15〕值得注意的是他把州域形勢的運用喻為奕局，將靜態的地理形勢喻為奕局的「布子之法」，這個說法與一般把可調度的動態兵力（下棋子）為布子之法不盡相同，若非顧祖禹誤解地理本有的靜態特性，即是刻意表明他的論述其實不止於靜態位置的構成分析，更包括對該位置價值的動態作用考察。〔註16〕

近代對地形利用的動態考察研究，或稱為地略，是「地理形勢運用方略」的簡稱，範圍廣及全球地理與國家安全者，稱為地緣戰略（geostrategy），〔註17〕

〔註14〕清・顧祖禹撰，賀次君、施和金點校，《讀史方輿紀要》（北京：中華書局，2005），〈歷代州域形勢紀要序〉，頁1。

〔註15〕形勢包括靜態與動態力量，關於「勢」的詳細解讀，參見羅獨修，《先秦勢治思想探微》（臺北：中國文化大學出版部，民91），第二章 勢治釋義。「位置」則是最常為人注重的地理因素，參見陳華，〈歷史解釋中之地理因素〉，《食貨》卷4期10（民64），頁22～26。案，本文之形勢暫譯為Situation，或有認為應以Environment譯之者，同樣難以完整表達。

〔註16〕參見顧祖禹，《讀史方輿紀要・凡例》，頁1，「考古今以見因革之變；綜源委以識形勢之全」的方法。

〔註17〕這個定義與軍略地理比較接近，參見鈕先鍾，〈地略思想的復活〉，《國防雜誌》15：9（民89），頁11～21。軍略地理、地緣戰略等辭意的脈絡，參見羅慶生，〈地緣戰略理論的回顧與前瞻〉，收入《新世紀的國防挑戰與回應》（臺北：國防部主辦全民國防教育學術研討會論文集，2010）。另參見程廣中，《地緣戰略論》（北京：國防大學出版社，1999）。華北地區區域衝突的討論，參見何世同，《中國戰略史》（臺北：黎明文化公司，民94），第六章第一節，區域衝突格局的五代時期。認為唐末的魏博鎮在關東地區的河北、河南、河東、淄青四大區塊中，居於「戰略槓桿」地位。其將淄青鎮列入四大區塊的觀點，與本文有別。

相較之下，本文只以我國華北地區為考察範圍，試著將視野放在華北四大地理區塊的形勢關係上，一如《讀史方輿紀要》「如布子之法」的廣義領會。本文考察此間地理形勢與戰略攻守之關係，實與區域用兵方略密切相關，只是顧氏以州域形勢為綱領，分析州域、關隘位置的影響，而本文並不執著於此方面的闡釋。

關於地理形勢與用兵的關係，我國古代兵書《孫子》早已將「地」納入發動戰爭必須考量的重大因素之一，該書自第九至十一篇之論述都以地形利用為主，在第一、五、六、十篇中，則對「勢」進行各樣的申論，惟主要討論的是「兵勢」。〔註18〕就此而言，「地勢」恐是後出之語，蓋地本無勢，只見其理，見於地形者為地理，見於兵形者為兵勢。以後，發展出以地勢取代地形而論之者，當是為了強調地形的重要影響力。

近代的軍事研究，對於用兵已經整理出包括力量、空間、時間三方面之綜合運用的理論，〔註19〕由力、空、時三個面向分析包括「補給線」、「內線作戰」、「外線作戰」、「地障」等四個具體命題，對這些具體命題的討論與解答，是提供戰場指揮官決定其軍隊採取攻勢或守勢的客觀依據。就筆者的領會，近代野戰戰略理論中提出的「地障」、「補給線」即屬於地形利用的問題，「內線」、「外線」作戰則是對兵勢運用之設計，〔註20〕故《孫子》有言：「地形者，兵之助也。料敵制勝，計險厄遠近，上將之道也。」〔註21〕

〔註18〕「道、天、地、將、法」、「地者，遠近、險易、廣狹、死生也」、「勢者，因利而制權也」。參見春秋・孫武撰，三國・曹操等注，楊丙安校理，《十一家注孫子校理》（北京：中華書局，1999），頁2～3、7、12。

〔註19〕對「戰略」一詞的理解及我國兵學對「戰略」的分類層次，詳見汪國禎編著，《余伯泉將軍與其軍事思想》（臺北：中華戰略學會印行，民91），第十三章。另參見鈕先鍾，《中國戰略思想史》（臺北：黎明文化公司，民81），頁7～10，導言。何世同，《中國戰略史》，頁12～17。

〔註20〕對軍事戰略詞意的理解，是研究近現代兵學研究的基礎，文史學者較常見的通病，是戰術、戰略難辨，攻擊、攻勢不分，軍事戰略、國家戰略混淆；學者欲對本文之戰略討論有所賜教前，宜先跨越此門檻。關於「補給線」、「內線作戰」、「外線作戰」、「地障」四個戰略命題其結合力、空、時方面的用兵思維，屬於軍事戰略知能。基礎的認識請參見何世同，《戰略概論》（臺北：黎明文化公司，民93），頁55～56、95、第二～四章；胡敏遠，《野戰戰略用兵方法論》（臺北：揚智文化出版社，2005），第四章第三節 用兵思維的重點。

〔註21〕《十一家注孫子校理・地形》卷下，頁226。

　　本文對戰場用兵的討論，除了對照《讀史方輿紀要》內容，也結合上述與軍隊交通及兵力位置相關的命題，進行論證，討論的層級僅止於軍事戰略中的「野戰戰略」與「戰區戰略」。〔註22〕

　　自上個世紀以來，發展跨領域與科際之間的整合研究已成爲史學研究的重要出路，〔註23〕香港已故學者曾瑞龍曾試圖結合戰略研究與本國史兩個專業領域，重新考察宋初經略幽燕的那段事蹟，其方向受到學界的重視；但是由於對軍事戰略知識之隔閡，其研究成果的貢獻有限。〔註24〕筆者受該書啓發，期盼能夠結合地理形勢與軍事戰略的認識，運用在本時期之歷史研究上，試圖重新爬梳史料，對這些史載內容以及部分後人的既定觀點，進行再審查（re-exemination）甚至提出新解釋（re-interpretation）。〔註25〕

三、文獻探討與研究回顧

（一）文獻探討

　　本文對本時期各個人物、事件的爬梳，以新、舊《唐書》與新、舊《五代史》、《資治通鑑》、《續資治通鑑長編》的記載內容爲主。典章制度的考察，以《五代會要》、《冊府元龜》爲依據。

　　《舊唐書》完成於後晉少帝開運二年（945），〔註26〕其內容對唐末政事之記載頗爲雜亂，卻抄錄了許多當時的詔書、奏議原文，對研究唐末史事而言，反而顯得珍貴。薛居正《五代史》成書在宋太祖開寶七年（974），

〔註22〕戰區戰略以野戰戰略爲基礎，是各戰區之間連結與配合的戰略研究，此種運用兩個以上戰區兵力的藝術，屬於參謀本部階層考慮的戰略，行動見解可能有別於單一戰區野戰戰略的判斷結論。參見，汪國禎編著，《余伯泉將軍與其軍事思想》，第十二章　大戰略、國家戰略與軍事戰略。另參徐培根，《國家戰略概略》（臺北：國防研究院印行，民49）。

〔註23〕張廣智、陳新，《年鑑學派》（臺北：揚智文化出版社，1799），頁21～22。

〔註24〕詳論參見拙文，〈書評：《經略幽燕——宋遼戰爭軍事災難的戰略分析》〉，文刊《華岡史學》創刊期（2013），頁229～244。

〔註25〕杜維運，《史學方法論》（臺北：華世出版社，民68），頁76。文崇一，〈經驗研究與歷史研究方法和推論的比較〉，收入瞿海源、蕭新煌主編《社會學理論與方法研討會論文集》（臺北：中央研究院民族學歷史所專刊乙種之11，民71），頁138～140，則提醒了歷史研究的三個方向和研究方法上常見的困境。

〔註26〕《舊五代史・晉少帝紀》卷84，頁2613，「六月乙丑朔，……監修國史劉昫、史官張昭遠等以新修唐書紀、志、列傳并目錄凡二百三卷上之。」

〔註27〕歐陽修以其不合「春秋筆法」而另修《五代史記》（以下分稱《舊五代史》、《新五代史》簡稱為薛史、歐史），約於宋仁宗皇祐五年（1053）完稿。

〔註28〕歐陽修稍後又受詔負責續修《新唐書》，於仁宗嘉祐五年（1060）完成。

〔註29〕《資治通鑑》卷 266 至 294 記五代十國事，其內容經過司馬光與范祖禹、劉恕等利用當代尚存之文獻加以勘校，使得該書在唐、五代時期的記載詳實程度甚至超過前述正史，尤值參用。南宋李燾所撰《續資治通鑑長編》，遍取實錄、政書，記北宋九朝 168 年史事，其「旁采異聞，補實錄，正史之闕略，辨之紛紜」，成書時間較元朝脫脫等編撰之《宋史》更早，而《宋史》有「倉卒寫定，檢校難周」之憾，〔註30〕故本文於宋初史事以《資治通鑑長編》為主。

上述史籍的編撰經過、特色、現存版本之考校，在黃永年《唐史史料學》、（英）杜希德（Denis C Twitchett 1925～2006）著《唐代官修史籍考》、郭武雄《五代史料探源》書中有詳細說明。〔註31〕郭武雄另作有《五代史輯本證補》，考補由《永樂大典》、《冊府元龜》中輯出的《舊五代史》，但在出版前三個月，北京中華書局新校本《舊五代史》竟早其殺青；中華本對二十五史的點校工作是集合團體的力量完成，其考校成果自然較為廣詳，然郭書亦有精到之處。

〔註32〕上述二書在陳尚君輯纂之《舊五代史新輯會證》出版後，似即失色。

〔註27〕《宋史・太祖本紀》卷 3，頁 40、42，宋太祖「開寶六年夏四月戊申，詔修五代史。……七年閏十月甲子，薛居正等上新編五代史，賜器幣有差。」

〔註28〕引自《新五代史》，出版說明，頁 1。

〔註29〕《新唐書》的編撰自慶曆四年（1044）開始，宋祁、范鎮、呂夏卿分別負責傳、志、表，歐陽修於至和元年（1054）調回中央接續編修《新唐書》，完成本紀和贊、志、表的序等，迄嘉祐五年（1060）完成全書。轉引自中華書局《新唐書》（2006 年 8 刷）出版說明。另參清・王鳴盛，《十七史商榷》（臺北：廣文書局，民 60）卷 69〈宋、歐修書不同時〉，頁 729。

〔註30〕相關評價參見，瞿林東，《中國史學史綱》（臺北：五南出版社，2002），頁 461～464、567～570。

〔註31〕（英）杜希德著，黃寶華譯，《唐代官修史籍考》（上海：上海古籍出版社，2010）。黃永年，《唐史史料學》（上海：上海書店，2002）。郭武雄，《五代史料探源》（臺北：臺灣商務印書館，民 85）。

〔註32〕兩書都重視對《舊五代史》現存零散各本間的考校，中華本重在比異後的校正，至於各本相同處則少有著意，郭書之精到在即使各本之載皆同，仍能注意其時、地、人之正確性，例如劉知俊傳；詳見郭武雄，《五代史輯本證補》（臺北：臺灣商務出版，民 65.8），頁 80。

　　陳氏新輯本《舊五代史》著眼於利用現存文獻和各種古籍善本，耗費十年之功重新校勘，重作編次，〔註 33〕其註釋摘引《資治通鑑》、《資治通鑑考異》、《冊府元龜》、《五代會要》等內容加以比對補充，並收入今人考證成果，〔註 34〕頗有竭澤而漁的企圖。復旦大學朱維錚認爲其成績超過了清代四庫館臣邵晉涵（1743～1796）。〔註 35〕此成果對本研究提供史料對照的莫大便利。

　　唐末以來，雖然史職未闕，記錄與編纂之事未墜，然因動亂頻仍，人謀不臧，史館疊積荒廢之事多有，又因後唐以後的各代立場仇視後梁，加上修纂者常是前朝延任官員而產生隱諱顧忌，或者因史官品格操守的爭議，使得《舊五代史》的可靠性屢受質疑。〔註 36〕《新五代史》的寫作宗旨在追求「不沒其實，以著其罪，而信乎後世。」〔註 37〕故其對五代時期的史事記載，並非如同《舊五代史》以逐日抄錄、串連史料的方式呈現，而是看過史料以後綜合敘述事件始末。趙翼（1727～1814）認爲《新五代史》旁參互證，內容與《舊五代史》多有不合者，有訂正之功。〔註 38〕

〔註 33〕詳見「陳氏新輯本」前言。中華書局本是集清輯本系統大成的新點校本，不是重輯新本，且其體例受限於整個中華本二十四史的規範。陳書則在完成全書輯校的同時，將宋初編纂《舊五代史》時依據的文獻、刪略的文獻都提供出來，故陳書之注文實際包括校勘、考異、存錄文獻三部分，力求爲現代史學研究提供完整的原始資料。

〔註 34〕例如，張其凡，《五代禁軍初探》（廣州：暨南大學出版社，1993）卷五〈有關五代禁軍一些史料的校勘〉，解釋了「南昌熊氏曾影庫本」中關於後晉李守貞擔任禁軍將領頭銜的錯誤，「陳氏新輯本」已收入採用，中華書局新校本則無。

〔註 35〕朱維錚，〈《舊五代史新輯會證》讀後〉：新疆哲學社會科學網（2014 年 3 月 10 日讀取）。ttp://big5.xjass.com/ls/content/2012-04/15/content_228860.htm

〔註 36〕參見前揭郭武雄《五代史料探源》。另見杜文玉，《五代十國制度》（北京：人民出版社，2006），杜書在〈史館制度〉「餘論」之原文爲「使得五代時期所撰史籍的眞實性大打折扣」。筆者以爲其原意應當是指後周的賈緯對《實錄》的爛爲筆削、褒貶任情、記注不實現象等等，影響五代史籍「內容的可靠性」，而非「史籍的眞實性」。

〔註 37〕《新五代史・梁太祖紀》卷 2，頁 22。

〔註 38〕清・趙翼著，王樹民校證，《廿二史箚記校證（訂補本）》（北京：中華書局，2007）〈歐史不專具薛史舊本條〉、〈歐史書法謹嚴條〉、〈歐史失檢處條〉，頁459～464。趙書在「歐史書法嚴謹條」舉例：「（周）世宗紀書帝如潞州攻漢；不曰伐而曰攻，曲在周也。」案，既無褒貶，何來曲直之論？筆者以爲趙翼的例舉與徐無黨原注「非有褒貶」之觀點恐恰相左。詳見，《新五代史・梁太祖本紀》卷 2，頁 16，徐無黨夾注：「用兵之名有四：兩相攻曰攻，以大加小曰伐，加有罪曰討，天子自往曰征。隨事爲文，不得不異，非有褒貶也。」其他相關討論參見，林瑞翰，〈歐陽修《五代史記》之研究〉，《國立臺灣大學文史哲學報》期 23（民 63），頁 16～57。

然而，具有書法謹嚴與行文簡淨優點的《新五代史》，卻無法兼顧對史事的詳細記載，因此後人對五代史事之擷取多以《資治通鑑》為主要依據。《資治通鑑》成書時間晚於兩五代史，關於其史料價值、寫作意識等議題，前輩學者已有考述，又因其成書時間承接五代，旁觸之史料豐富，考證亦廣泛，故其於五代的內容雖有許多承自《舊五代史》，而信度與詳度更高之。〔註39〕

即使《資治通鑑》具有廣蒐詳考的優點，卻正因為其忠實呈現史料的特性，使得在唐末五代卷關於朱溫部分的描述角度受到後梁史料之影響，呈現不利於其對手的歷史敘事，此現象尚未見前輩時賢具體敘及，在本文後續的討論中會有詳細例舉。

（二）研究回顧

1、五代政權相關論著

五代史之研究論著以政治與權力探討的主題為多，包括王賡武，鄭學檬、毛漢光、杜文玉、趙雨樂等學者早已投入。〔註40〕其中王賡武《五代時期北方中國的權力結構》是經典著作，討論五代中央權力形成、結構與變遷，將唐末到契丹滅晉以三個時期區分（883～907、907～926、926～947）。〔註41〕

〔註39〕《資治通鑑》五代卷的成書時間在宋神宗熙寧三年至元豐七年之間（1070～1084）。詳論參見宋晞，〈從資治通鑑看司馬光史論〉，收入《宋史研究論叢（三）》（臺北：中國文化大學出版，1988），頁139～154。另參見王德毅，〈司馬光和資治通鑑〉，《宋史研究集》冊4（民58），頁47～62。林瑞翰，〈資治通鑑五代史補注〉上、下，《幼獅學誌》11：1、11：2（民62），頁1～56。

〔註40〕鄭學檬，《五代十國史研究》（上海：人民出版社，1991）：是書以政治、經濟制度為研究重心。毛漢光，〈唐末五代政治社會之研究—魏博二百年史論〉，《中研院史語所集刊》51：2（1980），頁233～280，文已收入《中國中古政治史論》（臺北：聯經出版公司，民79），對五代之文武官吏進行人物群體的量化研究，分析文官的政治延續以及職業軍人與朝代轉移的關係。杜文玉，《五代十國制度研究》，是引導研究生對五代制度史進行全盤研究的集合。趙雨樂，《唐宋變革期之軍政制度——官僚機構與等級之編成》（臺北：文史哲出版社，民83），其中三、四章對五代使職與軍職權力關係之演變有深入討論，認為宋太祖明確區劃樞密院與三衙軍政、軍令權限，應獲得相當（正面）評價。

〔註41〕王賡武認為，李存勗滅梁標示河東與河北二集團聯盟的勝利，此後的爭鬥開展在此一聯盟的內部，主張此間權力結構的視角與制度變更的討論不能畫上等號，後者在朱溫建梁以後已開始進行；當後漢劉知遠將政權建構在中原廢墟之上時，唐末以來的獨立藩鎮權力已經崩潰，不過他認為宋朝係延續五代之中央集權，並非擯棄而是延續了節度使體制的特性。第二、三章分析朱溫對內部人事及經濟的控管，探討該陣營擴張及其與帝國鞏固的關係；認為唐末以來的藩鎮權力（限縮）受到抗遼戰爭極大的影響；又採取量的研究方法

以後有臧榮、梁太濟、陳宛瑜、曾國富、樊文禮、李崇新等學者以史料分析法研究梁、晉間的鬥爭，〔註 42〕其中以梁太濟、李崇新對唐末朱溫崛起的考察較爲詳細；曾國富則以史載內容之歸納法爲主，值得商榷處較多。另加上聶崇岐、石磊、林瑞翰、張其凡、韓國磐、何燦浩、鄭學檬、齊勇鋒、楊適菁對禁軍與方鎮的先後鑽研，〔註43〕在中文學界之成果已豐。

歐陽修曾對五代藩鎮牙兵與中央侍衛親軍的關係發表議論，〔註 44〕其論涉及唐末割據之藩鎮與五代的中央勢力消長，此論似因爲日籍學者的大量討

統計 926～960 年間的 161 位官員的籍貫，他們都曾任職於禁軍與樞密院，其中出於河東與河北者占 81%，河北人又佔其中的 54%，試圖說明郭威、柴榮、趙匡胤兄弟的出線與河北群體的支持有關。詳見氏著，胡耀飛、尹承譯，《五代北方中國的權力分配 *The structure of power in north China during the Five Dynasties*》（上海：中西書局，2014）。案，此書由博士論文改成，1963 年先在馬來西亞出版，1972 年授權臺北虹橋書局以英文印行，近年才有胡耀飛中譯本出版。又案，筆者的觀點與王書稍有出入，例如唐朝以來的藩鎮權力，與其說因爲後晉抗梁戰爭影響而受到限縮，不如說後晉試圖重新整合藩鎮權力卻不幸失敗；藩鎮權力的崩潰在契丹滅晉時已經發生，而非劉知遠勢力進入河南之際。

〔註42〕臧榮，〈論五代時期的汴晉爭衡〉，《史學月刊》（1984）。梁太濟，〈朱全忠勢力發展的四個階段〉，《春史：卞麟錫教授還曆紀念唐史論叢》（1995）。陳宛瑜〈唐末梁盛晉衰原因之探討〉，《史苑》（1999）。曾國富，〈試析五代晉王李存勗滅後梁的條件〉，《廣西社會科學》（2004）。樊文禮，〈試析李克用在晉汴爭霸中失利的原因〉，《煙台師範學報（哲社版）》期 4（1998）。李崇新，〈唐末五代的晉梁之爭研究〉，南京大學博士論文（2003），試圖廣泛論述雙方政略、戰略、戰術、用人、整體實力、地理條件、外交得失，甚至涉及「正統論」的探討；失之於寬。陳忱，〈論唐末朱全忠勢力的興起〉，首都師範大學碩士論文（2009）。

〔註43〕參見聶崇岐，〈論宋太祖收兵權〉，《燕京學報》期 34，收入氏著《宋史叢考（上冊）》（北京：中華書局，1980），由五代禁軍與藩鎮的發展兩個線索切入。石磊，〈五代的兵制（上、下）〉，《幼獅學誌》1：2、1：3（民 51）。張其凡，《五代禁軍初探》。韓國磐，〈唐末五代的藩鎮割據〉，《歷史教學》期 8（1958）。齊勇鋒，〈五代禁軍初探〉，收入史念海主編，《唐史論叢》輯 3（西安：陝西人民出版社，1987）。鄭學檬，《五代十國史研究》（上海：人民出版社，1991）。何燦浩，〈唐末方鎮的類型〉、〈唐末地方動亂的新特點〉，張國剛主編，《中國社會歷史評論》卷 1、2（1999、2000），收入何燦浩，《唐末政治變化研究》（北京：中國文聯出版社，2001）。何燦浩，〈略論唐末藩鎮的兼併〉，《慶祝何茲全先生九十歲論文集》（北京：師範大學出版社，2001）。程志，〈晚唐藩鎮與唐朝滅亡〉，《東北師大學報》期 3（1988）。楊適菁，〈興亡以兵——五代禁軍影響下的政權更迭〉，《華岡史學》期 1（民 102）。

〔註44〕《新五代史・康義誠傳》卷 27，頁 298。

論而成為研究五代史的主要關切議題。〔註 45〕當朱溫、李存勗相繼建立強勢的中央政府時，晚唐以來中央與藩鎮間的鬆散關係其實已發生變化，主流觀點認為朱、李皆以鎮帥躍登為皇帝，因為自身的經驗及便利，遂將節度使的體制放射為中央體制，禁軍由方鎮兵轉化而成，使得皇帝像是最大或最強的節度使；這個論點意味著五代欠缺文臣輔政之效。藩鎮結構與權力的變化自中晚唐、唐末、五代迄宋，有其共同的脈絡與不同階段的特質，學界對藩鎮與中央禁軍關係消長的討論占最大宗，後繼者切入發揮的空間似已無多。

五代政權與契丹的關係，王吉林、王明蓀、邢義田、蔣武雄已先整理，〔註 46〕惟契丹滅晉影響中原之兵源，未見分析。人物評論方面，除了朱溫、

〔註45〕 日人對上述議題之研究以（日）周藤吉之、堀敏一、菊池英夫等學者為重，細膩的推敲藩鎮內部權力結構與五代藩鎮特質，將五代侍衛親軍的出場時間推前到朱溫時期，奠下堅實之研究基礎，其相關討論頗多，此處只提出幾件較重要者。詳見（日）周藤吉之，〈五代節度使の支配體制──特に宋代職役との關聯に於いて〉，《史學雜誌》卷 61 期 4、6（1952），頁 1～41、20～38，探討藩鎮內部組織，從唐末背景直到宋代。（日）堀敏一，〈五代宋初における禁軍の發展〉，《東洋文化研究所紀要》期 4（1953），頁 83～151，主要考察唐代北衙禁衛六軍、後梁侍衛親軍以及後周殿前軍三者間的延續與替代，並由宋初侍衛親軍司與殿前司的建置回溯五代的禁軍發展，論宋初的中央權力強化。堀敏一，〈唐末諸叛乱の性格──中国における貴族政治の没落について〉，《東洋文化》號 7（1971），頁 52～94。（日）菊池英夫，〈五代禁軍の地方屯駐に就いて〉，《東洋史學》期 11（1954），頁 19～41。菊池英夫，〈五代禁軍における侍衛親軍司の成立〉，《史淵》期 70（1956），頁 51～77，考察侍衛親軍的出現時間。另有菊池英夫，〈五代後周における禁軍改革の背景－世宗軍制改革前史〉，《東方學》期 16（1958），頁 58～66；同作者〈後周世宗の禁軍改革と宋初三衙の成立〉，《東洋史學》期 22（1960），頁 39～57。堀敏一，〈藩鎮親衛軍の權力構造〉，《東洋文化研究所紀要》冊 20（1960），頁 75～147。堀敏一，〈朱全忠の廳子都〉，收入《和田博士古稀記念東洋史論叢》（東京：講談社，1961）。堀敏一，〈朱全忠政權の性格〉，《駿台史學》期 11（1961）。佐竹靖彥，〈朱溫集團の特性と後梁王朝の形成〉，收入《中國近世社會文化史論文集》（臺北：中央研究院歷史語言研究所，1992）。

〔註46〕 邢義田，〈契丹與五代政權更迭之關係〉，《食貨月刊復刊》卷 1 期 6（民 60）。王吉林，〈遼太宗之中原經略與石晉興亡〉，《中國歷史學會史學集刊》（民 63），氏著，〈契丹與南唐外交關係之探討〉，《幼獅學誌》5：2（民 55）。蔣武雄，〈遼太祖與五代前期政權轉移的關係〉，《東吳歷史學報》期 1（民 84）；蔣武雄，〈遼與後漢建國的關係〉，《東吳歷史學報》期 2（民 85）；蔣武雄，〈遼與北漢興亡的關係〉，《東吳歷史學報》期 3（民 86）；蔣武雄，〈遼與後晉興亡關係始末〉，《東吳歷史學報》期 4（民 87）。王明蓀，〈契丹與中原本土之歷史關係〉，收入《遼金元史論文稿》（臺北：花木蘭文化，民 94）。盧逮曾，〈五代十國與遼的外交〉，《學術季刊》3：1（1954）。

李克用之外，〔註 47〕後唐莊宗與後周世宗是比較受到學者注意的五代帝王，論者都依循史載評論，視之爲五代時期英主，〔註48〕此觀點顯然有待商榷。

　　建都議題不但與政權發展關係密切，也與地理形勢息息相關。北宋建都的困境，已有不少學者討論，〔註49〕王明蓀之論述較具體，著重在宋人觀點的檢討，本文則由五代建都的脈絡切入。

　　譚其驤、王振芳、杜文玉、桂齊遜、廖德松、王鳳翔等學者對於本時期的關中、太原、河北等地區地理形勢或地略價值多有探討；其中太原對汴洛政權的地略影響已見整理。〔註50〕惟太原對汴洛的影響，深刻地涉及太原與幽州的表裡關係，而非兩者之間的直接關係，歷代對此多呈現簡約性的觀點，〔註51〕有強化論證的必要。結合地理形勢與五代政權興替的學位論文，所見

〔註47〕　張子俠，〈建國以來朱溫研究評述〉，《安徽史學》期 3（1998），頁 26～30，回顧大陸地區歷史學者對朱溫的論述計 11 篇。傅衣凌，〈關於朱溫的評價〉，《廈門大學學報》期 1（1959），頁 101～107，收入《傅衣凌治史五十年文編》（北京：中華書局，2007）。

〔註48〕　張其凡，〈五代政權遞嬗之考察：兼評周世宗的整軍〉，《華南師範大學學報》（1985）。杜文玉，〈論後唐莊宗李存勗〉，《電大學報》期 2（1988）。曾國富〈五代後漢速亡探因〉，《湛江師範學院學報》（2004）。王祿雄，〈五代後周世宗的戰略構想與戰略作爲〉，淡江大學國際事務與戰略研究碩士論文（民87）。

〔註49〕　王明蓀，〈兵險德固——論北宋之建都〉，《中國中古史研究》期 7（2007），頁 153～177，以探討宋人的議論爲主。張其凡，〈五代都城的變遷〉，《暨南學報》期 4（1985），頁 22～24，主要整理各代遷都定都的經過。周寶珠，〈朱溫建都開封及其歷史意義〉卷 12 期 3（1998），頁 18～22。李曉霞，〈五代奠都開封述論〉，東北師範大學歷史碩士論文（2004），也是偏重於文獻內容的整理。

〔註50〕　分見：桂齊遜，〈河東軍對晚唐政局的影響〉，《中國歷史學會集刊》期 26（1994），頁 31～70。王振芳，〈論太原在五代的戰略地位〉，《山西大學學報》期 3（1997），頁 79～84，文分四個時期略述五代時期的太原。杜文玉，〈唐末五代時期西北地緣政治的變化及特點〉，《人文雜誌》期 2（2011），頁 141～147，認爲黃巢軍失敗後，爭奪的焦點已不在關中。廖德松，〈論鳳翔鎮在唐末五代初期所扮演的角色及其影響〉，《史苑》（2000）。王鳳翔，《晚唐五代秦岐政權研究》（陝西：三秦出版社，2009），書中論及後梁對李茂貞大多採取守勢等觀點待澄清。郭啓瑞，〈唐末關中安全體系的破壞〉，收入淡江大學中文系主編，《晚唐的社會與文化》（臺北：臺灣學生書局，民79），頁 193～199。穆渭生，《唐代關內道軍事地理研究》（陝西：陝西人民出版社，2008）。周世範，〈朱梁何以能代唐〉，《山西大學學報》期 2（1987），頁 58～61，分析朱溫崛起與河南地理位置有關。

〔註51〕　「都汴而肩背之慮實在河北，識者早已憂之矣！……守關中、守河北，乃所以守河南也。」參見《讀史方輿紀要‧河南方輿紀要序》，頁 2084。

亦尠，〔註52〕但都選定某方鎮或行政區域作爲研究標的，以河南、河東、河北、關中四大區塊之互動在本時期產生的地略關係爲研究方向者，尙闕。

2、五代戰爭史

戰史與戰略的關係難以切割，我國軍事戰略的學術研究，自上個世紀由余伯泉、龔浩等將軍引進西方的拿破崙（1769～1821）、歐戰戰史與戰略理論之後，已發展出一套國人自己的戰略論述。〔註53〕這些理論很少與國史上的戰爭經驗結合，原因除了歐洲戰史已有研究成果可資引證之外，可能與國史中的戰爭記載內容不夠詳盡有關，〔註54〕但這不表示我國的史學與戰略研究二者之間存在著不可逾越的楚河漢界，半個世紀以來，結合我國中古史與戰略研究已見成果，仍有很大的發展空間。〔註55〕

國防大學曾經專設小組，以李震上校爲總主筆，負責編纂《中國歷代戰爭史》，另聘請方豪、宋晞、姚從吾、趙鐵寒等十三位歷史教授爲審查學者，以彌補執筆者史學研究素養之不足，全書十八冊，是迄今國內最完整的一部結合戰爭與歷史研究叢書，〔註56〕也是軍事參謀進行本國戰史研究時經常引

〔註52〕 郭啓瑞，〈唐代後期關中防衛中形勢之演變〉，中國文化大學史學碩士論文（1985）。桂齊遜，〈唐代河東軍研究〉，中國文化大學史學碩士論文（1991）。曾賢熙，〈唐代汴州——宣武軍節度使研究〉，中國文化大學史學博士論文（1991）。趙國光，〈唐代河南道及都畿道與國勢盛衰之關係〉，中國文化大學史學博士論文（2003）。陳奕亨，〈唐五代河南道藩鎮與中央關係之研究〉，臺灣師範大學歷史博士論文（2005）。陳玟旭，〈五代北宋時期河東地區研究——以軍政爲考察中心〉，國立臺灣師範大學歷史碩士論文（2006）。王眞眞，〈唐代汴州軍事地位研究〉，山東大學歷史碩士論文（2014）。朱一帆，〈唐末五代河東地區軍事地理研究〉，雲南大學歷史碩士論文（2015）。

〔註53〕 參見汪國禎編著，《余伯泉將軍與其軍事思想》，第四章、十一章。詳見國防部，《國防部聯合作戰研究委員會會史》（臺北：國防部編印，民59），頁30、33、48～50。

〔註54〕 「反觀我國歷代之戰爭，正史與稗野所載語焉不詳：即有清一代，年代匪遠，曾左用兵雖可跡尋，而亦難窺全豹」。汪國禎編著，《余伯泉將軍與其軍事思想》，頁121。

〔註55〕 除前引何世同相關論著之外，另有王祿雄以軍事戰略背景投入歷史與戰略領域。參見氏著，〈從軍事角度論關係唐朝國家安全的幾次戰爭〉，中正大學歷史博士論文（民97）。

〔註56〕 三軍大學編著，《中國歷代戰爭史（第1冊）》（臺北：黎明文化公司，民52版，民78修訂三版），修訂序言。另，周聲夏，《中國古戰史研究》（臺北：國防部史編局，民72），內容雖堆疊著攻勢作戰、內線作戰、戰略迂迴、戰略奇襲等術語，然其分析乏善可陳，在史學與戰略研究的參考價值都不高。

用的參考書。〔註 57〕該書將五代時期戰史編在第十冊,分十章整理,包括朱溫建梁時期戰爭、李存勗建後唐時期戰爭、契丹助滅後唐與滅後晉之戰爭、後漢後周迄柴榮收復燕雲之戰,研究其中的大小戰爭超過二十個,製圖三十六幅。然而第十冊有許多待商榷的內容,除了歷史考察的諸多誤解以外,〔註 58〕就戰略的角度也有值得正視的問題。該書於各章常設一節專論地理形勢與開國方略(或作戰方略、戰略指導),惜其考察論述並不周延,〔註 59〕此間涉及書寫者的歷史意識與史學方法的專業性,值得跨足戰略與戰史之研究者注意。〔註 60〕本文在第二章第三節專門討論關於「徐、汴構怨」的歷史書寫問題,或可提供對照。

　　大陸的軍事科學院出版《中國軍事通史》也是集體撰寫,最後交由歷史學者方積六完稿,五代十國戰史編在第十一冊,其內容對地理形勢的討論相對不足。解放軍出版社的《中國軍事史》則由唐末直接跳到宋朝開國,未納入五代時期。〔註 61〕

　　上述的商榷,即是本文試圖努力填補的部分。一如學術研究對某些名詞有嚴謹的定義,許多戰略用語也有其的專業意涵,在後續討論中,筆者不擬

〔註 57〕例如,張琪閎、黃國峯,〈由野戰戰略觀點淺論中國歷史井陘作戰之研究〉,《陸軍學術雙月刊》卷 52 期 547(2016),頁 103,注一。

〔註 58〕此處只舉較明顯的二處錯誤:書第六章、第十章標題恐誤。後唐爲石敬瑭所滅,非契丹;柴榮收復瀛、莫州,非幽燕。

〔註 59〕例如第二章二節,將朱溫之「擴張方略」歸納爲四步驟(頁 38),逕自解讀其「建國步驟」之一是「拉攏魏博過制河東,阻止李克用之勢力向河北發展。」(頁 39)然而,朱溫拉攏魏博的目的,除了短期內有利於其對鄆州天平軍形成包圍態勢,以及阻止河東軍向東發展之外,還應該包括朱溫由河南跨足河北的利益,是則,該書之研究方法顯然堪慮。

〔註 60〕李震曾任職於鳳山陸軍軍官學校、臺北三軍參謀大學,專研我國歷代戰爭史,勤於撰述。目前所見臺灣地區之戰史叢書由國防部史政編譯局、三軍大學、黎明文化公司出版者,大多以李震之著作爲底稿,略做增刪。其自言因爲參與《中國歷代戰爭史》編撰,必須經常請益於審校之教授,因而「學術猛進,大異於前」,益覺其先前之寫作未依循史學研究方法,「在學術地位上未免居於次等」。其後乃將原本之《歷史戰爭論》(或名《中國歷代戰爭方略研究》)改爲「史話」出書。參見氏著,《中國歷代戰爭史話》(臺北:黎明文化公司,民 74),自序。

〔註 61〕方積六,《中國軍事通史·五代十國》(北京:軍事科學院出版,1998),卷 11,其內容沒有列入朱溫自宣武鎮崛起的各個戰爭;在分析李存勗滅梁戰爭的地略因素時,亦未見論及河中地位;討論後晉抗遼戰爭失敗,卻沒有分析到河東的影響。另見,中國軍事史編寫小組,《中國軍事史》(北京:解放軍出版社,1988),卷 2。

逐一介紹這些術語，只根據個別需要加註解釋。〔註62〕本時期各個事件的因果關係複雜，人名繁多，簡述恐交代不清，詳述則陷於瑣碎，爲把握時間軸線與地略運用的討論主軸，本時期歷史發展的其他重要議題如皇權與政爭，戰亂帶來的社會階層流動及其對經濟的衝擊，甚至族群間的聯盟對立衍生的外交與謀略，尤其人與人之間的關係考察，皆難以兼顧深入，因而論述必有不周，尚祈方家指正。

四、章節安排與基本論軸

本研究以五代政權更迭的時間關係爲主軸，加上緒論與結論共以五章論述，基本論軸分敘如下：

第二章，唐末藩鎮與朱溫崛起。本章主在探討朱溫崛起並擴張於河南的經過，先就唐末背景與地理位置分析宣武軍鎮特性，進而整理出屬於朱溫個人的用兵特色。章分四節，時間由朱溫入主宣武軍帥直到革唐建梁的二十四年（883～907），首由黃巢之亂襯托出的混亂背景切入，分析朱溫與河南諸鎮帥的差異，其次考察其併吞河南方鎮的經過，進而由區域性地理形勢，探究朱李優劣形勢的轉換與發展。

第三章，五代前期的政權更迭與地理形勢。章分四節，時間由後梁建國迄晉遼決裂（907～946）約三十九年。此期間影響政權更替的重要事件是河東、河南競逐於河北，鏖戰於河上。前二節的時間軸線仍依循朱溫的擴張進展，討論後梁軍隊出兵河東、河北、關中三地的區域形勢，引導出關中在此對抗格局中的區域價值。第三節轉以李存勗方面爲敘述主軸，由其取得澤潞之戰、插足河北之戰、決勝魏博之戰，呈現河東制約河北戰場的經驗，並由後唐滅梁的戰爭經過，探討李存勗對河中、澤潞地理形勢之運用情形。第四節以後唐建國之後的兵變爲主題，突顯以汴洛位置爲首都的安全顧慮。

第四章，五代後期的政權更迭與地理形勢。主要討論在契丹外患壓力下的中原政權，及其與河北、河東區塊的互動經驗，起自後晉抗遼三戰，迄於北宋太宗擊滅北漢，突襲幽州，前後約三十三年（946～979）。本章以遊牧與農耕二區域戰略文化差異的討論爲基礎，討論五代將領的軍事知能，河東與河北的表裏關係，進而論述北宋建都的脈絡與限制。

〔註62〕本文不擬列表說明這些術語，這些在何世同、王祿雄的史學與戰略論著中已詳列，本文似乎沒有必要一再重複，而且這些名詞術語帶動的後續問題（例如內、外線位置產生的利弊），也難以簡單解釋清楚。

表一 五代國號與帝王一覽表

國 號	梁	唐	晉	漢	周
首 都	東都：汴京 西都：洛陽	東都：洛陽 西都：長安	東都：汴京 西都：洛陽		
君主稱號 姓 名 在位年	太祖 朱溫 （907～912）	莊宗 李存勗 （923～925）	高祖 石敬瑭 （936～942）	高祖 劉知遠 （947～948）	太祖 郭威 （951～953）
	末帝 朱友貞 （913～923）	明宗 李嗣源 （926～933）	少帝 石重貴 （942～946）	隱帝 劉承祐 （948～950）	世宗 柴榮 （954～959）
		閔帝 李從厚 （934～934）			恭帝 柴宗訓 （959～960）
		末帝 李從珂 （934～937）			
小 計	二主 16 年 6 月	三姓四主 13 年 7 月	二主 10 年	二主 3 年 11 月	二姓三主 10 年

據《舊五代史》〔註63〕

〔註63〕 本表主要依據《舊五代史》，包括廟號、諡號與亡國君主稱號。帝王之姓名依
　　　　 循其受賜改名前或即位改名前之稱呼，期與內文之稱謂一貫。

第二章　唐末藩鎮與朱溫崛起

　　關於唐末藩鎮間的爭鬥，〔註1〕頗見史書有「相吞噬」的記載，特別是以河南道境為主要範圍的關東諸鎮，這個似是而非的論調似乎深遠地影響後代學者。〔註2〕上述值得商榷的說法並非全無依據，畢竟，連五代後晉的史官都指責唐末鎮帥「無非問鼎之徒」。〔註3〕然而事實恐非如此。

　　本章由探討時代背景特色的角度切入，以得鎮後的朱溫為主體，探討其率宣武軍吞噬河南諸鎮的過程及其用兵特色。

〔註1〕 方鎮、藩鎮二詞在《舊唐書》交互使用，似未區分。唐、五代稱方鎮節度使為「軍帥」或「鎮帥」，但無稱「藩帥」者。見後晉·劉昫等撰，《舊唐書》（北京：中華書局，1975）卷144〈陽惠元傳〉，頁3915、同書卷158〈鄭餘慶傳〉，頁4172。

〔註2〕 相吞噬，見《舊唐書·僖宗紀》卷19，頁720，光啓元年：「藩鎮迭相吞噬，朝廷不能制。」另見，宋·歐陽修、宋祈撰，《新唐書》（北京：中華書局，1975）卷224，〈叛臣傳〉，頁6408，昭宗大順二年，王建對韋昭度之語：「公以數萬眾討賊，……關東諸節度相吞噬」。宋·司馬光編著，《資治通鑑》（北京：中華書局，1956）卷256，光啓三年三月，記周庠說王建之語，「唐祚將終，藩鎮互相吞噬」云云。均呈現唐末時人對方鎮（尤其對關東方鎮），持「相吞噬」的看法，並且影響後世。例如：《新五代史》（北京：中華書局，1974），出版說明，頁2，即言：「一批在鎮壓起義中形成的軍閥成了新的割據勢力，唐朝滅亡後，他們繼續霸占一方，互相篡奪攻擊。」趙國光，〈唐代河南道及都畿道與國勢興衰之關係〉，中國文化大學史學博士論文（2003），緒論也說「唐末的軍變與民亂，河南道及都畿道地區又成為主戰場，藩鎮、軍閥相互之間激烈的兼併吞噬。」

〔註3〕 《舊唐書·哀帝紀》卷20，頁812，「史臣曰：……五侯九伯，無非問鼎之徒；四岳十連，皆畜無君之跡。」對此，（英）杜希德（Denis Twitchett 1925～2006）主編，《劍橋中國隋唐史》（北京：中國社會科學出版社，1990），頁846，已注意到李克用戰勝黃巢後「似乎不去擴張領地」。

第一節　唐末的河南諸鎮

一、唐末亂象一瞥

　　大唐天祐四年（907）三月甲辰，昭宣帝降御札，禪位於梁。二十一日後，朱溫（852～912）披袞冕，即皇帝位，再四日，改元開平，建梁。〔註4〕朱溫本宋州（今安徽碭山）一小民，從黃巢為盜，繼而歸降於唐，獲領宣武鎮（治汴州），其後轉戰四境，獲授四鎮節度使，封梁王，終至篡唐。後唐至宋的史家多以其建立的後梁為「偽」，對其敗德亂倫的行徑更是深惡痛絕。〔註5〕若借史家的觀點，在其死後不到十二年，當已遭「陰禍」「報應」。〔註6〕

　　朱溫建立的，是西漢以來的第一個平民統治政權，如果將其稱帝之舉視為成功，則其成功除了大時代的環境造就之外，必然有他自己的特質因素。在細探朱溫崛起的經歷以前，本文擬先就漢、唐兩大帝國結束前的情況進行局部比較，對唐末的時代特色略加掃描，藉此呈現兩個歷史週期之間的異同，即使可能只是小視野的片面現象。

　　唐末的方鎮割據局面，與漢末的群雄並起有相似之處。漢末，因黃巾賊亂的影響而州郡擁兵，當漢獻帝被劫居長安以後，各地州牧紛紛脫離中央走上割據、兼併之途，與唐末不同的是，這些州牧、太守多標榜其身分系出高門，為名士之後勁。可以說，大族世家的社會階級及其影響下的社會結構，

〔註4〕《資治通鑑》卷266，頁8670、8673～74，後梁紀太祖開平元年三月甲辰、四月甲子、戊辰條下。案，朱溫，唐僖宗賜名全忠，建梁稱帝之前改名晃。本文統以原名稱之，以下五代皇帝均同。

〔註5〕「嗚呼，天下之惡梁久矣，自後唐以來，皆以為偽也。」見《新五代史・梁太祖紀》卷2，頁21，卷尾辭。案，朱溫稱帝之後，《資治通鑑》改記鳳翔鎮帥李茂貞為岐王，西川節帥王建為蜀王，淮南節帥楊渥為弘農王，河東節帥李克用為晉王。見《資治通鑑》卷266，頁8673，開平元年四月乙亥條後。本文為便於讀者識別，通常直書其名。

〔註6〕「史臣曰：……報應之事，固以昭然。」見《舊五代史・梁書列傳》卷18，頁494。陰禍、報應之論，參見漢・司馬遷撰，劉宋・裴駰集解，唐・司馬貞索隱，唐・張守節正義，《史記》（北京：中華書局，2014），卷56〈陳丞相世家〉，頁2062，「始，陳平曰：我多陰謀，是道家之所禁。吾世即廢，亦已矣，終不能復起，以吾多陰禍也。」案，朱溫諸子頗相殘殺，俱亡在李存勗入汴之前。朱溫氏未遭李存勗族誅，亦未見史家論其「報應」，反倒是朱溫之謀臣，李振、敬翔遭族誅，而有報應之論。

並未隨著中央政府的崩潰而瓦解，〔註7〕建立在這個結構之上的道德意識，也沒因爲戰亂的衝擊而破碎，因此，關於曹操之「魏武三詔令」是否重才輕德的問題，乃值得學界討論迄今。〔註8〕但是，受到科舉制度的影響，唐朝晚期的世族地位已經式微，傳統社會的貴族階級結構瀕於瓦解，節度使身分之取得，除了由中央官員派放或聽由牙軍操控外，更見武人率眾強取的場面。到王仙芝、黃巢之亂前後，節帥的身分在「官」、「賊」之間流轉者不勝枚舉，而這種現象在漢末似未嘗出現。〔註9〕

　　唐末兩個最具代表性的人物，一是河東鎮帥李克用，一是宣武軍帥朱溫。李克用原先已被唐廷指爲叛亂者，甚至視爲外患，不旋時，竟以破黃巢、復長安之大功，授爲河東節度使，反而取代原先負責討伐他的河東軍帥鄭從讜；朱溫本是亳州無賴，投身盜匪五年之後，由盜賊轉降而成官將，進而獲受旌節榮歸故鄉。試想，昨日河東軍民群情聲討的叛徒，竟成今日的司命上官，他們的心理要如何調適此種立場變換所帶動的道德混淆；宣武鎮兵面對這位昔日遭人嫌惡的無賴，又如何才能轉變心態，爲其冒死效忠！這種身分變換所帶動的立場轉化現象，其造成價值觀的混淆，對社會秩序產生深遠與複雜之負面影響，實非漢末情況所能比擬。

　　《資治通鑑》收錄一則引人側目的事件，指出唐僖宗中和二年（882）的邛州牙官阡能因慘痛經歷而「發憤爲盜」，竟引發效應「紛紛競起」。〔註10〕

〔註7〕　張儐生，《魏晉南北朝史》（臺北：幼獅文化公司，民76），第一章一、二節、第十三章第三節，高門世族的衰弱。另參，唐長孺，《魏晉南北朝隋唐史三論》（武漢：武漢大學出版，1993），第三篇第二章，門閥的衰弱和科舉制度的興起。宋德熹，〈唐代後半期門閥與宦官之關係〉，收入淡江大學中文系主編，《晚唐的社會與文化》（臺北：臺灣學生書局，民79），頁148，論門第之消失於唐末。

〔註8〕　黃仁宇在〈魏晉南北朝和浪漫主義〉提到三國時期有十世紀的西方浪漫主義味道，以及「魏武三詔令」爲後代詬病的問題。詳論見氏著《赫遜河畔談中國歷史》（臺北：時報文化出版公司，1989），第12篇。另參唐長孺，〈魏晉才性論的政治意義〉，《魏晉南北朝史論叢》（北京：商務印書館，2010），頁293～305。

〔註9〕　詳見孫國棟，〈唐宋之際社會門第之消融〉，《新亞學報》卷4期1（民48），頁211～304，收入氏著《唐宋史論叢》（香港：龍門出版社，民69）。另，胡如雷注意到在掌握士兵者的身分上，魏晉南北朝漢唐後期、五代之間有顯著的區別，但其試圖由經濟與生產關係的角度解釋之，此與許多相信其主要受科舉制度影響的觀點相左。參見氏著，〈唐五代時期的"驕兵"與藩鎮〉，《隋唐五代社會經濟史論稿》（北京：中國社會科學出版社，1996），頁180。

〔註10〕　見《資治通鑑》卷254，中和二年、三年各條載。

《舊五代史》也記敬翔之妻的經歷及二人的對話，內容雖敗傷風俗，卻能訓止其夫。〔註11〕這些記載都凸顯了當時官賊不分與價值觀異常的現象，即使那只是特例，已經很能夠呈現唐末這個價值觀混亂的病態社會。

不僅如此，《舊唐書·僖宗紀》光啓元年（885）三月記載當時的割據情況時，列舉當時十三位擁兵自重者，指責他們「自擅兵賦，迭相吞噬」，〔註12〕但是其中的秦宗權在二年前已敗降於黃巢，淪為盜匪，史官卻將之視同節帥列述，對官將與叛賊的身分不之區分；〔註13〕或者我們不應該過於責難當時的史官，很多時候，是官軍自己表現出與賊軍難以分辨的樣貌。〔註14〕上述內容，無論是後晉史官根據唐朝史料抄錄，或是依史官自己的認識而書寫，都自然而然地流露出唐末時期那種官、賊難分的氛圍。

中和四年（884），李克用與朱溫發生「上源驛事件」後，司馬光記言：「時藩鎮相攻者，朝廷不復為之辯曲直。由是互相吞噬，惟力是視，皆無所稟畏矣。」〔註15〕《資治通鑑》的用辭，和前述《舊唐書》史官指責方鎮「皆自擅兵賦，迭相吞噬」的語氣很類似，只是《資治通鑑》早了七個月提出，並將因果關係和「上源驛事件」連在一起。依照司馬光引述的邏輯，似乎是在「上源驛事件」的處理上，因為朝廷不能辨明曲直而產生一種效應，〔註16〕影響到方鎮之間的互動，所以開始「互相吞噬」。

〔註11〕翔妻劉氏，先為巢將尚讓、武寧帥時溥所得，朱溫平徐又得而嬖之，因敬翔喪妻再以劉氏轉賜之。及翔漸貴，劉猶出入朱溫臥內，翔情禮稍薄，劉氏讓翔曰：「卿鄙余曾失身於賊耶，以成敗言之，尚讓，巢之宰輔，時溥，國之忠臣，論卿門第，辱我何甚，請從此辭！」翔謝而止之。劉氏有「國夫人」之號。……當時貴達之家，從而效之，敗俗之甚也。見《舊五代史·敬翔傳》卷18，頁488。

〔註12〕《舊唐書·僖宗紀》卷19，頁720，光啓元年三月，「時李昌符據鳳翔，王重榮據蒲、陝，諸葛爽據河陽、洛陽，孟方立據邢、洺，李克用據太原、上黨，朱全忠據汴、滑，秦宗權據許、蔡，……皆自擅兵賦，迭相吞噬，朝廷不能制。」

〔註13〕《舊唐書·僖宗紀》卷19，頁717，中和三年十一月，已改稱之為「蔡賊」。《資治通鑑》卷256，頁8321，光啓元年三月條下載其稱帝，而兩《唐書》均無記錄。

〔註14〕中和二年春正月，「天下勤王之師雲會京畿，京師食盡。賊食樹皮，以金玉買人於行營之師，人獲數百萬。山谷避亂百姓，多為諸軍之所執賣。……京師百姓迎處存，歡呼叫譟。是日軍士無部伍，分占第宅，俘掠妓妾。」《舊唐書·僖宗紀》卷19，頁712。

〔註15〕《資治通鑑》卷256，頁8313，中和四年八月條前。

〔註16〕克用八上表請討全忠，僖宗不許，見《新五代史·唐書莊宗紀》卷4，頁34。

　　上述「官賊不分」與「不辯曲直」可能是兩種樣態，卻是李唐帝國瓦解的前兆。如前所述，因為王朝解體而導致政治結構的崩潰與群雄並起，唐末與漢末相似，但是，在道德意識以及社會秩序崩解的問題上，唐末的情況恐怕遠遠超過漢末。如此一來，前述引發學者持續議論的「才、德孰重」問題，在浪漫主義味道更加濃烈的五代，當然就不堪聞問了。

　　人的性格有堅忍與脆弱之別，在斧鋸臨頸的情況下，如果還能選擇，或有寧願選擇維護人性尊嚴與行為價值者，但求速死而已；但當處於頻受折磨而求死不得的情況時，卻常見選擇拋棄那僅存的人性尊嚴與道德觀，只為免於疼痛。〔註17〕在唐末五代這個充滿社會悲劇的時代場景下，在人們對自己所理解的正面價值已經不抱期望的時候，那些沉積在腦海底層的道德意識，容易遭到刻意忽視，那些平時受到稱頌的價值觀，無論是上下或群己間的忠、義信念，當迭受懷疑或已遭棄置。〔註18〕

　　職是之故，前述列舉之個案，即使是特殊環境下的個別求生選擇，恐怕並非孤例，至於那些領軍降附對手的倒戈將軍，也很難以單一的標準，一概斥之為「叛」或「賊」，進而，對於那些忠於君主、忠於職守而堅持到底的犧牲者，究竟應該加以成仁取義的褒揚或給予頑冥不靈的訕笑，竟也成為難題。〔註19〕

　　這些在特殊環境下的行為選擇，很難以承平時期的心態去理解，對其行為之評論，也常受評論者的時代氛圍決定。〔註20〕基於對時代背景特性差異

〔註17〕關於本時期的社會現象特色，參見清・趙翼著，王樹民校證，《廿二史劄記校證》卷22，頁474~479。專論參見林瑞翰，〈五代豪侈、暴虐、義養之風氣〉，收入《大陸雜誌史學叢書》輯2冊2（民56），頁288～300。林瑞翰，〈五代君臣之義淡而政風多貪黷〉，收入《大陸雜誌史學叢書》輯2冊2（民56），頁247～255。

〔註18〕忠義的信念在（朱溫陣營）劉鄩與丁會身上，稍見對照。參見五代・孫光憲，《北夢瑣言》（北京：中華書局，2002），卷16〈梁祖夢丁會〉、卷17〈劉鄩忠於舊主〉，頁310、324。長期戰亂帶來這方面的負面影響，似乎古今皆然，可參考（加）戴安娜・拉里（Diana Lary），《流離歲月：抗戰中的中國人民（*Chinese People at War : Human Suffering and Social Transformation, 1937～1945*）》（臺北：時報文化出版公司，2015），緒論。

〔註19〕時溥遣使獻黃巢姬妾至長安，僖宗責問：「汝曹皆勳貴子女，世受國恩，何以從賊？」居首者對曰：「狂賊凶逆，國家以百萬之眾，失守宗祧，播遷巴、蜀；今陛下以不能拒賊責一女子，置公卿將帥於何地乎！」此應對之辭，顯示勳貴子女在忠君（道德）與求生存（現實）之間做了選擇，並且振振有辭。見《資治通鑑》卷256，中和四年七月壬午條下。

〔註20〕值得參考的觀點參見，王賡武，〈馮道——論儒家的忠君思想〉，收入《中國

的理解，當讀者面對本時期諸多違背道德常態的「無恥」行徑時，實毋需付諸過多情緒性評論。

二、河南藩鎮脈絡

關於唐末藩鎮與唐朝滅亡的關係，歷代學者如宋人尹源（1005～1054）、
〔註21〕明儒顧炎武（1613～1682）、〔註22〕黃宗羲（1610～1695）〔註23〕，近
代吳廷燮（1865～1947）〔註24〕等人的論述都顯示「唐亡於方鎮」是久植於
人心的概念，但其實新、舊兩《唐書》皆不曾如此敘述。〔註25〕晚近學者對
此或以「唐末新起的藩鎮則是令中央集權瓦解的產物」敘之，將唐末藩鎮和
以前的藩鎮區隔。〔註26〕

歷史人物論集》（臺北：正中書局，民62），頁162～98。陸揚，〈論馮道的生
涯──兼談中古晚期政治文化中的邊緣與核心〉，文刊榮新江主編《唐研究》
卷19（北京：北京大學出版社，2013），頁1～26，已收入氏著，《清流文化
與唐帝國》（北京：北京大學出版社，2016）。

〔註21〕「世言唐所以亡，由諸侯之強，此未極於理。夫弱唐者，諸侯也。唐既弱矣，
而久不亡者，諸侯維之也。……故唐之弱者，以河北之強也；唐之亡者，以河
北之弱也。」尹源原文旨在強調河北三鎮位置的重要性，認為因河北方鎮之弱
（敗於朱溫），而導致唐朝滅亡。見《宋史・尹源傳》卷442，頁13082～13083。

〔註22〕「嗚呼！世言唐亡藩鎮。而中葉以降，其不遂幷於吐蕃回紇、滅於黃巢者，
未必非藩鎮之力。」明・顧炎武原著，黃汝成集釋，《日知錄集釋》（臺北：
世界書局，1991），頁220。

〔註23〕「自唐以方鎮亡天下，……方鎮之兵不足相制，黃巢、朱溫遂決裂而無忌。然
則唐之所以亡，由方鎮之弱，非由方鎮之強也。」明・黃宗羲，《明夷待訪錄》
（臺北：世界書局，不著年），頁21。案，黃宗羲意欲明朝效法唐代設置邊疆
方鎮。

〔註24〕吳廷燮，《唐方鎮年表》（北京：中華書局，1980），頁1466，敘論：「新書兵
制曰：『唐亡於方鎮』，非也。」

〔註25〕〈方鎮表〉前言：「始也，……而其亡也亦終以此。」是簡述方鎮發展史。〈兵
志〉是以多個變化期說明唐朝亡於對軍隊之措置失當。無論〈兵志〉或〈方鎮
表〉都未有「唐亡於方鎮」之語。參見《新唐書・兵志》卷50，頁1324；同
書卷64〈方鎮表〉，頁1759。事實上，兩唐書中只在《新唐書・南詔傳》言「唐
亡於黃巢，而禍基於桂林。」並無「唐亡於方鎮」之語。案，學者或將《新唐
書》簡稱為新書，《舊唐書》簡為舊書，並稱兩唐書，新紀指《新唐書・本紀》，
舊傳是《舊唐書・列傳》，以此類推，新志、舊傳，各有所指。本文從之。

〔註26〕王小甫論點主要關注在中央與地方權力的分配問題上，並不聚焦於李唐王室覆
滅。見氏著，《隋唐五代史：世界帝國，開明開放》（臺北：三民書局，2008），
頁221，案，方鎮者，節度使之兵也。節度治軍，觀察治民，各有印綬，各有幕
僚。方鎮領數州兵為一鎮，或有因功受軍號者，如易定節度使受賜義武軍，亦

　　唐末的宣武軍及其周邊藩鎮的區塊分割，是安史亂後的唐朝對地方藩鎮勢力多次削制與折衝的演變結果。〔註27〕安史之亂爆發約十三日後，唐朝立刻新置河南節度使，治汴州，領十三郡，欲阻叛軍南下。〔註28〕這個設置當然著眼於整合河南道境力量，對抗由河北而來的叛軍，這個節度區整合集結大河南岸的濮、滑、曹州，及汴水沿線的汴、宋、亳、徐、泗州，並擴及其兩側的陳、潁、淄、沂、海諸州，但並未包含東都畿及其南與西之許、汝、蔡、陝、虢州地區，〔註29〕這顯示，在唐朝中央的概念裡，叛軍南侵時的壓力首承區與東都畿區必須加以區隔。上述的編組將唐朝以關中為核心的傳統地緣觀念表露無遺，就關中地勢而言，關東的陝、虢地區及東都畿區的安全敏感性，自然要高於河南道其他各州。

　　河南道的汴宋地區位處東都畿東翼，且控制江淮貢賦進入河洛的運輸幹道，因而成為唐朝中央力圖保護而割據勢力極欲進窺的區域。在安史亂時，睢陽（宋州）因為有太守許遠的堅守，發揮了重要的阻敵功效，安史戰禍因此未向南擴散。〔註30〕

　　唐朝整合河南道力量以對抗安史叛軍的構想，因事發倉促而失效，首次設置的河南節度使編組亦隨之解體，其後陸續分置青密、淮西，以及鄆齊兗節度使。〔註31〕安史叛亂持續約七年後中止，許多叛將接受中央招撫，就地

　　　　稱義武（軍）節度使，魏博節度使或稱天雄（軍）節度使等。晚唐以來，節度使之領州或有調整，但軍號則未改變，其間原因繁多難以概論，而節鎮、軍號之名，史載兼而用之，如天雄軍經常稱為魏博軍，唐末常稱宣武軍為汴軍，一如感化軍或稱徐軍，河東軍或稱晉軍，淮南軍或稱淮軍，盧龍軍或稱燕軍等等。

〔註27〕此期間河南道方鎮的區域變動，可對照杜希德編，《劍橋中國隋唐史》（臺北：南天書局，1997），頁487、507、538之附圖（763、785、822年方鎮分布情形），較能具體的呈現。

〔註28〕事在《資治通鑑》卷217，天寶十四載十一月丙子條下。吳廷燮，《唐方鎮年表》，頁185，植為十月丙子。十三郡，見《新唐書·方鎮表》卷65，頁1800，包括陳留、睢陽、靈昌、淮陽、汝陰、譙、濟陰、濮陽、淄川、琅邪、彭城、臨淮、東海。案，唐朝地名在安祿山之亂前後有所變動，概為唐末之汴、宋、滑、陳、潁、亳、曹、濮、淄、沂、徐、泗、海等13州。

〔註29〕寶應元年（762），唐改豫州為蔡州，《舊唐書·地理志》卷38，頁1434。

〔註30〕「天寶末，淮陽太守薛愿即故起居郎弘之祖、睢陽太守許遠、真源縣令張巡等兵守二城，其于窮蹙，事相差垺，睢陽陷賊，淮陽能守，故巡、遠名懸而愿事不傳。昌之守寧陵，近比之于睢陽，故良臣之名不如忠臣。孫武曰：善用兵者，無赫赫之功。斯是也。」唐·杜牧，《樊川文集》（臺北：九思出版，民68），〈宋州陵寧縣記〉，頁152。

〔註31〕《新唐書·方鎮表》卷65，頁1800。

任命爲節度使，但是唐朝這種妥協性做法，卻導致河朔地區逐漸進入割據的半獨立狀態，進而感染到河南地區。〔註32〕

除上述河南道節度使之編組顯示唐朝以關中爲核心的地緣概念外，德宗、憲宗諸朝對藩鎮的討伐，也顯示唐朝在河南與河北之間用兵的優先選擇性，〔註33〕說明唐之河南道對關中核心區具備防過與緩衝的重要功能，成爲唐朝必須維持穩定的優先區域。這個概念在以汴洛爲京都的五代與北宋，完全不能適用。

唐朝中央討伐河南藩鎮，直到德宗貞元二年（786），淮西鎮李希烈死亡及內部分裂，削藩行動才暫時獲得妥協，再到憲宗元和年間平定淮西吳元濟（元和十二年，817）及淄青李師道之亂（元和十四年，819）以後，河南地區的動亂方見稍息。〔註34〕

在上述的發展中，保持漕運的流暢是應付財政困難的重要措施，而財政的困難與戰爭的消耗又息息相關，在經濟利益與軍事武力的顯影下，汴渠幹線上的汴、宋、亳、宿、徐、泗州區域，以及運輸支線的陳、許、潁州區域，〔註35〕有宣武軍、武寧軍以及忠武軍處於其中。區域北邊的大河南岸各州，經常必須承接來自北岸的壓力；西南邊則是連接豫西山地和桐柏山的汝、蔡二州，成爲淮西節度使李忠臣、李希烈二代曾經的盤據區域；〔註36〕東邊是泰沂山脈所形成的隆起丘陵與山地，一度是平盧淄青節度使李正己三代活躍之地，〔註37〕以後才分出天平、泰寧等軍鎮。〔註38〕

〔註32〕余衍福編著，《唐代藩鎮之亂》（臺北：聯經出版公司，民69），第二章第六節。李碧妍，《危機與重構：唐帝國及其地方諸侯》（北京：師範大學出版社，2015），第一章三、四節。

〔註33〕「鎮州事勢，與劉闢、李錡不同。何者？劍南、浙西，本非反側之地，……又四面皆是國家兵鎮，事與河北不同，所以懇請誅討。」語出唐・李絳，〈又上鎮州事〉、〈論鎮州淮西事宜〉，收入《李相國論事集》（臺北：臺灣商務出版社，民55）卷3、4。「臣謂幽、燕、恆、魏之寇，勢緩而禍輕，汝、洛、滎、汴之虞，勢急而禍重，……東寇則轉輸將阻，北窺則都城或驚。」語出唐・陸贄，〈論兩河及淮西利害狀〉，《陸宣公奏議》（臺北：中華書局，民69）卷11，頁1～4。

〔註34〕參見王小甫，《隋唐五代史：世界帝國，開明開放》，第七章。

〔註35〕案，唐建中、元和年間，曾經因李希烈、吳元濟之叛，絕汴渠餉道。因治蔡渠，引東南饋，或自淮陰泝淮（水）入潁（水），至項城入溵（水），輸于郾城（今縣），以饋淮西行營諸軍，省汴運之費。

〔註36〕《舊唐書・李希烈傳》卷145，頁3943～3945。

〔註37〕《舊唐書・李正己傳》卷124，頁3534～3543。

　　隨著地方勢力的坐大以及局勢的變化，唐朝對擁有兵權的方鎮勢力愈加析置，並且根據節度區在軍事上的表現以及對朝廷的貢獻，賜予如武寧軍、彰義軍等軍號，以後更有滑衛（或汴滑）、鄭陳（或陳許）、徐海（或徐泗濠）節度使等小區域組合的調整。迄於唐末，河南道至少已有宣武、義成（宣義）、忠武、感化（武寧）、泰寧、天平、河陽、陝虢等九鎮，是方鎮分布最密集的區域（參見表二、圖三）。〔註39〕

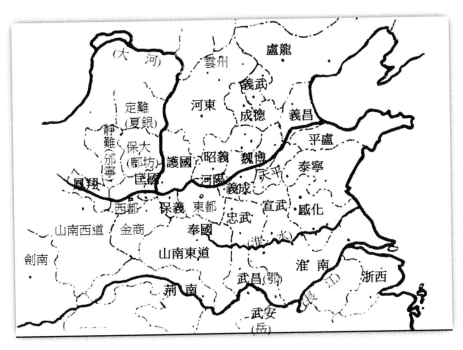

圖三　唐末中原主要方鎮位置示意圖〔註40〕

〔註38〕　「以華州刺史馬總爲鄆、曹、濮等州節度使。己丑，以義成節度使薛平爲平盧節度、淄‧青‧齊‧登‧萊等州觀察使。以淄青四面行營供軍使王遂爲沂、海、兗、密等州觀察使。」《資治通鑑‧唐紀》卷241，憲宗元和十四年（819）三月戊子條下。

〔註39〕　本文地圖採用譚其驤主編，《中國歷史地圖集》（北京：中國地圖出版社，1982）；嚴耕望，《唐代交通圖考》（上海：上海古籍出版社，2007）。古今地名之對照，依據中華民國中央研究院開發「中華文明之時空基礎架構系統，中國歷史行政地名（行政疆域）」（2002年電子版）爲主，若有不得，則以（日）青山定雄，《中國歷代地名要覽》（臺北：方輿出版社，民68）補充之。

〔註40〕　筆者自繪。底圖參考譚其驤主編，《中國歷史地圖集》。

　　唐朝內戰型態常見採取逐州、逐城的攻防，而晚唐鎮帥通常分派屬州由鎮將統領，久之，節度使未必能充分掌握鎮將管州，雖然晚唐在制度上並沒有強化州功能的設計，但是州的軍事獨立性確實相對增強。〔註41〕此問題隨著藩鎮的自主性一直持續到五代。即使朱溫建梁之後曾試圖壓抑鎮將的權力，提高州刺史與縣令的地位，以強化中央與地方間的行政連結，〔註42〕但若節度使主宰地方的現象未解決，中央欲意指派文職縣令主導施政，則其成效實難期待。〔註43〕

　　許多學者引用張國剛氏的觀點，將安史亂後至黃巢亂前的藩鎮概略區分為河朔割據型、中原防遏型、邊疆禦邊型、東南財源型。〔註44〕筆者對於將藩鎮位置與藩鎮類型連結的必要性不很了解，惟概悉其所謂「中原防遏型」的淄青、淮西兩鎮叛亂活動，曾經較諸「河朔割據型」的藩鎮更為劇烈。〔註45〕

〔註41〕　關於節度使對州治、屬州以及屬縣的軍事掌握問題，參見張達志，《唐代後期藩鎮與州之關係研究》（北京：中國社會科學出版社，2011），第二章。張國剛，〈唐代藩鎮軍將職級考略〉，原載《學術月刊》期9（1989），收入氏著《唐代藩鎮研究》（北京：中國人民大學出版社，2010）。（日）日野開三郎，〈五代鎮將考〉，收入劉俊文主編，《日本學者研究中國史論著選譯（第五卷）》（北京：中華書局，1993），頁72～104。

〔註42〕　《舊五代史‧職官志》卷149，頁4577，「諸州鎮使，官秩無高卑，並在縣令之下。……刺史得以專達。」

〔註43〕　（韓）金宗燮，〈五代中央對地方的政策研究——以對州縣政策為主〉，《中國社會歷史評論》卷4（2002），頁545～553，論及五代以中央為主的地方體制係逐漸形成。

〔註44〕　繼王壽南將藩鎮對中央的態度分為跋扈、叛逆、恭順三種論述之後，張國剛的分類最常受引用。但張國剛氏所謂的中原，包括了唐朝的河東與河南道，卻不包含河北道；此與一般的中原定義不同。參見氏著，《唐代藩鎮研究》，第四章，頁49～50。

〔註45〕　參見《舊唐書‧李勉、李希烈、李忠臣各傳》卷131、145，頁3633～3636、3939～3943、3943～3945。案，淄青鎮在河南道；淮西鎮在李希烈鎮帥以後，領地跨淮南、山南東道，其中蔡州屬河南道境；昭義鎮跨河東與河北道。此間的難處似在於其地域分類，既已先將「中原」的範圍縮限在大河之南，但在分類的形態上，又必須打破其自限的地理範圍。藩鎮類型之研究非本文主軸，相關研究另參見（日）大澤正昭，〈唐末の藩鎮と中央權力——德宗‧憲宗朝を中心として〉，《東洋史研究》卷32期2（1973），頁146～147，將唐代的藩鎮分為分立志向型、權力志向型、統一權力支持型三種。王援朝，〈唐代藩鎮分類芻議〉，《唐史論叢》輯5（1990），頁106～129，將藩鎮的分類改為長期割據型、一度割據型、京東防內型、西北防邊型和南方財源型。另參見（英）杜希德著，張榮芳譯，〈唐代藩鎮勢力的各種類型〉，《大陸雜誌》卷66期1（1983）。

無論如何，張國剛氏將藩鎮分類的時限設在黃巢亂前是有跡可循的。拜黃巢作亂之賜，唐末河南道諸帥之取得旌節，或引兵逐帥以自代，或叛附於官軍與巢軍之間，難免讓人有藩鎮蠢動的聯想，然而唐末藩鎮的對外擴張現象並不具全面性，〔註46〕蔡州秦宗權以節帥身分降賊之後開始侵略四境，朱溫以賊將身分降唐之後執意吞噬鄰鎮，二者行動皆明顯地具有兼併意圖，但是其他河南諸鎮及河朔鎮帥，仍因循於傳統遙尊唐廷、相結為重的心態，〔註47〕相較之下應該屬於較為保守的割據態度，不宜一律視為兼併擴張類型。

　　康實是朱溫的前任宣武軍帥，已少受關注，其於僖宗中和元年（881）率宣武軍入關救援，〔註48〕當時與之一同赴難的河南地區鎮帥有六位，其中忠武軍周岌、感化軍時溥、護國軍王重榮等，皆因藩鎮內部軍亂甫得帥位。〔註49〕稍後，敗降於黃巢的諸葛爽將佔據河陽，平盧軍帥安師儒則被牙將王

〔註46〕何燦浩試圖繼張國剛之後將唐末藩鎮加以分類，但他所區分的四種類型都是以兼併與干政為基本態度，宜再商榷。見氏著，〈唐末方鎮的類型〉，《中國社會歷史評論》卷2（2000），頁439～448。另見氏著，〈唐末地方動亂的新特點〉，《中國社會歷史評論》卷1（1999），認為唐末地方動亂特徵，包括動亂的主體力量由軍士變成了刺史和軍將，動亂的地區以州為主，地方獨立化的趨勢明顯增強。

〔註47〕遙尊唐廷之例，見《資治通鑑》卷262，光化三年十月，癸未條下：「朱全忠至城下，（義武帥）處直登城呼曰：「本道事朝廷盡忠，於公未嘗相犯，何為見攻？」案，其謂「事朝廷盡忠」雖未必為真，卻可見河朔各鎮遙尊天子之姿已久。這些涉及唐末五代藩鎮特性的研究論述，另參（日）周藤吉之，〈五代節度使の支配體制〉，《史學雜誌》卷61期4、6（1952），頁1～41、頁20～38。堀敏一，〈藩鎮親衛軍の權力構造〉，《東洋文化研究所紀要》冊20（1960），頁75～147。堀敏一，〈唐末諸叛乱の性格——中國における貴族政治の没落について〉，《東洋文化》號7（1971），頁52～94。（日）菊池英夫，〈五代禁軍の地方屯駐に就いて〉《東洋史學》期11（1954），頁19～41。

〔註48〕《新唐書・王鐸傳》卷185，頁5407，周岌、王重榮、諸葛爽、康實、安師儒、時溥六節度為將佐，而中尉西門思恭為監軍，率衛兵泊梁、蜀師三萬壁盩厔，移檄天下。

〔註49〕感化軍節帥時溥與忠武軍節帥周岌原都是本州牙將，因黃巢度江北上入淮，奉命帥本軍集結於溵水，卻又各自率兵返回本州，逐帥自代。時在廣明元年九月。王重榮在廣明元年十一月，以馬步都虞侯之身分逐河中節帥自代。經歷與黃巢亂軍之對壘，於中和元年四月，詔授河中節帥。見《舊唐書・僖宗紀》卷19，頁708、710～712，另分見《資治通鑑》卷253、254，廣明元年十一月、中和元年四月庚寅、八月、十二月條下。

敬武取代。〔註50〕一年多後，朱溫將歸附唐朝，取代康實成爲宣武軍帥，成
爲上述這些河南鎮帥的主要對手。

這些新崛起鎮帥相繼出線的意義，除了打破唐廷以中央文官和宦官派任
的發展慣性外，〔註51〕應該注意朱溫特殊出身背景的影響。一個人的出身背
景與成長環境通常影響他的思想與行爲，這個身分背景的顯著差異，恐怕是
與其他鎮帥格格不入的重要原因，促使朱溫一反傳統方鎮行徑而向外擴張，
〔註52〕在此之前，他必須先克服藩鎮「兵驕」的內部問題。

方鎮的「兵驕」問題由來已久，在《新唐書·兵志》中首先對「兵驕」
有所討論。〔註53〕清人趙翼（1727～1814）在《廿二史箚記》指出唐朝的「兵
驕」現象是上行下效的結果。〔註54〕事實上，所謂「兵驕」應該是軍隊成員
心態的外顯，是鎮帥、牙將與鎮兵三者權力關係互動下的副產品，既然它是
屬於結構性衍生的心態問題，也就不容易由某位將帥的幾次行動加以終結，
〔註55〕除非中央、方鎮、牙軍之間的關係發生結構性改變。因此，日人堀敏
一氏（1924～2007）指稱宣武軍經過韓弘（貞元年間）、韓充（長慶年間）二
任節度使的殺戮，驕兵的歷史已告終了的說法，〔註56〕似乎應該調整，至少，

〔註50〕 王敬武原是平盧軍大將，見《舊唐書·僖宗紀》卷19，頁712，中和元年十
月；參見《資治通鑑》卷254，中和二年九月條下。朱瑄以天平軍都將奪帥，
見同書卷年，十月癸丑條下。

〔註51〕 王賡武，《五代北方中國的權力分配》，頁14。

〔註52〕 參見（日）堀敏一，《朱全忠政權の性格》，《駿台史學》期11（1961），收入
氏著《唐末五代變革期の政治と經濟》（東京：汲古書院，2002），頁211～224。
佐竹靖彥，〈朱溫集團の特性と後梁王朝の形成〉收入《中國近世社會文化史
論文集》（臺北：中央研究院歷史語言研究所，1992）。

〔註53〕 「故兵驕則逐帥，帥彊則叛上。……姑息起於兵驕，兵驕由於方鎮，姑息愈甚，
而兵將愈俱驕。由是號令自出，以相侵擊，虜其將帥，併其土地，天子熟視不
知所爲，反爲和解之，莫肯聽命。」《新唐書·兵志》卷50，頁1329～1330。

〔註54〕 清·趙翼著，王樹民校證，《廿二史箚記校證》，卷20〈方鎮驕兵〉，頁431～
432。

〔註55〕 因此，韓弘雖曾於談笑之間殺戮「軍中素恣橫者劉鍔等三百人」，約二十年後，
其弟韓充仍可「得嘗構惡者千餘人」，參見《舊唐書·韓弘傳》卷156，頁4134
～4138。另見《舊唐書·高駢傳》卷182，頁4706，「況天下兵驕，在處僭越，
豈二儒士能戢彊兵。」

〔註56〕 （日）堀敏一認爲「驕兵」起因於鎮帥爲了自身安危並強化自己的權威，選
置一批牙兵或親（衛）軍，給予優遇厚賞，於是牙兵也產生了特權，影響力
逐漸積疊至難以駕馭，致使奪帥事件頻仍，甚至相沿傳習，侵犯唐廷的節帥
派任權；另有一部分想脫離中央建立獨立支配秩序的鎮帥，同樣受制於牙兵，

《舊五代史》、《資治通鑑》對朱溫初任宣武鎮帥，都還有「驕軍難制」的書寫；朱溫於七月履新，十二月才收得亳州軍權的記載亦可爲一證。其後，朱溫逐一吞噬河南諸鎮，不但自兼四鎮節帥，並選派親信擔任忠武、感化、泰寧軍帥，將河南道諸鎮兵力連結成一體，則此際河南諸鎮兵在朱溫的統御下，殆不至敢有驕態，此與河北、河東、關中地區的藩鎮情況，都難相提並論。

　　學者的觀察，認爲晚唐以來的軍帥、鎮將、牙兵之間已經培養出一種類似「夥伴集團」關係。〔註57〕果眞如此，則其行事考量的主軸，恐怕將陷入以保障或擴大此結構中的既得利益爲方向，這種結構並不利於犧牲精神的發揮，在戰場上，帶著這種傳統結構關係的鎮兵，與受到朱溫嚴御的汴梁軍人相遇，〔註58〕其戰力也會產生根本的差異。以唐哀帝天祐三年（906）時的魏博鎮爲例，當年，朱溫因故派出七萬河南鎮兵，殺戮五萬魏博各州縣軍人，〔註59〕原本具有強烈兵驕性格的魏博牙軍，〔註60〕恐怕只剩一息奄奄。但當李存勗建立新的帝國後，再度提供野火升溫的條件，重新引燃魏博鎮的兵驕性格，演成推翻後唐莊宗的兵變事件。〔註61〕因兵變而得位的李嗣源，對於兵驕導致兵亂進而傾覆政權的現象似乎深有領悟，即位之後對於類似事件多

　　　　無法遂意，詳見氏著〈藩鎮親衛軍の權力結構〉，《東洋文化研究紀要》期20
　　　　（1960），收入《日本學者研究中國史論著選譯（第四卷：六朝隋唐）》（北京：
　　　　中華書局，1993），頁594～596。
〔註57〕參見（日）谷川道雄，王霜媚譯，〈關於河朔三鎮藩帥的繼承〉，收入《第一
　　　　屆國際唐代學術會議論文集》（臺北：臺灣學生書局，1989），頁910～912。
　　　　日野開三郎，〈唐代藩鎮の跋扈と鎮將〉，《東洋學報》期26、27（1939、1940）
　　　　頁153～212、311～350。
〔註58〕《資治通鑑》卷266，後梁開平元年十一月戊子條下，「初，帝在藩鎮，用法
　　　　嚴，……謂之跋隊斬。」
〔註59〕《舊唐書・哀帝紀》卷20，頁806，魏博牙外兵五萬。同書卷，頁809，「全
　　　　忠……全獲魏博六州」。另見《資治通鑑》卷265，天祐三年正月乙丑條下。
〔註60〕參見《資治通鑑》卷269，貞明元年三月條下，梁末帝朱友貞欲分魏博爲二，
　　　　引發魏州牙軍反彈，轉向晉軍求救。就梁方中央而言，可能將作亂之魏兵視
　　　　爲驕兵，就魏兵而言，則可能是對「自治權力」的堅持。魏博牙兵，參見五
　　　　代・孫光憲，《北夢瑣言》卷14〈神告羅弘信〉、卷17〈魏博衛軍〉，頁287
　　　　～288、327。方鎮追求「自治」之論，參見盧建榮，《咆哮彭城——唐代淮上
　　　　軍民抗爭史（765～899）》（臺北：五南出版，2008），第14章。
〔註61〕同光三年十一月，後唐征蜀，回程中領軍伐蜀的樞密使郭崇韜竟無故遇害，
　　　　引發西征軍內亂，消息傳回京師又繼續擴散。這些斷斷續續來自西面的謠言，
　　　　傳到魏博更戍兵之耳裡，就像丟入餘燼中的枯木。參見《資治通鑑》卷274，
　　　　頁8957～8959，天成元年二月己丑至壬辰條。

採取滅門、族誅的嚴厲手段懲制之,其中當然包括對盧臺軍亂事件之魏博亂兵,處以滿門抄斬。〔註62〕李嗣源以後的藩鎮勢力雖然仍在,但歷史書寫的場景逐漸轉移到中央,學者的焦點多關注在中央禁軍的影響力上面,幾乎已經不再用藩鎮兵驕的角度去看影響帝王除替的兵變事件。

在後續討論政權更迭的過程中,藩鎮的鎮帥與兵驕問題屬於背景的認識,先述於此。

三、河南地理與汴梁形勢

《唐六典》記河南道境:「東盡於海,西距函谷,南瀕於淮,北薄於河。名山則有三崤、少室、砥柱、蒙山、嶧山,嵩、岱二岳在焉。大川有伊、洛、汝、潁、沂、泗之水,淮、濟之瀆。」〔註63〕《讀史方輿紀要》寫河南封域則曰:「東連齊楚,西阻函谷,南據淮,北逾河、漳。其名山有嵩高,太行,三崤,砥柱,其大川則有大河,淮水,汴水,洛水,潁水,汝水。其重險則有虎牢,黽阨,三鴉,河陽三城。」〔註64〕上述區域包括唐朝函谷關以東的都畿道與河南道全境,其北面概以太行、王屋山、中條山接河東道,以大河區隔南、北二道;河南境不全位於大河之南,由大河北岸到太行山、王屋山麓之間,也屬河南道境。西南鄰山南東道,以豫西山地的崤山、嵩山、伏牛山至桐柏山稜、水系為界;以桐柏山、淮水南隔淮南道。〔註65〕

〔註62〕 詳見本文第三章第四節。

〔註63〕 「海水在青、萊、登、密、海、泗六州之境;函谷在虢州;淮水出唐州,歷豫、潁、亳、泗四州之南境;黃河歷虢、陝、河南府、鄭、滑、濮、濟、齊、淄、青十州之北境。三崤在今河南洛寧縣界;少室在登封縣;砥柱在陝州三門峽市;蒙山在沂州費縣;嶧山在兗州鄒縣;中嶽嵩山在河南告成縣;東嶽泰山,一名岱山,在兗州乾封縣。伊出河南伊陽縣,北流入洛,洛出商州上洛縣,經虢州、河南入河;汝水在汝州;潁水在潁州;沂、泗二水並出兗州;淮水源在唐州桐柏縣;濟水源在河南濟源縣。」唐·李林甫等撰,陳仲夫點校,《唐六典》(北京:中華書局,1992),卷3〈尚書戶部〉,頁64~65,附注地名對照。

〔註64〕 清·顧祖禹撰,賀次君、施和金點校,《讀史方輿紀要》(北京:中華書局,2005),卷46〈河南〉,頁2091~2133。案,清代的行政區域與唐不同,故稱其「東連齊楚」,其中《唐六典》提到的泗水,已由汴水取代,伊水在清代已不提。

〔註65〕 參見譚其驤主編,《中國歷史地圖集》,圖44~45。該圖是開元二十九年之行政區復原圖,其後仍有變動。另參李孝聰,《中國區域歷史地理》,頁166~167。東秦嶺山脈、崤山山脈、熊耳山、嵩山山脈、外方山脈、伏牛山脈等脈,稱為豫西山地,是秦嶺山脈延伸向東的分支,海拔高度約1000~1500公尺。

大河自黃土高原南來，受阻於秦嶺東緣山勢，自潼關轉東，在中條山與崤山之間的狹窄出口急流而下，迄自虎牢以東數千里，大抵經途沃野，無大山重阻，歷鄭、汴、曹、鄆等南岸諸州東流入海。因爲自洛陽以下河道漸開，故若遇雨季加上大河上游融雪，長期淤積泥沙，使得洛陽以東的河道容易氾濫與改道，此現象在五代時期特別嚴重。歷代爲防汛修堤而建造出大河下游特有的「懸河」現象，使大河下游不再有任何支流，來自泰沂山脈北面區域（屬於濟、齊、淄、青諸州）之水流，皆在入河之前即轉東入海，水系不屬大河。〔註66〕區域內水系除洛、伊河水發源於伏牛山，向北匯入大河外，其他汝、穎水等多屬於淮水水系，發源於伏牛、桐柏山，由西北向東南斜向緩流入淮水；泰沂山地西面的河流，則匯入沂、泗水而入淮。

據上，吾人或可由淮河水系與沂泗水系兩大主體區塊來觀察本時期的河南道：〔註67〕西面區塊是由豫西山地、桐柏山地緩降而來的主體地勢（西北向東南），一直到汴、泗水畔，這個區塊上的主要方鎮是忠武軍、宣武軍、感化軍；西部交通受阻於山區，進出行動受限。東面區塊始自汴水以東，以泰沂山脈在山東半島所形成的低山丘陵地塊爲主，州縣主要屬平盧、天平、泰寧三鎮；南北交通受山地與丘陵地形阻隔，僅活絡於區塊西面。此東、西兩大區塊交接處，遂能匯集來自二面的水流並增修運河，成爲主要水路通道。東面區塊雖然較小，但是背海面陸，北隔大河，西臨汴水，南接淮水，地理形勢自成一格（參見圖四）。

上述二區塊相接的帶狀低地以大野澤和其周邊零星沼澤匯入淮水的泗水水道爲明顯地貌，部分積蓄成條狀沼澤帶或湖泊區，〔註68〕受大河氾濫以及河道變遷南移的影響，大野澤在宋朝將發展爲梁山濼，以後又向南推移，演變成今日所見之獨山湖、微山湖以及順此低窪地勢開鑿的大運河樣貌。宣武鎮和武寧鎮恰在這兩區交集的位置上，成爲河南道舉足輕重的二個藩鎮。

〔註66〕參見李孝聰，《中國區域歷史地理》，頁152～153、167。

〔註67〕此二大區塊之說，參見張修桂，《中國歷史地貌與古地圖研究》（北京：社會科學文獻出版社，2006），第七章第二節。

〔註68〕低山丘陵是山東半島的地形主體，泰沂山脈（包括由泰山、魯山、沂山等山所組成之山群）聳立其北，參見李孝聰，《中國區域歷史地理》，頁172～173。

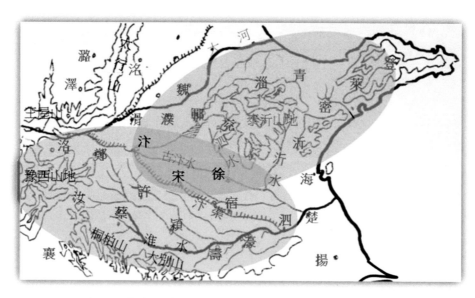

圖四　唐代河南道境地形與重心區塊示意圖〔註69〕

　　似乎是因爲歷史發展的機運，武寧軍以「龐勛之亂」而率先活躍於晚唐的舞台，導致唐朝元氣大傷。武寧軍號在亂平後遭撤，當其恢復爲軍鎭時，更名感化軍，經歷二位文臣領帥之後，內部已趨沉靜，迄黃巢亂至，牙兵改推鎭將時溥替代爲帥。〔註70〕根據盧建榮的研究，感化軍人似乎受到龐勛事件影響，從此傾向於建立自己的支配秩序，對境外事務較不積極。〔註71〕很可能就是因爲這種態度，導致其遭宣武軍兼併的命運。宣武軍號建立於德宗建中二年（781），原治宋州，三年後移汴州，此後所管州縣稍有變動，朱溫獲授宣武鎭帥時，仍領汴、宋、亳三州，〔註72〕與感化軍不同的是，宣武軍

〔註69〕　筆者自繪。底圖參考譚其驤主編，《中國歷史地圖集・都畿道河南道》，另據聯勤總司令部測量署，《中華民國分省地圖》（臺北：未對外發行，民76）。

〔註70〕　《新唐書・方鎭表》卷65，頁1823〜1824，咸通十年（869）置徐泗節度使，是年增領濠、宿二州。隔年置徐泗觀察使，尋賜號感化軍節度使。乾符二年（875）罷領泗州。

〔註71〕　盧建榮分析，龐勛之亂影響了徐州軍民「追求自治」的態度，其統計自中和元年（881）到文德元年（888）徐軍出戰紀錄，認爲時溥領導下的感化軍未接受任何強人勢力的要求而出境作戰過。詳論見氏著，《咆哮彭城──唐代淮上軍民抗爭史（765〜899）》，第14、15章。

〔註72〕　宋、亳、潁節度使，尋號宣武軍，見《新唐書・方鎭表》卷65，頁1809。建中二年，二月丙午，以宋、亳節度爲宣武軍，見《舊唐書・德宗紀》卷12，頁328。傅先召考察在大中十一年至光啓元年（857〜885），潁州已隸義成軍，後義成、宣武軍俱歸朱溫，並改義成爲宣義（886）以避朱父諱，直至唐亡當

在朱溫的領導下不斷向外擴張，直至革唐建梁。

唐憲宗曾指出宣武鎮形勢：「梁宋之地，水路要衝，運路咽喉，王室藩屏。」〔註73〕唐文宗時官員於〈汴州糾曹廳壁記〉亦誌：「大梁當天下之要，總舟車之繁，控河朔之咽喉，通淮湖之運漕。」〔註74〕引文所謂的控扼「咽喉」，是指舟車必經的貿易轉運熱區，當時是水路都會之地，帶動地富人繁的發展，因而成為「關東要衝」。顧祖禹在《讀史方輿紀要‧河南二》不但引述唐朝韓弘、也引後唐郭崇韜以及後晉桑維翰的說法：「大梁襟帶河、汴，控引淮、泗足以禁制山東。」「汴州，關東衝要，地富人繁。」「大梁北據燕、趙，南通江、淮，水陸都會，形勢富饒。大梁距魏不過十驛，彼若有變，大軍尋至，所謂疾雷不及掩耳。」〔註75〕這種我可往、彼可來的衝要之地，《孫子》歸納稱之為「交地」、「通地」或「衢地」。〔註76〕

必須強調的是，雖然汴州基於水路運輸而成為河南衝要之地，但此與憑恃山形地勢所形成的軍事重地不相同，前述觀點無論稱之為「襟帶」或「衝要」，都沒有險峻的概念，故桑維翰只稱其「形勢富饒」，而北宋人再怎麼讚為「天下奧區」，稱其「背倚」何處、「面控」何處、「左鎮右縈」何處，最後還是加上一句「然形勢渙散，防維為難。」故《讀史方輿紀要》只稱開封府：「川原平曠，水陸都會。」

河南之四境交通，自西面入關中盆地，洛陽至新安（今新安）一段道路稱平曠，自新安西至潼關（今潼關附近）約四百里則重岡疊阜，終日無方軌列騎之處，〔註77〕其中陝城（今河南三門峽市）屢經攻守，歷代皆為要地。〔註78〕

仍隸宣義軍。見氏著，〈唐朝後期潁州隸屬變動及其對政局的影響〉，《安徽師範大學學報》卷39期6（2011），頁707～712。

〔註73〕　引自顧學頡校點，《白居易集》，卷75〈翰林制詔‧與韓弘詔〉（北京：中華書局，1979），頁1216。

〔註74〕　唐‧劉寬夫，〈汴州糾曹廳壁記〉，收入清‧董誥、阮元、徐松等編撰，《全唐文》（北京：中華書局，1982），卷740，頁4568。該文記於文宗大和三年（829）。

〔註75〕　顧祖禹，《讀史方輿紀要‧河南二》卷47，頁2136～2137。

〔註76〕　《十一家注孫子校理》，頁167、218、236。

〔註77〕　《讀史方輿紀要‧河南》卷46，頁2091。《元和郡縣圖志‧關內道》卷2，頁35～36。

〔註78〕　《元和郡縣圖志‧河南道》卷6，頁155～156。

河南越河入河東之路，西有陝州、〔註79〕中有河陽三城、東有延津可渡，
為北上太行山區所必經，皆戰時必爭。〔註80〕太行山南下懷州（今沁陽）與
山上的澤州（今晉城）地位重要，澤州設有天井關（即太行陘，闊三步，長
四十里）最具咽喉之險，是太行八陘中的河內三陘之一（軹關陘、白陘在唐
末似不見重視）。〔註81〕除上述主要幹線外，本時期曾有朱溫由河陽出西北小
徑達濟源，入王屋山區繞行進入絳州之例。

大河在白馬津與黎陽津之間有多個渡口，是連接南、北的重要通路，再
往東另有楊劉（屬鄆州，今山東東阿境）渡口，〔註82〕楊劉以下因沂泰山區
矗立於南面，阻礙渡河後交通，故由河北南下之軍若在東阿（唐末本屬濟州，
併入鄆州）以東渡津，將受阻於山形而繞路遠行，因此東阿以下（東）的渡
津，戰略價值不高。五代晉、梁二軍夾河苦戰，晉方的最後渡河點，就是因
為戰況膠著而往下游尋找渡口以求突破的結果，在此前後，晉軍在渡河之後
每次必須向上游逐次推進，造成極大戰損；此為將領不知地形之害的顯例，
惟歷來未見列論（詳見後文）。

汴渠入大河處，在河陰（河南鄭州境）之汴口（今不詳），永濟渠接大
河處則在汲縣，故水路交通可由淮南經汴渠入大河，再經黎陽北上達幽州，
〔註83〕後周世宗曾經充分利用此路線。

河南西南面以汝州為要區，地當伏牛山東出之勢，伏牛山與大別山間斷
陷形成地理上的「方城缺口」，構成豫西與南陽盆地（即荊襄地區）間之重要

〔註79〕 由陝州之陝津渡河入進河中府境，再經汾水河谷即北上進入太原府境。《新唐
書・地理二河南道》卷38，頁985，有大陽故關，即茅津，一曰陝津。
〔註80〕 參見《元和郡縣圖志・河南道》卷5，頁144，河陽縣之河陽三城，歷代跨河
累築北城、南城（孟津、富平津）、中潬城。
〔註81〕 李吉甫，《元和郡縣圖志・河北道》卷16，頁423，443～444，天井關、懷州、
河內。河內三陘（又稱南三陘）一為軹關陘（河南省濟源縣），二為太行陘（河
南省河內縣），三是白陘（河南省輝縣）。參見李孝聰，《中國區域歷史地理》，
頁181～183。另見嚴耕望，《唐代交通圖考・河東河北區》卷5，圖19「唐代
河東太行區交通圖（南幅）」。
〔註82〕 「若取黎陽渡河，既繞離本界，便至滑州，徒有供饋之勞，又生顧望之勢。
不然，則且秣馬屬兵，候霜降水落，於楊劉渡河，直抵鄆州。」見《舊唐書
・裴度傳》卷170，頁4421。「白馬縣北三十里鹿鳴城有黎陽津，一名白馬津」；
「靈昌縣東北二十二里有延津，即靈昌津。」見《元和郡縣圖志・河南道》
卷8，頁198～201。《讀史方輿紀要・河南》卷46，頁2103，胡三省注：「白
馬以西數十里間皆謂之延津」。
〔註83〕 參見岑仲勉，《黃河變遷史》（臺北：里仁書局，民71），頁296（注11）、308。

通道（由蔡州往返山南東道）。〔註84〕黃巢入關之前，由淮北西趣汝州，遂陷東都；其後秦宗權之徒亦恣兇於此境。

《讀史方輿紀要》稱：「河南，古所稱四戰之地也。當取天下之日，河南在所必爭，及天下既定，而守在河南，則岌岌焉有必亡之勢矣。」〔註85〕因為河南地理形勢處於南北、東西交通必經的四戰之地，顧祖禹因而指出設之為首都的風險，宜詳細評估，此所謂「岌岌焉有必亡之勢」似乎是指北宋而言，俟本文詳加爬梳政權更迭的過程後，總論於後。

表二　唐末重要鎮帥簡表

西曆	方鎮與節帥（一）〔註86〕								
	宣武	忠武	義成	河陽	陝虢	感化	天平	泰寧	平盧
883	康實 朱溫	周岌	王鐸	諸葛爽	王重盈	時溥	朱瑄	齊克讓	王敬武
884	朱溫	周岌 鹿晏弘	王鐸	諸葛爽	王重盈	時溥	朱瑄	齊克讓	王敬武
885	朱溫	鹿晏弘	安師儒	諸葛爽	王重盈	時溥	朱瑄	齊克讓	王敬武
886	朱溫	鹿晏弘	安師儒	諸葛爽 孫儒	王重盈	時溥	朱瑄	齊克讓 朱瑾	王敬武
887	朱溫	楊守宗	胡真	孫儒 李罕之	王重盈 王珙	時溥	朱瑄	朱瑾	王敬武
888	朱溫	楊守宗 王蘊	胡真	李罕之 丁會	王珙	時溥	朱瑄	朱瑾	王敬武
889	朱溫	趙犨	胡真	張宗厚 朱崇節	王珙	時溥	朱瑄	朱瑾	王敬武 王師範

〔註84〕汝州當伏牛山東出之勢，伏牛山與大別山間之斷陷形成「方城缺口」，為豫西與南陽盆地間之通道。參見李孝聰，《中國區域歷史地理》，頁179、247～248。
〔註85〕《讀史方輿紀要·河南方輿紀要序》，頁2083。
〔註86〕主據吳廷燮編《唐方鎮年表》，並依王壽南《唐代藩鎮與中央關係之研究》附錄一藩鎮總表修改。本表選入與本文關聯性較強的方鎮，俾利速查對照同一時期之鎮帥姓名，至於其為留後或真除、係自取或奉朝命、獲得之月份（影響到西曆年的正確性）以及領地之變化等等，並不詳考。例如，王壽南考王重榮與趙犨曾任泰寧節度使，或未之鎮、或遙領之，本文仍以實際在鎮者列之；方鎮軍號或有異動者，本表亦略之。

890	朱溫	趙昶	胡眞 朱溫	朱崇節	王珙	時溥	朱瑄	朱瑾	王師範
891	朱溫	趙昶	朱溫	朱崇節 趙克裕	王珙	時溥	朱瑄	朱瑾	王師範
892	朱溫	趙昶	朱溫	趙克裕 張全義	王珙	時溥	朱瑄	朱瑾	王師範
893	朱溫	趙昶	朱溫	丁會 張全義	王珙	時溥 張廷範	朱瑄	朱瑾	王師範
894	朱溫	趙昶	朱溫	張全義	王珙	張廷範	朱瑄	朱瑾	王師範
895	朱溫	趙昶 趙珝	朱溫	張全義	王珙	張廷範	朱瑄	朱瑾	王師範
896	朱溫	趙珝	朱溫	張全義	王珙	張廷範	朱瑄	朱瑾	王師範
897	朱溫	趙珝	朱溫	丁會	王珙	龐師古 王敬蕘	朱瑄	朱瑾 葛從周	王師範
898	朱溫	趙珝	朱溫	丁會	王珙	王敬蕘	朱溫	葛從周	王師範
899	朱溫	趙珝	朱溫	丁會	王珙 朱友謙	王敬蕘	朱溫	葛從周	王師範
900	朱溫	趙珝	朱溫	丁會	朱友謙	王敬蕘	朱溫	葛從周	王師範
901	朱溫	趙珝 韓建	朱溫	丁會 孟遷	朱友謙	王敬蕘	朱溫	葛從周	王師範
902	朱溫	韓建	朱溫	（缺？）	朱友謙	王敬蕘	朱溫	葛從周	王師範
903	朱溫	韓建	朱溫	張漢瑜	朱友謙	王敬蕘 朱友恭	朱溫	葛從周 康懷英	王師範
904	朱溫	韓建 朱溫	朱溫	張漢瑜	朱友謙	朱友恭 楊師厚	朱溫	康懷英	王師範
905	朱溫	張全義	朱溫	張漢瑜 王師範	朱友謙	楊師厚 張慎思 〔註87〕	朱溫	康懷英 劉仁遇 〔註88〕	王師範
906	朱溫	張全義	朱溫	王師範	朱友謙	張慎思	朱溫	劉仁遇	王師範
907	朱溫	張全義	朱溫	王師範		張慎思	朱溫	劉仁遇	王建

〔註87〕 《舊五代史・張慎思傳》卷15，頁423，記其以黃巢軍將投誠，於天祐二年起任徐州武寧軍留後。

〔註88〕 兩五代史無傳。天祐二年以棣州刺史兼克州刺史、充泰寧軍節度使，見《舊唐書・哀帝紀》卷20，頁791～792。

西曆	方鎮與節帥（二）								
	河東	河中	昭義	義武	義昌	成德	魏博	山南東道	蔡州
883	鄭從讜 李克用	王重榮	孟方立	王處存	楊全玫	王景崇 王鎔	韓簡 樂行達	劉巨容	秦宗權
884	李克用	王重榮	李克修 〔註89〕	王處存	楊全玫 王鐸	王鎔	樂彥禎	劉巨容 趙德諲	
885	李克用	王重榮	李克修	王處存	楊全玫 盧彥威	王鎔	樂彥禎	趙德諲	趙犨
886	李克用	王重榮	李克修	王處存	盧彥威	王鎔	樂彥禎	趙德諲	
887	李克用	王重榮 王重盈	李克修	王處存	盧彥威	王鎔	樂彥禎	趙德諲	
888	李克用	王重盈	李克修	王處存	盧彥威	王鎔	樂彥禎 羅弘信	趙德諲	申叢
889	李克用	王重盈	李克修	王處存	盧彥威	王鎔	羅弘信	趙德諲	申叢 郭璠
890	李克用	王重盈	李克恭 孫揆 康君立	王處存	盧彥威	王鎔	羅弘信	趙德諲	郭璠
891	李克用	王重盈	康君立	王處存	盧彥威	王鎔	羅弘信	趙德諲	
892	李克用	王重盈	康君立	王處存	盧彥威	王鎔	羅弘信	趙德諲	
893	李克用	王重盈	康君立	王處存	盧彥威	王鎔	羅弘信	趙德諲 趙匡凝	
894	李克用	王重盈	康君立 薛志勤	王處存	盧彥威	王鎔	羅弘信	趙匡凝	
895	李克用	王重盈 王珂	薛志勤	王處存 王郜	盧彥威	王鎔	羅弘信	趙匡凝	崔洪
896	李克用	王珂	薛志勤	王郜	盧彥威	王鎔	羅弘信	趙匡凝	崔洪
897	李克用	王珂	薛志勤	王郜	盧彥威	王鎔	羅弘信	趙匡凝	崔洪
898	李克用	王珂	薛志勤	王郜	盧彥威	王鎔	羅弘信 羅紹威	趙匡凝	崔洪

〔註89〕當年九月，原昭義帥孟方立遷治所於邢州，李克用於十月取潞州以李克修爲昭義帥，故當時有二昭義軍府分建於邢、潞州。孟方立卒於龍紀元年（889），其弟遷以邢州附李克用。

899	李克用	王珂	李罕之丁會	王郜	劉守文	王鎔	羅紹威	趙匡凝	崔洪
900	李克用	王珂	張歸霸孟遷	王郜王處直	劉守文	王鎔	羅紹威	趙匡凝	
901	李克用	王珂朱溫	孟遷丁會	王處直	劉守文	王鎔	羅紹威	趙匡凝	朱友裕
902	李克用	朱溫	丁會	王處直	劉守文	王鎔	羅紹威	趙匡凝	
903	李克用	朱溫	丁會	王處直	劉守文	王鎔	羅紹威	趙匡凝	
904	李克用	朱溫	丁會	王處直	劉守文	王鎔	羅紹威	趙匡凝	
905	李克用	朱溫	丁會	王處直	劉守文	王鎔	羅紹威	趙匡凝	
906	李克用	朱溫	丁會李嗣昭	王處直	劉守文	王鎔	羅紹威	楊師厚	
907	李克用李存勗	朱溫	李嗣昭	王處直	劉守文	王鎔	羅紹威	楊師厚	

第二節　朱溫的體制內擴張

一、初掌宣武軍符

中和元年（881）七月，唐僖宗因黃巢之亂已逃抵西蜀，隔年（882）正月，天下勤王之旅集結關中，黃巢軍受困於長安。〔註90〕唐朝晦暗的命運似乎看見一絲曙光，卻因為新一批逐帥自代的方鎮出現，再度烏雲重重，落難皇帝對各藩鎮節帥的變動，已無否決能耐，只能因其現況加以承認。〔註91〕

中和三年正月（883），原本遭驅逐出境的沙陀軍在唐朝召喚下進入關中，擊破黃巢軍。四月，黃巢殘眾由藍田關（今陝西藍田縣境）遁走。沙陀領袖李克用（856～908）以破賊首功，超授為河東節度使，時年方二十八。〔註92〕

〔註90〕 唐懿宗第五子李儼，即位前改名儇，史稱僖宗。廣明元年（880）十二月甲申日出奔，二年正月朔，抵興元，七月至西蜀，改元中和。中和二年二月，王處存率義軍一度攻入長安，復遭逐出。見《舊唐書·僖宗紀》卷19，頁689、709～712。

〔註91〕 關東諸鎮牙將趁局勢混亂而逐帥自代者，包括忠武軍周岌、感化軍時溥，天平軍朱瑄，平盧軍王敬武，另有反覆於官賊之間的諸葛爽在河陽。

〔註92〕 三年五月，授李克用河東節度使，《舊唐書·僖宗紀》卷19，頁716。「沙陀」是唐人之泛稱，李克用之族系屬於「朱邪」，參見《新唐書·沙陀傳》卷218，頁6155。

另一方面，就在李克用收復長安前，唐廷先授巢軍降將朱溫以宣武軍節度使，令俟京師收復，即得赴鎮，時齡三十二；〔註93〕沒有人會想到此草莽出身的節度使，將在二十四年之後革唐而代之。朱溫革唐建梁是由宣武軍兼併河南諸鎮開始，他是怎麼做到的？這似乎連司馬光都感到極大的興趣。〔註94〕只是司馬光的觀察不盡正確，詳論於次節。

　　黃巢於中和三年四月逃離長安，經由藍田入商山（今陝西丹鳳縣西），轉進蔡州（治在今河南汝南縣）。〔註95〕此路線就是二年前朱溫守備的通道，當時他遭忠武監軍楊復光攻擊，退回關中。〔註96〕黃巢南下應當是經商山由鄧州東轉，沿伏牛山與桐柏山之間的「方城缺口」進入汝、蔡州境，故忠武軍（陳、許州）及奉國軍（蔡州）首當其衝。〔註97〕在秦宗權率領下，奉國軍不敵黃巢殘部三萬兵勢，〔註98〕竟投降並合勢進圍陳州（今河南淮陽），不克，乃縱兵四掠，凶焰遍及於河南府及河南道、山南東道諸州。〔註99〕在黃巢殘部的凶焰之下，蔡州投降，陳州受圍，忠武軍實際只控領許州，又因

〔註93〕黃巢軍攻入關中時，朱溫本在巢營，曾由關中南下攻陷鄧州（今河南南陽），圖窺荊、襄地區，但遭忠武軍擊敗，縮回長安。中和二年（882），朱溫再奉巢命攻克同州，繼攻河中，卻屢敗於河中節帥王重榮。其見巢軍兵勢日蹙，遂以同州降於王重榮，轉附官軍。十月，為右金吾大將軍、河中行營招討副使，賜名全忠。三年五月，為宣武軍節度使。見《舊五代史·梁太祖紀》卷1，頁7～8。《舊唐書·僖宗紀》卷19，頁716，記「以檢校尚書右僕射、華州刺史、潼關防禦等使朱溫檢校司空，兼汴州刺史、御史大夫，充宣武節度觀察等使，仍賜名全忠。」

〔註94〕《資治通鑑》卷257，頁8361，光啓三年八月壬子，記「全忠與克、鄆始有隙。」同書卷頁8371，十一月戊午，記「徐、汴始構怨。」同書卷259，頁8458，乾寧元年十二月條前，記「揚、汴始有隙。」同書卷262，頁8553，天復元年六月條前，「崔胤始懼，陰厚朱全忠益甚，與茂貞為仇敵矣」。同書卷263，頁8582，天復二年九月丁未條下，「茂貞自是喪氣，始議與全忠連和，奉車駕還京。」顯示司馬光頗著意於朱溫如何開始與諸鎮發生衝突，又如何將勢力伸入關中。

〔註95〕見《舊唐書·僖宗紀》卷19，頁715、717。

〔註96〕楊復光率忠武八都痛擊朱溫，打通商山道之役，當時秦宗權仍在忠武軍。參見《資治通鑑》卷254，中和元年六月條前。

〔註97〕蔡州原屬忠武軍，楊光復奏升為奉國軍，以秦宗權為防禦使。見《資治通鑑》卷254，中和元年八月己丑條後。

〔註98〕《資治通鑑》卷255，頁8289、8295，中和三年三月條前，記黃巢發兵三萬搤藍田道，五月條下，記其前鋒「萬人」。《舊唐書·僖宗紀》卷19下，頁718，記李克用敗黃巢眾，「獲所俘男女五萬口，牛馬萬餘」。

〔註99〕河南道的許、汝、孟、鄭、汴、曹、濮、徐、兗州；山南東道的唐、鄧州。見《資治通鑑》卷255，頁8296，中和三年六月條前後。

前監軍楊復光不久前卒於河中，著名的忠武八都將各率其眾散去，因此忠武軍實際上已瀕於殘破，〔註100〕幸有時溥、朱溫等附近鎮帥領軍相助，尚能保有陳州。

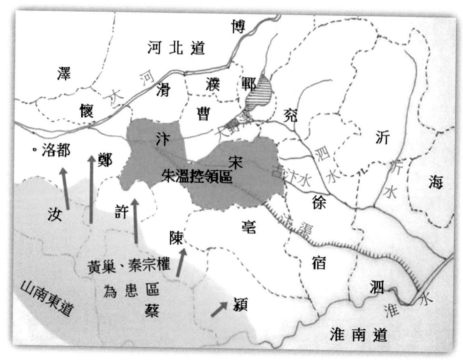

圖五　朱溫初受宣武鎮時的關係位置圖（883/7）〔註101〕

　　從整體河南道的角度而言，陳州的堅守有緩解蔡賊向徐、汴衝擊的功能。故朱溫以空降之姿入主宣武軍，必須盡力協助陳州堅守，同年底，朱溫收得亳州軍權，〔註102〕此意味著其帥權已獲鞏固。惟當時的宣武軍實力仍不足以獨當一面，在中和三年到光啓三年之間，常見其向鄰鎮請援甚至爭奪兵源。（參見圖五）

　　當時諸鎮情況，河北天雄軍帥韓簡（領貝魏博相衛）企圖趁著黃巢亂局南下兼併領地卻失利，導致牙軍另擁澶州（河南濮陽）刺史樂彥禎為留後。同年，成德軍（領鎮趙深冀）由王鎔繼承父職，續掌兵權；〔註103〕昭義軍（領

〔註100〕鹿晏弘陷許州，殺周岌，自稱留後，尋為秦宗權所攻，見《舊唐書・僖宗紀》卷19，頁719，中和四年十一月。
〔註101〕筆者自繪，底圖參考譚其驤主編，《中國歷史地圖集・都畿道河南道》。
〔註102〕見《資治通鑑》卷255，頁8301，中和三年十二月條下。朱溫收服宣武鎮各州軍的考察，參見王賡武，《五代時期北方中國的權力結構》，頁47～48。
〔註103〕《舊唐書・僖宗紀》卷19，頁713、714，事在中和元年十至十二月。

澤潞邢洺磁）則因特殊的地形關係衍生族群摩擦，〔註104〕節帥孟方立將帥府由潞州（山西長治）遷至邢州（河北邢臺），引發內部矛盾，分裂爲二，不久後，潞州將由李克用取得。〔註105〕淮南道，仍由高駢割據，但內部不和，其西面之山南東道（今桐柏山區一代）另有群盜竄擾，〔註106〕統治權力不穩固。

　　此際的各鎮確切兵力數字不詳。有學者據《玉海》、《舊唐書·陽惠元傳》、《元豐類稿》估算晚唐各鎮兵力爲：「太原、青社各十萬，邠寧、宣武各六萬，潞、徐、荊、揚各五萬，襄、宣、壽、鎮、海各三萬，觀察、團練據要害之地者不下萬人。」〔註107〕惟上開數字出自代宗、德宗時期，且是概估值，與唐末混亂的情況必有差別，僅能參考。據五代《北夢瑣言》記載，河東鎮在李克用時期之騎軍「不過七千，……自始至終，馬數纔萬」，而後唐明宗李嗣源認爲，全國「所管馬軍三萬五千」已經足夠。〔註108〕可見史載常見中原地區動則數萬騎兵參戰的描述，恐怕多係誇大之詞。

　　唐朝追剿黃巢殘部之時，宣武軍帥朱溫的頭銜是「東北面都招討使」，感化軍帥時溥爲「東面兵馬都統」，時溥位在朱溫之上。〔註109〕初期感化、宣武、忠武軍壓制不住亂軍，轉向河東請求增援。李克用親率五萬兵馬南下，但遇河陽諸葛爽不借道，使得原欲由天井關經懷、澤州直接進入河南的河東軍改道遠繞，由蒲州（今山西永濟）境渡河抵陝州，進入關東河南地。〔註110〕唐末的河南與河東雖然相鄰，卻大約僅此兩路適合大軍通行，此交通特點的重要性在後續討論中將一再出現。

〔註104〕 地形衍生的分隔問題，杜牧言：「昭義軍糧盡在山東，澤、潞兩州全居山內，土瘠地狹，積穀全無。是以節度使多在邢州，名爲就糧，山東糧穀旣不可輸，山西兵士亦必單鮮，搗虛之地，正在於此。」見氏著，〈上李司徒相公論用兵書〉，收入《樊川文集》，頁 165。詳論參見張正田，《「中原」邊緣──唐代昭義軍研究》（臺北：稻鄉出版社，民96），第二章二節、第三章一節。

〔註105〕 《資治通鑑》卷255，頁 8285～8287、8299，中和二年十二月、中和三年十月條前後。另見《新唐書·孟方立傳》卷187，頁 5448。《新五代史·孟方立傳》卷42，頁 456～457。

〔註106〕 分見，《資治通鑑》卷255，中和三年十一月條下、中和四年四月條前，光啓元年正月條下、同年十一月條下。

〔註107〕 張其凡，《五代禁軍初探》（廣州：暨南大學出版，1993），頁 91。

〔註108〕 五代·孫光憲，《北夢瑣言》，卷20〈馬多國虛〉，頁 353。

〔註109〕 《資治通鑑》卷255，頁 8297，中和三年七月丁卯條下，加全忠「東北面都招討使」。同書卷年九月條下，頁 8299，加溥「東面兵馬都統」。

〔註110〕 《資治通鑑》卷255，頁 8301～8302，中和四年二月條下，李克用自陝、河中渡河而東。

　　中和四年五月，率領河東軍助平賊亂的李克用，卻在上源驛館（洛陽城外）險遭朱溫暗殺。〔註111〕李克用多次上訴於僖宗卻未獲解決，史官因而將這場延續到下一代的冤仇互動，稱之為「尋戈之怨」，〔註112〕這部分的後續發展與分析，將在第三節後段詳敘。

　　黃巢殘部在河東軍的支援下剿滅，朱溫接收亂軍敗將，成為最大受益者。朱溫出身盜匪，又收納曾經轉戰各地、遍歷社會百態的黃巢軍將與部屬，這股勢力進入鎮兵系統成為主導力量，必然對長期以牙兵為主的方鎮權力結構產生衝擊。宣武軍不但因此在兵力上獲得強化，體質上也必然有所改變。以後當河南諸鎮軍與宣武軍對戰之時，面對的將不單純是同為牙兵、州縣兵所組成的傳統方鎮之軍，而是由一群實戰經驗豐富的亡命之徒領導的軍隊。朱溫的擴張特點，是在唐末節度使體制內向外吞噬，王賡武（1930～）認為此節度使體制給朱溫帶來限制，使其不能像安祿山或黃巢般的戲劇性快速膨脹。〔註113〕本文卻由另一個側面看這個現象，認為節度使體制恰成為朱溫的保護傘，藩鎮若不對他低頭，即遭誣為叛方，使他得以名正言順地向外蠶食鯨吞。

　　朱溫對外擴張，由吞併北面的義成軍開始，繼向東北面的天平鎮出兵，遭強力回擊，又一度試圖向淮南擴張，幸運的遇上蔡賊分裂，遂轉回西面擊滅秦宗權之後，才回頭找上感化軍。以下，本文將通過那些先後發生的戰役，還原成今日可見的作戰軌跡，從另一個面向認識戰場上的朱溫。

二、吞噬義成覬覦淮南

　　黃巢殘部破滅後，秦宗權繼其凶悍，侵犯四境，包括其北面之洛都、陝、

〔註111〕上源驛事件，詳見《資治通鑑》卷255，頁8306～8307，中和四年五月條下。舊紀、新傳、薛紀、歐傳均記此事，舊紀言朱溫以克用大軍在遠，隨從軍力寡弱，乃圖之。《舊五代史‧唐武皇紀》及新書〈沙陀傳〉則記朱溫因忌李克用而害之，均有預謀之意。《資治通鑑考異》則認為是克用恃功輕慢，朱溫出於一時之忿所為，故《資治通鑑》採《舊五代史‧梁書太祖紀》之說，記李克用乘酒使氣，語侵朱溫；對預謀之說保留。本文則採《新五代史‧朱珍傳》卷21，頁210，記朱溫事前指派，待至夜間，襲擊李克用。顯係預謀。

〔註112〕《舊唐書‧僖宗紀》卷19，頁719。

〔註113〕朱溫累積軍事實力與內部權力發展分析，詳見王賡武，《五代時期北方中國的權力結構》，第三章。另見（日）堀敏一，《朱全忠政權の性格》，《駿台史學》期11（1961），頁38～61。另可參考，岳東，〈後梁的黃淮軍人〉，《內蒙古民族大學學報》卷16期4（2010），頁24～29。

虢州，東北面汴、宋州，西北面汝、鄭州，南面之淮南與山南東道各州咸被荼毒。殘害甚過黃巢，唐朝稱之為蔡賊。

中和五年（885）三月，僖宗回京，改元光啓，畏於蔡賊為患近畿，〔註114〕乃制授徐州節帥時溥充「蔡州四面行營兵馬都統」，汴州刺史朱溫充「蔡州西北面行營兵馬都統」，〔註115〕時溥既為四面都統，地位當在西北面都統之上。且記得前文提到，大約兩年前還是都招討使的朱溫，此際已提升為西北面都統。

另一方面，李克用在僖宗回京之後，亟盼其能夠主持正義以報上源驛事件之仇，卻因為宦官之首田令孜覬覦河中鹽利事件，被河中王重榮紿誤而捲入與關中軍閥以及禁軍的戰爭漩渦。當太原、河中之師與禁軍對戰於關中之際，秦宗權為患四境並未稍減。

光啓二年（886）七月，蔡賊攻陷許州，殺忠武軍節度使，續陷鄭州，取河陽，忠武軍剩下陳州依然堅守。以朱溫當時的兵力，對蔡賊只能防守，無力反攻，〔註116〕其似因此而覬覦鄰鎮兵力，派部將越境招誘東鄰士卒。同年十一月，朱溫任帥已逾三年，更乘義成軍亂逐帥之機，強奪滑州（河南今縣）兼併之。請注意宣武軍與蔡州的相對方位是在東北面，唐廷仍命朱溫領西北面行營，當是囑意其保護京畿安全，但他卻開始向東面擴張。

此為宣武軍的首次對外兼併事件，兩唐書、兩五代史記載事件之經過疑點重重，其中只有《資治通鑑》蒐入「朱瑄謀取滑州」之說。〔註117〕問題在於，當義成軍帥安師儒遭逐奔汴之際，濮州刺史朱裕領天平軍誘殺義成牙將張驍，此舉究係協助義成軍平亂、還是與朱溫競謀奪取滑州？已難確認。〔註118〕雖然此事件之真相難以復原，但史載紛歧之現象顯示，義成

〔註114〕中和四年十二月，「上將還長安，畏宗權為患。」《資治通鑑》卷256，頁8318。
〔註115〕《舊唐書·僖宗紀》卷19，頁720。《資治通鑑》卷256，光啓元年三月己巳條下。
〔註116〕《舊五代史·梁書太祖紀》卷1，頁11，「惟宋亳滑穎，僅能壁壘而已」。
〔註117〕「義成軍亂，逐其節度使安師儒，推牙將張驍為留後，師儒來奔，殺之。遣朱珍、李唐賓陷滑州，以胡真為留後。天平節度使朱瑄謀取滑州，遣濮州刺史朱裕將兵誘張驍，殺之。」見《資治通鑑》卷256，光啓二年十一月丙戌，頁8340～8341。另見《舊五代史·梁書太祖紀》卷1，頁12，注引《舊五代史考異》卷1。
〔註118〕案，若天平軍誘殺義成軍作亂小校的目的是為了奪取滑州，則天平軍應該就在滑州城附近待機而動，如果天平軍就在滑州附近，那麼朱溫之汴軍如何能夠一夕馳至壁下，升百梯而克之？若汴軍、天平軍都有意滑州，俱以兵臨城下，理當引發雙方衝突，何以史料俱無記載？在此之前，且未見天平軍帥

軍併入汴軍的過程不單純，筆者頗疑此間紀錄曾受到朱溫方面塗抹，此疑暫時擱置，稍後併論。

　　義成軍當時似領滑、鄭、潁三州，則朱溫兼控之後得以北臨大河、南望淮水，〔註119〕然而此際蔡賊之攻勢也已接近汴州城。〔註120〕在此緊要關頭，朱溫部將出境募得東面鄰鎮丁壯萬人、襲青州馬千匹而歸，又獲得鄆、兗、滑三鎮之兵濟師，〔註121〕遂於次年（光啓三年，887）五月，在三鎮兵力之協助下，對蔡賊改採攻勢，將之逐回蔡州。

　　朱溫在這一輪攻勢中獲得鄭州，朝廷則派員入主許州。〔註122〕而徐帥時溥在此役雖領有「蔡州四面行營兵馬都統」之銜，卻未見史書有感化軍參戰擊賊內容，〔註123〕值得啓疑，仍請併論於後。

　　朱溫在西向抗擊蔡賊的過程中，顯然與東面諸鎮發生摩擦（例如越境募兵事件），累積了出手攻擊的藉口。光啓三年五月，汴軍擊退秦宗權後，並未繼續壓迫蔡境，卻反手將兵鋒轉向東面，八月，對曹（今山東菏澤）、濮（今山東鄄城）二州發動奇襲，重挫天平軍以及救援之泰寧軍，繼攻鄆州。〔註124〕天平軍遭突擊，史載依舊未見其帥朱瑄向唐廷投訴，未知是否因為上源驛與義成軍亂

　　　　朱瑄有其侵略他鎮之舉，然《資治通鑑》卻獨指朱瑄謀奪滑州？惜《資治通鑑》此說之依據不明，疑其受後梁史料影響，詳後論。
〔註119〕光啓二年十二月，秦宗權部攻陷鄭州，刺史李璠奔大梁，見《資治通鑑》卷256。義成軍管州的考察，參見傅先召，〈唐朝後期潁州隸屬變動及其對政局的影響〉，《安徽師範大學學報》卷39期6（2011），頁707～712。
〔註120〕《資治通鑑》卷257，頁8355，光啓三年四月庚午，蔡將夾汴水而軍。
〔註121〕其中朱瑾以天平軍牙將身分逐兗州泰寧軍節度使齊克讓，自稱留後，甫得軍權。見《資治通鑑》卷256，頁8343，光啓二年十二月條末。
〔註122〕光啓三年五月辛巳，朱溫勢力入鄭州，見《資治通鑑》卷257，頁8357；《舊五代史‧梁書太祖紀》卷1，頁15。案，《舊唐書‧僖宗紀》卷19，頁727，記諸葛爽部將李罕之、張全義，自澤州「收」河陽、自懷州「收」洛陽；《資治通鑑》則記其「據」之。收、據之用語不同，再度涉及對李、張二人是官或是賊的認知觀點，這個曖昧的現象，已經在上文討論。此二人不久後反目，分附李克用與朱溫。時陝虢節度使為王重盈，因王重榮於六月被部下殺害，朝命重盈跨河中代之。
〔註123〕參見《新唐書‧時溥傳》卷188，頁5461。《舊唐書‧時溥傳》卷182，頁4717。歐史無時溥傳。薛傳殘缺。
〔註124〕《舊五代史》記在九月。本文從《資治通鑑》卷257，頁8361，光啓三年八月壬子，拔曹州，殺刺史，又攻濮州，與兗、鄆兵戰於劉橋，殺數萬人，朱瑄、朱瑾僅以身免。案，《資治通鑑》指「全忠與兗、鄆始有隙」，實則前此已有摩擦。

的前車之鑑，其對僖宗已不抱公道之奢望，〔註125〕不過，天平軍在同年十月自主反擊，力戰之後收回曹州，〔註126〕濮州亦於稍後歸復（參見圖六）。〔註127〕

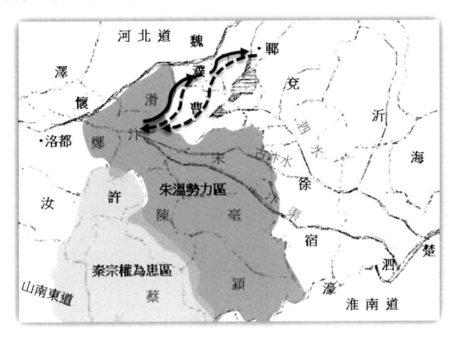

圖六　汴軍進出天平鎮作戰示意圖（887/8～10）〔註129〕

　　朱溫繼兼併義成軍之後，選擇攻擊天平軍而不是感化軍爲目標的原因，概以義成與天平鎮皆以大河爲北阻，對汴軍而言，其側背將獲得相對安全的保障；而感化軍爲河南大鎮，恐難輕撓，時溥且掛名蔡州四面行營都統，對朱溫有節制權力。

　　如果不辨曲直、不究因果，只看宣武軍襲擊天平軍，天平軍反擊宣武軍，儼然即史載的「方鎮相侵」之貌。這個當時唐廷難以仲裁的情況，事實上應當是朱溫的擴張手段，其對同爲「王師」的鄰鎮出兵，本質上不同於與蔡賊之戰，但因各史籍的記載方式，使得朱溫侵略鄰鎮事件的焦點，模糊成越境

〔註125〕　「臣祖禹曰：……自是以後，藩鎮相攻伐，不復稟命，以天子不足訴也」。見宋·范祖禹，《唐鑑》（臺北：臺灣商務據文淵閣四庫全書影印本，民72）卷22，中和四年條下。

〔註126〕　光啓三年十月丁未，朱瑄乘勝復取曹州，見《資治通鑑》卷257，頁8363。

〔註127〕　景福元年十一月乙未，朱全忠遣將攻拔濮州。則此前濮州已爲鄆將收復。見《資治通鑑》卷259，頁8437。

〔註129〕　筆者自繪，底圖參考譚其驤主編，《中國歷史地圖集·都畿道河南道》。

招募兵士之互控。經過司馬光的考證，已指出朱溫早在當年二月即因為手下越境招誘東鄰兵士，曾有衝突。〔註128〕以朱溫的性格而言，後續的摩擦是可以預見的，故本文認為是朱溫計畫性的擴張手段。

以今日之視野看去，朱溫不但已經開始穿著節度使的官服向外擴張，並利用這套官威，將戰場上的是非，錯移到朝廷中去評論；朱溫突襲天平軍很像是「上源驛事件」之故技重施，也就是利用退敵之後的友軍鬆懈心理，藉故反目，施以奇襲，這套坐贓喊賊並施放煙幕的伎倆，後續亦運用在徐、汴衝突上。

前述秦宗權的第一輪攻勢被河南諸鎮合兵擊退，元氣大衰，需要時間整補療傷，適逢淮南道內部的鬥爭激化，秦宗權乃改指兵鋒，於光啓三年十月派部將下淮水，發展為孫儒與楊行密爭揚州的局面。〔註130〕雖然秦宗權增派其弟分兵南下支援孫儒作戰，但自己仍執意在河南立足；同年十一月，蔡賊再度攻陷鄭州。〔註131〕

此期間，朱溫似乎因為淮南高駢的死而獲得兼任淮南道節度使、東南面招討使地位。〔註132〕淮南道位於江、淮二大水之間，坐擁八州之境，控扼中原與南方之水陸運交通，農賦與商稅條件俱佳，地略位置重要。〔註133〕朱溫既得兼帥淮南，乃利用一度入據廣陵的楊行密阻撓孫儒，奏以楊行密為淮南節度副使；但卻同時另以宣武牙將為淮南留後，給兵南下，自領大軍隨之在後，以遂其兼據揚州之意。不料，宣武牙將回報在泗州（今江蘇盱眙）受阻於感化軍。〔註134〕

〔註128〕《新五代史·梁太祖紀》卷1，頁3，「王移檄克鄆，誣其誘汴亡卒以東」。

〔註130〕所謂與楊行密爭揚州，是因為淮南牙將畢師鐸原受高駢之命北上備戰，卻抗命回師佔領廣陵城（揚州治），囚禁節帥。時任盧州（今安徽合肥）刺史的楊行密受命追兵入援，並於十月入據廣陵。楊行密新據廣陵城，自忖根基不穩，為避免遭孫儒圍逼，乃主動棄城，回軍分據盧、和二州，觀變而動。

〔註131〕光啓三年十二月癸巳，秦宗權另派趙德諲攻陷荊南，獲得蔡州西面安全。見《資治通鑑》卷257，頁8372。

〔註132〕光啓三年十月己巳條，楊行密入主廣陵城，自稱留後；閏十一月，朝廷以淮南久亂，以朱全忠兼淮南節度使、東南面招討使。分見《資治通鑑》卷257，頁8364、8366。《資治通鑑考異》卷25，全忠兼淮南節度使條。

〔註133〕詳論參見何永成，《十國創業君主個案研究——楊行密》，文化大學史研所博論（民81），第一、二章。

〔註134〕見《資治通鑑》卷252。光啓三年十二月、文德元年元年正月癸亥、二月，分記朱溫奏以楊行密為淮南副使，又派李璠為淮南留後，假道泗州。見《資治通鑑》卷257，頁8371～8374。案，咸通十一年六月，徐州為觀察使，統徐、濠、宿三州；泗州為團練使，割隸淮南。泗州治於淮水北，似受黃巢戰禍影響，至此已回隸感化軍。

稍早，朱溫在追剿黃巢殘部之作戰中，已曾與時溥交手生隙，就在二個月前，他對另一個方鎮（天平軍）的手段是直接出大軍襲擊，而此次假道泗州，係先修書告知，這個差異使得發生在泗州的衝突，看起來像是個意外；理論上，朱溫、時溥各領河南重鎮，朱溫應該並不想在擊敗西面的秦宗權以前，與東面的時溥發生正面衝突。然而，隔年（888）正月，僖宗讓朱溫取代時溥「蔡州四面行營都統」的詔令，〔註135〕卻似乎說明了朱溫意在利用宣武軍「遭襲」事件，加深唐廷對時溥的反感，予以撤換加以取代。

請注意朱溫獲得「蔡州四面行營都統」銜的意義，這個臨時的戰場官銜，具有調動參戰諸鎮兵馬的指揮權，權力當在鎮帥之上。既然朱溫已兼蔡州四面行營都統，淮南道內部相爭的情況尚且未明，〔註136〕秦宗權又捲土重來，於是朱溫決定改變主意，善用這個「四面行營都統都統」的頭銜。他將淮南留後改奏給楊行密，讓楊與孫儒相爭，以利其牽制蔡賊在南面之兵力，又命原經泗州南下入淮的汴軍主力暫停於宋州，準備對秦宗權發動攻勢。

秦宗權之再起，是基於光啓三年十二月向西取得荊南之地，隔月開始向東再侵陳、亳二州，原欲調遣孫儒部北返，齊力併進，但孫儒已不願北返，蔡賊內部遂分裂為二。〔註137〕此發展對朱溫相當有利。

三、確立河南強藩地位

朱溫暫停窺探淮南，準備對秦宗權發動攻勢之際，接連發生兩件事，因而延後對蔡之攻勢。

其一是介入魏博軍內亂。〔註138〕文德元年（888）二月，魏博軍內鬥生

〔註135〕以全忠為蔡州四面行營都統，代時溥，諸鎮兵皆受全忠節度，《資治通鑑》卷257，頁8373，記在文德元年正月。《舊五代史·梁書太祖紀》卷1，頁19，記朱溫得四面行營都統在二月丙戌。《舊唐書·昭宗紀》卷20，頁736，記在五月。

〔註136〕朱溫部屬回報揚州情勢，謂楊行密非易馴之輩；幾乎在同時，楊行密決定放棄廣陵城。分見《資治通鑑》卷257，頁8373、8371，文德元年正月甲子條下、光啓三年閏十一月乙卯條下。

〔註137〕光啓三年十一月辛未條下，孫儒執意南爭揚州，不理還蔡之召，並將秦宗衡（宗權弟）之首級傳送朱溫。文德元年正月癸亥條前，蔡將寇陳、亳。分見《資治通鑑》卷257，頁8364~8365、8372~8373。

〔註138〕「朱溫裹糧於宋州，將討秦宗權，會樂從訓來告急，乃移軍屯滑州，遣都押牙李唐賓等將步騎三萬攻蔡州，遣都指揮使朱珍等分兵救樂從訓。」《資治通鑑》卷257，頁8376，文德元年三月癸卯條下。

亂，牙軍推舉新帥，舊帥之子求救於朱溫；適汴軍派往魏博購糧之軍官在混亂中遇害，成為朱溫出兵干預的藉口。同年三月，朱溫派朱珍領軍（兵力不詳）入魏，連下三城，惟舊帥父子已遭魏博牙軍殺害，新帥羅弘信以厚幣犒勞宣武軍，婉謝其繼續干涉。〔註139〕同月，僖宗崩，昭宗繼位。〔註140〕朱溫既達耀武揚威之目的，便於四月召還汴軍。新任魏帥亦出身牙軍，似對朱溫之軍事干涉心存芥蒂，既不敢得罪，亦未交好。

其二是介入河洛李罕之與張全義之戰。李、張二人原本同隸諸葛爽部，在秦宗權敗退以後，二人分別入據河陽、洛陽，並恃李克用為援。不久之後，二人因故反目互斫，當年二月，李罕之兵敗，奔往澤州向李克用求援。三月，李克用派七千騎兵助李罕之回河陽，河陽張全義堅守，並向朱溫求救。此時，朱溫派往魏博境內的汴軍尚未退回，乃另派丁會、葛從周等將，領汴軍數萬救河陽。這些兵力加上前述在宋州派出攻往蔡州的三萬步騎，則汴軍總兵力可能已逾五萬之眾。四月，河東騎兵受挫於溫縣，汴軍乘勝分兵急馳太行隘路欲阻斷河東軍退路。河東軍急忙退保澤州，以免遭阻殲於河南。河陽之圍遂解。〔註141〕張全義為報答朱溫之恩助，一如陳州之趙犨兄弟，從此盡心供給糧仗，直至梁亡。〔註142〕

這是朱、李二陣營首度正面交戰，上距「上源驛事件」已近四年。大概朱、李雙方在事後均上表昭宗，互奏不是，剛上任的昭宗因此再度不辨曲直的俱加「兼侍中」銜，試圖安撫。〔註143〕就地略條件而言，這是河東勢力極為關鍵的退卻，李克用原本以保護者的姿態，有機會染指洛陽與河陽，立足河南，〔註144〕卻以未適當處置李罕之與張全義之衝突，導致洛陽靠向朱溫，

〔註139〕《資治通鑑》卷257，頁8378，文德元年四月癸巳條前後。

〔註140〕僖宗在光啟四年二月，車駕回京，改元文德，卻在三月初以暴疾而崩。僖宗之弟李曄在楊復恭擁立下即位，史稱昭宗，宦官與中央大臣持續新的一輪鬥爭。《舊唐書・昭宗紀》卷20，頁735。

〔註141〕《資治通鑑》卷257，頁8377～8378，文德元年，四月壬午、癸巳條下。《舊五代史・唐書武皇紀》卷25，頁662，晉方騎將安休休以戰不利，奔於蔡。

〔註142〕此人之歷史評價頗具爭議，《舊五代史》本傳謂其樸厚大度，敦本務實，位極人臣，善保終吉；《五代史闕文》則指其為亂世賊臣，識者知其餘殃在子孫也；《洛陽縉紳舊聞》亦頗揭其僞行。文俱收入陳尚君輯纂之《舊五代史・唐書張全義傳》卷63，頁1971～1985注文。另見清・趙翼著，王樹民校證，《廿二史劄記校證》卷22，頁486。

〔註143〕《資治通鑑》卷257，頁8379，文德元年五月己亥條。

〔註144〕河陽地鄰懷州，地理形勢「南控虎牢之險，北倚太行之固，沁河東流，沈水

其後更敗退回太行山上，實即退出河南，以後河東勢力長達三十年未能跨足河洛，直到後唐經由河北渡河滅梁。〔註145〕

　　上述二事，導致朱溫對蔡賊之攻擊延遲至五月，適逢原附於蔡賊的趙德諲歸降官軍，朱溫表請爲蔡州西面行營副都統。〔註146〕趙德諲位置在秦宗權西南面，其歸附使得秦宗權陷入腹背有敵之境，朱溫得此變化（參見圖六）乃於五月大出兵，秦宗權敗回蔡州，遭長期圍困。朱溫見秦宗權已不足爲患，隨即於九月開始挑釁感化軍。〔註147〕蔡賊雖曾經迴光返照似的大舉出擊並攻陷許州，仍在十二月瓦解。〔註148〕隔年正月，昭宗改元龍紀（889）。二月，朱溫爲彰顯自己功勞，刻意親押秦宗權至京師問斬。〔註149〕至此，唐末黃巢、秦宗權等賊患已掃蕩完成，而朱溫之聲勢及影響力驟增，河南道境西半部皆入其勢力範圍。

　　前述一連串事件的經過，若以「朱溫先得魏博厚幣，再獲孟洛地利，既無後顧之憂，乃大發兵擊秦宗權」述之，當屬簡要無誤。〔註150〕然而，細思當時的情況，汴軍主力已經停駐宋州正準備對秦宗權展開攻勢，卻接二連三的出現新狀況，他能夠掌握的資訊，除了秦宗權已經和孫儒分裂，實力不如

西帶，表裏山河，雄跨晉、衛，舟車都會，號稱陸海。」參見《讀史方輿紀要・河南四》卷49，頁2284、2293、2298。張、李二將在河陽、澤州的爭鬥經過，《舊唐書・昭宗記》《舊五代史・唐書武皇紀》《資治通鑑》三處記載稍異，難以還原。惟以澤州本屬昭義鎮，非河東軍，李克用卻派安金俊進佔澤州，進而有干預河洛之舉。

〔註145〕朱李直接開戰導因於李罕之與張全義爭河陽，河東軍以敗退收場。此役導致張全義爲朱溫所用，竭盡用心，固守河陽，以後在晉汴相爭過程中發揮重要影響。參見《資治通鑑》卷257，文德元年二月至四月條下。參見《舊五代史・唐書張全義傳》卷63，頁1971～1980。

〔註146〕秦宗權出兵東向時，亦分兵攻擊山南東道，失利，所屬趙德諲失荊南，乃舉眾降於朱溫，遂合擊秦宗權。分見《資治通鑑》卷257，頁8379、文德元年五月壬寅；《舊唐書・昭宗紀》卷20，頁736。

〔註147〕朱溫以秦宗權殘破不足憂，引兵還，隨即遣朱珍將兵五千送楚州刺史劉瓚之官，徐兵阻道，朱珍擊之，取沛、滕二縣。事見《資治通鑑》卷257，頁8381，文德元年九、十月條下。

〔註148〕秦宗權別將復取許州。蔡將申叢執宗權，折其足而囚之，降於全忠。俱見《資治通鑑》卷257，頁8382，文德元年十一月丙申、十二月條下。

〔註149〕「太祖欲大其事，請獻俘于唐。」見《新五代史・韋震》卷43，頁472。

〔註150〕司馬光的說法是：「朱全忠既得洛、孟，無西顧之憂，乃大發兵擊秦宗權，大破宗權於蔡州之南。」見《資治通鑑》卷257，頁8379，文德元年五月己亥條下。

從前以外，恐怕沒有更多提供戰場判斷的敵情。當時朱溫若出兵干涉魏博內亂，軍隊能否適時抽回，實難預知；其與河東軍爭河陽的後續發展，更難掌握。就野戰戰略研究的角度而言，戰場指揮官面對多個軍事目標時，其目標的優先選擇順序是很重要的課題，〔註151〕而朱溫的行動提供了很好的戰史研究教材。

事件發生的先後順序是：正月，秦宗權開始入侵陳、亳州境，二月，發生魏博軍亂與河陽爭奪戰，並且先後請求汴軍救援。各方的情況分別為：汴軍與秦宗權已經開戰；河陽張全義雖然堅守，但若河東軍勢力進入河陽，顯然對汴軍之後續危害深遠；魏博牙軍對汴軍的影響最小。在這樣的情況下，如果朱溫選擇將兵力優先投注在已經開戰的秦宗權方面，再回軍圍攻河陽，繼而耀威於魏博之境，似乎是最合理的決定。但朱溫顯然看到短暫時間裡的一線機會，認為當面的秦宗權不一定必須優先處理，他一方面派出能夠阻止蔡賊攻擊的最低限兵力，另一方面又大膽的調兵派將反向投入北面的突發狀況，先干預魏博內亂，其後更加碼投入救援河陽，甚至與強悍的河東騎兵開戰。此決策非常大膽、冒險而又細膩（參見圖七）。

千年之後，吾人藉由西人約米尼（1779～1869）對戰爭理論的整理，知道朱溫對魏博與河陽之出兵，可以歸類為干涉性的戰爭，也意識到汴軍當時處於中央位置，其面對三個來不同方向的軍事壓力，類似拿破崙戰爭理論中的「內線作戰」型態。〔註152〕後人敘述朱溫這段史事時，並未留意到朱溫行動的困難性，率皆一筆帶過，殊不知，在大敵當前且箭在弦上的壓力下，朱溫調整攻擊蔡賊的身手其實不凡。好比其右拳（三萬兵力）依舊在蔡賊胸前比劃，同時左拳（兵力不詳）迅速擊向魏博，再以右腳（數萬兵力）踹向河陽，且在達到打擊目的後立刻撤軍，毫不戀棧既有的戰果（例如擴大對魏博軍的壓迫，追擊退入澤州的河東軍），轉回身來傾全力對付秦宗權，來去之間的行動乾淨俐落。此過程除了顯示汴軍兵力已然充足之外，也展現朱溫在戰場指揮能力上的自信，可論其用兵已趨熟練。

〔註151〕野戰戰略理論中的作戰目標分為五類，「目標的選擇」是其中的重要課題，詳論見何世同，《戰略概論》（臺北：黎明文化公司，民93），頁71～74。

〔註152〕（瑞士）約米尼（Antoine-Henri Jomini.）原著，鈕先鍾譯，《戰爭藝術》（臺北：麥田出版，民103），第一章第五節。此干涉性質的戰爭能以局部的兵力獲取較大的利益。軍隊處在中央位置行動的學理探討，另見同書第三章第二十一、二十二節。

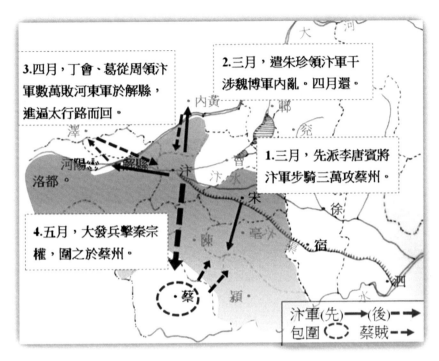

圖七　汴軍攻擊蔡賊的時空關係示意圖（888）〔註153〕

第三節　兼併河南道諸鎮

一、「徐汴構怨」辨疑

　　文德元年（888）八月，朱溫將秦宗權包圍於蔡州，知其殘破已不足爲慮，旋即於九月轉往東面挑釁感化軍。由汴軍攻擊感化軍的時間與速度，回溯去年的汴、徐互動，很難不相信宣武軍這次泗州「遭襲」事件不是朱溫埋下的導火線。此刻的汴軍，不但控有孟洛之地，且已合三鎮爲一軍，是河南道最強大的軍隊，很有條件對感化軍興師問罪。

　　同年十月，朱溫襲取徐州北境之沛、滕兩地，兩地分別是徐州對鄆、兗、沂諸州的聯絡通道，佔領之後，具有阻隔泰寧、天平軍救援的利益。

　　汴軍既已侵門踏戶，立刻引爆兩鎮正面衝突，同年十一月，時溥投入徐軍主力與朱溫決戰，卻遭汴軍擊潰於吳康鎮（在豐縣境）附近。〔註154〕徐州

〔註153〕筆者自繪，底圖參考譚其驤主編，《中國歷史地圖集・都畿道河南道》。
〔註154〕「朱珍討徐州，拔豐縣，敗時溥於吳康，得其輜重。」《舊五代史・梁書萬從

南境之宿州（今安徽宿縣），亦遭另一支汴軍攻下。隔年（889）正月，朱溫再向東攻下宿遷（在泗水畔），遂沿泗水北上，駐軍於呂梁（今江蘇銅山縣境），壓迫徐州。感化軍接戰又敗，徐州對外路線被阻斷，時溥從此受困於彭城（徐州治）。往後，時溥雖一度向宋州（今河南商丘）出兵至碭山；遭佔領的宿州曾試圖脫離汴軍統治；河東騎兵、天平軍、泰寧軍也曾相繼出兵來救，但汴強徐弱的態勢在徐州被圍之後已經確定，〔註155〕雙方僵持的時間即使拖延多年，感化軍多半只能分城據守（參見圖八）。

　　大順二年（891）十一月，徐軍大將劉知俊轉附朱溫，隔年（892）二月，時溥終於向朱溫求和。朱溫要求時溥離開徐州，但時溥恐朱溫詐而殺之，又續作困獸之鬥。同年十一月，濠、泗二州不支而降，時溥更加絕望，延至景福二年（893）四月難再堅持，舉族登徐州城樓自焚而滅。

圖八　朱溫吞併感化軍出兵步驟示意圖（888～889）〔註156〕

　　　　周傳》卷16，頁427。案，感化軍總兵力若達七萬，應該包括其所屬州縣兵
　　　　力，就單一方鎮而言，實屬大軍。然而時溥將全部方鎮兵力投入一處的可能
　　　　性不高，故《通鑑》計以七萬之數參戰當係誇大，本文不採。而汴軍在吳康
　　　　鎮得徐軍輜重，顯示徐軍派出主力。

〔註155〕宿州降汴，附徐、再降汴，參見附錄一，序 5、13、23。時溥受困彭城，見
　　　　附錄一，序8、9、24。

〔註156〕筆者自繪，底圖參考譚其驤主編，《中國歷史地圖集·都畿道河南道》。

　　關於徐、汴雙方之衝突，《資治通鑑》稱「徐、汴始構怨」始於光啓三年（887）閏十一月感化軍襲擊宣武軍的泗州事件，〔註157〕但這個說法的時間點很有問題，對照兩唐書〈時溥傳〉即知：兩書〈時溥傳〉都提到朱、時二帥在第一輪擊退秦宗權之後因爭功而構怨，時間約在光啓三年五月，故知二帥結怨起隙並非始於泗州事件，而是退蔡賊之爭功，甚至更早的越境募兵之爭；〔註158〕至於時溥得不到淮南留後而生恨望，以及汴軍進入徐境引發的軍隊衝突，不論其眞相原委如何，都只是加深嫌隙的後續事件。

　　此時期各鎮事件迭起，史載內容紛亂，舊紀在事件與時間上有許多可疑的錯誤，以致後代對事件之眞相難以分辨，賴《資治通鑑》之考異辨正，其內容較爲可信，〔註159〕但是《資治通鑑》對事件之描述卻可能受到原採史料的既定立場影響，難見客觀書寫。〔註160〕以下論之。

〔註157〕據《資治通鑑》卷257，頁8371，光啓三年閏十一月戊午條。《舊五代史．梁書太祖紀》卷1，頁18～19，記在文德元年正月，但只記「行至淮上，爲徐戎所扼。」未記原因。

〔註158〕分見，《舊唐書．時溥傳》卷182，頁4717，「蔡賊平，朱全忠與之爭功，遂相嫌怨。淮南亂，朝廷以全忠遙領淮南節度，以平孫儒、行密之亂。汴人應援，路出徐方，溥阻之。全忠怒，出師攻徐。」《新唐書．時溥傳》卷188，頁5462，「賊平，與朱全忠爭功，嫌恚日構。孫儒方與楊行密爭揚州，詔全忠爲淮南節度使平其亂。溥自以先起，功名顯朝廷，位都統，顧不得而全忠得之，頗悵恨。全忠使司馬李璠、郭言等（往）東，兵道宿州，遺溥書請假道。」案，上述之蔡賊平，是指秦宗權的第一輪戰敗，約在光啓三年五月前後。但《資治通鑑》在同年二月至五月記朱珍募兵於東道以及大敗秦宗權之內容時，未納入其引發鄰鎮不滿之載。參見，《舊五代史．梁書時溥傳》卷13，頁351～353，注一。《新五代史》時溥無傳。

〔註159〕例如，《舊唐書．昭宗紀》卷20，頁736，昭宗文德元年五月丁酉條下，「自秦賢、石璠敗後，蔡賊漸弱，時溥方爲全忠所攻，故移溥都統之命授全忠。」但依《資治通鑑》之考，徐、汴兩方五月尚未正式開打（應在十月），舊紀記唐廷將「蔡州四面行營都統」移給朱溫的時間，《資治通鑑考異》稱其「月日尤誤」，至於其原因，亦當存疑。案，舊紀似將加朱溫「檢校侍中」制書，誤爲授朱溫「都統」之始。又如，中和四年之上源驛事件與光啓三年之汴鄆衝突，這兩次衝突在當時都眞相不明，是司馬光比對史料之後，才在《資治通鑑考異》揭露疑點。另見《新五代史》卷1，頁3、5。

〔註160〕北宋初年已有史書文本不可輕易更改的觀念，事在宋眞宗詔編《冊府元龜》之際。見南宋．王應麟，《玉海》（京都：中文出版社，1977）卷54，載「王欽若以南、北史有索虜、島夷之號，欲改去，王旦曰：舊史文不可改。趙安仁曰：杜預註春秋，以長曆推甲子多誤，亦不敢改，但註云日月必有誤。乃詔，欲改者註釋其下。」另參姚瀛艇編，《宋代文化史》（臺北：雲龍出版社，1995），第二章〈館閣制度與圖書編纂〉。

首先，唐末的軍隊行經他道，應該事先獲得他道同意，此規矩在徐、汴衝突之前、不久之後或在其他地方都適用，而時溥已表明拒絕借道的立場。〔註161〕徐、汴在光啓三年閏十一月與文德元年九月的二次衝突，都是因爲汴軍途經徐境，第二次且將兵力增至五千，這兩次過境其實都是汴軍對徐軍的侵門踏戶。就此而言，時溥的拒止汴軍，自有其依據，而無論是通鑑或薛紀，都以汴軍遭「襲」擊或受「扼」阻爲辭，類此書寫立場值得注意。〔註162〕

本文疑其爲預謀入侵之挑釁，乃因朱溫前番遣任淮南留後，護送隨行之兵眾不過千人，何以這回（文德元年十月）送一刺史竟至五千兵眾？考其交通，由汴州往楚州（今江蘇淮安）送官路線以走水路爲便，即使必須走陸路，何必採取遠繞到徐州北境的途徑？由此二點推論汴方行動，應該是早有盤算，預知其聲言護送淮南留後而過境的五千兵眾，必然再度受到徐方制止，汴方即以此五千兵眾反制徐方的「扼阻」，成功取得沛、滕二地。而徐軍在隔月就能夠集結大軍，與汴軍對決於吳康鎮，顯示雙方對此次決戰皆已事先預見，而決戰場上的汴軍將領正是宣稱要護送淮南留後到楚州的朱珍。

其次，史載可見的始終是朱溫採取攻勢作戰，時溥採取守勢。〔註163〕若朱溫以其手下在徐境受感化軍襲擊，而進表奏議，〔註164〕則時溥對汴軍之橫行入境，必然也要上奏論訴；但是那些以時溥立場呈奏的議論，顯然未留存。因此，當《資治通鑑》以其所獲得資料記之爲「溥以兵襲之……（汴將）得免而還」時，請注意所採「襲」、「得免而還」的語態，已經充分表明其敘事立場在汴，不在徐。司馬光的用語應該沒有「一字褒貶」的筆削立場，而是因爲其編纂採用轉述法所難免。〔註165〕後人若不深究，也將自然而然地承接這個「時溥出兵

〔註161〕稍早，李克用欲經河陽助朱溫擊黃巢，遭諸葛爽拒絕而繞道南下。其後，朱溫欲經魏博入邢州共抗河東軍，因羅弘信不許，乃間道而入。見《新唐書·時溥傳》卷188，頁5462，「全忠使司馬李璠、郭言等東，兵道宿州，遺溥書請假道。溥辭不可，間其憊，以兵襲之。言戰甚力，解而還。全忠怨，自是連歲略徐、泗，師不弛甲。」

〔註162〕參見本文附錄一，序3、4。

〔註163〕案，徐軍主力曾於豐縣之南與汴軍正面交鋒，而該位置仍在徐州境。至於大順元年四月有時溥出兵掠碭山損失三千餘人之記載，應視爲徐州已遭汴軍包圍下的出擊，並不具有攻勢意涵。

〔註164〕朱溫以時溥阻其兼鎮（淮南）「具事奏聞」，見《編遺錄》（敬翔輯撰），收入《資治通鑑考異》卷25。參見本文附錄一，序2之注。

〔註165〕司馬光在《資治通鑑》中所謂的「筆削」，主要應該是指文字的削刪，而非春秋筆法。是書卷69，黃初二年末，「臣光曰」條下，已有說明。對此，清·

偷襲汴軍」的負面印象，於是，時溥反而變成方鎮事端的製造者了！

　　再者，《資治通鑑》在景福元年（892）四月有「時溥遣兵南侵至楚州。楊行密……敗之於壽河，遂取楚州，執其刺史劉瓚」之載，同樣頗堪質疑。〔註166〕《資治通鑑》此載是據《十國紀年》，紀其為「南侵」，遣辭同樣採取指責的立場，〔註167〕問題在於，時溥當時已受汴軍圍困累年，二月方才對朱溫「求和」，且畏於被誘出城遭害而「據城不奉詔」，顯見其已疲弱，自守尚且堪虞，何來「遣兵三萬南侵至楚州」的餘力？雖然《資治通鑑》在同年十一月有「時溥濠州刺史某、泗州刺史某，以州附朱溫」的記載，似乎得以推測這二州在降附朱溫之前有能力發兵南侵。然而早在龍紀元年正月時溥大敗前，汴將龐師古已入境泗州，拔宿遷，此後徐州被圍三年，俱未見所屬之泗、濠二州有援助作為，其遭汴軍切割隔離之處境恐怕同樣相當艱難，甚或早已受制於汴軍。因此，對於所載時溥「遣兵南侵至楚州」之能力，筆者存疑。

　　退而論之，時溥即便還有能力孤注一擲的派軍三萬出擊，則其出擊應該以擊退敵軍、歸復失土為合理之著眼，以敵軍弱點為目標；而楚州既非感化軍失土，又遠在淮水南岸，時溥冒著遭到斷尾圍殲的極大風險，遣軍跨境攻至楚州，對破解汴軍之包圍與歸復感化軍失土，俱無明顯助益。故而，若說時溥曾經「遣兵南侵至楚州」，就其動機、目的與能力而言，都難以常態理解之，似不可信。

　　尤有甚者，楚州本屬淮南，刺史劉瓚係由汴軍護送到任，故當時佔據楚州的很可能是汴軍，也因此，楊行密才會出兵爭楚州。時溥若於彼時遣兵渡淮南下，合理的態度應當與淮兵聯手擊汴兵，〔註168〕而非淮、徐對戰，但《資治通鑑》卻載楊行密先擊敗渡淮而來之徐軍後才取楚州，一副楚州刺史劉瓚

　　　　章學誠之研究心得也認為「褒貶筆削之說，溫公所不為。」專論參見宋晞，〈從資治通鑑看司馬光史論〉，收入《宋史研究論叢（三）》（臺北：中國文化大學華岡出版部，77），頁139～154。

〔註166〕　本文附錄一，序27。參見《通卷考異》卷26，四月楊行密取楚州執劉瓚條下。

〔註167〕　案，《十國紀年》書未流傳，史料依據不詳，作者是曾經參與編撰《資治通鑑》的北宋劉恕（1032～1078）。可以注意的是，楊行密獲得淮南留後，表面上是根據朱溫在文德二年正月之奏請，但那是朱溫不得已的決定，他派宣武行軍司馬李璠往淮南，名為留後，卻意欲取代楊行密，即是證明。似因楊行密的事業方才起步，朱溫希望楊行密能因此牽制孫儒之部，但後來發現楊行密不是簡單角色，乃先專意對付河南事，惟始終覬覦淮南。

〔註168〕　「儒進攻行密，行密復入揚州，北結時溥扞儒。」見《新唐書·楊行密傳》卷188，頁5453。《資治通鑑》記時溥遣兵南侵至楚州，在次年四月。因此，時溥與楊行密聯手的時間，約當大順二年下半年。

與朱溫無關之貌,尤與情理難符。〔註169〕綜上所論,《資治通鑑》此載徐、汴戰爭之史料來源與內容信度顯然堪慮,後人絕不可照單全收。〔註170〕

朱溫侵徐,戰爭超過五年,吾人經由《資治通鑑》蒐集的資料,約略得知此期間雙方曾經透過奏章激烈論戰於朝廷,例如朱溫欲驅趕時溥離開徐州,即「奏請移溥他鎮」,但時溥擔心朱溫滿腹權謀「恐全忠詐而殺之」,乃「據城不奉詔」,並「迫監軍稱將士留己」,唐廷「復以溥爲侍中、感化節度」,朱溫再奏「請追新命」,唐廷於是「詔諭解之」。《資治通鑑》獲得的原始史料顯然不是出自時溥一方,而是轉述自他方的指責之詞,才會使用「迫」監軍云云之遣辭,又因爲《資治通鑑》之著作目的不同於《新五代史》,遣辭上無筆削之義,其寫作方法是採擷史料加以轉述,故在轉述文本時,容易因此帶入原始史料既存的立場。〔註171〕

由於當時孫儒正肆虐於淮南,朱溫以「蔡州四面行營都統」頭銜刻意親押秦宗權至京師問斬,聲望正隆,自然方便利用此機會造奏時溥不合作的罪狀,〔註172〕俾便以王師之義,加兵討伐感化軍。再加上多年之後朱溫入主唐廷,掌握當代存留的詔制奏議等資料,命其謀士敬翔負責補輯史事,而敬翔對朱溫劣行之勇於迴護,早有名聲,實有影響史館編纂的可能。〔註173〕總上

〔註169〕五年後的乾寧四年、十年後的天復三年,淮南地區都曾有利用僞裝部隊作戰的記載,參見《資治通鑑》卷 261,乾寧四年十一月癸酉條下,朱瑾與淮南將率五千騎潛渡淮,用汴人旗幟,踰柵而入;同書卷 264,天復三年八月己丑條下,徐溫增兵助王茂章,溫兵易其衣服旗幟,皆如茂章兵。另,同書卷 268,後梁乾化二年三月丁亥條下,有晉六百騎兵「効梁軍旗幟、服色」之載;同書卷 270,後梁貞明五年七月條下,徐知誥也有以「步卒二千,易吳越旗幟」之議。故,難保此「遣兵南侵至楚州」之事,非汴軍之僞。

〔註170〕三軍大學編著,《中國歷代戰爭史(第十冊)》(臺北:黎明文化公司,民78),第二章,關於後梁開國之戰的敘述,並未進行史料分析考察,其原因已敘如本文結論。

〔註171〕可資印證的內容,還出現在《資治通鑑》卷 280,後唐潞王清泰三年五月,頁 9154～9156。在石敬瑭兵變以後,司馬光已將紀年改爲晉紀,署以晉高祖天福元年,故在石敬瑭稱帝前後之遣詞已改稱「帝」,但對唐末帝李從珂的稱呼,卻是「唐主」與「帝」交互使用(頁 9147、9150～9153),讀者必須根據前後文義確認該「帝」是石敬瑭或李從珂,顯示其史料分別取自後唐與後晉,故俱尊爲「帝」。

〔註172〕《舊五代史·梁書太祖紀》卷1,頁 22,遣都統判官韋震奏事,且疏時溥之罪。相對於此,敬翔之妻在夫妻鬥嘴之際,卻忠實的說出時溥的遇難形象,而稱之爲「國之忠臣」,詳見《舊五代史·梁書敬翔傳》卷18,頁 488。

〔註173〕因爲敬翔所補輯之《大梁編遺錄》三十卷,與《梁太祖實錄》並行,是《舊五代史》之編撰依據,使得《舊五代史》在說明事件因果方面的信度很低。

所列，本文指稱此事件中對朱溫不利、對時溥有利的相關奏章等文件疑遭湮滅，當非毫無根據的出於臆測。

趙翼《廿二史劄記》曾指出薛史書法迴護處與失檢處，不過他只比較兩《五代史》，沒有討論到《資治通鑑》，而學界以《資治通鑑》之詳載是司馬光幾經考校的結果，通常信之，惟其轉述之法所夾雜的缺點已如上述，是亦受朱溫、敬翔陰謀所累，可不慎哉！

對照《資治通鑑》與《新五代史》的敘述內容，發現較司馬光年齡稍長的歐陽修對這段歷史有不同的解讀觀點，其敘如下：

> 是時，時溥已為東南面都統，又以王統行營而溥猶稱都統，王乃上書，論溥討蔡無功而不落都統，且欲激怒溥以起兵端。初，高駢死，淮南亂，楚州刺史劉瓚來奔，納之，及王兵攻蔡不克，還，欲攻徐，乃遣朱珍將兵數千以東，聲言送瓚還楚州。溥怒論己，又聞珍以兵來，果出兵拒之。珍戰于吳康，大敗之，取其豐、蕭二縣。遂攻宿州，下之。珍屯蕭縣，別遣龐師古攻徐州。〔註174〕

《新五代史》此處的記載手法，是消化史料以後對事件始末的綜合敘述，並非以逐日抄錄串連史料的方式呈現，其直指朱溫上書天子是為了激怒時溥發起兵端、「聲言」送楚州刺史而途經徐境也是為了刺激時溥出兵，時溥果然「出兵拒之」。其論不但與《舊五代史》相異，也與《資治通鑑》明顯不同，印證歐陽修「不沒其實，以著其罪，而信乎後世」〔註175〕之獨白承載著史官的使命感。在歐陽修的認知裡，不但朱溫併吞感化軍是預布之謀，其對諸鎮開戰也是謀定而後動的結果，故不以籠統的「相吞噬」陳述。這段歷史，本文以歐史之載為可信。

在天下已亂的唐末，徐、汴同處於河南道空間上的重心位置，最可能對朱溫的行徑產生制約作用的應該是時溥，而非李克用。時溥不是沒有機會，「蔡州四面行營都統」頭銜本屬時溥，卻遭朱溫以政治手腕奪走，而時溥領導的感化軍人似乎受到龐勛之亂失敗的影響，較傾向於追求建立自己境內的秩序，對於唐末局勢的理解與行動，不如朱溫大膽與堅定，以至於對「入侵者」的反制行動陷於被動。

參見清·趙翼著，王樹民校證，《廿二史劄記校證》卷21，〈薛史全採各朝實錄〉、〈薛史書法迴護處〉、〈薛史失檢處〉，頁451。不過，本章節所討論的內容，趙翼並未述及。

〔註174〕《新五代史·梁太祖紀》卷1，頁4，文德元年五月。

〔註175〕《新五代史·梁太祖紀》卷2，頁22，卷後語。

二、東向併吞鄆兗淄青

　　朱溫征服感化軍後，大河、淮水間的南北交通，完全受控於朱溫，亦即除了山東半島上的三個方鎮以外，河南道全受朱溫掌握。《資治通鑑》在景福二年十二月記：「朱全忠請徙鹽鐵於汴州，以便供軍。（宰相）崔昭緯為全忠新破徐、鄆，兵力倍增，若更判鹽鐵，不可復制，乃賜詔開諭之。」〔註176〕此為朱溫第二度欲兼領鹽鐵使，顯示徐、汴、潁、汝、蔡州同歸一鎮控領，即等於唐朝水路運輸的命脈已由朱溫掌握，朱溫因此欲更進一步取得經濟上的收支分配權利。中央大員或關中節帥警覺到這個新興勢力企圖主宰關中命脈的野心，〔註177〕未予同意。

　　地理形勢上，徐州才是河淮之間的核心地區，也是南方糧食北運的關鍵地，《讀史方輿紀要》引唐李泌之言：「江淮漕運，以甬橋為咽喉，若失徐州，是失江淮（之糧）也，國用何從而致？」另引宋陳無己之言：「彭城之地，南守則略河南、山東，北守則瞰淮泗，故於兵家為攻守要地。」〔註178〕說明朱溫吞併感化軍之後，不但可獲得充沛的經濟實力，也已取得爭奪江淮的門票，但汴軍終究止於淮水北岸；其原因待另文論之。

　　朱溫早有吞噬關東諸鎮的企圖，此見於《舊唐書》大順元年（890）三月丁亥朔條下：

> 朱全忠上表：「關東藩鎮，請除用朝廷名德為節度觀察使。如藩臣固位不受代，臣請以兵誅之。如王徽……等皆縉紳名族，踐歷素高，宜用為徐、鄆、青、兗等道節度使。」從之。〔註179〕

〔註176〕《資治通鑑》卷259，頁8451，景福二年十二月條下。此間賜詔開諭之意志，可能出自邠（邠寧）、岐（鳳翔）二帥。朱溫前次求兼鹽鐵，由宰相孔緯擋下，當時時溥已受困於徐州。見《資治通鑑》卷258，頁8391，龍紀元年十一月條下。案，鹽鐵轉運使在天祐元年閏四月，由裴樞、柳燦分別接任以後，應已受朱溫實際操控。整個過程，參見附錄一，序10、37。

〔註177〕王賡武論朱溫是繼河東與關中，新起於河南道的第三勢力，此一新的格局契合唐昭宗的心意，試圖以縱橫術獲得新的平衡。參看氏著，《五代時期北方中國的權力結構》，頁25。

〔註178〕顧祖禹，《讀史方輿紀要·南直十一》卷29，頁1388～1389。

〔註179〕《舊唐書·昭宗紀》卷20，頁740～741。案，朱溫雖然有此奏議，然其奏請接任時溥的張廷範並非武人出身，《新五代史》記其為「嬖吏」（頁375），《舊五代史·楊行密傳》與新書列傳（頁4648、5452）則視其為朱溫「牙將」，新書更列其名於〈姦臣傳〉。

當時，時溥尚未覆敗，朱溫已先派軍深入淮南聲言救楊行密，惟遭孫儒攻擊。在此混沌局勢下，朱溫先將鄆、兗、淄青諸鎮盡爲箭靶，竟也獲得昭宗同意。蔡賊破滅後，朱溫與宰臣之連結似乎漸密，以至於天子對諸鎮間之是非難以論斷，對朱溫侵略鄰鎮的藉口，不但未予制止，且表示同意。〔註180〕昭宗或中央大員的心態，應該是樂見有一二豪帥對那些不入職貢且「討賊不力」的藩鎮，施以打擊。唐廷對朱溫之奏既判以「從之」，則當時朱溫之出兵即可視爲「討逆」之師，但事後回顧才發現，彼實爲「併吞」之舉。無論是「討伐」或「併吞」，都是對鄰鎮採取單方面的攻勢行動，並非如舊紀所載爲彼此「相吞噬」。與併吞感化軍不同的是，此後各方之交戰經過，不再見到爭議之表章論奏留載史冊，究竟是鄆、兗、淄青三鎮節度使已不對中央懷抱希望，或是其奏章在後梁時期滅跡，已難得知。

　　朱溫與朱瑄（天平軍帥）的爭戰起於光啓三年（887）八月的汴軍襲擊天平軍事件，事後，天平軍陸續奪回曹、濮失地，已敘諸前段。大順二年（891）十一月，某天平軍將以曹州轉附朱溫，朱溫一度試圖順勢續取濮州，但失敗而還。待至景福元年（892）十一月，感化軍濠、泗二地降附汴軍以後，朱溫已不再需要顧慮南面的徐州威脅，遂在時溥負隅情況下大膽抽調十萬兵力，成功的襲取天平軍之濮州；以此戰術對照朱溫先前圍困秦宗權之後旋即發兵攻徐軍的經過，如出一轍。十萬兵力，是朱溫入主宣武鎮以來派出最多的一次，在後續的記載中，朱溫強發四鎮之兵不過七至十萬，這個數字說明朱溫大集兵權，河南道已不再有悍鎮兵驕的問題。

　　景福二年（893）四月，時溥敗亡，八月，朱溫立即移兵轉攻擊兗州（泰寧軍），惟戰果不彰。乾寧元年（894）二月，朱溫與朱瑄、朱瑾（泰寧軍帥）兄弟大戰於鄆州北境，敗之。以後至乾寧二年（895）九月之前，朱瑄兄弟已是勝少敗多，惟能利用鄆、兗相接之地利互相救援，加上河東騎軍還能借道魏博鎮渡河南來，汴軍無法獲得突破性戰果。〔註181〕

〔註180〕《舊唐書・昭宗紀》卷20，頁740，大順元年（890）「四月丙辰朔，李克用遣大將安金俊率師攻雲州。……全忠密遣濬之親黨略濬，濬恃全忠之援，論奏不已。天子僶俛從之。」顯示朱溫與張濬已經勾結。而張濬戰敗下台之後，南牙北司間之鬥爭及其與鎮帥之勾聯益加複雜且緊密。《資治通鑑》卷259，頁8450，景福二年（893）十月條下，記「自是朝廷動息，皆稟於邠岐，南北司往望依附二鎮以邀恩澤。」

〔註181〕鄆、兗二鎮與汴軍第一階段戰況，參見附錄一，序24、26、32、36、38、40、42、43、45、49。

　　乾寧二年九月的梁山（今山東東平附近）之戰，可以視爲鄆、兗鎮兵命運的分水嶺，戰敗的天平軍退回鄆城，朱溫立刻分兵擊兗州，從此天平、泰寧二軍遭切割。天平軍一度試圖向西奪回曹州，卻更失去其北面之齊州。鄆州遭孤立，惟賴河東軍跨境支援，但河東援軍卻在隔年（896）與魏博軍反目成仇，汴軍立刻握機北上增援魏博軍。

　　河東軍企圖以武力屈服魏博，數度揚兵入魏，卻更加促成魏、汴雙方聯合。乾寧三年（896）六月，汴軍助魏博擊退河東軍之後，由博州渡河回河南，與鄆城外汴軍合勢強擊鄆州，〔註182〕隔年（897）正月，擒斬朱瑄，續攻兗州。兗將康懷貞見大勢已去，獻城而降，以後成爲朱溫手下大將，朱瑾遂奔淮南（參見圖九）。〔註183〕

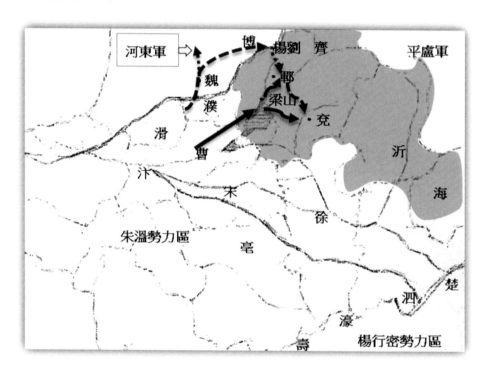

圖九　朱溫出兵吞併鄆、兗二鎮示意圖（895～897）

〔註182〕由楊劉渡津對鄆州發動襲擊有其史例，見《舊唐書‧裴度傳》卷170，頁4421，「元和十三年，……則且秣馬厲兵，候霜降水落，於楊劉渡河，直抵鄆州。……及弘正軍既濟河而南，距鄆州四十里築壘，賊勢果蹙。」多年之後，李存勗亦由此渡河，滅梁。

〔註183〕鄆、兗二鎮與汴軍第二階段戰況，參見附錄一，序50～56、60～62。

鄆、兗二鎮覆敗，淄青諸州立即暴露在朱溫刀尖下，平盧鎮帥王師範孤立一方，只能識相地束手而降。至此，朱溫已經完全兼併河南道境。〔註 184〕王師範一直到天復三年（903）正月，朱溫進入關中爭奪昭宗，逼困李茂貞於鳳翔之際，才企圖聯絡河南諸州反抗朱溫，雖稍見戰果，然大勢已去，獨木難支。朱溫挾得昭宗佈置妥當之後，隨即回師大梁，引諸鎮大軍強勢鎮壓王師範。

《讀史方輿紀要》言兗州：「若坐擁數城，欲以俟敵之衰敝，未有得免於覆亡者也。策兗州者，未可無曲突徙薪之慮也。」〔註 185〕即基於地理位置以及這段史事，指出欲據兗州者應有防範於未然的考慮。所謂防範於未然，就本時期之時間點而言，當是在光啓三年朱瑄兄弟因「募兵於邊境」事件與朱溫衝突之後，平盧鎮帥就應該有更積極的行動；若待時溥被圍才鳴笛持棒的趕赴救援，已屬被動，俟感化軍降服，平盧軍依然以自保爲務，未見前車之鑑。待至朱溫進軍關中，平盧軍才乘機與淮南、河東連橫，已然不及，即使淄青諸州的最後奮戰儼然壯烈，卻無補於事。〔註 186〕

鄆、兗、淄青三鎮位於今日山東半島上，即本文第一節所分析的河南道東半面地形，區域地理形勢完整，《讀史方輿紀要》認爲此區具備入主河南的條件曰：「用以自守則易弱以亡，以攻人則足以自強而集事。」〔註 187〕換句話說，河南道東半部的鄆、兗、淄青三鎮整合之後，若再得徐、汴二鎮中之任何一鎮，即具備佔領河南道全境的態勢。只是天平、泰寧、平盧諸鎮帥似乎與時溥一樣，保有傳統方鎮據地自雄的心態，故當具有兼併野心的朱溫逐一叩門時，渠等雖出兵相救，卻以保全己鎮實力爲上策，故其逐一覆敗之命運其實已經注定。

〔註 184〕朱溫敗鄆兗、服淄青，已取得河南十六州控制權，陝虢保義軍亦實質聽命於朱溫，惟淮上濠、泗二州仍歸楊行密。參見附錄一，序 41、44、63、64。

〔註 185〕《讀史方輿紀要・山東三》卷 32，頁 1508。

〔註 186〕青州、淮南兵曾聯手大敗汴軍，朱友寧戰死。然，其雖有平盧將劉鄩、淮南將王茂章之勇，亦難挽頹勢。參見《舊唐書・昭宗紀》卷 20，頁 777；《資治通鑑》卷 264，天復三年六月乙亥條下。此間楊行密另對鄂岳地區有企圖，故對平盧軍的奮戰未全力支援，本文不另細述。

〔註 187〕《讀史方輿紀要・山東方輿紀要序》，頁 1436。

第四節　由地理形勢看朱李之爭

一、野戰戰略觀點下的朱李爭霸

　　朱溫於乾寧四年（897）二月取得河南全域，李克用則早在二年前已入主幽州。由地理形勢的條件看李克用之立足太原兼據幽州，他若有心南下逞威，具足優勢地位，然則，朱溫終究凌駕在李克用之上，此間雙方態勢轉變的經過，值得由野戰戰略角度加以分析。

　　李克用的外族血統背景，深刻地影響著他的命運。他是處月族朱邪部落進入唐朝的第四代族裔，唐末概稱之為沙陀。〔註188〕其族祖遷附中原後，幸運地未成為唐朝離散與削減部落政策的對象，當龐勛之亂發生時，遂有機會為唐室效忠，展露頭角。他受命為河東鎮帥時，其部族進入中國已經逾九十年（790～884），嚴格的說，李克用等族人應該被定義為唐朝的「國人」，然而在華夷分際趨於嚴防的晚唐背景下，因為沙陀人外貌之不同，以及該族群展現的強悍武力對諸鎮造成的威脅感，再加上朱溫及其同盟者刻意宣傳操作，使沙陀後裔的外族身分格外敏感。〔註189〕

　　李克用在上源驛事件中（884）險遭朱溫謀害，事後執意要求僖宗主持公道，當時羽翼未豐的朱溫，正承受秦宗權第一輪猛烈攻勢，宣武軍在各州縣僅能防守。此刻的李克用如果稍用計謀製造摩擦事件，取得南進藉口，則其報仇在軍事上猶如探囊取物，但因為僖宗對朱溫的祖護，使得李克用遲遲未能出兵。〔註190〕李克用如果不顧僖宗的意向而逕自出兵河南，將一如其夫人判斷：「若擅舉兵相攻，則天下孰能辨其曲直，且彼得以有辭矣。」〔註191〕所謂「天下孰能辨其曲直」，必須注意唐末華夷意識趨於嚴防的背景，〔註192〕

〔註188〕　參見拙論，〈沙陀的族屬及其族史〉，《德明學報》卷34期2（民99），頁49～76、〈史載沙陀三事辨析〉，《德明學報》卷37期1（民102），頁109～128。

〔註189〕　參見拙文，〈沙陀與晚唐政局〉，中國文化大學史研所碩士論文（民100），第一～三章。

〔註190〕　「武皇與汴人構怨，前後八表，……武皇不時奉詔，天子頗右汴帥。」見《舊五代史‧唐書武皇紀》卷25，頁657。

〔註191〕　《資治通鑑》卷255，頁8306，中和四年五月甲戌條下。

〔註192〕　在中國歷史上，操控「我群」與「他者」的內外關係，向來是政治鬥爭手段中的特效藥。論見許倬雲，《我者與他者：中國歷史上的內外分際》（臺北：時報文化出版公司，2009）。案，該書主在客觀的呈現歷史上「我、他」與「主、客」之間的辯證關係，屬於文化性的關注，非著眼於闡述政治鬥爭技術。另

李克用上一次被數鎮之師連兵逐出代北，「被」淪爲唐朝外患，與這著背景有直接關係。〔註193〕質言之，李克用心中的正義能否受到伸張，仍必須以僖宗的詔令爲據，其若脫離天子詔令而向河南出兵，將造成一種「沙陀軍與蔡賊聯兵攻擊宣武軍」的樣態，其結果很可能重演沙陀軍遭諸鎮圍剿的劇碼。諷刺的是，即使他在上源驛事件後亟力壓抑自制，依舊在大順三年（890）夏季遭到唐朝中央等聯軍的三面圍攻，這其中當然深具族群因素。〔註194〕

對朱溫而言，上源驛事件失手就像是捅到黃蜂窩一樣，其扭轉危機的方法就是設法摘掉這個蜂窩，而且最好由中央動手。因此，他必須在對抗蔡賊方面有所表現，以爭取皇室與中央大員的最大信任。事後的發展證明，朱溫似乎深刻地觀察到李克用性格上的耿直特性，有效的利用唐朝南牙與北司間的矛盾，以及社會上對夷狄嚴防的排外意識，挑撥了皇室對李克用的信任，並藉由關中方面的力量，有效地拖延河東對河南的敵對行動。

舊紀在上源驛事件後記「李克用累表訴屈，請討汴州。天子優詔和解……自是全忠、克用有尋戈之怨。」〔註195〕稱此爲「尋戈之怨」，當是因爲雙方軍隊在上源驛事件之後並未直接開戰。四年之後（文德元年四月），朱李陣營才首度對戰，那是因爲李罕之、張全義爭河洛，已如前述。再隔一年，李克用大發兵攻取邢、洺、磁三州，〔註196〕邢州向朱溫求救，於是引發朱、李雙方的第二度正面衝突。當時的汴軍受河南戰況牽制，且無魏博鎮支持，朱溫只能派出數百人越境援助邢州。李克用則於隔年取得昭義五州完整控制權，獲得地理形勢上對朱溫的優勢。

外，沙陀外族的語境轉換，與朱溫弒帝、李存勗建唐、契丹滅晉等歷史發展有關，詳論參見鄧小南，〈論五代宋初"胡/漢"語境的消解〉，《文史哲》期5（2005）。邢義田，〈試評《五代時期中國北方政權之權力結構》〉，《史原》期2（1991），頁117。

〔註193〕《資治通鑑》卷153，乾符五年七月條下。《舊唐書·鄭從讜傳》卷158，頁4170。

〔註194〕參見《舊唐書·昭宗紀》卷19，頁740。

〔註195〕尋戈之怨，見《舊唐書·僖宗紀》卷19，頁719。朱李直接開戰導因於李罕之與張全義爭河陽，河東軍以敗退收場，已述於前節。

〔註196〕《新唐書·昭宗紀》卷10，頁284～285，龍紀元年（889）六月記「李克用寇邢州。昭義軍節度使孟方立卒，其弟遷自稱留後。」大順元年（890）三月又記「昭義軍節度使李克脩卒，其弟克恭自稱留後。」案，不少學者以此爲李克用爭霸之論，惟《資治通鑑》、《舊五代史·唐書武皇紀》都記邢州孟方立前一年先襲（寇）遼州，致李克用出兵邢州，惜皆未載孟方立襲遼州的動機。參見《資治通鑑》卷258，頁8387、8392，龍紀元年六月條、大順元年正月條。

　　李克用既得昭義五州爲基地，且無魏博之牽制，而朱溫的兵力正在淮南與孫儒相鬥，另且分兵於彭城圍困時溥。此情況對李克用相當有利，他應該因著時溥的求救，以「聲言」救時溥之姿態大舉南下壓迫朱溫，方能消解尋戈之怨。若以學界常用之「朱李爭霸」觀點，則南向攻擊更是爭霸正著，但其出兵卻反向指往雲州。〔註197〕假設李克用出兵雲州是著眼於廓清北面，先求鞏固後方，後圖南向發展，則其出兵雲州算是個合理的決策，但這必須對照他的後續行動，方能論斷。

　　大順元年（890）春，雲州赫連鐸不敵李克用攻擊，聯絡幽州共抗河東軍，並且上表奏請中央討伐。於是，朱溫抓住這個機會，奏請昭宗同意宰相張濬對李克用出兵。〔註198〕五月，朝廷派張濬率軍出兵河東，適潞州新附河東而新將未予親撫，再度叛晉附汴，朱溫發千騎援潞州。於是，在爭奪邢州之後，汴、晉再度短兵相接。六月，宰相張濬與各鎮聯軍會師於晉州，七月初抵達陰地關（汾州靈石縣西南，晉、汾州界）。至此，李克用同時面對了來自三個方向的敵人（朱溫、赫連鐸以及張濬），必須設法在三路軍隊同時出現之前，加以各個擊破。

　　戰況由潞州爭奪戰開打，由於魏博軍不借道，汴軍由小路入壺關爭奪澤潞，失敗，河東軍於九月奪回潞州；同月，另一支河東軍也擊敗赫連鐸與幽州聯軍；彼時張濬的中央聯軍卻還沒進入汾州界，因此，李克用遂把派往潞州的軍隊轉用於晉州，使其出現在官軍後方，大敗張濬聯軍。〔註199〕（參見圖十）。

　　李克用面對三方之敵能夠各個擊破的主因，在時間與空間的妥善利用。拜張濬軍隊行進緩慢之賜，〔註200〕潞州爭奪戰後的河東軍能夠轉往晉州戰場與原本在洪洞縣的三千河東軍會師，而河東軍兵力能夠迅速移轉，則是利用

〔註197〕　《舊唐書·昭宗紀》卷20，頁740，四月條下，稱雲州防禦使爲赫連鐸。但《資治通鑑》卷256，頁8313，中和四年八月條下，記「克用奏罷防禦使，依舊隸河東。從之。」此似即李克用出兵雲州的原因；則李克用對雲州出兵實有其正當性

〔註198〕　幽帥李匡威應赫連鐸之求救，出兵三萬解圍，克用不利而還。赫連鐸二人因奏請唐廷同意討伐李克用。加上宰相王鐸與朱溫相結，欲排擠楊復恭，乃藉朱溫欲與河北三鎮共除李克用的奏表，主導討伐李克用之戰。見《資治通鑑》卷258，頁8394～8395、8397，大順元年四、五月條下。

〔註199〕　《資治通鑑》卷285，頁8403～8404，大順元年九、十月乙酉條。

〔註200〕　「軍容使楊復恭與張相不協，逗撓其師，因而自潰。」見五代·孫光憲撰，《北夢瑣言》，卷4〈孫揆尚書鋸解〉，頁70。案，此條線索，通鑑未收入。

空間爭取時間，善用潞州與晉州間小徑，使張濬聯軍腹背受敵。〔註 201〕朱溫方面，似乎因為其主力軍隊甫敗於淮南，再加上魏博阻道，不利派赴大軍北上，兵力調度頗為拮据，因而後繼無力。〔註 202〕

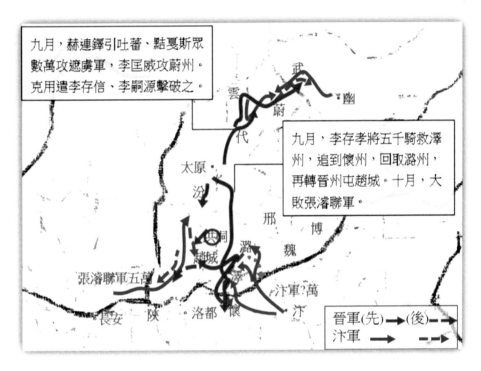

圖十　李克用三方破敵示意圖（890）

《舊唐書‧昭宗紀》與《資治通鑑》記張濬之敗，都認為是因為朱溫未親自領軍與張濬會師，《資治通鑑考異》甚至採得《唐補紀》的指責內容：「張濬使人探朱全忠兵馬，並不來相應，……朝廷知為全忠所賣。」〔註 203〕《資

〔註 201〕　參見嚴耕望，《唐代交通圖考‧河東河北區》卷 5，頁 1636～1637，圖十九。
〔註 202〕　朱全忠辭宣義節度使條，記「全忠以方有事徐、楊，徵兵遣戍，殊為邊闊。」見《資治通鑑》卷 258，頁 8400～8401，大順元年六月辛未。惟各方數字不詳，難以分析兵力。
〔註 203〕　《資治通鑑》卷 258，頁 8406～8409、8410，大順元年十月乙酉條、十一月條，「是役也，朝廷倚朱全忠及河朔三鎮，及濬至晉州，全忠方連兵徐、鄆，雖遣將攻澤州而身不至行營，乃求兵糧於鎮、魏，鎮、魏倚河東為扞蔽，皆不出兵。」收入《資治通鑑考異》卷 26，十一月，李存孝取晉絳條。《舊唐書‧昭宗紀》卷 20，頁 745，「全忠方連兵徐鄆，乃求兵糧于鎮、魏，全忠終不至行營。」

治通鑑》雖未採其辭，卻也清楚顯示當時的朱溫位置就在河陽、滑州一帶。
〔註204〕然則朱溫在河陽、滑州監督汴軍對河東軍作戰，難道不是與張濬採取同樣的步伐？〔註205〕上述史載內容顯示，說者未必將朱溫爭澤潞的行動視爲官軍征討河東的一環。

　　另一方面，李克用擊潰張濬聯軍之後，並未藉端使勢的進佔關中，干預朝政，但仍造成宰相大調動，引發中央一連串的權力鬥爭，宦官楊復恭乘機獨攬大權，引來關中鎮帥就近干涉，最後由鳳翔節度使李茂貞、邠寧節度使王行瑜二方把持朝政。〔註206〕

　　大順二年（891）七月，李克用終於取得雲州；北納雲州、南獲昭義五州的河東鎮，地理形勢愈加完固。而當時之朱溫圍攻時溥依舊，孫儒在淮南之凶焰仍熾。〔註207〕此際的李克用若懷抱尋戈之怨，或欲與朱溫爭霸，實宜把握這一有利時機，立即發兵南下懷、孟，直取汴宋，但他再度放棄此一難得機會，反將攻擊箭頭由邢州指向北面鎮州。〔註208〕

　　李克用於大順二年（891）「北向攻擊鎮州」的出兵行動很值得討論，在野戰戰略「目標選擇」的課題下，李克用的行動可以擬設出南、北兩個行動方案：甲案，暫與河朔各鎮保持友好，先南下攻打朱溫。乙案，先攻下河朔諸鎮，再南下與朱溫相爭。

〔註204〕　參見附錄一，序17～18。

〔註205〕　張濬之敗因很多，與其說是被朱溫所賣，不如說是二人同床異夢。朱溫在意的是對昭義與魏博，而非張濬在汾河流域的勝敗；朱溫只要促成中央以「王師」的名義對河東出兵，在政略上已屬成功。張濬與朱溫爲階段性的利益而合作，張濬欲藉此機會強化「王師」，並「可斷兩雄之勢」；而王師之壯大，未必是朱溫樂見。多年後，張濬及其家人遭朱溫派人屠殺。參見《舊唐書·張濬傳》卷179，頁4656～4661。

〔註206〕　參見《舊唐書·昭宗紀》卷20，頁750～751。《資治通鑑》卷259，頁8450，景福二年十月條下。

〔註207〕　參見附錄一，序21。

〔註208〕　李克用出兵鎮州原因之版本有二：舊紀記太原將邢州刺史李存孝於大順元年十一月，據城上表歸朝（叛於李克用）。二年正月，李克用急攻邢州，李存孝求救於王鎔，遂有此役。《舊五代史》記李存孝（當時未叛）因王鎔與朱溫相託附，謀河朔，故建議克用乘勝平定燕趙。通鑑從《舊五代史》。參見《舊唐書·昭宗紀》卷20，頁742～745；《舊五代史·唐武皇紀》卷25，頁672。《資治通鑑》卷258，頁8417，大順二年七月條末。

　　當年的背景情況是，朱溫正月先出兵魏博鎮，七月與楊行密共攻孫儒，八月強攻宿縣（感化軍），十一月移軍攻擊天平、泰寧軍。〔註209〕因此，李克用如果在這一年的七、八月即趁機對朱溫發動攻勢，不但沒有魏博鎮的阻撓，且迫使朱溫必須同時面對北面河東與東面諸藩鎮二個方向的對手，處於劣勢。以此思之，對南面採取攻勢的甲方案應該是相對有利的優先選項，〔註210〕但他顯然再度放棄了這個出兵的良機。以此對照論者所謂「朱李爭霸」的觀點，李克用應當無意在此際與朱溫相爭（參見圖十一）。

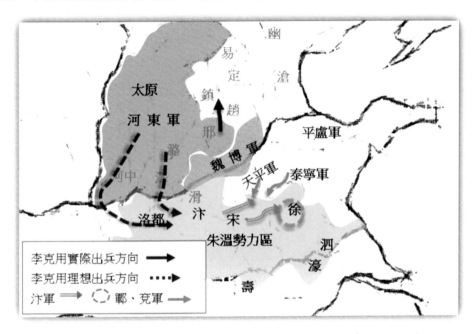

圖十一　以爭霸為前提的李克用合理出兵方向示意圖（891）

　　河東軍由邢州北上鎮州，引發幽州盧龍軍於十月南下救援，爾後，盧龍軍更一度由山後聯合吐谷渾攻擊雲州，河東軍則強勢的利用雲州戰場，走山後由關北而來。戰爭持續約三年半光景，河東軍終於乾寧元年（894）十二月，由山後出新州（今河北涿鹿）、媯州（今河北懷來）南入居庸關，攻下幽州，幽帥逃奔滄州途中遭害。〔註211〕

〔註209〕參見附錄一，序20～25。
〔註210〕當時的關中軍閥尚未完成整合，本文因此未納入討論。
〔註211〕李匡威之敗，受到包括幽州與鎮州交惡、李匡威兄弟內鬥等因素影響，惟幽、晉、鎮間之互動非本文主軸，詳見，《資治通鑑》卷259，頁8435～8461，昭宗景福元年八月迄乾寧元年十二月條下。

　　就朱李爭霸的角度，李克用先攻鎮州，進而吞併河北，其利益在於能整合河東、河朔（包括魏博）兩地力量，對朱溫取得外線地位，對其同時施以來自兩個方面的壓力。在此之前，李克用必須抱持一個深沉的顧慮，即其征服河朔不但可能曠日廢時，也等於提供了朱溫在河南道吞噬鄰鎮的時間。

　　由地理形勢檢視李克用取得幽州的經過，顯示河東在控有易、定並掌握山後的情況下，具有對幽、鎮兩地兩面包夾的地理優勢。此條在河東與幽州之間的山後之路，顯然極具重要性；九十年後，北宋太宗發動雍熙北伐，尚不能複製李克用此條路境。〔註212〕由此可見契丹要求石敬瑭一併割讓山前、山後的道理，這部分會在第四章繼續討論。

　　乾寧二年（895）正月，李克用耗時三年近半光景，終於臣服幽、鎮二帥，〔註213〕這絕對是唐末一大新聞，從此河朔、河東俱納入李克用勢力範圍。當河東軍聲勢浩大地進入幽州城時，朱溫在這段期間只攻下徐州，其他如鄆、兗、淄青等鎮尚未屈服；楊行密則已經擒斬孫儒，正式獲授淮南道節帥，並有向北發展跡象。李克用在整體態勢上對朱溫更具優勢，就在同月，命運之神對李克用釋出第三次機會：楊行密奏表朱溫之罪，請會易定、兗鄆、河東之兵討伐之。〔註214〕此時上距「尋戈之怨」已十年，如果李克用真的有心報仇或與朱溫爭霸之意，那麼應當把握機會，聯合楊行密南北夾擊朱溫，則唐末局勢必將一變。（參見圖十二）

　　然而，實際的歷史發展是，李克用剛在正月入主幽州（拔擢幽州降將劉仁恭為留後），隨即於三月發生河中節帥繼任人選之爭，引發李克用於七月揮師由河中擊關中。這是李克用第三度領軍踏蹄關中，也是他在唐末最風光的時刻。河東軍在西面揮師入關，東面只派出局部騎兵協助鄆兗抵抗汴軍，當河東兵追入關中（非陝洛）之時，即意味著楊行密企圖南北聯合夾擊朱溫的構想已經失敗。〔註215〕

〔註212〕當時宋將楊業由山後攻擊至新州，在蔚州與契丹軍僵持，終至失敗。

〔註213〕幽、鎮、邢州之間有一段複雜的分合互動，其後，幽帥人選且有變動，本文以朱溫為主要脈絡，故略述之。詳見《舊五代史·唐書武皇紀》卷26，頁676～682；《資治通鑑》卷259相關各條。

〔註214〕參見附錄一，序42。惟《舊五代史·唐書武皇紀》未錄此事，疑河東未聞楊行密此表。

〔註215〕詳情參見附錄一，序43～53。《舊五代史·梁書太祖紀》卷1，頁37，稱「李克用既破邠州，欲謀爭霸。」乃以萬騎派赴梓縣（屬鄆）。案，河東若派出萬騎入鄆，逼退朱友恭，其兵力確屬可觀，但此出自汴軍敗將的兵力數字與爭霸疑慮，只能參考。

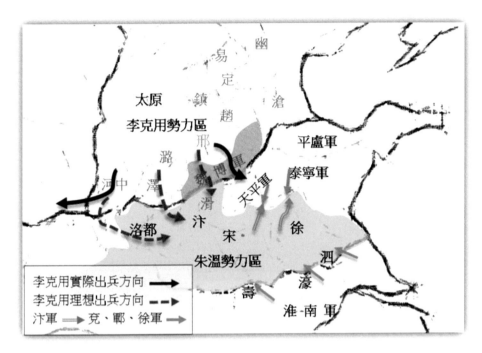

圖十二　以爭霸為前提的李克用合理出兵方向示意圖（895）

　　如果李克用懷著尋戈之怨刻意與朱溫相爭，應該命令進入關中的河東軍轉向攻擊陝州，威脅洛都，同時由澤州派兵夾擊，方為合理行動；如果他有爭霸之意圖，令河東軍直取長安挾持天子，亦非不可行。〔註216〕李克用的行徑不但顯示他並無取代李唐的政治野心，也再一次顯示關於唐末「朱、李爭霸」的說法待商榷。

二、汴軍首侵河北時的昭義

　　乾寧三年（896）閏正月，當河東軍四度借道援郵時，魏博鎮終於忍不住河東軍屢次借道造成的損害，出兵襲擊過境之河東軍。雙方交惡以後，李克用的情況將因河東與魏博之交戰，每況愈下。李克用企圖透過軍事手段強迫魏博屈服，但兵戎相見的結果，反使魏博更緊密的與汴軍結盟。魏博鎮態度翻轉的最直接影響，就是河南道的郵兗、淄青之地隨之於乾寧四年春季相繼陷於汴軍。

　　綜觀朱溫吞併河南的速度與力道，皆不若李克用強擊幽州與關中之猛

〔註216〕是則李存勖回憶李克用之語，當屬可信。其云：『昔天子幸石門，吾發兵誅賊臣，當是之時，威振天下，吾若挾天子據關中，自作九錫禪文，誰能禁我！』。見《資治通鑑》卷271，頁8862，梁紀龍德元年正月甲辰條下。

烈，但其謀略則爲李克用所不及，其得以涉足河北、削弱河東，全取河南，關鍵在於獲得魏博鎮的支持。

　　魏博與河東交惡，恐怕仍與朱溫之謀略有關。前已述及，朱、李雙方在大順元年（890）五月，再度出兵爭奪潞州，約此同時，宰相張濬也進軍河東，但遭敗績。因爲魏博屢次阻止汴軍入境，朱溫乃發兵自黎陽濟河擊魏博軍，企圖徹底解決此一借道困擾，至次年（891）正月，汴軍對魏博軍五戰皆捷之後，朱溫隨即止掠、歸俘、退兵。〔註217〕這些動作和朱溫侵略河南鄰鎮時大相徑庭，他似乎理解到魏博大鎮內部傳統的權力結構問題，深知武力難以完全屈服，而對魏帥採取威迫利誘的間接控制手段。

　　有了魏博軍協助，大河將不再成爲汴軍北上的阻礙，富饒的魏博鎮且能提供充分的人、物力資源。朱溫獲得魏博鎮支持，即取得戰略態勢上對河東的外線優勢。欲經由魏博與河東相爭，必須先取得昭義鎮，於是，昭義鎮很自然地成爲朱、李之間的風暴中心。

　　昭義鎮地理分爲澤、潞州與邢、洺、磁州二個區塊，澤、潞州位於太行山上，邢、洺、磁州位於山下，唐人或稱爲山東三州。〔註218〕澤、潞在太行山上居高臨下，南面藉懷州控天井關，下至河陽，即入汴洛；東面藉潞州控壺關，下到洺相，即達魏博（參見圖二十），故澤、潞二州難以分割。在河南道而言，澤潞二州若遭河東控制，則河東軍出澤州下懷州，必然造成河陽、鄭汴驚恐；在河北道而言，若河東軍出潞州下相州或磁州，也足以驚動魏博。唐德宗將邢、洺、磁三州併入昭義軍，對河北平原的三大藩鎮發揮牽制與分隔的作用，即是著眼於利用山上、山下聯勢，影響河北平原，唐人在這方面已有很多議論。〔註219〕

〔註217〕此據《資治通鑑》之載。《新五代史‧梁太祖紀》卷1，頁5，則記其「屠故元城」。案，朱溫對魏博鎮的耐心，與累積百年的河朔藩鎮內部權力結構有關，不是換掉鎮帥及其親兵所能解決。李克用選擇以劉仁恭而非河東將領爲燕帥，及其後與河東決裂的發展，可爲對照。

〔註218〕《舊唐書‧武宗紀》卷18，頁601，「洺州刺史王釗、磁州刺史安玉以城降何弘敬。山東三州平。」《舊唐書‧王徽傳》卷178，頁4641，「時孟方立割據山東三州，別爲一鎮。上黨支郡唯澤州耳。」

〔註219〕「伏以河陽西北去天井關強一百里，關隘多山，井不可鑿，雖有兵力，必恐無功。若以萬人爲壘下室其口，高壁深塹，勿與之戰。忽有敗負，勢驚洛師。」「今者，上黨馳其精良，不三四日與魏決於漳水西，不五六日與趙合於泜水東，縈太原，挑飛狐，緩不二十日與燕遇於易水南。此天下之郡國。」「伏以上黨之地，肘京洛而履蒲津，倚太原而跨河朔。」分見唐‧杜牧，《樊川文集》，〈上李司徒相公論用兵書〉、〈上昭義劉司徒書〉、〈賀中書門下平澤潞啓〉，頁165、174、234。詳論參見張正田，〈以「盧從史事件」觀昭義軍節度使對唐

《讀史方輿紀要》言潞州：「蓋洛陽、太原，鄴都之外屏，而壺關則肘腋之備也。……其形勝，不特甲於河東一道而已。」明指不能單由河東的角度看待潞州地理形勢；稱澤州「據太行之雄固，實東洛之藩垣，……蓋太行為河北之屏障，而州又太行之首衝矣。」〔註220〕也非以單一河東道的角度論澤州之險。若藉《孫子》的比喻，澤、潞州對於河陽、山東三州，可謂在地理形勢上具有「勢險、節短」的特質，〔註221〕故前節述及李克用未能把握河陽倚河東為援的條件，在李罕之與張全義爭河洛地區時，竟被羽翼未豐的朱溫取得先機，本文稱之為極大的失誤。〔註222〕

若單純由型態上看魏、汴、晉三者間的關係，魏與汴方勢力聯盟，將取得對晉方的外線地位（參見圖十三），〔註223〕但受限於太行山勢之險，必須同時取得山上的澤、潞與山下的邢、洺、磁三州，才會對太原產生實際威脅，而且還不能忽略幽州位置的影響。稍後，朱溫即使獲得魏博支持取得對河東的外線地位，並且一度控制澤潞，但卻依舊必須俟其兵力北推至幽、鎮地區獲得井陘關後，才敢放心的向太原進攻，這是因為幽州在河北平原北面，對魏博發生牽制的效果。在後續的局勢發展中，這個地略上的互動關係會不斷出現。

反之，若晉方據有澤潞，且得魏為外援，則晉、魏將對汴方取得有利的外線地位，同樣必須留意幽州的動向。當時的李克用取得澤潞控制權後，並不常由天井關南下懷孟，更未見河東軍同時利用滑衛、河中與澤州的任何二處同時向汴洛出兵之例，此現象除了李克用自己的用兵意圖以外，也可能顧慮到魏博、幽州的動向。

代的重要性──並略論昭義地理形勢概況〉，《中正歷史學刊》期6（民89），頁305～329、331～337。

〔註220〕顧祖禹，《讀史方輿紀要・山西》卷42、43，頁1956～1957、1972。

〔註221〕《十一家注孫子校理・勢篇》卷中，頁90～91。

〔註222〕參見顧祖禹，《讀史方輿紀要・山西》卷43，頁1972。「自兩漢之季，以迄晉室之衰，自晉陽而爭懷、孟，由河東而趨汴、洛，未有不以州為孔道者。……唐之中葉，澤潞一鎮，藉以禁制山東，說者謂州據太行之雄固，實東洛之藩垣。五代時，晉王存勗敗梁人於潞州，進攻澤州，梁將牛存節自天井關馳救，曰：澤州要害，不可失也。既而梁爭上黨，往往駐軍澤州。」

〔註223〕簡言之，從兩個或兩個以上方向，對處於中央位置之敵作戰，謂之外線作戰；外線的利益在於可以展開優勢之兵力，對敵形成包圍。詳參胡敏遠，《野戰戰略用兵方法論》，頁170～187。另參見何世同，《殲滅論》（臺北：上揚國際開發，2012二版），頁105~121、146~148。案，可惜何文在討論內線作戰成功的條件時，竟漏掉時間因素的說明。

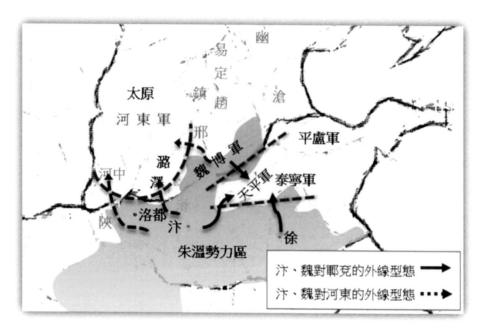

圖十三　汴軍與魏博軍形成的外線型態示意圖（896～897）〔註224〕

　　朱溫在掌控河南全境之後，對其下一階段的作戰目標曾經思考並且以行動測試，最後才決定朝河北發展。〔註225〕乾寧四年八月，李克用與他所指派的幽帥劉仁恭翻臉成仇，〔註226〕使得朱溫獲得借由魏博向北發展的契機，把握機會與幽州修好，共圖河東。於是於乾寧五年（898）四月會同魏博出兵鉅鹿（屬邢州，今河北邢臺），以取得山東三州為階段目標。

　　這是一場史載甚簡卻至關重要的戰役，朱溫選擇以鉅鹿為攻擊對象，實際上應該是以吸引河東軍為目的，故史載未言鉅鹿城破，但記河東軍敗於鉅鹿城

〔註224〕筆者自繪，底圖參考譚其驤主編，《中國歷史地圖集・都畿道河南道》。
〔註225〕乾寧四年二月，朱溫才剛宰制鄆、兗、淄清諸鎮，三月就發生陝州攻擊河中的事件，前者由朱溫撐腰，後者有李克用支持。前文述及秦宗權、時溥敗亡之際的朱溫軍事行動，亦有此特點。後人若懷疑陝州攻擊河中事件乃朱溫之謀，相當合理。在李克用派兵干涉下，陝州侵河中未得逞，朱溫隨即將重點轉往淮南，但在九月的清口（江蘇洪澤附近）之戰大敗而回，於是又改將箭頭指向河北。
〔註226〕劉仁恭本是幽軍投靠河東的叛將，前由李克用拔為幽州鎮帥，雖掌權才三年，卻得以在短時間內穩控幽州，並展現自主企圖，先於乾寧四年（897）八月，為出兵支援河東之事與李克用反目，又於乾寧五年三月，派其子劉守文襲取滄、景、德三州。至此，甫將河朔納入勢力範圍的李克用已經分別與魏博、幽州、滄景三鎮交惡。詳見《資治通鑑》卷261，頁8505～8508，乾寧四年八、九月。案，此間的幽、晉之戰，史載未詳，但見木瓜澗之地屬蔚州，戰場亦在山後。

下，退至青山口外。〔註227〕本戰役除了要域爭奪的重要性外，在軍事知能上，朱溫採誘敵深入、斷其歸路的方法，他的目標是邢、洺、磁，卻不直接攻擊這三州，而是藉由圍攻鉅鹿城吸引河東軍，當河東軍受挫退回山上之後，三州即唾手可得。汴軍在五日之內連下三州（參見圖十四），三位刺史一遭斬、一棄城、一自刎。〔註228〕李克用失此三州，亟欲奪回，同年十月，派步騎二萬仍自青山口出攻邢州，再遭汴軍逐退，以後多次出兵，皆遭敗績。

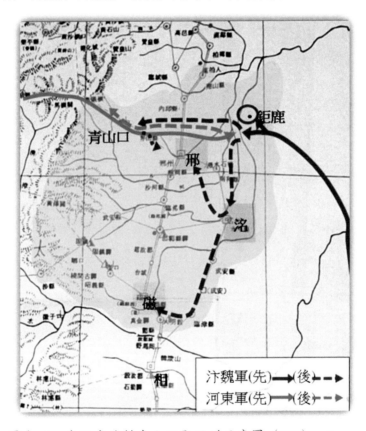

圖十四　朱溫出兵封青山口取三州示意圖（898）〔註229〕

〔註227〕據嚴耕望，《唐代交通圖考・河東河北區》圖 19。雖然其圖除卻青山口外，還有黃澤嶺、吳兒谷、穴陘等小徑與潞州相連，不過由本時期的相關史載判斷，青山口似爲當時進出太行山主要途徑。

〔註228〕四月丁未，敗河東兵萬餘人於鉅鹿城下。逐北至青山口。戊辰，拔斬洺州刺史邢善益。五月，己巳朔，葛從周攻邢州，刺史馬師素棄城走。辛未，磁州刺史袁奉滔自刎。見《資治通鑑》卷 261，頁 8515～8516。《舊五代史・梁書太祖紀》卷 2，頁 43～44。

〔註229〕底圖取自嚴耕望，《唐代交通圖考・河東河北區》圖 19。

戰後，朱溫將三州交給部將葛從周。以親信領昭義帥的意義不同於與魏博鎮的合作關係，此意味著葛從周將是未來汴軍在河北的主要戰將。年底，原來依附於河東的李罕之自據潞州改附朱溫；至此，原屬李克用的昭義五州有四處換手，只剩澤州孤立。

由乾寧二年正月到光化元年年底，四年之間，李克用的態勢由優轉劣的關鍵即在與魏博反目。乾寧五年（898）八月，昭宗改元光化，賜詔朱、李二帥和解，但此際的朱溫已經取得對河東之優勢，不願讓步；這一年，恰為李克用祖先遷入中國一百零八週年。

回顧唐末的歷史，自上源驛事件發生至魏博轉向朱溫的十三年間（883～896），李克用恃其沙陀鐵騎之勇，三度進出關中，強收雲、蔚二城，橫掃幽、鎮二鎮，他有能力卻不曾挾持皇室，有插旗河南的條件，但卻未付諸行動，換句話說，他自上源驛以來的憤怒並沒有化成積極的行動，因此其出兵作戰的對象不斷在周邊各鎮變換，以此觀之，李克用與傳統方鎮雄踞一方的心態可能較為相近；〔註230〕即使李克用有圖霸雄的心，在朱、李雙方態勢翻轉之前，也很難論證他是以朱溫為主要對手，由其行徑分析其企圖，實在無法確認李克用的「尋戈之怨」與「朱、李爭霸」有直接關聯。

朱溫吞噬河南進而跨足河北的行動，似乎刺激了各方強藩野心。光化二年（899）春，楊行密由泗州北攻徐州，適逢劉仁恭也發遣幽、滄兵眾，號稱十萬，南擊魏州。於是朱溫一面親自領軍南救徐州，一面另派軍隊北上支援魏博，但是淮南之兵未戰而退，朱溫即移軍北上，屯滑州為備。當劉仁恭的幽滄聯軍攻下貝州進至內黃時，遭入境支援之汴軍擊敗，聯軍退至臨清（貝州境），損失達三萬兵眾敗。〔註231〕

劉仁恭南下爭雄時，魏博既向朱溫求救，也遣使與李克用修好請援。李克用雖遣將出兵相救，但燕軍已先遭汴軍擊退，出援之河東軍竟未戰而回。〔註232〕事後所見，河東軍未戰而回是一個極為致命的錯誤決定，李克用沒有把握他在唐末「爭霸」的最後一次機會。

且記去年（光化元年）昭宗還曾為朱、李之間的恩怨下詔和解，《資治通鑑》稱「克用欲奉詔，而恥於先自屈，乃致書王鎔，使通於全忠。全忠不從。」

〔註230〕 參見樊文禮，《李克用評傳》，頁162。
〔註231〕 《資治通鑑》卷261，頁8522，光化二年正月條下，發十萬眾。三月條下，幽州兵損三萬。
〔註232〕 《資治通鑑》卷261，頁8524，光化二年三月壬午條。

〔註233〕再對照本文前段李克用出兵目標的討論，知李克用對朱溫復仇的心境已不似早先「表連八上」時的激切，〔註234〕但他顯然沒有從朱溫的擴張行動中得到啓發。若他感受到朱溫的敵意，警覺彼此之間已無握手言和的可能，必須尋求機會與朱溫一爭高下，則其對魏博軍的求救，除了直接出兵援助魏州之外，應該還有其他選項。在野戰戰略的課題下，目標選擇的可能行動方案有二，方案甲：趁劉仁恭整兵南下之際，發兵直取幽州。方案乙：不接受魏博修好，反助劉仁恭，攻擊魏博（參見圖十五）。

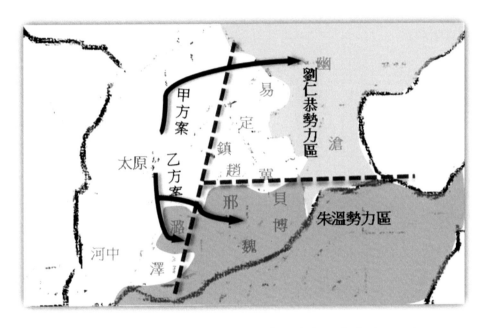

圖十五　假想河東對魏博求援之出兵方案示意圖（899/2）

　　當河北藩鎮南北對戰時，河東位置在地理形勢上恰居其側背，上述二假想方案，都著眼於出兵河北，擴大河東勢力範圍，無論採行任何一案，態度上都較李克用當時的決定更積極。〔註235〕故而從表面上看，他支援魏博之軍

〔註233〕參見附錄一，序74。

〔註234〕此可參考李襲吉代李克用寫的〈與梁王書〉，「一別清德，十五餘年，失意杯盤，爭鋒劍戟。山高水闊，難追二國之歡；鴈逝魚沉，久絕八行之賜」云云。錄在《舊唐書・李襲吉傳》卷60，頁802。

〔註235〕河東、河北應爲一或二的考量，非筆者之發想，當代已有。參見《資治通鑑》卷262，頁8534～8535，光化三年九月條末，「不若說朱公乘勝兼服之（幽州），使河北諸鎮合而爲一，則可以制河東矣。」同理，使河北諸鎮合而爲一，亦可以制河南矣。

未戰而回，似乎僅止於救援無效，但就軍事戰略的觀點而言卻是錯誤的決策，
且是致命的錯誤。河東軍退回不久，魏汴聯軍擊退燕軍，逐北至臨清（貝州
境），此際，由邢州、鎮州（今河北正定）西上河東的交通路線已經獲得開放，
前述李克用戰略決策錯誤的苦果立刻出現。光化二年三月，汴軍九十度移轉
其作戰軸線，由馬嶺（由邢州經青山）與土門（井陘口，今石家莊鹿泉市）
兩陘西上進入河東境，拔承天軍，[註236] 進而分兵拔遼州樂平（今山西昔陽）、
下榆次（今榆次市），逼太原，同時另派一軍由河陽北上，成功奪取澤州（參
見圖十六）。[註237]

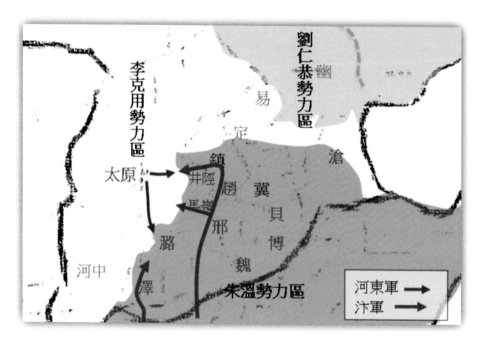

圖十六　朱溫退燕軍轉變用兵方向示意圖（899/3）

　　回顧李克用自光化元年起即欲奪回山東三州，如今卻落得昭義鎮五州全
失，這是戰略決策錯誤所造成的損失。同年八月，李克用遣將奮力奪回澤、

[註236] 承天軍守娘子關。見唐・胡伯成撰，〈唐鐵元始讚承天軍城記〉（傅斯年圖
書館拓片室藏，山西平定縣東北九十里娘子關坡底老君堂出土）。參見賈志
剛，〈唐代河東承天軍史實尋踪──以五份碑誌資料為中心〉，《人文雜誌》
期 6（2009），頁 124～130。案，汴軍若由土門西上河東，表示已進軍至成
德軍鎮州門口，則成德軍已站在汴魏一方，汴軍方得以進入河東而無後顧
之憂。

[註237] 戰況詳見，《資治通鑑》卷 261，頁 8524～8525，光化二年三月。

潞二州，但陝州（今河南三門峽）卻在十一月附汴。〔註238〕陝州轉向，意味著河中堪憂，深感腹背受敵的李克用竟開始修築晉陽城塹。

光化三年（900）夏，朱溫調動兗、鄆、滑、魏四鎮之軍交付葛從周北上，繼續打擊劉仁恭，其過程可以三階段敘述：第一階段由四月到七月，主戰場在滄州，朱溫主打燕軍，命葛從周領十萬大軍由魏博拔德州（今河北陵縣），圍滄州。劉仁恭見大軍壓境，一面派人向已經交惡的李克用卑辭求援，一面親率五萬兵馬南下滄州北境迎戰。六月，劉仁恭敗退至瓦橋（幽州境），損兵三萬。似因久雨影響攻勢，朱溫於七月召回葛從周軍。〔註239〕

第二階段，主戰場轉移至洺州。李克用於五月應劉仁恭之求救，先派周德威領五千騎由黃澤嶺東下攻擊邢、洺州，七月，再派李嗣昭將兵五萬東下。〔註240〕河東軍若攻取邢、洺州，將有機會截斷汴軍北進幽州的交通線，如果成功，不但可以減輕劉仁恭的壓力，也能夠聯合燕軍對汴軍形成南北夾擊之勢，既有圍魏救趙的功能，更具釜底抽薪的效果。朱溫見河東軍來攻，一面調整河陽防務，〔註241〕防止河東軍另由澤州南下擾其背後，同時親帥三萬軍北上阻止河東，但洺州已失且敵眾我寡，乃急召甫由滄州回師的葛從周西進，合圍剛進入洺州的李嗣昭。李嗣昭見葛從周大軍將至，爲避免與河東之交通線遭截斷，毅然棄城，但仍在青山口遭葛從周部伏擊，潰歸（參見圖十七）。〔註242〕

〔註238〕光化二年十二月，陝州附汴，見《資治通鑑》卷262，頁8529。

〔註239〕繼而以連雨，遂班師，見《舊五代史・梁書太祖紀》卷2，頁49。

〔註240〕《資治通鑑》卷262，頁8530，光化三年五月己亥，「仁恭復遣使卑辭厚禮求救於河東，李克用遣周德威將五千騎出黃澤，攻邢、洺以救之。」李嗣昭「取馬嶺進軍，下山東」之路線，見《資治通鑑考異》卷26，光化三年七月李嗣昭敗汴軍於內丘條。案，黃澤嶺（關）、馬嶺關，俱在唐遼州境，青山口在邢州境，是周德威與李嗣昭下山路線不同。參見嚴耕望，《唐代交通圖考・河東河北區》卷5，圖19，唐代河東太行區交通圖（南幅）。

〔註241〕光化三年，「八月丙辰朔，朱全忠奏：先（前）割汝州隸許州，請卻還東都。河陽先管澤州，今緣蕃戎占據，得失不常，請權割河南府王屋、清河、鞏三縣隸河陽。從之。」見《舊唐書・昭宗紀》卷20，頁767。

〔註242〕《資治通鑑》卷262，頁8533，光化三年九月條下，「朱溫自將中軍三萬」。案，若朱溫自領之三萬軍非析自葛從周之十萬軍，則朱溫此戰至少派出十三萬眾。而河東軍參戰兵力爲五萬五千步騎。

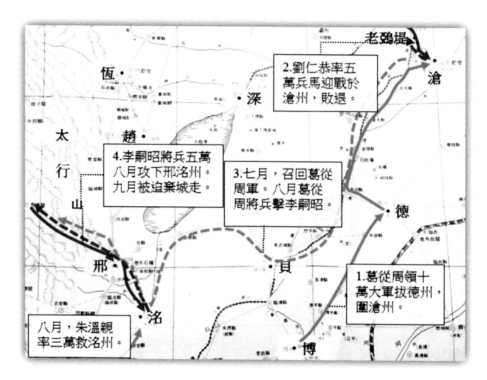

2. 劉仁恭率五萬兵馬迎戰於滄州，敗退。

4. 李嗣昭將兵五萬八月攻下邢洺州。九月被迫棄城走。

3. 七月，召回葛從周軍。八月葛從周將兵擊李嗣昭。

1. 葛從周領十萬大軍拔德州，圍滄州。

八月，朱溫親率三萬救洺州。

圖十七　朱溫先退燕軍再退河東軍戰況示意圖（900）

　　第三階段，河東軍既退，朱溫成功的排除來自太行山上的威脅，乃全力向北推進。九月，成德軍不戰而降，汴軍遂分兵進拔的瀛、景、莫三州。〔註243〕十月，義武軍兵敗而降，〔註244〕至十月底，燕軍企圖救易、定失敗，河北諸鎮皆臣服於朱溫。〔註245〕

　　朱溫擊退河東，威服河北（圖十六、十七），其中最難處理的威脅並非正面的燕軍，而是側面的河東軍。河東軍這次出兵，依然選擇山東三州，這是乾寧五年（898）四月和十月，李克用二度大舉出兵卻鎩羽之地。此次，當汴、幽兩軍在北面大打出手之際，李克用再度朝朱溫的軟肋出手，嚴重的

〔註243〕此役，葛從周領一軍，先攻趙州臨城，然後直撲鎮州城；朱溫率軍跟至元氏城；張存敬領一軍會同魏博兵，由貝州甘陵出發，連下瀛、景、莫州（則冀州未抗即降），本欲由莫州經瓦橋攻幽州，惟因大雨泥濘，改攻易、定州。景州，景福元年，復於弓高置景州，管東光、安陵、（弓高）三縣。天祐五年，移州治於東光縣。領縣六，戶一萬一千三，口五萬七千五百三十二，參見《舊唐書‧地理志》卷39，頁1508。
〔註244〕攻易定，拔祁州。參見《資治通鑑》卷262，頁8536，光化三年十月條前後。
〔註245〕《資治通鑑》卷262，頁8537，光化三年十月癸未條下。

威脅汴軍補給線，筆者以為其出兵時機與目標皆可謂正確。但河東軍何以依舊戰敗？

戰敗的主要原因與其兵力投入的時間不連貫有關。〔註246〕五月，李克用投入第一批軍隊下太行山攻邢、洺州時，汴軍正圍攻滄州；燕軍出師救援滄州失敗，退守瓦橋，已是六月下旬。七月，河東投入第二批主力軍加強攻擊邢、洺州力道，才在八月初攻下洺州，而朱溫已於七月底（或八月初）將擊破燕軍的汴軍調回，故當李嗣昭攻下洺州城沒多久，除了朱溫親自率軍北上阻擋之外，葛從周率領的汴軍主力已經在附近，李嗣昭必須棄城先走，否則河東主力軍將被包圍在邢洺之地。

朱溫當時以「久雨」為辭召回葛從周的主力汴軍，事後分析可見「久雨」只是保守軍事行動機密的託辭，絕非主因。看來似乎是李克用提供汴方二個月的時間，成就了汴軍先擊退燕軍，再回師擊退河東軍的戰果。此次戰役中的三方關係與軍隊位置，如果應用近代野戰戰略觀點加以解釋，可以看到朱溫的處置與學理上的內線作戰要領相符，〔註247〕故汴方之戰果，並非全由對手所贈。汴軍北破幽燕，西逐河東之後，當年冬天即屈服河北全境，確立了朱溫在大河南北的霸權地位。

雖然，李克用曾經於十月再度呼應義武軍之求援，趁朱溫與劉仁恭爭奪定州之時，利用其擁有澤、潞二州之地利優勢，派李嗣昭以三萬步騎出澤州、擣河陽。〔註248〕不過這種單一隊伍的奇襲，缺乏後續的支援與其他方面的策應行動，效果難以擴大，故當救援的汴軍到達後，河東軍依舊必須退出河陽。〔註249〕河陽之戰乃成為上個月洺州之敗的續集，一如文德元年四月，朱李在上源驛事件後的第一次交鋒。

〔註246〕 司馬光重視此次戰役，蒐集羅列各方史料，排比了時間的先後順序，詳見《資治通鑑考異》卷27。參見《舊五代史‧唐書武皇紀下》卷26，頁697~698，注二。

〔註247〕 簡單的說，內線作戰，是居於中央位置的大軍，對來自兩個或兩個以上不同方向敵軍的作戰。作戰型態屬於「集中」對「分離」，型態的缺點是易遭受包圍。處於內線位置軍隊通常兵分兩路，一為打擊，一為拘束。拘束軍通常利用逐次抵抗爭取時間，以利打擊軍回師合擊。

〔註248〕 朱溫攻克河北諸鎮，見《資治通鑑》卷262，頁8534~8537。十月，晉人以帝宿兵於趙，遂南下太行，急攻河陽，《舊五代史‧梁書太祖紀》卷2，頁50。

〔註249〕 朱溫對澤州地略甚為警覺，事見開平四年八月丙寅，「帝發洛陽；己巳，至陝。……帝憂晉兵出澤州逼懷州，既而聞其在綏、銀磧中，曰：無足慮也。」見《資治通鑑》卷267，頁8726。

朱溫既已臣服河北諸鎮，理當進一步將兵力轉向，西進太原，但因為光化三年十一月的宮廷政變，宦官及其所掌握的禁軍解除宰相崔胤職務，監禁昭宗，矯詔太子嗣位，使得朱溫決定放下河北軍務，先返回汴州，開始介入關中事務。〔註250〕

值得一提的是，朱溫雖使河北諸鎮臣服，但並未撤換諸鎮帥，實際上尚未徹底兼併其領地，主要原因，當是在河朔沿襲百年的方鎮牙兵結構未改之前，河朔軍帥俱難任意拔除。〔註251〕

三、汴軍西進關中時的河中

光化四年（901）正月，宦官主導的宮廷政變失敗，岐帥李茂貞就近介入，取得神策軍指揮權，強力控制中央。

朱溫意圖將其勢力伸入關中，必須先取河中以制河東。〔註252〕河中鎮領晉、絳、慈、隰諸州，〔註253〕其南面隔河而立的陝州保義軍已於去年十一月附汴。《讀史方輿紀要》盛稱陝州：「內屏關中，外維河洛，履崤坂而戴華山，負大河而肘函谷。南倚山原，北臨大河，良為形勝。……蓋據關河之肘腋，扼四方之噤要，先得者強，後至者敗，自古及今，不能易也。」〔註254〕不過此論是以河南與關中的地理形勢關聯為主要思維，若要帶入河東勢力的影響，則必須兼論河中之要。《元和郡縣圖志》謂「河中之地，左右王都。」河中鎮治蒲州，《讀史方輿紀要》記蒲州：「州控據關河，山川要會。」又引唐代宗時期宰臣元載請置中都於河中府之疏文，謂河中「可與關中相表裏」。〔註255〕

〔註250〕朱溫此際與崔胤的合作關係，參見《資治通鑑》卷262，頁8530～8531，光化三年六月條後。

〔註251〕例如鎮州王鎔自知不敵朱溫，以子弟與文繒質獻於朱溫請和。又如易定軍逆戰而敗，節度使王郜奔晉陽，眾（軍士）推王處直代帥，王處直歸罪責於他官，獻繒帛請和於朱溫。可見此二鎮之藩鎮結構未改。

〔註252〕「時朱全忠既服河朔三鎮，愈窺圖王室篡代之謀，以李克用在太原，懼其角逐。是月，……由含山襲河中王珂。」《資治通鑑》卷262，頁8548，天復元年正月條後。《舊唐書・昭宗紀》卷20，頁772。

〔註253〕「以河中兵馬留後王珂檢校司空，兼河中尹、御史大夫，充護國軍節度、河中晉絳慈隰觀察等使。」《舊唐書・昭宗紀》卷20，頁756。

〔註254〕《讀史方輿紀要・河南》卷48，頁2270～2271。

〔註255〕《讀史方輿紀要・山西》卷41，頁1888～1889。河中之險，參見《元和郡縣圖志・河東道》卷12，頁323～324。

在現實條件上，唐末之河中是李克用禁臠，在此之前，有田令孜與王行瑜企圖染指，其結果非死即散，因此朱溫即使在河北放棄與河東軍的纏鬥，其軍隊轉投向關中的過程中，依然會在河中遇上河東軍。

河中與昭義兩鎮分別位於河東道西南與東南角落，學理上，這兩個基地位置的共同特色，在於它們可以同時對兩個方向產生威脅，澤潞可以東下邢洺，也可以南下懷孟；河中可以威脅陝虢，也可以威脅華同。因此，河東掌握河中，可進踏關中，〔註256〕一如河東掌控昭義，可入腹魏博；若同時掌握河中、昭義鎮，不但可能對關中與河北產生威脅，眼下的河南洛、汴之地將立刻感到震動。相對於其他三個區塊而言，這是李克用在形勢掌握上最具利益之處（參見圖一）。反之，河中、澤潞爲河南方面掌控時，卻因爲山西高原地形高低起伏大，由河南推進至太原途中之險隘道路仍多，太原以其易守難攻的地位，不容易屈服。李克用失去昭義，對朱溫之掃蕩河北已經無可奈何，但李克用依舊掌控河中，對由陝、華進入關中之汴軍，仍具腰背之患。

瞭解河中對關中的重要地位，即能理解朱溫後來極力爭取自兼護國軍帥的原因。〔註257〕再看陝州保義軍都將朱簡主動附靠朱溫，朱溫親切地更其名爲「友謙」，預於子姪輩，〔註258〕他這麼親切對待朱簡的原因，也就不言自明了。

朱溫取河中的路線，並不由去年十一月新附的陝州北上攻擊河中，而是利用陝州兵力牽制河中，主力由汜水（今河南滎陽市）渡大河北上，走含山路，翻踰王屋，突襲晉、絳州。其前軍兵力三萬，自領中軍跟進，〔註259〕此舉既阻絕河東對河中之救援，又可壓迫河中使其在不利情況下決戰，繼而取之（參見圖十八）。回顧朱溫襲擊沛、滕二縣以阻感化軍外援、襲擊濮州以阻天平軍外援、攻擊鉅鹿以奪山東三州，可以看出其戰法像是同一個攻擊概念的招數變化。

〔註256〕參見《資治通鑑》卷262，頁8548，天復元年正月壬子條下，王珂書遺李茂貞：「河中若亡，則同、華、邠、岐俱不自保。」

〔註257〕《資治通鑑》卷262，頁8553，天復元年五月癸卯條。

〔註258〕陝州保義軍節度使原爲王珙，光化二年七月，軍亂被殺，眾推李璠爲帥；十一月，朱簡殺之，自稱留後，附溫。參見《資治通鑑》卷261，頁8526、8528，光化二年七月條前、十一月條下。

〔註259〕《舊五代史‧梁書太祖紀》卷2，頁53。《資治通鑑》卷262，頁8547，天復元年正月己亥條下。

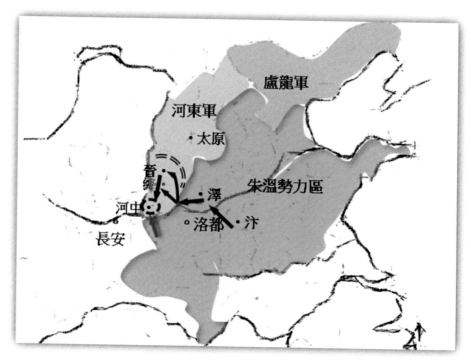

圖十八　朱溫出兵河中作戰方式示意圖（901）

　　李克用果然不敢出兵相救，更遣使向朱溫修好，但已不被接受。朱溫取得河中，加上先前已臣服河北諸鎮，其對河東已經形成戰略上的大包圍態勢，乃於同年三月，下令各鎮兵分七路對對太原合力進擊。隔月，昭宗改元天復（901）。五月，圍攻太原的各路軍開始退兵。李克用乘此機會，恢復汾州，又取隰、慈二州，〔註260〕然依舊處於弱勢格局。

　　天復元年六月，宦官與宰臣間的鬥爭再度白熱化，宰相崔胤促朱溫引兵入關中迎駕，壓制與宦官相結的岐帥李茂貞。〔註261〕朱溫圍攻太原未果，甫回汴州，立即發兵七萬入關，十一月，同、華二州不戰而降。樞密使韓全誨乃挾昭宗西走鳳翔投靠李茂貞，朱溫軍追至鳳翔圍之。〔註262〕

　　李茂貞被圍之際，除利用皇帝詔書號召江淮諸州出兵救援之外，也向李克用求救。河東軍再度於十一月由慈、隰進逼晉、絳州，但岐軍未能以相對

〔註260〕「汴軍既眾，芻糧不給，久雨，士卒癘利，全忠乃召兵還。……諸道軍亦退。」見《資治通鑑》卷262，頁8552～8553，天復元年五月條前後。取隰、慈，見《資治通鑑》卷262，頁8555，天復元年閏六月條前。
〔註261〕《資治通鑑》卷262，頁8556，天復元年七月條前。
〔註262〕《資治通鑑》卷262，頁8560～85664，天復元年十一月條。

應的軍事行動策應河東軍南下。到十二月之前，武功、邠州（今陝西彬縣，時屬靜難軍）已陷於汴軍，此二地分別控扼由涇水、渭水（分由西北、西面）進入關中盆地，這表示朱溫七萬兵力已然穩控關中。

　　有岐帥畏縮如此，朱溫乃得以在天復二年（902）二月，再旋軍至河中，增兵以十萬之師對付河東。此役戰況激烈，河東軍傾全力企圖搶通河中，但朱溫同樣志在必得，不但以優勢兵力有效地阻止河東軍南下，並且再度向北打到太原，晉陽城二度被圍（參見圖十九）。〔註263〕

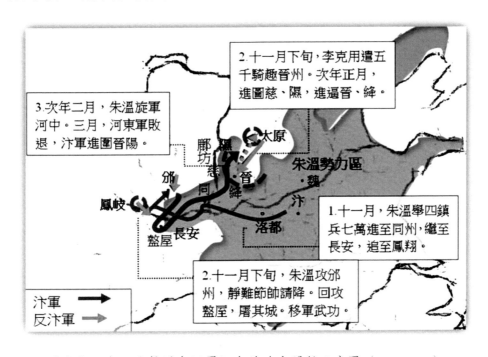

圖十九　朱溫攻擊關中迴軍河中的時空關係示意圖（901～902）

　　晉陽城遭圍困的次日，朱溫已抽調軍隊轉向西，四月，汴將康懷貞破鳳翔軍於莫谷（今陝西咸陽附近），〔註264〕由此可見朱溫之用兵節奏非常緊湊。

〔註263〕朱溫原以四鎮兵七萬趨同州，入關中，此時竟以十萬汴軍營於蒲南，攻河東（其中至少有五萬軍隊抽調自入關之汴軍），可見來自河中的威脅大於李茂貞的抵抗力。此間兵力，分見《資治通鑑》卷262，頁8560，天復元年十一月己酉條下；同書卷263，頁8568，天復二年二月乙未條下。《舊唐書·昭宗紀》卷20，頁774，記此事在五、九月。河中爭奪戰況激烈，參見《資治通鑑》卷264，8570，天復二年三月辛酉條下，「汴軍取慈、隰、汾三州。降之。進攻慈州，刺史張瓌降之。」同月丁卯條下，「復取慈、隰、汾三州。」
〔註264〕《資治通鑑》卷263，頁8570、8574，天復二年三月壬戌，四月乙巳條下。

而李茂貞直到同年（902）七月才由鳳翔派出主力軍與汴軍對戰，位於關中北面的保大軍帥李茂勳，更遲至八月才南下屯兵於三原（陝西富平附近），卻隨即遁歸。〔註265〕類此未能充分掌握可用之兵力，各個率性發兵投入戰場的現象，顯示關中之將領既不知兵且乏膽識，再度造就朱溫得以內線位置宰制關中與河東兩地藩鎮。

幽州、河東、關中三地之鎮帥，本來各自爲政，渠等若欲傳檄聯兵對抗河南，必須在時間上採取協同的步驟，才能獲得優勢。位於河南的汴軍，在對手位置與力量都分散的條件上，必須有效率的把握時間、壓縮空間，才能適當發揮其戰力。

除了河東以外，關中南面與西川相接。川帥王建原本對跋扈於長安的李茂貞有所顧忌，因此當朱溫發軍入關時，川軍也出兵攻取岐帥地盤，但當王建見識到汴軍雄風之後，產生危機意識，反而轉助鳳岐抵抗汴軍。〔註266〕川軍與汴軍失歡，岐軍因此未遭到兩面包夾之苦。

前述二度包圍晉陽的汴軍，不到一周，再度因「疫情」而退兵，〔註267〕於是河東復取慈、隰、汾州。李克用若無法打通河中，就難以威脅汴軍補給線，鳳翔軍缺乏河東軍之有效協助，更難再起。〔註268〕而此時河東軍只保有太原及其以北之雲州、振武諸地，李克用似乎因爲受到二度圍困的刺激，乃調整其態度，決定與朱溫爭「盛衰之理」。〔註269〕也就是說，李克用在此時才有與朱溫一爭天下的意圖，後人所謂唐末晉、汴爭霸之說，至此刻起才算有了確切的依據。〔註270〕

〔註265〕《舊唐書·昭宗紀》卷20，頁774，記在天復元年十一、十二月，鄜州節度使李周彝率眾救鳳翔。參見《資治通鑑》卷262，天復元年十一月癸亥、丁丑、十二月己丑條下，同書卷263，天復二年七月甲申、八月乙未條下。案，李茂勳於十二月降於朱溫，改名李周彝。

〔註266〕「西川王建亦有此慮，乃結汴州同起軍，助其迎駕。……方變謀卻助鳳翔，於時命掌書記韋莊奉使至軍前。朱公大怒，至此與西川失歡，而汴帥軍罷。」見五代·孫光憲撰，《北夢瑣言》，卷15〈朱全忠迎駕於鳳翔〉，頁291。

〔註267〕《資治通鑑》卷263，頁8570，天復二年三月丁卯條。

〔註268〕晉軍大敗，朱溫喜曰：「此（筆者案，指河中）岐人之所恃，今既如此（筆者案，指河中之勝），岐之變不久矣。」見《舊五代史·梁太祖紀》卷2，頁63。

〔註269〕見《舊五代史·唐書莊宗紀》卷27，頁719，言「盛衰有常理，禍福繫神道」。調整其治理態度，另見《資治通鑑》卷263，天復二年三月各條。

〔註270〕樊文禮並不如此區分，參見氏著，〈試析李克用在晉汴爭霸中失利的原因〉，頁22～27。

在河東收縮，河北臣服的條件下，朱溫持續圍困鳳翔超過一年，天復三年（903）正月，李茂貞不敵飢困，遂歸罪於宦官，出面與朱溫和解。朱溫搶得昭宗後，可能受到平盧軍事件的影響，沒有進一步對李茂貞趕盡殺絕，因為就在同月，朱溫獲悉平盧軍兵變且有擴大之勢，乃先分兵東回，協助敉亂，〔註271〕李茂貞幸運地因此保住岐帥身分及其關中地位。

朱溫領昭宗回到長安，立刻成為唐朝的實際決策者，將包括左右神策軍的內外八鎮之兵統一併入北禁軍，北禁軍（六）與南衛軍（十二）之統領權交由宰相崔胤兼判，〔註272〕自己則取得調度天下軍隊的最高軍事權力，〔註273〕在主導決定幾項重要人事任命後即辭歸大梁，對付淄青鎮帥王師範。

朱溫於天復三年（903）三月回到大梁，立即以十萬大軍進逼青州，初期稍遇挫敗，其後更增兵至二十萬，強行鎮壓之。平盧軍堅持到九月才請降，〔註274〕已屬不易。如前所述，王師範以一鎮數州之力，實難與河南全境再加魏博之兵力為敵。

王師範九月請降，朱溫於十一月又增屯騎兵於河中。以史載的時間關係判斷，朱溫決定接受王師範之請降，又與獲悉邠、岐諸帥再度蠢動於關中有關。由汴軍再度增兵河中的現象，可以看見關中軍閥對於牽制河南汴軍具有實質影響力，尤其昭宗還在長安，若昭宗再度淪入關中軍閥手中，則朱溫必然要再度回軍西上入關，於是，他將一而再、再而三地陷入來回奔波於東西兩境之窘境，除非朱溫常駐長安，否則，就必須將昭宗遷移到洛陽。

〔註271〕天復二年十二月，李茂貞坐守孤城，密謀誅宦官以自贖，見《舊唐書·昭宗紀》卷20，頁755。天復三年正月戊申，朱溫分兵先東歸；李茂貞請誅神策軍使韓全誨，與朱全忠和解。參見《資治通鑑》卷263，頁8588～8591。

〔註272〕朱溫與崔胤主導盡殺宦官，併編禁軍。正式結束晚唐以來左右政局的神策軍。參見《新唐書·兵志》卷50，頁1336，「於是悉誅宦官，而神策左右軍繇此廢矣。諸司悉歸尚書省郎官，兩軍兵皆隸六軍，而以崔胤判六軍十二衛事。六軍者，左右龍武、神武、羽林，其名存而已。自是軍司以宰相領。」

〔註273〕先以「天下兵馬副元帥判元帥府事」，一年八個月後，正式為「諸道兵馬元帥」，見《資治通鑑》卷263，天復三年二月庚辰、四月己卯條、卷265，天祐二年十月丙戌條下。

〔註274〕《資治通鑑》卷264，頁8618，天復三年九月戊午條下。《舊唐書·昭宗紀》卷20，頁777，記在十一月請降。

小 結

　　唐末的河南、河北、河東產生許多新任節帥，這些節帥大多出身於牙將，無論後人將這群中原藩鎮歸類爲「割據型」或「防遏型」，他們自擅一藩的傳統藩鎮心態，大多沒有改變。〔註275〕但出身盜匪的朱溫不同，他的經歷不在藩鎮，又從黃巢的失敗中獲得教訓，利用穿戴軍帥的勳飾，扛著行營都統的招牌，以逞兇鬥狠的性格，在體制之內逐一吞噬鄰鎮。

　　史官在《舊唐書》和《資治通鑑》一度指陳朝廷在上源驛事件的處置上「不辯曲直」，殊不知，所謂「河南藩鎮互相吞噬」的記載，也是史官「不辨曲直」的現象。〔註276〕在上源驛事件之後的十多年間，史載可見的關東、河南地區方鎮互動，除了朱溫以外，本文尚未發現有「相吞噬」的軍事行動，然而似乎因爲受到唐末晦暗的政治局勢，以及後梁對史料刻意修刪的影響，北宋司馬光也在《資治通鑑》中延續了「迭相吞噬」的基調，此基調的形成，與其編撰方法有關。其中，感化軍與宣武軍同樣位於河南地區的重心位置，雙方鎮帥透過中央進行政治角力的爭訟，可能有許多不利於朱溫的文件在建梁後滅跡，受此影響，司馬光引用內容大多出自朱溫單方面之說詞，呈現對時溥不利之指責。本文爬梳史料分析雙方軍事行動軌跡，對《資治通鑑》的部分內容提出質疑，這部分敘事內容必須依靠歐陽修《新五代史》的觀點補實。

　　就用兵而言，朱溫的表現相當耀眼，光啓四年，他先出兵解決魏博軍亂與河陽之爭，再對秦宗權發動攻勢；光化三年，先對河北發動攻勢，再迅速回軍阻止河東軍攻取邢、洺，然後才北上進拔鎮、趙、瀛、景、莫諸州；天復元年，揮師進入關中壓迫岐帥後，立刻回師鞏固河中、進逼晉陽，繼而西進各個擊破保大軍、鳳岐軍。另外，在乾寧五年四月，以圍鉅鹿破晉軍的巧妙手段進奪三州。上述這些作戰過程，顯示朱溫對於戰場上「力、空、時」的三要素關係頗能掌握，他腦海裡應該具備「充分利用時間以爭取獲得特定空間之兵力優勢」的概念，朱溫的用兵，與法國拿破崙皇帝具有相似的特質，符合近代「內線作戰」闡述的理論，惟尚未受到歷史或戰略學者注意。

〔註275〕自擅一藩，見《舊唐書・王播傳》卷164，頁4284。參見《新唐書・田頵傳》卷189，頁5477，「侯王守方以奉天子」。《資治通鑑》卷256，頁8347，光啓三年三月條下，西川部將說王建「養士愛民以觀天下變」。案，此間並無「取而代之」的意圖。

〔註276〕舊書在龍紀元年河南諸鎮陷於朱溫時，才改紀爲朱溫吞噬河南，見《舊唐書・昭宗紀》卷20，頁737。

　　李克用原本對朱溫只有尋戈之怨，實無爭霸之舉，這個現象已有許多學者討論過，本文由野戰戰略理論分析其軍事行動，同樣看不出他對外有積極侵略的企圖，他的作戰比較像是爲了鞏固自己而開戰，那是屬於傳統方鎮的割據心態。

　　唐末的幽州、太原、汴州三方勢力爭雄於河北過程中，李克用在光化年間三度由澤潞出大軍爭奪山東三州，都遭朱溫逐回，凸顯邢洺磁三州位置的重要性，此一結果顯示，如果沒有魏博之協助，河東勢力難以進入河北平原南部，必須另尋盟友與機會。

　　幽州、關中諸鎮帥對朱溫之來犯，都曾經向河東求援，彼等在其特定時空背景中的聯合行動，形成戰略理論上的外線態勢，但因爲各地鎮帥的心態不一，協調不良，並沒有獲得外線位置的利益。相對的，因爲各地鎮帥行動不協，朱溫無論在河南、河北或關中戰場，面對彼等之聯合，都能夠抓住對方軍隊前後分離的空隙，利用時間壓縮空間，將對手各個擊破，可謂把握了「內線」作戰的成功條件。〔註277〕然而，當昭宗遇害以後，河北、河東、關中諸帥的抗梁態度轉趨積極，不再各自爲「鎮」，以至於朱溫對河東、河北、關中地區的軍事行動，皆未盡功，論之於次章。

〔註277〕前此學者對本時期戰爭史之研究，俱未論及朱溫之用兵特點，也未區分戰區層級與野戰戰略層級的戰略作爲。杜文玉在這部分只提到朱全忠有步驟地兼併，不遠征、集中優勢兵力、注重相互配合的軍事策略，是其勢力得以稱霸中原的原因。參見杜文玉、於汝波編著，《中國軍事通史》（北京：軍事科學出版社，1998）卷10。另參見三軍大學編著，《中國歷代戰爭史（第十冊）》，頁88～89、171。此外，據説毛澤東讀五代史事之眉註多達四十餘條，呈現其對本期政、軍發展的極大興趣。則其用兵思想是否受朱溫影響？似不無可能。參見胡長明，〈毛澤東評點"後唐滅梁"〉，《黨史博覽》期11（2010），頁10～13。

第三章　五代前期的政權更迭與地理形勢

　　朱溫革唐建梁，進入歷史上的五代，從權力爭衡的角度，學者對五代各時期的劃分自有其依據，[註1] 本研究既以戰場變化爲主體脈絡，必須放棄傳統的政權分期，而以晉、遼交惡（943）爲前後期分野，前期的重心在後唐與後梁相抗，後期政權屢受契丹的態度影響。

　　本時期的關中、河東、河北鎮帥一一與朱溫展開正面衝突，但似乎受到李存勗滅梁的最終結果影響，學者的關注通常以河東與河南之間的晉、梁鬥爭爲焦點，忽略了整體的關係。河東東鄰河北、西隔關中，南接河南，不但保有地勢較高的特點，且無論當河北或關中勢力與後梁爭鬥時，河東都有立即參與就近切入的條件。因此，五代的後繼政權皆無法脫離來自河東的影響，即使加入了契丹外患的因素，情況亦然。

　　本章將分析關中與河東領袖對此間地略的運用情形，檢討河東與河南兩大勢力以河北爲戰場的競逐經過，梳理後唐石敬瑭兵變過程中的幽州地位，闡釋河東與河北地理形勢「互爲表裏」的實質意涵。

〔註 1〕王賡武以朱溫建梁到後唐滅梁之間（907～923）是不同集團之間的鬥爭，以後到建宋則是同一集團間的鬥爭（923～979），其中又以後漢建立（947）爲新的開始；同樣地，他也以契丹入侵做爲五代前後期區分。參見氏著，《五代時期北方中國的權力結構》，頁3～5。

第一節　四境皆敵的後梁形勢

一、朱溫弒帝的負面效應

　　昭宗由鳳翔回到長安時，其左右親信都已遭朱溫撤換，原本昭宗還有宰相崔胤可資憑藉，當崔胤遭害以後，完全陷入孤立〔註2〕，只得依從朱溫之意志，進行遷都。〔註3〕

　　根據昭宗遷都改元大赦制，其遷都的主要理由是關中的軍事安全問題，以及洛陽的交通便利考量，〔註4〕不過這些應該都是朱溫方面列出的表面理由，遷都實際上以掌控天子為核心思維，是為了解決眼前的困局，避免邠寧、鳳岐軍再度有機會搶回昭宗，進而充分掌控天子號令。可以說，以關中殘破而遷都的說法只見表象。〔註5〕

　　天復四年（904）二月，昭宗車駕到達陝州，知道此去必是凶多吉少，乃密以絹布為詔，傳告各藩鎮立功匡復。但當時河朔諸鎮帥，皆已屈從於朱溫；河東李克用侷困一隅，難有作為；西川王建的策略是以保境為務；〔註6〕淮南楊行密於去年分兵七千救援淄青，另以數萬兵力作勢北攻宿州未果之後，正致力於向鄂、岳地區爭奪地盤，目前只能牽制朱溫局部兵力，尚無力對朱溫發動會戰。〔註7〕

〔註2〕《舊唐書・崔胤傳》卷177，頁4587，記四年正月初被汴軍殺。《舊唐書・昭宗紀》卷20，頁778，記崔胤被殺在三年十二月。

〔註3〕當時，長安宮室、民間廬舍盡遭毀棄，百官士民驅徙從東，長安遂成丘墟。參見《資治通鑑》卷264，頁8626，天祐元年正月戊午、壬戌條下。

〔註4〕「邠岐結釁，巴蜀連兵，兇鋒復延侵禁苑。」「魏、鎮、定、燕，行大河而畢至，陳、徐、潞、蔡，輦巨軸以偕來。」見《舊唐書・昭宗紀》卷20，頁780。

〔註5〕周寶珠，〈朱梁建都開封及其歷史意義〉，《開封大學學報》卷12期3（1998），頁19。

〔註6〕西川王建原與朱溫修好，且趁李茂貞遭朱溫包圍而攻秦隴。以後，與各鎮帥往來雖以興復為辭，實因李茂貞能守，故又與之脩好，使為藩蔽，實際上仍以保境為務。參見《資治通鑑》卷264，頁8604～8605、8634～8635，天復三年四月、天祐元年七月條下。

〔註7〕《資治通鑑》卷264，天復三年四月，記以七千救王師範，以數萬攻宿州；《舊五代史・楊行密傳》卷134，頁4158，則記為以王景仁帥師二萬援之，攻討密州。《資治通鑑》卷263，天復三年正月末條下，以昇州刺史李神福為淮南行軍司馬、鄂岳行營招討使；同書卷265，頁8636，天祐元年八月丙午條後，以舒州團練使劉存代李神福為招討使，攻鄂州。

　　昭宗於閏四月遷入洛陽，改元天祐，八月即遭弒害。〔註8〕朱溫另立十三歲之昭宣帝，〔註9〕這使得絹詔求援的訊號開始發酵，各藩鎮「傳檄往來、以復興爲辭」。〔註10〕大型鎮帥如河東、關中、河北、西川、淮南等藩鎮因其逆行，改採新的態度面對朱溫。荊襄節度使趙匡凝與潞州節度使丁會，是其中兩個重要的例子，二帥原本都以唐室爲忠，而服於朱溫之霸，但因爲朱溫露出原形，趙匡凝轉而與淮南楊行密、西川王建相結，〔註11〕丁會則降附於對手李克用；丁會本掌潞州要域，影響尤其深遠。

　　潞州再度轉附河東的影響，必須由朱溫強力剷除魏博牙軍勢力說起。天祐二年（905）七月，天雄牙軍內亂，朱溫應魏帥之請，隔年正月派兵七萬入境鎮壓，卻製造了魏博軍人更多的猜怨疑懼，擴大爲魏博各州的軍亂。〔註12〕亂軍不敵鎮壓，轉而對外求救，於是河東以及原先已臣服於朱溫的鎮州、滄州等周邊外鎮都出兵干涉。〔註13〕朱溫先平定魏博亂軍，八月將兵力轉向滄州，劉仁恭見滄州遭擊，又出兵相救，卻依舊不敵汴軍，〔註14〕乃再度轉向李克用求救。

　　李克用原本忿恨劉仁恭的反覆態度，經過部屬分析利害，終於同意出兵，重新構成幽州與河東聯兵的型態，位於樞紐位置的潞州節度使丁會，就是在此背景下舉州降於河東。〔註15〕河東再度掌握潞州，取得對山東三州與河南

〔註8〕《舊唐書‧昭宗紀》卷20，頁782。

〔註9〕昭宣帝爲後唐所謚，《資治通鑑》採之。哀帝爲後梁所謚，見《舊唐書‧哀帝紀》卷20，頁811。

〔註10〕《舊唐書‧昭宗紀》卷20，頁782，包括趙匡凝、王建、李茂貞、李克用。《資治通鑑》卷265，頁8635，天祐元年七月條末，另含劉仁恭在內。

〔註11〕朱溫於天祐二年（905）八月到九月，以大軍攻破山南東道七州（約荊襄盆地），趙匡凝與其弟，一奔淮南，一奔於蜀。朱溫趁此聲勢轉鋒向東，進逼淮南，卻反敗挫於淮南。「是時唐室微弱，諸道常賦多不上供，唯匡凝昆仲雖強據江山，然盡忠帝室，貢賦不絕。」見《舊五代史‧梁書趙匡凝傳》卷17，頁461～462。

〔註12〕《舊五代史‧梁書太祖紀》卷2，頁99～100。《資治通鑑》卷265，頁8656～8658，天祐三年正月乙丑條下、四月癸未條下。《舊五代史》記「幽、滄稱兵，將寇於魏，魏人來乞師」，《資治通鑑》則記其聲言擊滄州，實欲誅牙軍。

〔註13〕河東派兵攻邢州，七日不克，以梁援接至而遁。滄州派兵攻貝州、冀州，拔蓚縣。鎮州出兵助汴軍，打擊魏博亂軍，並合力擊退滄州軍於冀州。參見《資治通鑑》卷265，頁8658，天祐三年四月條下。

〔註14〕《舊唐書‧昭宗紀》卷20，頁809，記朱溫「將行篡代，欲威臨河朔，乃再興師幽滄，冀仁恭父子乞盟，則與之相結，以固王鎔、紹威之心。」

〔註15〕丁會附晉原因，《舊五代史‧唐書丁會傳》卷59，頁1877～1879，謂「梁祖季年猜忌，故將功大者多遭族滅，會陰有避禍之志，稱疾者累年。」暗喻其

的施力點，又因爲昭宗蒙難，諸鎮傳檄以復興爲辭，太原且有二度遭圍之恨，李克用此時的對外態度已經較先前積極。

丁會以潞州附河東，使得由滑州延綿到滄州的汴軍補給線，暴露在潞州可能的威脅下，朱溫立刻放棄滄州之圍，引軍回河南。〔註16〕然而六年前的光化三年（900）夏季有個類似的情況，當時朱溫以四十萬大軍交葛從周北上攻擊劉仁恭，李克用採「圍魏救趙」之法助燕，發兵攻佔邢、洺州，朱溫乃急召葛從周軍回頭，合勢圍攻河東軍於洺州，造成河東軍潰歸，保住了朱溫在河朔的強勢地位。如今的幽州、河東軍不比六年前強，朱溫實力不比六年前弱，何以朱溫不召回攻擊滄州之汴軍轉攻潞州，卻一反其勇猛姿態而退回河南？（參見圖二十）

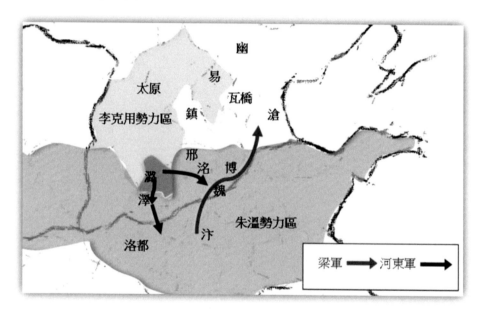

圖二十　晉得潞州對汴軍可能形成的威脅示意圖（906）

上述問題除了地理形勢的條件之外，相關因素可能有二：一是魏博軍情不附；因爲朱溫當年春季才在貝、博、澶、相、衛各州大開殺戒，而魏博鎮帥羅紹威又極力收刮以供應汴軍之伐滄州，魏博不但人力物資因此凋敝與衰

降於晉乃爲「避禍」之舉，故同書卷末贊辭評其「食人之祿，豈合如是哉」。惟《資治通鑑考異》指「梁祖季年無誅戮大臣之事。」《舊唐書・哀帝紀》卷20，頁808～809，閏十二月戊辰記李克用與幽州之眾同攻潞州，丁會以澤、潞降於太原。《資治通鑑》則記「河東兵進攻澤州，不克而退。」

〔註16〕《資治通鑑》卷265，頁8664～8665，天祐三年閏十二月己巳條後。

弱，人心軍情之向背恐怕更成為隱憂，[註17] 故其地形條件雖然相同，戰區軍情卻已相異，此不可能與六年前同日而語。短期間之內，魏博難再成為汴軍北上的基地。其二與汴方兵力調度有關；當時，關中之汴軍甫勝，必須顧慮鳳岐軍隨時可能捲土西來，而東北面的幽州未下，朱溫正在圍攻滄州，其雖已分兵數萬自河陽救潞州，但在此兵力多方投入的情況下，朱溫顯然必須重新排比滄州與潞州的用兵先後順序。

即使朱溫退軍的軍事決策正確，但倉皇自滄州撤回之舉，卻大損其個人威望，遂於天祐四年（907）四月革唐建梁，改元開平，升汴州治為東都開封府，改洛陽為西都，降唐之京兆府為雍州，置佑國軍。[註18] 次年二月，唐哀帝（昭宣帝）遭酖於曹州。[註19]

朱溫害唐昭宗，上距其入關自李茂貞手中搶得約一年八個月，弒昭宣帝而篡位，距離其擁昭宣帝繼位不滿四年。[註20] 朱溫弒帝，導致前此以奉詔之名進行兼併之實的伎倆，無以為繼，朱溫的登基大典遂成為中原正式分裂的開幕式。諸侯挾持天子為傀儡，俾取得號令天下的權力，自古有之，曹操是有名的前例。曹操的謀士提議採取該手段的動機與目的是「奉主上以從人望、服天下」、「奉天子以令不臣，脩耕植，畜軍資，如此則霸王之業可成也」。[註21] 自建安元年至廿五年（196～220），曹操至死未殺害漢獻帝取而代之，顯示其能夠充分認清傀儡天子對強臣之野心具有保護功能。如果說，曹操不弒殺漢帝的主要原因是「漢家四百年帝統猶復潛存於人心」，[註22] 那麼，唐朝李家近三百年帝統，何嘗不潛存於唐末之人心！[註23] 故朱溫搶得唐昭宗不到二年，

〔註17〕羅紹威既誅牙軍，魏之諸軍皆懼，紹威雖數撫諭之，而猜怨益甚。羅紹威雖去亂軍之逼，而魏兵自是衰弱。分見《資治通鑑》卷265，天祐三年四月、七月條下。
〔註18〕參見《舊五代史‧梁書太祖紀》卷7，頁247～249。案，梁朝建都開封，潼關以東成為關內，唐之關中反為關外。本文為顧及文意之一致與順暢，仍書為關中。
〔註19〕《舊唐書‧哀帝紀》卷20，頁811。
〔註20〕絕人望，見《舊五代史‧梁書羅紹威傳》卷14，頁380。「時太原、幽州、鳳翔、西川猶稱天祐正朔。天祐五年二月二十一日，帝為全忠所害，時年十七，仍諡曰哀皇帝，」見《舊唐書‧哀帝紀》卷20，頁811。
〔註21〕劉宋‧范曄撰，唐‧李賢等注，晉‧司馬彪補志，《後漢書》（北京：中華書局，2007）卷70〈荀彧傳〉，頁2284。晉‧陳壽撰，南朝宋‧裴松之注，《三國志》（北京：中華書局，2012）卷12〈毛玠傳〉，頁375～376。
〔註22〕張儐生，《魏晉南北朝史》（臺北：幼獅文化，民76），頁73。
〔註23〕朱溫雖以軍事霸權取勝，但連他的哥哥都不認為他夠資格稱帝。參見《資治通鑑》卷266，頁8673。

即派手下將之弒害，此粗暴的手段自然難獲天下歸心。冷眼評論朱溫之弒昭宗，可謂政略上之極大錯誤，不但對霸業擴展的幫助有限，更是其衰敗的開始。

朱溫建梁不到五年（912），遭次子朱友珪弒殺奪位，隔年二月，友珪復遭四子朱友貞殺奪其位，再三年，么子友孜以謀反被殺，又七年，朱友貞更遭李克用之子李存勗擊滅，朱溫子姪全死，是謂「報應」乎。〔註24〕

二、表面臣服的河朔藩鎮

朱溫篡位前的控領區域擴及二十一鎮，〔註25〕不包括河東、東西兩川、淮南及其以南各鎮，能夠充分掌握的主要是河南，以及關中的華、同州和京兆府，至於河朔諸鎮，只是表面順服。

河朔諸鎮表面順服實際上依舊自擅兵賦的困擾，〔註26〕與延續百餘年來的地區兵員結構有關，這些利害關係盤根錯節的鎮兵結構，同樣讓朱溫難以驟然易帥駕馭之。以魏博鎮為例，前帥羅弘信自己就是藉牙軍之亂取得權位者，其子羅紹威繼任軍帥迄天祐三年已近八年（898～906），羅帥面對同樣是父子相繼、親黨膠固的牙軍，顯然沒能完成魏博鎮的內部權力整合，故當牙軍再度動亂時，只能尋求朱溫的援助。〔註27〕

朱溫既有建立新秩序的野心，當然必須設法解決上述問題，遂在第三度出兵淮南挫歸之後，以七萬大軍渡河北上，聲言討伐滄州，實際行動卻是以強力鎮壓魏博軍人收場。舊紀記載反抗鎮壓的魏博軍人高達五萬，死亡之數當亦不遠，此數字必然造成境內兵源的重大消耗。〔註28〕殺戮在半年之間結

〔註24〕其中朱友璋、友雍、友徽「不知其所終」，見《新五代史・梁家人傳》卷13，頁132～138。

〔註25〕天祐二年十一月，唐哀帝進封梁王朱溫為魏王、諸道兵馬元帥，列舉二十一鎮屬其管轄。朱溫不滿意這二十一個軍鎮的限制性，唐帝再以敕令解釋「諸道」不是原來的制式稱謂，追制改為天下兵馬元帥。見《舊唐書・哀帝紀》卷20，頁801、803。

〔註26〕《資治通鑑》卷264，頁8626，天復四年正月壬戌條下，胡注：（朱溫）發丁匠必不及於鎮、定、幽、滄四鎮。

〔註27〕天祐二年七月庚午，天雄牙將李公佺與牙軍謀亂。三年正月乙丑，羅紹威遣牙將向朱溫求援。見《資治通鑑》卷265，頁8644、8656。

〔註28〕牙軍闔營殲之，凡八千家，見《資治通鑑》卷265，頁8657。魏博衙外兵五萬分據貝、博等州，見《舊唐書・哀帝紀》卷20，頁806。正月盡殺魏博牙軍七千餘人，四月攻下衙博殘黨所據高唐、澶、博、貝、衛等州，盡屠高唐軍民，見《舊五代史・梁書太祖紀》卷2，頁99、100。

束，天雄軍的傳統牙兵結構想必暫時瓦解，然而，魏博鎮軍民遭受牽連與屠殺的驚恐情緒及其所累積的怨恨，對汴軍的負面影響則不可忽視，必然會反映在稍後發生的晉、梁戰爭之中。

先前，李克用於乾寧元年屈服幽、鎮二帥之後，同樣未能派遣河東軍將取而代之，〔註29〕此際，朱溫幫助羅紹威鎮壓天雄軍，依舊沒有另派親信取而代之，此外，鎮、定二帥於光化三年臣服朱溫之時，也未遭撤換。這些相同的跡象加上學界對晚唐河朔藩鎮的研究，都顯示河朔諸鎮的兵員結構俱有濃厚的地域性。〔註30〕朱溫當然想撤換主帥，但問題顯然涉及複雜的系統結構，並非一蹴可幾。

魏博百姓在唐末歷經災難，兵士遭到大量殺戮，但其對五代政局發展的影響依舊強勁，〔註31〕梁末帝朱友貞政權之確立與滅亡，仍受此地軍隊向背的影響，後唐莊宗與後周世宗政權的確立與破滅，也初發於此地，這個現象恐非河朔居民的強烈地域自主性格能夠充分解釋，必須結合地略條件加以理解。

朱溫解決魏博鎮之後，經歷了一次急速退卻（因潞州附晉），隨即再一次將劍鋒指向幽州。唐哀帝天祐四年（907）二月，唐朝大臣共奏請皇帝遜位之際，朱溫指派李思安為北路行軍都統，攻擊幽州。同年四月朱溫稱帝，惟李思安揮師北上竟以受挫而退；幽州劉仁恭之子（劉守光）卻在此時囚父自代，滄州帥劉守文不承認守光地位而兄弟相攻，幽州舊將奔散，劉守光窘急之下於七月降於朱溫。如同對待王鎔、王處直一樣，朱溫讓劉守光留在原位。滄州劉守文在幽州降於後梁之後陷入孤立，不久亦降於梁。〔註32〕

〔註29〕《資治通鑑》卷259，景福二年七月條下，鎮州王鎔改圖。同書卷260，乾寧二年二月壬子條前，李克用表劉仁恭為盧龍留後。

〔註30〕學界對於河朔與唐廷關係的研究，無論在藩鎮組織、鎮兵風格甚至文化隔閡方面的論述，都支持此論述，參見（日）谷川道雄，〈關於河朔三鎮藩帥的繼承〉，頁903～913。另參見盧建榮，《飛燕驚龍記》（臺北：時英出版，2007），其認為三鎮內部的凝聚力與維持其自治體制的利益有密切關係。盧書沒能說明的，是該自治體制屬於小眾利益結構下的病態體制。

〔註31〕後梁、後唐時期的魏博軍亂。「吾六州歷代藩鎮，兵未嘗遠出河門，一旦骨肉流離，生不如死。」「主上所以有天下，吾魏軍力也。」分見《通鑑》卷269、274，貞明元年三月己丑條前後，天成元年二月壬辰條前後。

〔註32〕幽州劉守光囚父自代，滄州劉守文發兵擊守光，以後雙雙請降於梁，分見《資治通鑑》卷266，頁8683、8686，開平元年七月條前、十一月甲申條下。

　　幽州劉氏兄弟的爭鬥未因降梁而停止，滄州劉守文於後梁開平二年（908）
十一月，自主出兵攻擊幽州劉守光，劉守光於戰後上表告捷於梁帝，另又致
書晉王，稱欲同破偽梁。〔註33〕稍晚，劉守光在梁軍敗於河東軍之後自立為
燕帝。再過不久，幽州將再度被李存勗佔領，並改派河東將領為帥。〔註34〕
然而十二年之後（925），後唐莊宗將再度以幽州舊將趙德鈞為帥。趙德鈞久
任幽帥，使幽州逐漸走回區域自主的年代，一直到石敬瑭將幽州割給契丹以
後，幽州始終屬於趙氏地盤。〔註35〕

　　魏博與幽州的例子，說明河朔地區百年以來培養出的地域自主特性難以
除替。朱溫霸權初立，對河朔諸帥只是迫於形勢暫時低頭的情況同樣了然，
因而，雙方皆有伺機而動的考慮。但在西面的關中軍閥依舊與朱溫相抗的情
況下，朱溫卻急於在東面開闢河朔戰場，實為極大的冒險與不智。

三、轉戰四境的汴軍耗損

　　《孫子》兵法「兵貴拙速，不貴巧久」的觀點已指出，〔註36〕即使常獲
勝仗的軍隊，久而久之，必然遭遇兵員損失、士氣不振、貨盡力屈甚至國用
不足的問題，導致其他勢力乘其弊而起。以下，本文將整理朱溫輪番發兵開
赴各地的情況，藉以闡述《孫子》之論。在戰略研究上，這個視野必須由野
戰戰略提升到軍事戰略層級，重視戰區之間的地略關係。

　　前章述及，朱溫於天復元年（901）十月發兵七萬入關，追昭宗至鳳翔，
岐帥李茂貞向河東求援。李克用遂以恢復河中為名，於十一月由慈、隰進逼
佔領晉、絳州的汴軍。朱溫因而立即迴旋軍隊，增兵至十萬，穩控河中，次
年（902）三月將河東軍趕回晉陽。而關中之鳳翔與鄜坊二軍於七、八月才分
別出兵挑戰汴軍，俱遭擊退，李茂貞挾昭宗受困於鳳岐。

〔註33〕幽、滄互戰，自開平元年十一月至開平四年正月，超過二年。期間幽州曾請
　　　　河東助拳，滄州更外向契丹請兵，分見《資治通鑑》卷267，開平二年十一月
　　　　丁亥條前、開平三年五月甲申條下、六月庚申條下。

〔註34〕劉守光稱帝、李存勗滅之，分見《資治通鑑》卷268，頁8745、8780，後梁
　　　　均王乾化元年八月甲子條下、乾化三年十二月庚午條後。

〔註35〕趙德鈞（趙行實、李紹斌）少事幽州劉守文、劉守光，詳見《舊五代史‧晉
　　　　書趙德鈞傳》卷98，頁1308～1310。幽帥、燕帥之稱同義，俱見於《資治通
　　　　鑑考異》。

〔註36〕「故兵聞拙速，未睹巧之久也。……故兵貴勝，不貴久。故知兵之將，生民之
　　　　司命，國家安危之主也。」見《十一家注孫子校理‧作戰篇》卷上，頁30～39。

朱溫圍攻李茂貞之際，原本已降的平盧軍帥於天復三年（903）正月發動反朱戰爭，朱溫既已搶得昭宗，乃暫放李茂貞一馬，趕回河南，引十萬之師壓制平盧軍，其後更增兵至二十萬平亂，但顧慮邠、岐二鎮再度兵逼長安，乃於同年九月接受平盧鎮帥投降，改致力於迫使唐昭宗由長安遷都洛陽。〔註37〕

天復四年（904）四月昭宗被迫東遷，引發鳳岐、邠寧與西川諸鎮帥傳檄聲討，朱溫於六月派華州軍出戰，另調鄜州軍南下屯駐同州遞補，又自領大軍跟進關中。然鳳翔、邠寧軍並不出戰，故汴軍又在九月班師東回。〔註38〕上述內容是關於朱溫兩面開戰的實況。

同年十月，西南面的光州受淮南軍攻擊，求援於朱溫，加上鄂州自去年三月起已不斷求救，朱溫遂於十一月自將五萬出兵淮南，隔年二月退回，〔註39〕六個月後再次南征，先攻取山南東道，十月轉攻淮南，以不利而回。〔註40〕上述朱溫出兵關中、淄青、淮南，多次未盡全功而退，已略顯汴軍五年之間奔波於三面之疲憊。

天祐三年（906）正月，朱溫竟開始向北發動對河朔作戰。〔註41〕汴軍於光化三年（900）底曾經掃蕩河北，至天祐三年再度對河北出兵，時隔五年；另一方面，汴軍自天復三年（903）初鳳翔解圍，至天祐元年（904）六月再度對關中出兵，時隔一年半；河東軍在天復二年（902）遭圍困壓縮以後進入修整期，迄朱溫再北伐（906）已近四年。這些間隔的時間，對各地方鎮戰力都具有整補休息的意義，而河南軍人卻必須不斷地奔波戰鬥於淮南、河北、河東、關中之間，雖然，在出兵河北、關中的個別戰役中，汴軍最終都獲得戰役的勝利，但檢視這些勝利，將發現汴軍不論在河北、河東、關中或淮南，都以征服未竟全功而退回河南，成為不斷重複地自我拖累。受到中原四大區塊間的地理形勢影響，朱溫顯然因此陷入不利的地位。

〔註37〕天復三年三月戊辰，發兵十萬，六月增兵至二十萬。十月戊午，疑李茂貞有劫遷之謀，見《資治通鑑》卷264，頁8606、8611、8618。

〔註38〕《資治通鑑》卷265，頁8634、8637，天祐元年六月、九月辛未條。

〔註39〕事見《資治通鑑》卷265，頁8638、8640，天祐元年十一月條前後、二年二月辛卯條。光州地位之重要性，參見《讀史方輿紀要‧河南》卷50，頁2357，汝寧府。案，申、光、蔡原規畫為淮西節度使，自中唐以來，李希烈、吳元濟相繼據之以亂唐，秦宗權亦據之。天復三年三月，湖南兵圍鄂州，鄂州求救於朱溫，朱溫當時的主力正對付平盧軍，故先派荊南、武安、武貞三鎮救之。

〔註40〕《資治通鑑》卷265，頁8649，天祐二年十月條。

〔註41〕《資治通鑑》卷265，頁8656～8657。

　　另一方面，經過唐末幾番爭戰，河北藩鎮的兵源顯然受到大量消耗。當時的魏博軍額難詳其數，若以七萬爲假設，則至少逾萬兵員在朱溫鎮壓時遭害；先前，魏博參與鎮壓平盧軍戰役，已遭「俘斬萬計，魏博之兵殆盡」；〔註 42〕加上其他的大小戰役折損，即使上列數字有浮誇之虞，〔註 43〕筆者估計魏博兵力在唐末五代初期「損失近半」已屬保守。幽州亦然，史載幽州軍在光化年間的汴、魏作戰中，損失兵力竟高達十二萬，〔註 44〕更不提幽州在李匡威時期與河東作戰的損失，若以十萬燕軍計額，筆者估其損失當亦逾半，故其在天祐三年，竟至動員境內十五至七十歲男子參戰。〔註 45〕如果河北藩鎮的兵源情況如此，則轉戰四境的河南軍人，損失必不至於輕微。這些戰爭的損耗，可能爲稍後的河東勢力進入河北提供了條件。

　　回顧朱溫弒唐昭宗的原意，本在「易謀禪代」「以絕人望」，〔註 46〕結果卻引來更多激烈反彈，漸至衰疲。關於此衰疲現象的解釋，或指其源於凌虐唐室，或因爲其年逾五十四且痼疾纏身，本文則以地理形勢角度，申論朱溫位處於河南位置之疲憊困境。河南周邊各鎮勢力原本各自雄立，力量分散，因爲朱溫弒帝革唐，反而開始合作，困其於四戰之地。朱溫在野戰用兵方面或許有其異稟，但在更高層次的軍略與政略方面失慮，使他陷入四面奔波之苦，故其戰力不斷消耗，征伐難有止境。

四、「西軍自是不振」闡義

　　天祐三年（906）正月，朱溫在東面戰場發動對河朔作戰，先屠殺魏博鎮兵，之後於九月轉攻滄、幽之境。同月，西面關中諸鎮果眞連兵而來。朱溫派劉知俊自同州反制，至同年十一月，兩軍決戰於美原（今陝西富平縣），關中聯軍大敗，汴軍乘勝向北進奪鄜、坊、延等五州，〔註 47〕自此，河南汴軍

〔註 42〕《資治通鑑》卷 264，頁 8611，天復三年六月乙亥。
〔註 43〕例如乾寧三年四月，李克用與魏博交惡後，「攻濮水、殺魏博兵萬餘人」，《資治通鑑》卷 260，頁 8485。
〔註 44〕光化二年三月，「幽州兵大敗，殺獲三萬人。」光化三年六月，「大破仁恭，斬首三萬級」。爭定州之戰，殺幽州軍六萬餘人。分見《資治通鑑》卷 261、262，頁 8525、8531、頁 8537。
〔註 45〕《資治通鑑》卷 265，頁 8662，天祐三年九月。
〔註 46〕以絕人望，見《舊唐書・昭宗紀》卷 20，頁 782；易謀禪代，見《資治通鑑》卷 265，天祐元年八月條前。
〔註 47〕河北、關中戰況，見《資治通鑑》卷 265，頁 8656～8657、8661～8662，天

與關中的雍州（原京兆府）〔註48〕、同、華州得以連成一氣，同時將邠、岐二鎮與河東的軍事連結阻隔，這使得李茂貞陷入侷困於一隅的態勢，《資治通鑑》因而記言：「西軍自是不振」。〔註49〕然而上述評論未必中肯，此間涉及關中與河東、河南甚至河北等地區多方面的互動，值得一論（參見圖二十一）。

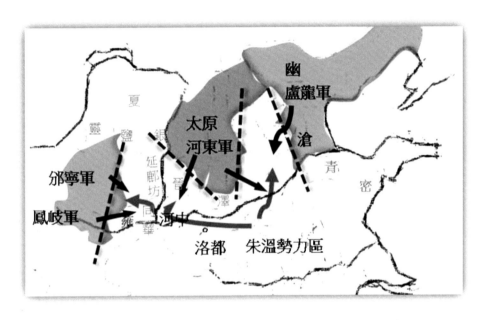

圖二一 朱溫切割反對勢力形勢示意圖（904～906）

到當年（906）的十一月爲止，朱溫在其東、西兩面戰場的發展頗爲順利，但因爲丁會在十二月以潞州轉附河東，使得在魏博的汴軍倉皇撤退，朱溫顏面盡失。天祐四年（907）三月，再派李思安出兵直抵幽州城下，卻遭不利而退。在此背景下，朱溫於四月稱帝建梁，改元開平。

朱溫四月登基，五月即派軍企圖強行收回潞州，晉方頑抗，戰況陷入僵持，僵持至隔年五月初，以梁軍大敗收場。似乎受到潞州之戰的鼓舞，岐、蜀聯軍於開平二年五月進攻雍州，河東軍也南下晉州策應其攻勢，〔註50〕關中再度熱

祐三年正、九、十月條；取鄜、延等五州，見同書卷，頁8664，天祐三年十一月條；取坊州，見《新唐書・哀帝紀》卷10，頁305。

〔註48〕朱溫建梁，降京兆府爲雍州，《舊五代史・梁書太祖紀》卷3，頁113。

〔註49〕《資治通鑑》卷265，頁8664，天祐三年十一月條下，胡注：西軍謂邠岐軍也。

〔註50〕《資治通鑑》卷266，頁8681～8683、8694～8695，開平元年五月壬辰條下、開平二年五月辛未條下。

鬧起來。朱溫乃命劉知俊爲西路行營招討使，出征關中，擊退之。〔註51〕

　　同年六月，朱溫詔會諸道兵，準備強收潞州；於此可見當時的關中局面本非朱溫重點。然而河東在八月先出兵攻晉州，李茂貞亦遣延州軍人越河進攻隰州策應之，朱溫乃親至陝州督戰；〔註52〕則其強收潞州之計畫因而受到延遲。

　　同年底，丹、延州等岐屬州郡因內部權力爭奪而生亂，朱溫雖在此際將山南東道楊師厚北調擔任潞州四面行營招討使，自己卻親往河中坐鎮，並發兵入關中取丹、延諸州，於是奪回潞州的作戰計畫再受拖延。〔註53〕

　　梁將（朱溫建梁，汴改稱梁，以下同）劉知俊在開平三年（909）三至五月間入關，相繼收復關中「失地」，但朱溫不滿其未攻下邠州，召之回京。劉知俊有鑑於雍州鎮帥王重師被召回之後竟遭夷族，懼遭同樣命運而改附岐，並聯絡河東再對晉州出兵。〔註54〕朱溫派赴西線的主將竟然投敵，只得改調原潞州四面行營招討使楊師厚來西路行營，奪回潞州的決心遂一再遭到擱置。朱溫的雄猜性格將前線大將推向敵營，使原本的大將成爲自己的強勁對手，也間接協助李茂貞開疆拓境，更延宕了梁軍在東戰場的行動。岐王不但派劉知俊擴大其北面領地，更一再聯合河東出兵攻晉、絳州。朱溫先後派大將西征，皆未能竟功。〔註55〕

　　開平四年（910）七月，岐、邠、涇三地又會同河東合軍五萬攻擊夏州，朱溫因夏州之求救，再度派楊師厚會同康懷貞出兵三萬，於八月出關追逐劉知俊軍。晉、岐軍見援軍東來，似刻意解圍散去，〔註56〕關中依舊沒有發生決定性的會戰。

〔註51〕 開平二年六月壬寅，劉知俊爲西路行營都招討使；同月丙辰，岐軍兵敗而退。《資治通鑑》卷266，頁8701。

〔註52〕 《資治通鑑》卷267，頁8702、8704，開平二年六月丁卯，八月丙子、乙未條。案，延州在天祐三年已爲汴將劉知俊所取，此係李茂貞所署之延州軍，故知延州處於分裂狀態。

〔註53〕 定難、保塞、靜難軍帥之爭，見《資治通鑑》卷267，頁8706，開平二年十一月條下。朱溫以山南東道節度使楊師厚兼潞州四面行營招討使，卻親至河中，發兵取丹、延等州，見《資治通鑑》卷267，頁8707、8708，開平三年三月庚辰條後、庚子條下。

〔註54〕 命劉知俊進取邠州與召還、劉知俊以同附於岐遣使請晉人出兵，分見《資治通鑑》卷267，頁8709、8711，開平三年五月丁卯、六月乙未條。

〔註55〕 岐王約晉王攻晉絳州、梁將康懷貞大敗僅以身免，分見《資治通鑑》卷267，頁8715、8719，開平三年八月辛酉、十二月己丑條。

〔註56〕 分見《資治通鑑》卷267，頁8725～8726，開平四年八月條前、八月辛未條下、九月甲午條後。

　　邠、岐兩地經常發動擴張領地之戰，並且聯絡河東軍出兵，不斷吸引梁軍向西面作戰，由開平二年六月到四年九月，統計朱溫遣兵派將向河中與關中西面出兵多達七次。由此觀之，可謂西軍企圖以持久的態勢拖累朱溫。〔註57〕雖然邠、岐的擴境行動遭到壓制，相對地，朱溫本欲先行向潞州發動攻勢的布局也遭李茂貞打亂，可見得西路軍在干擾、弱化梁朝國力方面，實際上扮演了重要角色，〔註58〕絕非不振。司馬光的「西軍自是不振」之說，或許可以將之理解為李茂貞問鼎的希望破滅，但絕不是軍事上的無能為力。

　　出土之《李茂貞墓誌》記：「尊睿謀于全晉，誓復宗祧；除僭偽於大梁，重明日月。留侯借箸，果裨創業之君；謝傅圍棋，允贊中興之主。」〔註59〕說明西軍與河東軍對抗後梁，是計畫性的合作，李茂貞與李克用父子聯手反梁，對試圖北伐的梁軍發揮了吸引、牽制的實質效果。相對地，河東軍幾度南向晉州發動作戰，甚至與涇、邠之軍合兵攻夏州，其既不與梁軍正面對決，也不在東面的邢、洺州或澤州發動新的軍事行動，同樣不是巧合。〔註60〕

　　理論上，河東位於河北、關中位置之間，既可東聯河北也能西結關中，最有條件對河南梁境形成兩面夾擊的威脅（參見圖二十二），實際上，本階段的河東軍雖被壓縮在太原，仍然能夠聯絡岐帥出兵，疲擾梁軍，使朱溫主力消耗在西面戰場超過二年。

　　關中原本是肥沃的農牧之地，歷代論其形勢優越之觀點甚多，惟以中原經濟重心已然南移，再加上中晚唐以來的戰禍不斷，黃巢為患，朱溫挾昭宗

〔註57〕參見附錄二：五代初期晉、岐軍事合作對抗後梁記事表（908～910），序2、3、4、8、9、10、13。

〔註58〕王鳳翔文指後梁對李茂貞大多採取守勢，並以為朱溫留著李茂貞，是為河南與西蜀留緩衝。見氏著，《晚唐五代秦岐政權研究》（陝西：三秦出版，2009），頁145、158～160。案，史載欲留鳳岐為緩衝的是蜀主，實際上，位於河南之朱溫似無須保留鳳岐當作所謂的緩衝。

〔註59〕誌文轉引自周阿根，〈《李茂貞墓誌》錄文校補〉，《文物春秋》期3（2009），頁56～58。

〔註60〕朱溫先以劉知俊為西路行營都招討使，擊退岐蜀聯軍，聲援岐軍之河東軍隨即亦退。同年九月，河東派周德威、李嗣昭以三萬兵再攻晉州，將原本欲攻擊潞州的朱溫大軍吸引至陝州，然後退回隰州，不與朱溫大軍決戰，朱溫軍又再退回東都。參見《資治通鑑》卷266，開平二年六月丁卯、壬寅條前後、八月丙子、丁丑、乙未、九月乙未、十月丁巳條下；同書卷267，開平三年七月庚午條、八月辛酉條、開平四年八月條前，九月條下。

東遷等情事，關中地略形勢優良的條件意義在本時期已經大爲降低，〔註61〕
但這不表示關中勢力已經無能爲力，李茂貞對抗朱溫，初期在戰略上掌握了
問題關鍵，成爲朱溫的西面芒刺，但當梁軍兵力轉向東面以後，李茂貞犯了
一個重大的戰略錯誤，竟與西川王建交惡，使得河東與河南鏖戰於東面之際，
岐軍卻受制於蜀軍。假設李茂貞能暫時忍讓於王建，乘此機會統合關中周邊
諸鎮勢力，五代的歷史將爲關中藩鎮保留一席局面。

　　論者通常隨著歷史發展的表面而論關中形勢沒落。〔註62〕本文以爲，鳳
翔軍本來有機會堅持一方，卻因爲李茂貞與蜀主交惡而使得關中持續弱化，
鳳岐軍像是長安夜空施放的煙火，一陣燦爛之後，隨即歸於寂靜，這恐怕是
李茂貞的才能與決策造成的現象；稍晚，晉、梁夾河對戰，彼時梁軍在西面
毫無壓力，李存勗滅梁之後不需要再出兵對付關中勢力，皆與李茂貞的錯誤
決策有關。

　　如前所知，朱溫勢力以河南四鎮爲核心，其若只調華、同等州向關中出
兵，將有後繼無力之顧慮，若增派大軍進入關中，則有交通線過長與中央兵
力吃緊的壓力；面對河東的休整以及河東與幽鎮的整合情況，他在西面必須
速戰速決。梁軍西出，其長途跋涉的疲憊、損兵折將之傷害、無功而返之挫
折，長時間的消耗物資、人力與鬥志，當然有損梁朝國力；即使這些細節未
見諸於史載。《孫子》所謂：「其用戰也（貴）勝，久則鈍兵挫銳。攻城則力
屈，久曝師則國用不足。」〔註63〕指的應該就是這種情況。

〔註61〕　《讀史方輿紀要・陝西方輿紀要序》，頁2450～2451，認爲唐末關中不振，
　　　　　是因爲李茂貞、王行瑜並峙於邠、岐，因而勢分力弱。案，唐朝經安史、藩
　　　　　鎮、吐蕃之戰亂，無不造成中原地區破壞，戶口大量南移。以關內道之京兆
　　　　　府、華、同州三處爲例，元和與開元年間的戶數相較，即平均減少約45%，
　　　　　意謂此間有長期戰亂造成的經濟因素。詳論參見張家駒，〈宋代社會中心南
　　　　　遷史〉，收入《張家駒史學文存》（上海：人民出版社，2010）。全漢昇，《唐
　　　　　宋帝國與運河》（臺北：中研院歷史語言研究所，1995），第六章　大唐帝國
　　　　　的崩潰與運河。
〔註62〕　參見郭啓瑞，〈唐末關中安全體系的破壞〉，收入淡江大學中文系主編，《晚唐
　　　　　的社會與文化》（臺北：臺灣學生書局，民79年），頁193～199。
〔註63〕　《十一家注孫子校理・作戰篇》，頁30～31。

第二節　河北藩鎮的臣服與抗拒

一、潞州攻防戰的軍事知能

前章分析，梁軍北上幽州，易遭受來自西面太行山上河東軍的側面威脅，因此，天祐三年（906）閏十二月，丁會以潞州降於晉方後，梁方立即將進攻滄州之軍隊撤回河南。既然如此，何以後梁開平元年（907）三至四月，李思安再度率兵三萬北上攻幽州時，河東軍竟未出兵干涉？〔註64〕

史載並未直接揭露原因，若由記載的表面尋找答案，似乎是因為幽州已經發生內鬨，而劉仁恭父子此次並未對河東求援，故晉方沒有出兵干涉。然而，不久前的歷史經驗說明，汴方在屈服幽州之後能夠輕易地西上太行山，攻擊太原，〔註65〕這個地勢特性帶來的經驗教訓才剛發生過，晉方理應警覺地不待幽州求救，主動出兵截擊北伐幽州的梁軍，但是晉方卻沒有出兵干涉，這其中恐怕另有原因。

在李思安率軍北伐之前，朱溫先於正月底派康懷貞將京兆、同、華之兵八萬軍集結於晉州，宣稱其目的在防備河東兵由潞州進窺澤州。〔註66〕若然，此八萬大軍足足可以直接攻擊潞州乃至於太原，其兵力顯然超過其所宣稱之防備需求，〔註67〕且梁軍若欲防備河東軍由潞州南下，合理的位置似應駐紮澤州或懷州、河陽附近，不是晉州。

對於梁軍之攻擊幽州，朱溫似乎已經預想河東可能出兵干涉，河東無論直接打擊李思安軍，或如同以往地乘機向南攻取澤州、東下攻邢洺州，都必須派出足夠軍力，一旦河東軍離開太原盆地，梁方集結在晉州的八萬大軍，將可以不失良機的趁河東空虛之際直驅太原，這個「螳螂捕蟬，黃雀在後」

〔註64〕見《資治通鑑》卷266，頁8670～8676。《舊唐書・哀帝紀》卷20，頁809，紀李思安「率兵三萬，合魏博之眾，攻掠幽州。」

〔註65〕乾寧五年四月，朱全忠與劉仁恭脩好，會魏博兵擊河東。

〔註66〕開平元年二月條前，記河東欲窺澤州，故屯晉州以備之，見《資治通鑑》卷266，頁8669。

〔註67〕《資治通鑑》卷265，天祐三年十月條下，記「仁恭遣都揮使李溥將兵二萬詣晉陽」。《舊五代史・唐書武皇紀》卷26，頁707，記「仁恭將兵三萬會於晉陽，武皇遣周德威、李嗣昭合燕軍三萬，以攻澤潞。」同書卷267，開平二年九月丙子條下，記周德威、李嗣昭以三萬兵進攻晉州。以上述這些兵力數字對照朱溫以八萬兵力防備河東之攻擊，即使其宣稱的數字誇大，減半之後的兵力依然過於龐大，動機可疑。

之計謀，似乎是上述李思安率軍北上攻擊幽州時，河東不敢貿然對李思安出手的原因，換言之，朱溫布置在晉州的大軍，目的不止於他所宣稱的防備河東兵進窺澤州（參見圖二二）。

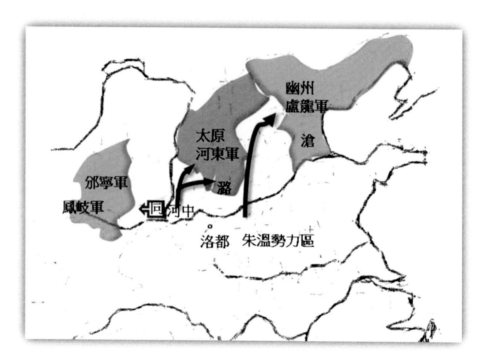

圖二二　梁軍屯兵河中牽制河東軍示意圖（907）

歷史的實際發展是，開平元年四月，梁方李思安三萬軍受挫，退出幽州，幽州則發生內鬨，於是朱溫將康懷貞之大軍投入潞州，開啓關鍵的潞州爭奪戰。若無其他變項因素，梁軍以此大軍奪取一個潞州城，應該是時間早晚的問題而已。

康懷貞攻潞州，以優勢兵力駐紮包圍。晉方則派周德威領軍駐於長子附近，干擾梁軍攻城，其兵力雖不足以與圍城之梁軍對決，卻不斷襲擊澤州、晉州等外圍州鎮，企圖改變現有的不利態勢。梁軍則專注於鑿塹築壘，採取圍城猛打的戰術。

朱溫十個月內換了三位主將，可見其志在必得之急切。〔註68〕新換上

_____

〔註68〕　先是康懷貞，換上李思安，再換上劉知俊。康懷貞被降職爲行營都虞侯；李思安被削官爵，勒歸本貫充役。分見，《資治通鑑》卷266，頁8684、8692，開平元年八月丁巳、二年三月甲午條下。

的劉知俊一度改變戰術，以潞州周圍之河東軍爲主目標，這個新發展讓梁軍稍有斬獲，但朱溫此刻卻反而顧慮關中情況，指示劉知俊暫停攻擊，退屯晉州。〔註69〕於是河東少主李存勗把握住這個梁軍調整佈署的空檔，在父親新喪的情況下，大膽地選擇五月最微暗的黎明，以哀兵之姿乘大霧發動奇襲，一舉擊潰圍城的梁軍。關於這段歷史，當眾人將目光聚焦於李存勗潞州解圍成功時，筆者提醒，這也是朱溫決策受到西軍干擾牽制的影響所致。

梁軍潰敗，副帥陣亡，主帥劉知俊刻在晉州，都虞侯率親衛百餘騎逃竄南歸。河東軍乘勝進擊澤州，澤州梁軍一度危急，幸賴由洛陽主動增援的西都禁軍穩住陣腳（參見附錄三　唐末五代初期梁、晉爭奪潞州記事表（906～908））。〔註70〕

朱溫爭奪潞州失利，鼓舞李茂貞在關中持續點燃抗梁戰火，河東更向晉州發兵以爲聲援，此舉使得朱溫原本要對潞州發動的新一波攻勢行動受到延緩，已如前段之論。

幽、滄州方面，劉仁恭的兩個兒子表面上臣服朱溫，卻彼此爭戰未停，開平元年七月至開平三年十二月之間，幽、滄爭鬥不斷，該分裂現象其實有利於朱溫出兵收拾，但朱溫先是圍於潞州久攻不克，後又拘於西面戰況牽制，似因此而聽任幽、滄兩敗俱傷的消耗性發展，不曾介入。直到開平四年正月，幽州劉守光攻下滄州，創造了河北新局面。

引人注意的是在幽、滄互斫的過程中，滄州已開始招引契丹軍力介入。契丹在耶律阿保機時代崛起，《資治通鑑》特別將其崛起的經過記載在朱溫建梁這年，其實契丹在稍早已曾率眾侵擾雲州。三年之後，幽州劉守文將稱帝，同年，契丹南下越過長城榆關，佔領平州（屬幽鎮，今河北盧龍），〔註71〕此後，對中國產生長達二百年的深遠影響。〔註72〕

〔註69〕「劉知俊將精兵萬餘人擊晉軍，斬獲甚眾，……帝以關中空虛，慮岐人侵同華，命休兵長子旬日，退屯晉州，俟五月歸鎮。」見《資治通鑑》卷266，頁8692，開平二年三月甲午條後。

〔註70〕龍虎統軍爲禁軍。劉知俊擔任潞州招討使前，朱溫曾率領禁軍巡邏前線。參見《舊五代史·梁太祖紀》卷3，頁116、138。

〔註71〕《資治通鑑》卷267，開平三年五月甲申條下，同書卷268，乾化元年八月甲子條下。

〔註72〕參見《資治通鑑》卷266，開平元年五月條下，記契丹以三十萬眾寇雲州。案，五代時期對契丹兵力的記載數字常見離譜的誇大，相關考察參見拙文，〈遼朝的軍隊及其編組〉，《中正歷史學刊》期17（民103），頁45～92。

　　對於梁軍潞州之敗，後人或可引用《孫子》中的「圍師必闕」論點，評論其違背了兵法的原則，導致河東軍死守不降。〔註73〕不過，圍師應否留闕非此處討論的重點，本文提醒讀者注意作戰目標、目的、手段間的理則關係。目標與目的二詞只有一字之差，在傳統兵法中並未精確地凸顯二者的差異，《孫子》十三篇中在〈謀攻〉、〈虛實〉二篇中只稍微不具體的提到；〔註74〕而眾所習知卅六計中的「圍魏救趙」，精髓其實不在圍攻大梁城，而在打擊回救大梁之魏國龐涓軍，以「圍魏救趙」為題，〔註75〕很容易引起一知半解者的誤會。近代歐洲戰史記錄拿破崙利用圍城戰，連續四次擊潰救援之奧地利軍，迫使被圍的要塞城堡放棄頑抗，成為「圍點打援」作戰的論述典範；〔註76〕前章論及朱溫出兵鉅鹿、敗河東援軍、取山東三州之戰，也見異曲同工之妙。這些前人發展出來的軍事知能，可以提供我們檢視潞州爭奪戰的思考路徑，深入的理解梁方傾全力圍攻潞城的失敗，不在於其是否採取「圍師必闕」的方法，而很可能是目標與目的之間的理則關係不夠清晰與手段不夠靈活所致。

　　如果在目標、目的之前冠上一個名詞，稱之為「戰場目標」與「作戰目的」，這樣應當較能理解其中的差異。梁軍的戰場目標顯然是潞州城，不過戰勝晉軍才是梁軍作戰目的，在此目的之下，即使目標是固定的，作戰手段仍必須靈活變化。梁軍拿下潞州的手段未必只有圍城猛攻一途，因此換上劉知俊之後，攻擊潞城與打擊援軍之間的輕重與先後關係一度有了彈性調整。如前所述，城外之救援軍一旦失敗，城內之守軍很容易因為絕望的心理而放棄抵抗。由史載內容得知，朱溫對李思安「以圍城為務」、「閉壘自守」的作法，

〔註73〕唐杜佑注文已提出，「圍師必闕」在平陸之地必空一面，以示生路，使不堅戰；若敵臨危據險，則未必留闕。參見《十一家注孫子校理‧軍爭篇》卷中，頁158。本時期之「圍師必闕」戰例，見《資治通鑑》卷271，頁8857，存審謂李嗣昭曰：「獸窮則搏，不如開其走路，然後擊之。」

〔註74〕「攻城之法為不得已，……拔人之城而非攻也。」「我欲戰，敵雖高壘深溝不得不與我戰者，攻其所必救也。」見《十一家注孫子校理‧謀攻篇、虛實篇》卷上、中，頁48～51、114，詳參其中各家注文。

〔註75〕圍魏救趙之典故出處，參見《史記‧孫子吳起列傳》卷65，頁2163～2164。

〔註76〕拿破崙圍攻孟都亞要塞，引發奧軍四次解圍敗戰之經過，參見王士品，潘光建同譯（不著原作者），《拿破崙戰史》（臺北：實踐學社，民50），頁34～48（圖四～圖七）。另參見約米尼原著，鈕先鍾譯，《戰爭藝術》，第三章第二十六節-攻城戰。案，「圍點打援」、「阻援打點」為中共解放軍術語。

同樣很不滿意，因爲攻城的時間越久，越容易發生《孫子・謀攻》所陳述的消耗與失敗情況。〔註77〕就在朱溫預見勝利即將到來之時，卻大意的留給李存勗一個空檔，而李存勗竟也把握住了這個稍縱即逝的機會，遂獲得關鍵性地勝利。

二、鎮定附晉與幽州觀望

　　潞州爭奪戰以後，河中與關中再度活躍於西面戰場，梁軍奪回潞州之企圖因而暫緩，而梁將劉知俊在西路投向岐軍懷抱，更加重了朱溫西面的軍事壓力，已如前述。

　　開平四年（910）八月，朱溫派楊師厚爲西路行營招討使之前，先編組東北面行營在河陽，司馬光引用梁方的說法爲「恐晉兵襲西京」。〔註78〕在西面戰場設置行營的情況下，上述朱溫在東面採取預防性備戰是很合理的舉動；只是，備戰並不需要建立「行營」。筆者對晚唐以來「行營」的理解，是爲攻擊作戰任務需要而在原駐軍之外建立的作戰編組，〔註79〕換言之，朱溫起復李思安爲東北面行營都指揮使，恐怕不只是史載所謂的「恐晉兵襲西京」，而是在爲東北面戰場發動一波新的攻勢作戰預做準備。

　　同年九月，夏州圍解，〔註80〕西面暫時平靜。十月，朱溫將楊師厚調回東面，並將原在河陽的東北面行營進屯澤州。原先記載朱溫「恐晉兵襲西京」

〔註77〕「修櫓轒輼，具器械，三月而後成；距闉，又三月而後已。將不勝其忿而蟻附之，殺士卒三分之一而城不拔者，此攻之災也。」見《十一家注孫子校理・謀攻篇》卷上，頁 48～49。朱溫在開平元年十二月下詔：「潞寇未平，王師在野。攻戰之勢，難緩於寇圍；……期以兵罷之日，給復賦租。」此詔略現圍潞之戰對百姓賦稅與生活的影響，詳見《舊五代史・梁太祖紀》卷3，頁 133。

〔註78〕《資治通鑑》卷267，頁 8726，開平四年八月丙寅條前，「帝恐晉兵襲西京（洛陽），以宣化留後李思安爲東北面行營都指揮使，將兵萬人屯河陽。」《舊五代史・梁書太祖紀》卷5，頁 197，記在七月，「劉知俊攻逼夏州。（朱溫）以宣化軍留後李思安爲東北面行營都指揮使，陝州節度使楊師厚爲西路行營招討使。」

〔註79〕編組「行營」是爲了主動出兵，不是防守，冠在「行營」之前的地名通常就是預期作戰之處，例如成立「潞州行營」就是爲了攻打潞州。見《新五代史・梁太祖紀》卷2，頁 14，徐無黨原注三，「已見行營，故戰不言地。」

〔註80〕《資治通鑑》卷267，頁 8726，開平四年八月甲申（27日）條下。案，夏州圍解，後續梁軍還有攔截與追擊作戰，故整個戰役發展到九月才結束。

的《資治通鑑》，這時改記其意圖爲「以圖上黨」。[註81] 隔月，朱溫另派王景仁充北面行營都指揮取代楊師厚，納入潞州副招討使以及李思安的軍隊，《資治通鑑》仍稱「將趣上黨」，但「尋遣王景仁等屯魏州；楊師厚還陝。」[註82] 其表面宣稱北面行營的目標在上黨（潞州），卻將軍隊推至魏州，顯然有意對河北某目標發動驟然攻勢。這不是《資治通鑑》記載錯誤，前章已經分析過，這應當是《資治通鑑》忠實採擷史料的結果，原汁原味地呈現朱溫發布假情報密匿企圖的手段。

朱溫是在十一月才遣王景仁屯軍魏州，不過他再次掃蕩河北削弱藩鎮的企圖，其實早在五月魏帥羅紹威死後就已堅定，稍晚，梁朝使者在悼唁鎮帥王鎔母喪的場合發現晉方使者，這個情報給了朱溫出兵北上的口實。[註83] 十一月，戍駐趙境之梁軍首先對成德鎮開刀。[註84] 鎮、定二鎮向晉王求援，促成了五代初期在趙州南境的「柏鄉之戰」。

河朔藩鎮自擅兵賦的形態由來已久，牙將親軍統治與地方利益相結甚深，即使李唐皇室遇劫遭難，其悲憤之情尚未必轉換爲具體的復興行動，但若要鎮帥移鎮，等於斬斷鎮帥與牙軍親將的統治利益，必遭強烈抗拒。因此《資治通鑑》所謂「（朱溫）疑趙王鎔貳於晉」而欲除其鎮帥，以及趙將哭訴：「朱氏滅唐社稷，三尺童子知其爲人。……此所謂開門揖盜者也。」[註85] 恐怕都是表面原因，實際上當有其不可言喻的利益剝離因素。

「柏鄉之戰」發生在後梁開平四年十二月至開平五年二月，晉方兵源包括鎮、定二鎮，梁方包括宋、汴、滑、魏之兵，此處概以晉、梁二方稱之；梁方兵力不下四萬，[註86] 晉方兵力更少於梁方，惟數字不詳。梁軍

〔註81〕 開平四年十月，遣鎮國節度使楊師厚、相州刺史李思安將兵屯澤州以圖上黨。《資治通鑑》卷267，頁8726。

〔註82〕 《資治通鑑》卷267，頁8727，開平四年十一月己丑條下。案，楊師厚被王景仁取代而調回陝州的原因，史載闕然，難以深究。

〔註83〕 開平四年十一月庚戌條下，記朱溫「欲因鄴王紹威（五月）卒，除移鎮、定。」見《資治通鑑》卷267，頁8728。《舊五代史・梁書太祖紀》卷6，頁204，記以，鎮、定連結晉人叛，故討之；同書〈唐莊宗紀〉卷27，頁729，則記梁欲兼併鎮、定。參見《資治通鑑》卷267，頁8725，開平四年八月庚申條前。

〔註84〕 成德軍在後梁改稱武順軍，附晉後自行改回成德，本文統一稱爲成德軍。

〔註85〕 同上註。

〔註86〕 薛史記梁俘得數七萬。次年正月戰勝梁軍，馳檄魏博諸鎮時，又增其數爲「賊將王景仁將兵十萬，屯據柏鄉。」見《舊五代史・唐書莊宗紀》

先於十二月丁丑（21）日進抵柏鄉。晉方於癸未（27）日才到達柏鄉之北，隨即派騎兵挑戰，以情況不利而稍將指揮所北移。次年（911）正月丁亥（2）日，雙方正式於柏鄉以北之野河畔開戰，鏖戰過午，晉方利用梁方士兵至申時仍未補給進食之焦躁情緒，擴大梁軍的局部退卻缺口，乘勢擊敗數量佔優勢的梁軍。敗退的梁軍一路逃到邢州才穩住陣腳，陣亡約二萬。癸巳（8）日，西路統帥楊師厚受急詔至河陽收容散兵，接替王景仁。戰況至此告一段落。

柏鄉之戰是晉、梁雙方主力列陣對決的野戰戰役，梁軍雖然潰退，但部分州城的天雄軍人未必倒戈，而晉方受兵力不足之限制，也無力分兵攻城，因此只能以騎兵發揮衝擊的效果，追殺敗軍，待梁將楊師厚率援軍北推，晉、趙之軍仍須退回本境。這是朱溫自潞州之敗以後的另一次大挫折，朱溫命楊師厚留駐魏州穩住陣腳。晉方藉此役重新在河北成德、義武二鎮取得立足點。

這場晉軍立足於河北的關鍵性決戰，其實在十年前汴軍首侵河北時就應該發生，當時李克用和朱溫爭奪山東三州，李克用與義武帥同盟卻與天雄、成德軍交惡，加上晉方兵力前後分離，戰力未適當發揮，導致其退出河北戰場。十年之後，拜朱溫企圖移除鎮帥之賜，鎮、定二帥主動與河東相結，以此現象對照西軍與河東相結的前文討論，更能凸顯當河南與四境為敵時，河東左右逢源的優越地位。太原獲得鎮、定的協助，對河東方面的助益不亞於取得山東三州。〔註87〕

當鎮、定面向南面用兵時，最大的顧慮原本應該來自幽州，只是幽州這次選擇觀望，〔註88〕李存勗遂能獲得戰場上有利形勢，專注於對付魏博方面之戰事（參見圖二三）。

卷 27，頁 731、734。通鑑開平四年十二月庚申條下記，「景仁等……會羅周翰兵合四萬軍於邢、洺。」見《資治通鑑》卷 267，頁 8730。案，戰勝一方的殲敵數字容易誇大，反之，則通常刻意降減數字：上述數字只能參考。

〔註87〕太原與鎮州有表裡關係，見《讀史方輿紀要・北直五真定府》卷 14，頁 589。「府控太行之險，絕河北之要，西顧則太原動搖，北出則范陽震懾。」

〔註88〕《資治通鑑》卷 267，頁 8729，開平四年十一月條末。

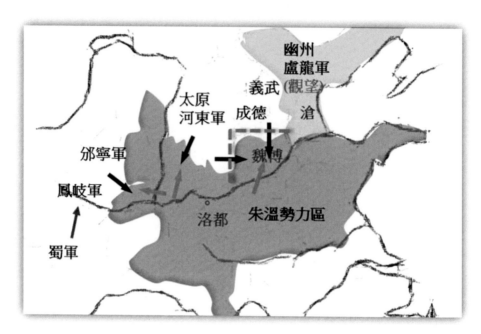

圖二三　鎮、定轉向河東的後梁形勢示意圖〔910〕

三、天災對後梁兵力的影響

　　朱溫醞釀柏鄉作戰約半年，動員時間不算倉促，但其在西面已無布置重兵的情況下，徵集宋、汴、滑、魏之兵卻僅投入約四萬眾，果若如此，則梁方兵源顯然已不若唐末時期之充足。〔註89〕無論如何，梁方經過與西軍的戰爭消耗，加上河南近年遭遇天災，災情嚴重，兵力已受大損。

　　統計後梁開平二年到四年之間的天災記載，發現大河下游南岸在開平四年夏季以後的水災、蟲害特別嚴重（參見附錄四　後梁開平二年至四年天災記事表）。開平四年十一月，朱溫有詔：「自朔至今，暴風未息，諒惟不德，致此咎徵。皇天動威，罔敢不懼。宜徧命祈禱，副朕意焉。」十二月，又詔：「滑、宋、輝、亳等州，水澇敗傷，人戶愁嘆，朕爲民父母，良用痛心。其令本州

〔註89〕對照唐末以來的中原戰場，朱溫動則投入七、八萬以上兵力決戰，如，光化二年四月，朱全忠遣葛從周帥兗、鄆、滑、魏四鎮兵十萬擊劉仁恭；乾寧四年九月，遣龐師古以徐、宿、宋、滑之兵七萬壁清口；天復元年十一月，朱全忠引四鎮兵（宣武、宣義，天平、護國）七萬趣同州；天復三年三月，朱全忠引四鎮及魏博兵十萬繼進淄青。天祐三年正月，全忠發河南諸鎮兵十萬，會魏、鎮兵屯深州樂城。開平元年五月，圍攻潞州之兵力尚稱八萬之眾。

分等級賑貸，所在長吏監臨周給，務令存濟。」《五代會要》也收錄當年十月災情：「青、宋、冀、亳水，詔令本州以省倉粟、麥等賑貸。」〔註90〕顯示柏鄉之戰前，河南的滑、宋、輝、亳諸州頗受水患之苦。〔註91〕

在柏鄉戰役前一年，朱溫已詔：「朕自臨御以來，歲時尚邇，氣昏未殄，甲兵須議於饋糧，非軫頻勞於編，事非獲已，宜所在長吏倍切撫綏，明加勉諭」。柏鄉之戰潰敗前後，另有制：「戎機方切，國用未殷，養兵須藉於賦租，稅粟尚煩於力役。所在長吏，不得因緣徵發，自務貪求，苟有固違，必行重典。」〔註92〕這些公文要求地方官員，對徵收賦租與調用力役之事應倍加撫綏勉諭，並聲明對過度徵發與貪求之官員必會施以重罰，反映出梁軍在柏鄉戰敗前後的賦租與力役徵調情況，遭遇到沉重的阻力與困難，此天災水患之苦，很可能影響了梁方徵召之兵源。

柏鄉戰敗，朱溫亟欲雪恥，但直到同年（911）九月才親率大軍北上，一陣追逐之後，竟以「晉、趙兵不出」為由回軍。〔註93〕朱溫此次親征，受校閱軍隊號稱十萬。〔註94〕即使不必盡信其數，其勉力補強兵力之舉殆無疑問。其既有兵力優勢，亦非長途遠征，且梁境之西、南兩面疆域當時尚無兵鋒干擾，依照朱溫以往的戰場行為模式，斷不會因為「晉、趙兵不出」而南還。算來朱溫當年概約六十歲，已疾病纏身且喜怒無常，〔註95〕理智與行動力皆已大不如前。

晉、梁開戰，幽州劉守光意圖待兩敗俱傷，再得漁利，但他的「坐承其利」似無實際作為，近乎消極等待。〔註96〕若燕軍積極地在同年二月，亦即晉方柏鄉戰勝追擊南下之際發兵，輕則可以併吞義武鎮，重則引發梁軍反攻北上，形成梁、燕南北對向夾攻之勢，那麼河東軍有可能再度退出河北戰局。

〔註90〕分見《舊五代史・梁書太祖紀》卷5，頁204、205、206。
〔註91〕輝州即朱溫本貫宋州碭山縣地，唐昭宗光化三年奏準升格，參見《舊唐書・昭宗紀》卷20，頁766。
〔註92〕《舊五代史・梁書太祖紀》卷5，頁185；同書卷，頁209。
〔註93〕《資治通鑑》卷268，乾化元年十一月壬午條前。案，乾化元年五月改元。
〔註94〕《舊五代史・梁書太祖紀》卷6，頁222。
〔註95〕躁忿易怒，誅戮無常，見《資治通鑑》卷268，乾化元年十月戊午條下、二年二月甲子條下。久疾，見同書卷年，五月條前、二年二月條下。《舊五代史・梁書太祖紀》卷6，頁218，記「七月，帝不豫」。
〔註96〕坐承其利，見《資治通鑑》卷267，頁8729，開平四年十二月條前。同書卷268，頁8745，乾化元年八月甲子，記劉守光即帝位，國號大燕，幽州幕僚勸其「與之（王鎔）并力破梁。」「并力破梁」則是另一種態度。

不過，實際的發展是，燕軍直到乾化元年（911）十一月底才出兵易州，而朱溫北上雪恥之師已於當月初退回河南，晉方遂有南北游刃之餘力，回頭對付劉守光的燕軍，採取先定幽州後取魏博之策。〔註97〕

同年十二月，李存勗派周德威由飛狐道東下救王處直，進會義武軍向北攻擊祁溝關，下涿州。燕軍不敵，方才轉向後梁求救。〔註98〕朱溫於乾化二年（912）二月親率大軍再度北上，竟遭晉方幾百騎兵以偽裝欺敵與夜間襲擾策略，戲劇性的驚駭而退，梁軍未戰即敗。聲言五十萬眾的梁軍本係烏合湊數，似因柏鄉戰敗已對河東騎兵產生畏避心理，因而風聲鶴唳，自亂陣腳。〔註99〕

後梁建國以來，連遭潞州、柏鄉之敗，盡喪昔日雄風，又在去年秋冬之際撲空而回，此次北伐更至稍觸即潰，這對曾經百戰常勝的朱溫而言，實為奇恥大辱。導致其情勢逆轉的最大原因，很清楚地是朱溫急於弒君奪位，致使河南一地陷入與四面為敵之境。同年六月，朱溫遭次子朱友珪逆弒於宮殿。朱友珪將弒父之罪轉嫁假子朱友文，自襲帝位，然其襲位不名，人情怏怏，內外憤怒。〔註100〕梁方擁兵在外者，以駐魏州之楊師厚最具實力，七個月後，朱溫第三子朱友貞獲得楊師厚的支持，復奪帝位。〔註101〕

朱友貞（888～923）原任後梁東京馬步軍都指揮使、東都留守，當時的洛陽情況尚未安定，而其近衛親信俱在東京，故於乾化三年（913）二月即帝位於東都（大梁），史稱末帝。〔註102〕

〔註97〕 燕主於二月已遣人脅從鎮、定。王鎔以告晉王。諸將咸以柏鄉戰後宜先取幽州，再專意南討為論，見《資治通鑑》卷267，頁8738～8739，乾化元年二月庚午條後。晉王出兵幽州以救易定，見《資治通鑑》卷268，頁8750，乾化元年十二月甲子條下，以三萬兵付周德威攻幽州。

〔註98〕 《資治通鑑》卷268，頁8750，乾化二年正月丙戌條前後。

〔註99〕 晉方之獲勝，並不是李存勗對南北夾擊的情況有何卓越指導，而是南面的河東將領困中生計，以及梁方軍無戰志的意外結果。詳見《資治通鑑》卷268，頁8752～8754，乾化二年三月。案，此間梁軍所表現出來的缺乏戰志，除了對晉方騎兵的畏避心態之外，應當與梁軍長年疲於奔波作戰有關，惟未見史載。

〔註100〕 轉嫁假子朱友文。人情怏怏、內外憤怒。分見《資治通鑑》卷268，頁8759、8761，乾化二年二年六月、八月甲午條下。

〔註101〕 《資治通鑑》卷268，頁8776，乾化三年二月壬午條下。

〔註102〕 《舊五代史·梁書末帝紀》卷8，頁251～252、255。

第三節 忽視地略優勢的夾河對戰

一、幽州降晉與魏博反梁

　　梁朝在一年之內，二次骨肉相殘，宮幃染血四濺，導致機關內部的不協與混亂，亟待修補復原。而朱友貞卻自以得位於天命，既無積德之基可乘，卻有弄權之臣爲輔，又對部將多有猜忌，〔註103〕嚴重削解梁朝內部的團結力量。

　　乾化二年六月朱溫殞命，河北前線似受到中央權力鬥爭的影響，未再對趙境發動大型攻勢，俟朱友貞穩住權位以後，才在乾化三年五月，合魏博、邢洺、徐、兗、鄆、滑諸鎮十萬之眾大舉北上。而晉軍已利用這段時間分別攻略燕屬州境，刻正圍攻幽州，遂能夠及時抽掉兵力支援趙境，阻止北上之梁軍。同年十一月，河東軍二度入主幽州。〔註104〕

　　李存勗取得幽州，似記取其父延用幽將劉仁恭造成的教訓，改由晉將周德威主持帥府。自中唐以來，盧龍鎮強悍的割據超過一個世紀，在唐末卻二度遭河東軍解體，此情況頗爲耐人尋味，此後，長期由幽州軍人割據的盧龍軍府將短暫的改頭換面，〔註105〕十多年後，幽將趙德鈞仍會接任統帥。再十

〔註103〕 見《舊五代史‧梁書末帝紀》卷10，頁316，「史臣曰」。

〔註104〕 晉軍取得幽州的經過：乾化二年正月，晉方周德威領軍出飛狐道，會趙、定兩鎮之軍攻岐溝關，圍涿州。三月，攻瓦橋關。五月，周德威敗燕軍於幽州城東南。三年正月拔順州。三月拔盧臺軍（滄州），另由部將劉光濬克古北口。四月再拔營、平州，取古北口；李嗣源出關收山後八軍，攻取諸州；劉守光請和未果。五月，梁出大軍二路，一路奪土門，攻趙州未果，另一路自貝州攻入冀州，兩路軍會師攻拔下博（河北深縣），周德威分兵來救，梁軍自弓高渡河向東南退卻。六月，劉守光請降未果。八月，晉軍已攻拔營、莫州。梁軍號稱十萬之眾北上攻趙，已屬敗績，惟史無詳載。參見《資治通鑑》卷268，頁8756～8775，乾化三年正月以後各條。

〔註105〕 其中營、平二州經歷多次爭奪。此二州在劉仁恭時期尚能守禦，劉守光稱帝之日遭契丹佔據。李存勗下幽州前，曾收回二州，似無暇重視，又失之。契丹一度用漢人盧文進爲其「幽州留後」，常居平州（則營州亦不保）引奚騎掠殺吏民。盧文進於後唐明宗天成元年十月殺契丹將，率眾歸附。天成三年正月，平州又陷於契丹。分見《資治通鑑》卷268，頁8745，乾化元年八月甲子條下；同書卷269，頁8813、8814，貞明三年二月條下；同書卷275，頁8994，天成元年十月庚子條下；同書卷276，頁9013，天成三年正月條末。案，本文在此特別整理營、平二州情況，係因通鑑指稱周德威「恃勇不脩邊備，遂失渝關之險」似有可議。

一年，割送契丹，遼朝將以趙德鈞之子延壽爲南京留守，長期與中原政權抗衡。從這個角度看幽州藩鎮結構的影響力，在割出之後依舊存在。

請注意李存勗遣軍進圍幽州的作戰經過，是走飛狐道東下與二鎮之軍會師，先攻取幽州治城附近的涿州、順州與滄州，孤立幽州帥府，再北取古北口阻絕外援，另由李嗣源出關攻克山後諸州；李嗣源在三月收服山後諸州，劉守光四月即請和。此役與乾寧元年（894）冬季攻勢採行不同的路線，當時李克用北走雲、蔚先取山後諸州，再由山後入關攻幽州。二者路線一內一外，卻同樣標示了太原與幽州的表裏關係，以及山後諸州在地理形勢上對此二地區的重要性。李氏父子取幽州之經驗，足供宋初二帝參考，可惜宋太宗趙光義未必留意，論於次章。

柏鄉之戰使晉軍能夠立足河北，幽州之降則讓幽、晉兩地資源相結，李存勗此後可以專心南下與後梁相爭。經過半年整補，晉軍開始對梁採取攻勢，乾化四年（914）七月，分由趙州南行與太行山東下，兩路會師攻邢州。梁將引主力軍駐止於邢州東境，並未進入邢州城，當是準備與晉方列陣對決，但因爲晉軍裨將陣前叛變，使得晉方諸路鎮兵未戰即退。〔註106〕此一小段未成戰局的記載，說明梁方即使遭遇柏鄉之敗，仍試圖藉邢洺、魏博地區與晉方一搏。晉方兩路夾擊（一北一西）的構想相當經典，可惜未見實踐。〔註107〕又過半載，李存勗依舊未向南發動攻勢，直到梁方自動將天雄軍推送過來。

天雄牙軍改投效晉方，起因於乾化五年（915）三月的內部紛擾，梁帝欲藉天雄軍帥楊師厚之卒，削弱魏博大鎮爲相、魏二鎮，魏州軍士分半遷往相州，引發激烈反彈。當時天雄牙兵較資深者，恐怕都是前次朱溫鎮壓魏博時站在梁方陣營者，才得以立足至今，不料九年之後，朱友貞又對魏博軍施展分割離散的伎倆，魏州軍人激諫無效，再次爆發軍亂，挾持軍帥轉附河東。〔註108〕

〔註106〕李存勗攻邢州，「會趙王鎔及周德威於趙州，南寇邢州，李嗣昭引昭義兵會之。……晉軍裨將曹進金來奔（梁），晉軍退，諸鎮兵皆引歸。」見《資治通鑑》卷269，頁8784，乾化四年七月條下，

〔註107〕本時期之作戰，大多以發揮內線作戰精神而成功，未見居外線型態而成功之戰例。此次晉方兩路夾攻邢州屬外線型態，因而對其未果行而可惜。

〔註108〕梁魏博節度使楊師厚卒，朱友貞爲避免楊師厚晚年「衿功恃眾，擅割財富」的情況再度發生，決定分割魏博軍鎮。「魏兵皆父子相承數百年，族姻磐結，不願分徙。」見《資治通鑑》卷269，頁8787～8788，貞明元年三月丁卯、己丑條前後。

　　李存勗未花費太多心思即獲得魏博軍人相助，〔註109〕上距李克用與魏博相絕約十九年。十九年前的魏博軍轉與河南相結，阻絕河東，促成朱溫順利吞併鄆兗淄青，進而北征河朔，如今，天雄軍轉向與河東相結，魏博鎮再度淪為戰場，反向影響河南政權之穩固。

　　魏博軍亂，朱友貞派劉鄩領軍六萬渡河平亂，晉方也派軍進入魏博，此後雙方相持將近一年，梁方先後投入的兵力恐怕超過十萬，晉方不詳。〔註110〕梁軍主帥劉鄩頗知河東軍之強項在騎兵，利於野戰，故不輕易與河東軍列陣對決，但尋求機會以出奇兵，因此，其或偃旗息鼓而轉襲太原，或企圖奪城阻地以絕河東軍之糧道，甚至遣卒詐降以食毒晉王，但都沒成功，最後停駐於大河北岸之梓縣，以確保其能獲得來自河上的梁方補給，待機轉取攻勢。〔註111〕但梁末帝似未意識到兩方之軍事優勢已不在梁方，加上原先由魏博地區供給的餽糧，改由河南輸出，河南諸州的賦稅負擔累積愈重，於是，劉鄩在梁主不斷催促出戰的壓力下，〔註112〕主力軍遭晉方餌誘而出，遂被晉軍包圍，演出五代初期著名的「故元城殲滅戰」。

　　貞明二年（916）二月，晉、梁雙方決戰於魏州南方故元城外，就雙方的戰場兵力而言，梁方步軍仍有七萬，未必是少數，但受到來自兩個方向的三支方陣隊伍的包圍，難以突圍，乃集結為圓形陣地相抗。晉方利用河東騎兵不斷地來回衝擊，逐步壓縮包圍圈，當圓形陣地遭到切割後，其步兵放棄戰鬥向南潰逃，晉軍一路追砍，直到大河畔，此場面已近似屠殺而非戰鬥，梁軍遭殺溺者大半。及至同年九月，河北全境歸順晉方，僅剩黎陽（屬衛州，

〔註109〕亂軍領袖張彥選銀槍校節五百，見《資治通鑑》卷269，頁8789，貞明元年五月條下；原本屬於楊師厚的親軍「銀槍校節都」，大多收編為晉王的「帳前銀槍都」，李存勗且指派魏州軍將擔任澶州刺史，另有魏州孔目吏協助供億軍需，分見同書卷年，頁8791～8792，七月條前後。

〔註110〕去年劉鄩帥六萬軍渡河，經歷黃澤嶺之挫，死者什之二三，加上其前後大小戰役必有損耗，而部分魏博鎮屬州似仍在梁方（如澶州），故若元城決戰前之梁方步兵仍有七萬，則總兵力當逾十萬。分見《資治通鑑》卷269，頁8787、8792～8794、8800，貞明元年三月己丑前、七月條下、貞明二年二月壬寅條下。

〔註111〕貞明元年八月，「臣今退保莘縣，享士訓兵，以俟進取。」《資治通鑑》卷269，頁8795。

〔註112〕「帝以河朔危急，師老於外，餉饋不充，遣使賜鄩詔，微有責讓。」《舊五代史・梁書末帝紀》卷8，頁270。貞明元年八月，「將軍蓄米，欲破賊邪，欲療饑邪？」見《資治通鑑》卷269，頁8796。

今河南浚縣附近）。〔註113〕幸梁方堅守黎陽，以後得藉此渡口與晉方纏鬥於大河兩岸。

至此，唐末原本臣服於後梁的魏博、成德、義武諸鎮都改依附於晉王，幽州更直接納入晉王統治。河朔藩鎮在梁初仍處於鎮帥自主型態，爲抗拒朱溫的削藩，成德、義武因而轉附，此番魏博軍之投效李存勗，仍係梁方強推奉送，幽州則因其內鬥導致衰弱。從地理形勢上分析，當河北納入李存勗勢力以後，河南已處於相對弱勢格局。由藩鎮割據的議題看，河朔藩鎮不但深刻影響唐朝命脈，也直接影響後梁國祚。河朔三大藩鎮自中唐迄唐末不曾統一，卻在李存勗手中完成，後人與其謬讚其英勇，毋寧視爲梁方之推送與幽州自亂而得之。〔註114〕

《讀史方輿紀要》言魏州地理形勢：「府西峙太行，東連河濟，形強勢固，所以根本河北，而襟帶河南者也。……自秦以降，黎陽、白馬之險，恒甲於天下。」〔註115〕「襟帶河南」，指的是它對河南安危有重要影響；「根本河北」，強調的是它在河北的地位。顧祖禹不說幽州爲河北根本，卻指魏博爲根本，角度猶如自河南看河北，顯然設定危害係自北而南。吾人若將幽、易視爲河北平原對中原政權保障的第一區帶，鎮、定、冀視爲第二區帶，第三區帶是邢、魏、貝，或許較容易理解「根本河北」之說，〔註116〕在後章討論（後）晉遼戰爭時，將有更顯著例證。

晉、梁在河北平原大動干戈之際，理論上，應是李茂貞趁機擴張勢力之良機，如前所述，他在晉、梁柏鄉戰後做了一個錯誤的決定，竟與蜀主

〔註113〕黎陽爲黃河南北重要通道，梁方必須確保。「竇建德陷黎陽，盡有山東之地。淮安王神通、左武侯大將軍李世勣皆沒於賊。」參見《舊唐書・高祖紀》卷1，頁10。「元和八年十二月一日，以河溢浸滑州羊馬城之半，滑州薛平、魏博田弘正徵役萬人於黎陽界開古黃河道，……決舊河水勢，滑人遂無水患。」《舊唐書・憲宗紀》卷15，頁448。

〔註114〕後梁末帝時的內部自亂情形，內有趙嚴、張氏兄弟亂政，前線先有主將賀瑰與謝彥章不合，後有王彥章與段凝不合，各地還有陳州、兗州、河中鎮叛亂等。分見《資治通鑑》卷270、272，頁8837～8838、8888～8889 後梁貞明四年十二月條下、後唐同光元年七月條後。另見《舊五代史・梁書末帝紀》卷10，頁316，史臣曰。

〔註115〕顧祖禹，《讀史方輿紀要・北直》卷16，頁698。

〔註116〕何世同稱此時期的魏博對中原具「戰略槓桿」作用，見氏著，《中國戰略史》，頁211～213。

兵戎相向，〔註117〕雙方由乾化元年五月至十一月以及乾化五年四到十二月，〔註118〕兩度長期鏖戰。此期間，岐屬邠寧軍降附於梁，劉知俊又叛入蜀，蜀軍則翻越終南山，進佔鳳州（陝西今縣）、秦州（今甘肅秦安附近），〔註119〕更大發十二萬兵眾北出秦州，圍岐州。當時，梁軍新敗於故元城，無力西顧關中情況。此後，鳳岐不單與梁軍為敵，也與蜀軍衝突，其錯誤決策使得鳳岐鎮愈形弱化，李茂貞的鬥志也隨著歲月增長而消逝，當晉梁夾河苦戰時，西軍已經不再能對梁方產生威脅，在李存勖滅梁之後，終於臣服後唐。〔註120〕

二、晉王夾河苦戰三階段

　　晉方在故元城戰後盡得河朔，理應一鼓作氣渡河向南攻略，卻因為同年（916）八月契丹侵奪麟、勝州，更向東攻取朔、雲州，干擾了河東軍攻梁氣勢。李存勖率師北救，契丹已呼嘯而東，河東軍選擇南返。〔註121〕

　　面對契丹之南犯，獲得河北全境的李存勖陷入新的兩難之境；此次對契丹的侵略未積極處置，其結果即是隔年三月契丹攻取新州（今河北省涿鹿縣南），進圍幽州，〔註122〕雖然契丹軍在五個月後遭河東軍強力逐回，此後卻常見其南侵至易、定。這個情況是唐末亂世以來的新局面，超越了藩鎮之間內戰性質的互動，李存勖對契丹只採取驅離的手段，說明其在南北目標之間是

〔註117〕《資治通鑑》卷268，頁8740～8741，乾化元年三月丁亥條下、四月乙卯條下，顯示岐、蜀之戰，由岐方引發。

〔註118〕案，後梁末帝乾化五年十一月乙丑（9日），改元貞明。

〔註119〕《資治通鑑》卷269，頁8798，貞明元年十一月癸未條前後。案，約四十年後，柴榮攻伐南唐之前，也先出兵奪取此地區，可見其關鍵性地位，見論於次章。

〔註120〕《資治通鑑》卷273，頁8912，同光二年正月庚戌條前。

〔註121〕《資治通鑑》卷269，頁8805，貞明二年九月條下：「契丹聞之，引去，王亦還。……晉王如魏州。」《遼史‧太祖紀》卷1，頁11，記契丹於八月到十一月南侵中原北境，盡得代北（含蔚州）至河曲之地，置西南面招討司。另參見《舊五代史‧唐書莊宗紀》，頁764～765。案，此期間的契丹南犯，與後梁之誘導有關，契丹利用中原內戰之際置西南面招討司，漸次收編朔、勝、夏、豐州內外散落部落（含沙陀），甚至刺激西夏建國。惟此非本文主軸，略論。

〔註122〕《資治通鑑》卷269，頁8815，貞明三年四月條前：「王方與梁相持河上，欲分兵則兵少，欲勿救恐失之，謀於諸將。」

以南面之後梁為先，契丹因此得以去而復返，數度入關牽制河東軍對梁方的進攻。可以說，契丹之壯大與中原之內耗疲弱具有直接連帶關係。

　　前述後梁勢力在貞明二年九月以後退出河北，只能憑恃大河阻止晉方南侵，而晉方在次年十二月已完成渡河攻擊，〔註123〕汴洛政權發出危急的警報。然而，在晉、梁形勢翻轉的情況下，李存勗竟須耗費七年時間，至龍德三年（923）才得滅梁，其原因值得深究。以下將晉、梁相爭的經過分為三個階段簡要說明（參見附錄五，五代梁、晉夾河對戰記事表）。

　　貞明三年（917）十二月迄四年（918）十二月胡柳陂戰役，可視為第一階段，晉方採攻勢。晉軍於貞明三年底，趁大河冰堅開始強渡，奪取南岸楊劉城後，遭遇梁軍的強力抗阻，直至貞明四年六月，仍與梁軍在劉楊附近河畔廝殺。八月，晉方動員超過十萬之眾過河，〔註124〕卻因為李存勗的匹夫之勇，〔註125〕直到十二月才進軍到濮州境。簡言之，河東軍自攻下楊劉城取得渡河點後，沿著大河岸上溯向西推進，整整一年，晉方只由河南的鄆州境進展到濮州境，在胡柳陂（屬臨濮縣，今東鄄城附近）與梁軍列陣野戰，竟打個兩敗俱傷，退回河岸。〔註126〕

　　胡柳之戰前，晉方的渡河點已推進至上游的德勝渡（屬濮州，今河北濮陽縣境），晉軍若再向上游推進至黎陽、白馬渡津，即取得全面南渡之鎖鑰，但胡柳戰後的晉方退回德勝渡，進展相當遲緩。〔註127〕這部分牽涉到李存勗的兵學素養問題，詳見後論。

〔註123〕貞明三年十二月戊辰（渡河），貞明四年正月乙亥、八月乙丑條下（引兵略至鄆、濮）、十二月甲子（拔濮陽），分見《資治通鑑》卷270，頁8822、8823、8834、8841。

〔註124〕動員之地區、兵員與軍隊指揮官，參見《舊五代史‧唐書莊宗紀》卷28，頁773，注三。

〔註125〕晉王好自引輕騎迫敵營挑戰，見《資治通鑑》卷270，頁8835，貞明四年八月乙丑條下。

〔註126〕貞明四年十二月，「是日，兩軍所喪士卒各三分之二，皆不能振。」同年十二月甲子條後，稱之為胡柳之戰，參見《資治通鑑》卷270，頁8837～8841。
案，此間黃河北岸渡津包括黎陽津、胡良渡、白皋渡、德勝渡、楊劉等地位置，參見，顧祖禹，《讀史方輿紀要‧北直》卷16，頁720～741。

〔註127〕晉方在胡柳戰後可能已放棄稍早奪取的濮陽，退守德勝渡，見《舊五代史‧梁書末帝紀》卷9，頁297，貞明五年「晉人陷濮陽」條。「晉王乘勝，遂拔濮陽」，參見《資治通鑑》卷271，頁8851～8852，貞明五年十二月己酉條前，附考異。案，澶州城之南，近德勝北城，梁方攻澶州，意在夾攻德勝渡。

　　胡柳戰後進入第二階段，雙方在河上又僵持了兩年，此期間，梁方兗州節度使於貞明四年八月叛梁，意圖歸款於晉，但晉軍既然能夠向西略地至鄆、濮，卻不願派兵支援兗州，以至於隔年十月，兗州復遭梁方收回。〔註128〕貞明六年（920）四月，又有梁方河中節度使朱友謙主動投靠晉方，〔註129〕李存勗同樣未把握此契機，利用河中地略。稍後，河北趙境發生軍亂，趙王王鎔被殺，兵眾擁牙將張文禮爲留後，引發跟隨李存勗南征之趙將不滿，奏准率趙兵回境平亂。〔註130〕易、定之境受成德軍亂影響，亦亂，義武軍帥並招引契丹軍入援，而後升高爲河東軍與契丹軍之戰。〔註131〕晉方雖然擊退契丹，相繼平定義武、成德軍亂，卻因爲晉方攻梁主力軍的北調，梁軍得以趁晉方綏靖北面的機會，渡河攻擊澶、魏州，收復澶州（今河北濮陽附近）以西、相州（今河南安陽）以南之境。〔註132〕一直到龍德三年（923）四月，李存勗稱帝爲止，雙方倚河牴角相持的態勢概略未變。在這階段的四年四個月間，李存勗北退契丹，敉平鎮、趙兵亂，強戰苦勝，但對河南之梁軍並無攻勢作爲，〔註133〕此爲第二階段（918～923）。

　　李存勗稱帝以至梁亡，是爲第三階段。龍德三年三月，因安義軍（原昭義）留後李繼韜有意叛晉附梁，晉方澤州刺史不從，引發梁軍出兵攻澤州。〔註134〕

〔註128〕泰寧節度使張萬進遣使附于晉，見《資治通鑑》卷270，頁8834，貞明四年八月條下。同書卷271，頁8850～8851，貞明五年十月條下，先記晉王「力不能救」、「未之許」，後又記「晉王義之，將爲出兵」。實際上已經拖延一年多。

〔註129〕貞明六年四月，朱友謙襲取同州，梁將劉鄩圍同州，朱友謙求救于晉，晉分兵救同、華州，梁將劉鄩敗而西奔，詳見《資治通鑑》卷271，8856～8857。

〔註130〕《資治通鑑》卷271，頁8858～8859，貞明六年十一月條下。

〔註131〕契丹先於後梁貞明三年三月至八月，由盧文進引入攻幽州。後於龍德元年十一月，由王處直之子王郁引進，俱爲河東軍擊退。此間牽涉到包括後梁與契丹、趙王與後梁、義武帥與契丹甚至吳國與契丹之互動，本文俱略之。分見《資治通鑑》卷269、271，頁8814～8818、8869～8873。

〔註132〕《資治通鑑》卷271，頁8876，龍德二年八月條下。

〔註133〕貞明五年正月辛巳，晉於德勝南北築兩城守之。以後，河上攻守互見。皆屬戰術性纏鬥，未見戰略性攻勢。分見《資治通鑑》卷270，頁8844、8848、8850～8852、8868、8873。

〔註134〕李繼韜爲李嗣昭次子。似因李嗣昭戰死之事，引發諸子對李存勗怨尤，詳情未朗。參見《資治通鑑》卷271，頁8875，龍德二年四月甲戌條下；同書卷271，頁8880～8881，後唐同光元年三月條前後。另見《舊五代史·梁書末帝紀》卷10，頁312。據〈晉王李克用墓誌銘〉，李嗣昭爲李克用之元子，此與李嗣昭本傳所載有異。參見，楊冬生、楊岸青，〈李嗣昭爲李克用之元子辨〉，《山西教育學院學報》卷3期1（2000），頁3～6。

在梁方試圖開闢澤州新戰場，契丹又來攻幽州的情況下，〔註135〕李存勗困而思變，採納鄆州叛將意見，毅然決定出奇兵過河襲取鄆州，終於使晉軍在河南取得立足點。〔註136〕同年四月，李存勗稱帝。此後，雙方在河上又激烈進行長達二個多月的肉搏戰，河東軍為確保鄆州戰果，決定在博州（今山東聊城）對岸、楊劉城下游構築城壘，雙方再度激戰於河畔，梁軍由滑州河畔順流而攻，沿著水岸纏鬥而下，河東軍原本敗退到博州境，再由博州東岸新築之城壘沿河道一路反攻抵達滑州。〔註137〕激戰月餘，梁方大河防線失守，更在滑州決河氾濫東阻，使河東軍的進展再次頓挫。〔註138〕

　　一直到同年九月，由於李嗣源在鄆州城外擊敗梁軍，梁軍牽制河畔與反攻的希望破滅，晉方士氣大振，乃大發兵過河，與李嗣源會師於鄆州，取道中都縣，繞過氾濫區，經曹州，西取汴京。〔註139〕同年十月，梁亡。

三、後唐滅梁的戰略檢討

　　導致梁朝覆滅的原因除了戰場因素之外，當然有許多梁末帝本身及其內政等各方面的問題，〔註140〕本文主要由地理形勢與軍事戰略的角度分析，認為李存勗雖戰勝梁方，但其用兵手段很值得檢討。〔註141〕

〔註135〕後唐同光元年三月，契丹又寇幽州，見《資治通鑑》卷272，頁8881。後唐同光元年閏四月，記梁人志在吞澤潞，見《資治通鑑》卷272，頁8884。

〔註136〕同光元年閏四月癸卯，梁失鄆州。見《資治通鑑》卷272，頁8884～8885。

〔註137〕同光元年六月戊子條前後，記「崇韜築新城，凡六日。……彥章解圍，退保鄒家口。鄆州奏報始通。」見《資治通鑑》卷272，頁8887～8888。另見《舊五代史‧唐書莊宗紀》卷29，頁808～811。

〔註138〕決河，見《資治通鑑》卷272，頁8890，同光元年八月甲戌條下。頓挫，李存勗深以為憂，召諸將會議，見同書卷年，頁8893，九月庚戌條下。

〔註139〕同光元年八月戊子條下，「命王彥章將保鑾騎士及他兵合萬人，屯兗、鄆之境，謀復鄆州。」九月戊辰條下，「鄆州告捷，足壯吾氣」。進軍路線，見同年十月乙亥條前後。分見，《資治通鑑》卷272，頁8891、8894、8896。案，李存勗既已建唐，此段落應改晉軍為唐軍，本文顧及文意順暢，仍愛稱晉。

〔註140〕同光元年十月己卯，記「梁主為人……以至於亡。」參見《資治通鑑》卷272，頁8899。

〔註141〕三軍大學編書，評雙方均不知巧妙運用戰略戰術，惜未見其詳論。例如，其已論李存勗未設法支持兗州叛梁之失，然其評論梁方不知趁鎮州張文禮之變反攻，恐與史載不符；史載梁方利用契丹入侵與晉方河上兵力北調的機會，收復了相、衛二州失地。其雖評論梁方利用晉南攻擊太原為正確，卻未論及太原未利用河中南下攻梁的失策。此處只略舉二例，明其所論未全，詳參《中國歷代戰爭史（第十冊）》，頁171～175。

就軍事戰略作為而言，雙方隔河南北對峙階段，梁方在對手北面有外患的情況下，能把握住機會渡河襲擊德勝北城、掠魏境，又渡河襲奪衛州、進陷相州，不斷嘗試各種手段進攻。〔註142〕此為梁方將領意圖救亡扶傾的成果，可謂企圖心旺盛。晉方在此部分相對地缺乏作為，例如第一階段晉方大舉十萬之師南渡，當時梁之兗州有意款附，〔註143〕若晉方能夠遣將率騎支援兗州，使之成為梁軍芒刺，應當能夠影響梁方在南岸的作戰布局，有利晉方的渡河，惜李存勗未能大膽行動。〔註144〕

其次，當雙方鏖戰於河上時，澤州已屬晉方掌控，〔註145〕李存勗既控澤潞、領邢洺、得魏博，其於魏博南渡之際，若能由澤州出一軍南下懷孟之境，將直接威脅梁方心臟地區；即使其攻勢未能一刺中的，最低限度也可以牽制梁將謝彥章之東向支援，則李存勗在胡柳之戰當不至於以兩敗俱傷收場。〔註146〕趁河陽空虛，利用澤州出兵後梁之議，非筆者之發想，當貞明四年正月晉方渡河奪下楊劉城後，梁方率數萬軍來攻楊劉城者，正是河陽節度使謝彥章，而河陽節度使的主要任務即防範由澤、潞南下之敵，惜晉方自貞明三年至龍德三年的五年之間，均未主動利用澤州地利出兵。由龍德三年梁軍向北仰攻澤州時，李存勗因而獲得突破梁軍河上防線機會的連帶史事，證

〔註142〕《資治通鑑》卷271，頁8874、8876，龍德二年二月條前後、龍德二年八月條下。

〔註143〕八月辛丑朔，大閱於魏郊；己酉，兗州張萬進遣使歸欵。……帝略地至鄆、濮而還，見《舊五代史·唐書莊宗紀》卷28，頁775。

〔註144〕同光元年十壬申條，記梁將王彥章阻晉軍於鄆州，敗遭擒。李存勗問：「爾名善將，何不守兗州？」是李存勗知兗州地略之要。貞明五年十一月條前，記「乞師於晉，晉王未之許，……晉王義之，將為出兵。」說明當時李存勗並非無餘力救兗州，是不願冒險爾。參見《資治通鑑》卷272，頁8850、8895。

〔註145〕《資治通鑑》在開平二年（908）潞州爭奪戰後梁將牛存節救澤州，迄止未記澤州何時轉落晉方之手。兩《五代史》亦無詳載。惟在乾化二年（912），「十月，晉王自將自澤潞而西。」是知當時澤州已入晉方版圖，見《資治通鑑》卷268，頁8763。案，李存勗未利用澤潞出兵梁境，有可能與李嗣昭有關，惟史載不詳，本文只就地理條件而論之。

〔註146〕「（唐）會昌四年九月，中書門下奏：……澤州全有太行之險固，實為東洛之藩垣，將務遠圖，所宜從便，望以澤州隸河陽府。」宋·樂史，《太平寰宇記·河東道》（北京：中華書局，2007）卷44〈河東道澤州〉，頁916。案，李克用在缺乏魏博地利之援助條件下，尚且二度自澤州出兵河陽，造成河南緊張。已論於前章。

明此時期的「澤州與河上」兩地互補的地緣關係未改變，但李存勗顯然並未善用澤州地略的影響力。〔註147〕

再者，河中節帥朱友謙原屬梁將，因朱友珪弒父篡位，導致其於乾化二年十月轉投晉營，李存勗不加以善用，待隔年朱友貞奪得梁鼎，河中遂又棄晉返梁。迄貞明六年（920）四月，朱友謙由河中自主出兵襲取梁之同州，並向晉王請授節鉞，晉方出兵助其擊退梁軍之後，竟繼續向西往長安方向追擊，卻不知乘勢轉向東出威脅洛陽，令人費解。〔註148〕案，河中的重要性已如前述，同、華二州對於進出關中之軍隊，具有雙向拒止功能，對經由河中南下企圖進入關東者，也具有側背打擊或者保護側翼的兩面利害。〔註149〕李存勗在握有同、華州爲西面依託的情況下，對河中如此重要的關鍵性有利投靠，竟未善用機會取陝州，擊洛陽，迫使梁方陷入腹背受敵之境，實屬重大失策（參見圖二四）。〔註150〕

綜上之論，李存勗在據河東、握河北、控華同二州的情況下，掌握多條進入河南之交通線，對其用兵於河南呈現極有利的態勢，但他無論是夾河對戰或者渡河之後的苦戰，都只採取正面強攻，即使其已經取得鄆州，依舊採單刀直入的方式，直搗梁都。這種鬥牛似的角力，不但導致周德威等大將平白陣亡，〔註151〕更徒然損耗大量士兵，令人扼腕。晉方之所以能夠滅梁，除

〔註147〕李存勗召李嗣源議曰：「梁人志在吞澤、潞，不備東方。」帝曰：「澤州，彈丸之地，朕無所用。」澤州事分見《資治通鑑》卷272，頁8884、8889～8890，同光元年閏四月甲午條下、同光元年八月條前。另見《舊五代史·李嗣昭傳》卷52，頁1719。

〔註148〕《舊五代史·唐書莊宗紀》卷29，頁785～786，記晉軍略地至奉先。《資治通鑑》卷271，貞明六年四月乙亥條下，朱友謙襲同州並向晉王求節鉞。同書卷年九月條下，記引兵略地至下邽。此間應注意朱友貞派劉鄩爲「河東道招討使」攻同州，是梁方目標不只在收復河中，仍在攻下太原；相對的，晉方只令「率師赴援」，竟未令其伺機擴大戰果，轉攻洛陽。

〔註149〕華州，控桃林之塞，右阻藍田之關，自昔爲關中喉舌、用兵制勝者必出之地也。同州，密邇河中，常爲孔道。見顧祖禹，《讀史方輿紀要·陝西》卷54，頁2582、2600。

〔註150〕天成元年二月丙申，康延孝（紹琛）：「與國家犄角以破梁，則朱公（友謙）也。」見《資治通鑑》卷274，頁8961。案，此載顯示當時將領對河中與河北魏州對河南形成犄角的地理形勢認知，惟李存勗有對此地略，未加利用。

〔註151〕周德威死於胡柳陂之役。李嗣昭、李存進先後死於鎮壓鎮州之戰。莊宗慟哭，謂諸將曰：「喪我良將，吾之咎也。」參見《舊五代史·周德威傳》卷56，頁1810。

了河東戰將的功勞，其中有很大的因素是梁方內部不協的問題所導致，並不意味著李存勗的軍事才能更勝其父。

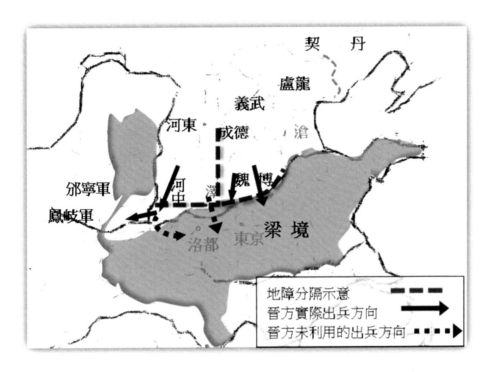

圖二四　李存勗對後梁用兵方向檢討示意圖（917～923）

　　夾河苦戰之際，梁方一度成功的誘使契丹南犯，打亂晉方攻勢，對此，論者或指晉方應強化與淮南、鳳岐之聯合行動夾擊之，當可加速後梁覆滅，〔註152〕不過實際上，該兩地各有內憂，恐無餘力對外。

　　相對地，梁軍在河朔戰場雖然大敗，卻有可取的戰略性行動以資對照。早在貞明二年（916）二月，當梁軍在河北戰場潰敗之前，梁營曾在西面發動三萬軍隊，沿河中取道晉州襲擊太原，甚至一度攻破晉陽外城；可見梁方知道如何利用關中、河陽的兵力，靈活轉用在河中、河北兩戰場之間。〔註153〕

〔註152〕　參見三軍大學編著，《中國歷代戰爭史（第十冊）》，頁172。案，淮南在楊行密（852～905）死後，陷入內鬥。權臣徐溫（862～927）先聯合張顥殺害楊行密長子，扶立次子，再殺張顥扶立四子。以後由徐溫養子徐知誥篡位。關中方面，靜難軍帥李繼徽（?～914）甫遭其子毒害，正陷入內鬥，而李茂貞（856～924）已受蜀軍牽制，其缺乏靜難軍之合作，難以期待有所作為。

〔註153〕　「許州節度使王檀、河陽節度使謝彥章、汝州防禦使王彥章率師自陰地關抵晉陽，急攻其壘，不克而旋。」見《舊五代史·梁書末帝紀》卷8，頁270。

此外，即使梁方大勢將去，仍擬訂了一個四路並進的計畫，目標分別指向太原、鎮州、鄆州、河上，〔註154〕姑且不論該計畫的可行性如何，至少表示梁方對東西兩面的地理形勢理解並能納入計畫，此格局實超越李存勗只知正面角頂的莽撞。

梁方地勢由西向東概略平緩一片，晉方在東（河北）、西（河東）兩方面有太行山中阻爲分，故太原方面必須跨越太行山地障，方能將兵力轉用於東西戰場。學理上，梁方軍隊威脅太原最近與最有利的一條路線，是由河中沿著汾河北上。相較於晉方，就威脅對手中樞安全的角度而言，梁方其實有調動兵力較具彈性的優點，故梁方應該強化西路對晉方的攻擊力道。亦即，河中朱友謙尚未叛附於晉方時，梁方兵力在東西兩戰場間的轉用情形將較晉方便利而迅速，在晉方主要兵力佈署在東戰場而梁方尚能堅守河上的條件下，梁方派出西路軍越接近太原，對晉方河上軍隊指揮官造成的壓力就越強烈。〔註155〕在此情形下的晉方東戰場只有兩個戰略性選項：一是增強渡河攻擊的力道，儘快攻至汴京。二是抽調局部兵力回防太原，優先保衛晉陽。

當時的情況，岐、蜀已然開戰，李茂貞且遭圍困，〔註156〕晉、梁雙方對關中動態可暫時不必顧慮。朱友貞如果同他父親一樣重視河中地利，應該在河中「叛離」之前就發動西面攻勢，甚至大膽抽調關中鄜、坊州或者山南東道之兵力，增強對太原的攻擊力道。在太原受到威脅之情況下，河上戰況有可能轉變優劣態勢。不過歷史的實際發展，是梁方兵力重點也放在東戰場，最後遭晉方突破防線。

依據上述的分析，梁軍敗在被動地接受了晉方選擇的戰場，將主要兵力也投注在東面。因爲晉方在獲得魏博、鎮趙軍支持的情況下，兵力與物資來

王檀軍原屯楊劉，當劉鄩與晉王相持之際，曾入魏博奪回澶州。後又發關西兵襲晉陽，分見《資治通鑑》卷269，頁8795、8801～8802，貞明元年八月條後、貞明二年三月條前。

〔註154〕梁叛將康延孝語：「自河津失利，段凝、彥章又獻謀，欲數道舉軍，令董璋以陝虢、澤潞之眾，趨石會關以寇太原。……決取十月內大舉。」見《舊五代史・唐書莊宗紀》卷29，頁812。

〔註155〕此觀點之理論支撐，出自德國1905年的「史蒂芬計畫」，相關討論參見，何世同，《殲滅論》，頁53～54，圖2-6、2-7，何書惜未敘述「史蒂芬計畫」在東西兩翼布置兵力對比強烈的意涵。詳論參見 Gerhard Ritter（1929～2015）"Schlieffen Plan：Critique of a Myth"Published by Greenwood Press（1979）.

〔註156〕分見《資治通鑑》卷269，頁8798、8804、8807，貞明元年十一月己巳條、貞明二年八月丙午條、同年十月條下

源已能夠充分獲得補充，〔註157〕即使梁方利用契丹入侵與晉方河上兵力北調的機會，收復了相、衛二州失地，但梁軍後續仍將面臨對魏博諸州的逐城爭奪。此發展，將一如朱溫對河南諸鎮逐次攻取的曠日廢時，遑論朱友貞作戰並不如其父之凶狠狡詐。因此，梁方將主要兵力投入在東戰場的結果，就是歷史上所呈現的反攻過河，卻無法繼續擴張的景況。

　　若如筆者所論，梁軍將主力改投入西戰場，勢必導致大河一線的梁軍兵力減少，晉方強行跨越大河地障之後，由歷史的發展已知，大河南岸的梁軍還能憑恃決河的方式對晉方構成阻絕，因此，梁方在大河南岸到首都之間，並不是沒有遲滯晉方的空間與方法。本文上一章分析過河南的地理形勢特性為二大區塊相接，此二區塊相接的帶狀低地以大野澤、周邊零星沼澤和匯入淮水的泗水水道為明顯地貌，這條低地帶在引入大河決堤之水流成阻後，〔註158〕才是汴洛京畿的最後防線。

　　現代戰略已經確立的地面作戰觀念是，欲獲得決定性殲滅戰的成功必須從兩方向或三方向（亦即由正面與側面）採取攻勢行動，〔註159〕對此，梁方曾經主動開闢西戰場攻擊太原，是充分利用地理形勢所進行的戰略性行動，〔註160〕此行動合乎近代野戰戰略理論追求「創造與利用有利狀況」之原則，只可惜朱友貞在西路對太原的攻勢未能堅持，淺嚐即止。〔註161〕

　　關於李存勗的評論，《舊五代史》誇為「英才」、「膽略絕人」，《資治通鑑》更讚為「善戰者也，故能以弱晉勝強梁。」〔註162〕現代學者也多以其能夠承

〔註157〕晉王在唐天祐十四年（貞明三年）十二月閱兵於魏州時，即包括來自河北的幽、薊、滄、景、鎮、冀、邢、洺步騎八萬餘眾，因而梁方在此區域作戰不再具有優勢，參見《舊五代史‧唐書莊宗紀》卷28，頁773，注三。

〔註158〕也就是「自滑州南決破河堤，使水東注曹、濮之間，……以陷北軍。」參見《舊五代史‧唐書莊宗紀》卷29，頁813。

〔註159〕不著人作，《戰略戰術思想沿革史》（臺北：實踐學社印（未發行），民53），頁152。

〔註160〕見《舊五代史‧唐書莊宗紀》卷29，頁812，梁叛將康延孝語：「自河津失利，段凝、彥章又獻謀，欲數道舉軍，令董璋以陝虢、澤潞之眾，趨石會關以寇太原。……決取十月內大舉。」可見當時梁軍內部一度有此意圖，只是當晉軍渡河之後，時機已逝，梁軍當以廓清入敵，防衛中樞為主。另參見《余伯泉將軍與其軍事思想》，頁197～198，野戰戰略入門之鑰。

〔註161〕本文僅由地理形勢與用兵的關係進行學理上的探討，至於當時山南東道及鄜、坊州等地的兵力是否樂於聽令，甚至梁方在道統上被視為僭逆政權的問題，均不加考慮。

〔註162〕《舊五代史‧唐書武皇紀》卷26，頁715，史臣曰：「若非嗣子之英才，起有

繼父志滅梁建唐而盛讚其具備「軍事才能」、「是傑出的軍事家」。〔註163〕透過本文上述對夾河對戰的三階段整理，可以看見雙方都打得精疲力竭，李存勗的確具有戰鬥與戰技方面的狠勁，但更高層次的戰略素養與統帥能力則大有問題，以兵略角度，晉方的勝利只能評為「慘勝」。〔註164〕有趣的是歐陽修對李存勗的評論，並未沿襲《舊五代史》的筆調讚其「膽略絕人」，而論之為「膽勇過人」，〔註165〕此一字之差，意義已全然不同。

　　能夠冷靜地洞察機會，並將希望擲押在看似空虛狀態的將領，確屬難得。《孫子》之言：「兵形象水，水之形避高而趨下，兵之形避實而擊虛。」〔註166〕極具智慧，然平庸之將領總是把目光與思緒聚集在戰況激烈之處，遂如賭徒般地毅然將手上兵力加碼投入，也就不斷地折損戰力，一如李存勗之作為。

第四節　後唐後晉的首都安全區

一、由魏博入主洛都

　　李存勗（885～926）於後梁龍德三年（唐哀帝天祐二十年 923）四月稱帝，即位於魏州，改元同光，史稱後唐莊宗。莊宗十月入主開封，廢梁東京為汴州，次月遷都洛都，仍以長安為西京。〔註167〕隔年，鳳翔李茂貞稱臣。

興王之茂業」；《舊五代史・唐書莊宗紀》卷29，頁718，「及壯，便騎射，膽略絕人，其心豁如也。」《資治通鑑》卷294，後周顯德六年，六月，臣光曰條下。案，所謂「善戰者」，依《孫子》的定義是指稱「無智名、無勇功」者；戰場上之百戰常勝者，尚且不配稱「善戰」，何況李存勗勇於損兵折將，豈可尊為「善戰者」。

〔註163〕曾國富，〈略論五代名將李存勗〉、〈試析五代晉王李存勗滅後梁的條件〉，收入《五代史研究（下）》（臺北：花木蘭出版社，民102），頁439～448、559～564。另見杜文玉，〈論後唐莊宗李存勗〉，《電大學報》期2（1988）。杜氏並將此觀點視為其研究成果，見氏著〈行遠自邇積銖累寸——研習五代史的一些體會〉，收入胡戟主編，《唐研究縱橫談》（北京：中國社會科學出版社，1996）。

〔註164〕關於「慘勝」的史例與評論，參見范健口述，《大軍統帥之理論與例證》卷2（臺北：國防部參謀次長室印（未發行），民56），第一節，日俄戰爭（1905）之旅順要塞203高地爭奪戰。

〔註165〕《新五代史・唐書莊宗紀》卷5，頁41，「善騎射，膽勇過人」。

〔註166〕《十一家注孫子校理・謀攻篇》卷中，頁124。

〔註167〕《舊五代史・唐書莊宗紀》卷30，頁825、836，841～842。《資治通鑑》卷272，同光元年十一月癸卯條下，「張全義請帝遷都洛陽；從之。」

〔註168〕有別於梁朝的戰爭不息，此後的中原地區進入統一格局，國境內發生的戰亂，即稱為兵變。有些兵變遭敉平、有些成功地導致政權變動，整體而言，這些因兵變引發的內戰，可視之為中央與藩鎮力量拉扯的延續，但與晉、梁作戰的性質不盡相同。〔註169〕

　　李存勗的即位制文稱：「爰自鳳承丕構，世奉本朝，誓雪恥於君親，欲再安於廟社。所以躬提義旅，力殄凶徒，漸致小康，永清中夏。」〔註170〕說明他稱帝的原始動機，是為唐帝及其父親雪恥復仇，在力殄梁凶之後，已達到躬提義旅的目的。以此對照李存勗入京之後，只對朱溫的主要輔佐大臣動刀，其他文武官將大都留用的用人態度，〔註171〕頗與其制文相協。只是，自許為唐帝國繼承者，使命不能僅止於消滅朱梁，至少應該聲稱以恢復帝國舊疆為目標。筆者以為此制文的撰述態度不夠恢弘，像是李存勗企圖心到此為止的宣示。於是，雖然中原進入初步統一階段，但是政局之內鬥卻方興未艾，此當與李存勗毫無宏謀遠略的態度息息相關。

　　莊宗滅梁之後，直到第三年（925）九月才發兵征蜀。以皇子李繼岌充西川四面行營都統，軍隊實際由後唐輔征大將郭崇韜節制，因為關中已經順服，後唐軍直接翻越秦嶺，僅耗時七十日即取得蜀地。〔註172〕然而征蜀軍在凱歸途中，因為內侍與後宮的干預，郭崇韜竟遭襲殺並夷族。〔註173〕郭崇韜曾是莊宗最親信的輔佐大臣與得力助手，原本以樞密使兼任宰相職獨掌文武大權，其以伐蜀之功竟無故遇害，一度引發西征軍內亂，〔註174〕並導致流言四

〔註168〕《資治通鑑》卷273，頁8912。
〔註169〕唐末的河東與鳳岐等藩鎮未曾承認朱溫建梁的地位，其性質仍屬於藩鎮間之鬥爭。本文之「兵變」是指推翻當朝皇帝的軍事叛亂行動，由於軍隊發生動亂的形式、對象與動機各有不同，未必以推翻當朝皇帝為目的，本文統稱之為「軍亂」。
〔註170〕宋・王欽若等編纂，《冊府元龜》（南京：鳳凰出版社，2006）卷92〈赦宥〉，頁1013。
〔註171〕參見《舊五代史・唐書莊宗紀》卷30，頁822～823，懲偽宰相鄭珏等一十一人詔：「朕以纘嗣丕基，……咸體朕懷。」《資治通鑑》卷272，同光元年十月戊戌條下，「梁所除節度使五十餘人接上表入賀。」此種作法的優缺點互見，缺點易造成新、舊兩批人馬間的摩擦，本文暫不深論。
〔註172〕後唐軍順利平蜀，不必然因為後唐軍善戰，主要是蜀軍棄戰，見《資治通鑑》卷274，同光三年十一月丁巳條下。
〔註173〕見《資治通鑑》卷275，天成元年正月甲子條、庚辰條前後。朱友謙等七人，並以無罪族誅，見《舊五代史・唐書莊宗紀》卷34，頁979。
〔註174〕康廷孝擁眾反，回寇西川，見《舊五代史・唐書莊宗紀》卷34，頁983。

起，傳遍全國。〔註175〕同光四年（926）二月，部分更戍河北的魏博兵也爆發軍亂，動亂自貝州（今河北清河）傳染至魏州，效應迅速擴散。〔註176〕

　　魏博軍亂，莊宗先派一將招撫，但此將卻提油救火，〔註177〕只好改派資深大將李嗣源統領中央親軍平亂，不料平亂之軍竟也發生軍亂，軍亂演成兵變，〔註178〕挾持兼簇擁李嗣源為帝，要求與莊宗隔河而治。〔註179〕李嗣源似受迫而反，而其聲望足以號召齊、兗、貝、眞、定諸州跟隨響應，故其兵變雖源於魏州之軍亂，但後續的擁護者並非魏州亂兵。兵變隊伍由相州經黎陽渡河，過滑州以後即直驅大梁，沿途不見軍隊阻擋，前後僅度十天。滑州的位置在此次兵變事件中值得標記下來。〔註180〕

　　莊宗在李嗣源移檄起兵二日之後，領親軍由洛陽東進，沿大河南岸經汜水、滎澤東進，欲制叛軍於大梁，但進度緩慢。進至中牟時，見諸軍叛離而李嗣源已先入大梁城，遂還洛都，將希望寄託於即將還都的西征軍，期能與叛軍決戰於汜水以東之鄭州境，〔註181〕然遭親、衛軍背叛，〔註182〕在西征軍

〔註175〕時天下未知郭崇韜之罪，民間訛言云郭崇韜殺繼岌（莊宗子，西征軍的名譽統帥），自王於蜀，故族其家，見《資治通鑑》卷275，天成元年二月己丑條下。

〔註176〕魏博兵未受親撫、謠言、引兵作亂，見《舊五代史・唐書莊宗紀》卷34，頁980～981。魏博軍亂、河朔州縣之亂相繼，分見《資治通鑑》卷275，天成元年二月壬辰條前後、丁未條下。歐陽修指莊宗之禍由皇甫暉惹起，見《新五代史・雜傳皇甫暉》卷37，頁556，「莊宗之禍自暉始」。

〔註177〕時魏州已去天雄軍額，稱鄴都，由副留守張憲主政，鄴都留守即莊宗子李繼岌，刻正領西征軍返國。莊宗先派元行欽「詣鄴招撫」，元行欽卻「攻其南門」，導致「河朔州縣告亂者相繼」；莊宗命嗣源將親軍討鄴都，分見《資治通鑑》卷275，天成元年二月條、三月甲子條。李嗣源即位後，以鄴都副留守張憲失守，賜死。見《舊五代史・唐書明宗紀》卷36，頁1033。

〔註178〕李嗣源本以蕃漢馬步軍都總管統諸軍禦契丹，凡河北諸鎮兵皆屬焉。親軍從馬直軍士張破敗，號令諸軍各殺都將，參見《舊五代史・唐書明宗紀》卷35，頁1015。

〔註179〕案，此次軍亂起因於戰後敘勳授獎與復員安置問題之延燒，不是方鎮鎮帥之尾大不掉，或傳統鎮將牙兵之驕縱與盤根糾結。此次軍亂的首謀者為皇甫暉，巧合的是二十八年後，皇甫暉再遭趙匡胤擒之於南唐戰場，又四年，趙匡胤篡周建宋；趙匡胤眞可謂五代兵變之終結者乎！

〔註180〕滑州西控上黨，北臨大河，是南北交通要津，實為衝要。以大河道移位之故，顧祖禹在《讀史方輿紀要・河南衛威府》卷49，未詳述其要。

〔註181〕莊宗以近侍為諸道監軍，及鄴州兵變，諸道多殺之。另，莊宗與李嗣源兩軍對進日期與地點，參見《資治通鑑》卷275，頁8968～8973，天成元年三月癸酉條前、丁卯條下、戊寅、庚辰、壬午、乙亥、庚辰、壬午、丙戌諸條。

〔註182〕李嗣源將親軍討鄴都、從馬直軍亂、蕃漢馬步軍使朱守殷率騎兵憩於北邙山諸事，分見《資治通鑑》卷275，頁8964、8974，天成元年二月甲寅、

返回前，已受害於洛都。〔註183〕李存勗爲政失德，自登帝以至駕崩，前後不過三年。

繼位的李嗣源（867～933）是李克用養子，較莊宗年長十八歲，執政時已約六十歲，〔註184〕故性格較爲沉穩，具有「雄武獨斷，謙和下士」、「功不自伐，持廉處靜」等李存勗缺少的優點。〔註185〕其雖以兵變入主廟堂，仍以唐朝繼承者的姿態即位於唐東都（洛陽），無意更改國號，史稱後唐明宗。〔註186〕

同年初，契丹滅渤海國。這件國際大事似乎因爲中原政壇的巨變，並未引起國內注意；〔註187〕取得富庶遼河平原的契丹國力大增，十年之後，將干涉中原政局，扶立石敬瑭入主汴洛；再八年後，入主中原兼併後晉。

李嗣源四月即位，六月在河南汴州就有軍亂，爲亂者三千家戶，事後悉遭誅殺。〔註188〕七月，滑州也發生軍亂，亂平後全營遭族誅，他營助亂者約百人亦遭族誅。〔註189〕隔年二月，導致莊宗死於亂兵箭下的親軍指揮官（從馬直指揮使）郭從謙也遭夷族。〔註190〕四月，又將征戍盧臺寨之魏博亂兵滿

　　　壬戌四月丁亥朱條。（日）周藤吉之，〈五代節度使の支配體制──特に宋代職役との關聯に於いて〉，《史學雜誌》卷61期4（1952），頁521～534，其中論及李存勗滅梁後，對待後梁文武官員頗優容，卻不給河北盟友以特權，影響到武職人員對李存勗的擁護，進而改擁護李嗣源以分享滅梁的果實。

〔註183〕《舊五代史·唐書莊宗紀》卷34，頁996。

〔註184〕《舊五代史·唐書明宗紀》卷35，頁1001，李嗣源生於唐懿宗咸通八年（867）九月，與唐昭宗（二月生）同歲。李存勗生於懿宗光啓元年（885）十月，見《舊五代史·唐書莊宗紀》卷27，頁717。

〔註185〕《舊五代史·唐書明宗紀》卷35，頁1103。

〔註186〕李嗣源稱帝，其親信仍舊追殺莊宗諸弟、子嗣滅口，參見《資治通鑑》卷275，頁8978～8979，天成元年四月壬寅、乙未條下。

〔註187〕《遼史·太祖紀》卷2，頁21～22，正月，「以平渤海遣使告唐」。《資治通鑑》卷275，頁8988～8989，天成元年七月壬申條下，先錄其拔夫餘城，更名東丹國。再記唐以新帝即位告哀於契丹，而契丹已有取河北之意圖。《舊五代史·唐書明宗紀》卷37，頁512～514，只紀十一月「得登州狀」言契丹攻夫餘城。十二月，盧文進帥四百餘人內附，皇帝各賜官階的詔書。未見後唐上下對新興之鄰邦產生警惕的記載。

〔註188〕《舊五代史·唐書明宗紀》卷36，頁1043～1044。《資治通鑑》卷275，天成元年六月庚子條後。

〔註189〕《舊五代史·唐書明宗紀》卷36，頁1046，誅滑州左右崇牙及長劍軍士數百人，夷其族，都校斬於市。《資治通鑑》卷275，天成元年七月辛酉條前後。

〔註190〕《舊五代史·唐書明宗紀》卷38，頁1103。

門抄斬，凡三千五百家，約萬餘人。〔註191〕這些看似個別發生的軍亂事件，恐怕與唐末以來戰亂不斷的背景有關，李嗣源以戰將出身，似乎因為自己是以兵變得位，對軍亂事件特別敏感，對亂兵的處置極為嚴厲，〔註192〕相對於此，其對前朝奸佞、宦官，跋扈將領之處置，則鮮少誅殺至其家人者。儘管李嗣源以霹靂手段暫時穩住了亂兵製造軍亂的劣行，而他首開兵變奪權之例似乎已經影響到以後的李從珂、石敬瑭。

李嗣源繼位於西征軍甫得兩川之後，以大唐帝國的繼承者而言，理應繼續發兵南向，規復李唐江山。然而，似乎因為其自幼生長於戰亂加上身經百戰的殺戮經驗，使這位臨老擔任皇帝的武夫，對百姓排斥戰爭與渴望和平的心理具有特別的感受。〔註193〕這種心境，可以在他發動戰爭與戰後的處置態度上得到印證，相較於五代時期的幾位皇帝，對於發動戰爭的決策，他是非常謹慎的一位。〔註194〕

除了無意與淮南兵戎相見之外，〔註195〕在李嗣源掌政的七年八個月裡，出兵攻擊的對象概有五處（參見附錄六，後唐明宗時期出兵對象記事表），其中對荊南與東川（治梓州，今四川三台）用兵，是莊宗時期平定蜀地之後與中央發生矛盾的延續發展，〔註196〕但出兵理由和對其他三處一樣，都因鎮帥

〔註191〕盧臺軍亂與去年導致李嗣源反叛的魏博亂兵似為同一批軍人，參見，《舊五代史・唐書明宗紀》卷38，頁1112。另見《新五代史・雜傳房知溫》卷46，頁507～508，其言「魏之驕兵，於是而盡。」清・趙翼，王樹民校證，《廿二史校證・魏博牙兵凡兩次誅戮》卷22，頁481。李嗣源改革藩鎮的情形，見王賡武，《五代時期北方中國的權力結構》，頁168～170。

〔註192〕同年七月又有涿州刺史不受代，謀叛，鎮州留後討平之，首從13人折足，幸未牽連家屬。八月還有青州指揮使王公儼乘亂據州，同謀拒命者八人問斬，亦未誅連家屬。分見《資治通鑑》卷275，頁8990、8992。天成元年七月丁丑條、八月乙未條。另見《舊五代史・唐書明宗紀》卷36，頁1048、卷37，頁1058～1059，敘事較詳。

〔註193〕參見《新五代史・唐明宗紀》卷6，頁66，卷後語。

〔註194〕例如，其遣使說諭靜難節度使毛璋徙鎮，說服投靠契丹的盧文進，領平州百姓歸朝；吳主稱帝，樞密使安重誨議伐吳，帝不從；東川董璋反，帝曰「我不負人，人負我；則討之。」概見其不濫用武力，亦不畏戰的態度。分見《資治通鑑》卷275，天成元年十月壬辰條後；同書卷276，天成二年十一月庚戌條；同書卷277，長興元年九月條前。

〔註195〕天成二年十一月，安重誨以吳王即皇帝位，議伐吳，帝不從。《資治通鑑》卷276，頁9011。

〔註196〕莊宗滅蜀，十二月，以董璋為劍南東川節度使，孟知祥為劍南西川節度使，見《舊五代史・唐書莊宗紀》卷33，頁963。案，東川董璋與荊南高季興自

企圖久據或擴張而發兵。這些五代的藩鎮在中央權力鞏固過程中的拉拔與掙扎，並非本文探討的重點。

比較特殊的是在對荊南和西川的兩場戰役期間，李嗣源都曾經主動釋放善意，表達承認中央錯誤的態度，讓對手知道製造戰端的權臣已經伏誅、賜死，對西川孟知祥尤其展現相當的信任與禮遇，給予其統治兩川的人事調派和軍事自主權力，奠定孟知祥稍後稱帝建蜀的基礎。〔註197〕李嗣源對夏州出兵，也是在釐清李彝超兄弟並無聯外敵以抗中央的態度以後，主動撤兵。因此李嗣源雖是武將出身，且其即位後之並未停止征伐，卻不至於留下窮兵黷武的形象。

二、由關中與河東入主洛都

後唐明宗以疾崩於長興四年（933）十一月，子李從厚（914～934）繼位，史稱閔（愍）帝，〔註198〕在位僅四個月。此君個性「仁厚」，〔註199〕原本無意於帝位，只因其兄李從榮躁進，以得罪權臣而喪命，乃意外登基。〔註200〕倚賴權臣而得位的閔帝，登基後即受制於權臣，權臣為削弱具有實力之大鎮，採取徙鎮輪調之法。次年（934）三月，魏博孟漢瓊、河東石敬瑭、成德范延

幼相識，都是朱溫舊將。高季興得荊南於梁朝，事唐在依違之間。梁末，李嗣昭之子據昭義叛唐，刺史裴約不從，梁帝命董璋攻澤州，致刺史遇害，而李存勖得天下後未加清算，至此，似有養虎貽患之報。另參見《舊五代史・唐書列傳董璋》卷62，頁1965～1970。

〔註197〕李嗣源崩，子從厚於長興四年十二月初繼位，孟知祥（874～934）隨即於次年元月底稱帝，國號蜀。《舊五代史・唐書末帝紀》卷46，頁1548，記其四月即位。案，孟知祥是李克用女婿，妹為李克寧妻，小李嗣源（867～933）七歲，長期共事於李克用之下，親族多在中原。《資治通鑑》卷277，頁9073，長興三年六月戊午條，記李嗣源言：「知祥吾故人，為人離間至此，何屈意之有！」此相較於《舊五代史・僭偽列傳孟知祥》之撰寫態度，頗見差異。

〔註198〕李從厚在明宗諸子之排行不明，參見《舊五代史・唐書閔帝紀》卷21，頁1489～1490。《新五代史》記為愍帝。

〔註199〕司馬光之論，見《資治通鑑》卷279，頁9116，清泰元年四月戊寅條後。

〔註200〕這段史事的記載疑點重重，李從榮像一頭跳進陷阱的粗暴野獸，遭權臣獵捕。李從榮對權臣的厭惡與猜疑可能與明宗不識字而屢受權臣蒙蔽有關，其對權臣左右其父親之現象似乎非常在意，但因缺乏謀劃之士相助，使得其竟以入宮「謀反」受誅。參見《資治通鑑》卷278，頁9098、9088、9091～9093，長興四年八月丁卯、九月丙申前後，十一月戊子後諸條。另參見《北夢瑣言》，卷20〈輕佻致禍〉，頁355。

光、鳳翔李從珂同時遭徙鎮之制，這份以太原石敬瑭爲主要目標的遷調公文，〔註201〕卻在鳳翔引發李從珂的激烈反應。

李從珂由鳳翔調太原，實非降調，但他曾經因離鎮出城而險些遭害，似乎受此經驗影響，對移鎮詔令頗爲猜阻，〔註202〕不但拒絕移鎮，更以「清君側」爲名發動兵變，隨即移檄鄰道爭取認同。〔註203〕後唐先派西都（長安）、河中護國軍增領部分中央禁軍討伐，再增派關中周邊諸鎮出兵助討。但是禁軍將領卻陣前倒戈，引發諸軍相繼棄械，原本眾寡懸殊居於劣勢的李從珂因而聲勢大振，隨即整眾東進。叛軍由長安進抵陝州僅費七日，陝州軍出降；由洛陽西進的中央禁軍見陝州棄械，亦不戰而降。〔註204〕由地理形勢的視角看李從珂兵變事件，陝州是一個值得標記的位置。〔註205〕此次兵變之成功，非由戰鬥決定，而是取決於政治上的棄保效應，一路迎降之情況更盛於李嗣源之入洛都。

同年四月，李從珂（885～937）即位，改元清泰，史稱廢帝或末帝。〔註206〕李從珂得位時齡四十九，在位約二年八個月，同樣以兵變而崩，發動兵變者是石敬瑭。

石敬瑭（892～942）是明宗的女婿、閔帝的姊夫，李從珂則爲明宗養子，〔註207〕二人相差七歲。雖然同爲明宗親信，但一直處於競爭狀態，《資治通鑑》

〔註201〕《資治通鑑》卷278，頁9100，清泰元年正月乙未條後（皆忌之）；同書卷279，頁9104，清泰元年二月己卯條前（不欲敬瑭久在太原）。

〔註202〕李從珂性格似較粗魯，常因嗜酒誤事，以酒後毆打樞密使安崇誨遭報復，險在離鎮出城之際遭謀害，似因此對離鎮之事格外敏感。即帝位後，又因酒醉失言，刺激石敬瑭反叛。其酒後毆安崇誨，酒醉擅殺王思同，酒後責石郎欲反等事，分見《資治通鑑》卷277、279、280，長興元年四月戊戌條、清泰元年三月癸亥條前、天福元年正月癸丑條下。

〔註203〕欲誅君側之罪，見《舊五代史‧唐書末帝紀》卷46，頁1522。

〔註204〕朝廷前後所發諸軍，遇西路軍皆迎降。潞王至陝稍留，移書諭洛陽文武庶士，康義誠引侍衛親軍至新安，將士爭詣陝州降，見《資治通鑑》卷279，頁9110～9111，清泰元年三月乙丑至丁卯條。當時曾有前靜難節度使藥彥稠不服於華州，保義節度使康思立謀固陝州城拒之；即使二地將領表態阻止兵變，仍無濟於事。見《資治通鑑》卷279，頁9110～9111。

〔註205〕陝州之要，已述之於本文第二章第四節，參見《讀史方輿紀要‧河南》卷48，頁2270～2271。

〔註206〕《舊五代史‧唐書末帝紀》卷46，頁1528、1534。《新五代史》稱之爲廢帝，參見中華本《舊五代史‧周書世宗紀》卷117，頁1555，「案：有應順帝，在位四月出奔，亦未編紀，請書爲前廢帝，清泰主爲後廢帝。」

〔註207〕《舊五代史‧唐書末帝紀》卷46，頁1515、同書卷75，頁2258。李嗣源入洛，石敬瑭爲先鋒（一如李嗣源之於莊宗）。李嗣源爲防莊宗長子所率征蜀軍返京有變，掌權後立刻派親信分控陝州、河中，即石敬瑭、李從珂二人也。

指李從珂與石敬瑭「心競，素不相協」，〔註208〕並沒說清楚二人心結之緣由。
原來，在李從珂以兵變登基之前，石敬瑭一路都走在李從珂之前，〔註209〕
因此在李從珂兵變前，閔帝周圍權臣是以石敬瑭爲壓制的主要對象；由閔帝
出奔中途，遇石敬瑭卻遭剝光的記載，〔註210〕也可見石敬瑭對閔帝亦頗蔑視。
李從珂以其魯莽的性格不服從移鎮詔令，卻意外地由尋戈而踐祚，〔註211〕對
此發展，一向走在前面的石敬瑭豈會心服。因此李從珂即位之後，表面上與
石敬瑭是君臣關係，實際上互相防範，而此二人在李嗣源時期各有從屬，各
擁一方勢力，在以禁軍爲主力的軍事系統中，石敬瑭的影響力甚至未必小於
李從珂，故《新五代史》云「廢帝即位，疑敬瑭必反。」〔註212〕二年後（936）
的五月，再度因爲徙鎮之詔，將彼此之心結升高爲兵戎相見。〔註213〕

　　石敬瑭之兵變有契丹相助，其入主洛都的路徑是以潞州爲跳板，由潞、澤出
關下懷州，過河陽三城。〔註214〕而懷州兵先前已被派往河東，澤州刺史已先與
河東通款，〔註215〕因此石敬瑭出澤州後，即直抵河陽，河陽迎降，即入主洛陽。

〔註208〕　《資治通鑑》卷279，頁9119，清泰元年五月丙午條後。參見附錄八 李從珂、
　　　　　石敬瑭、趙德鈞父子經歷對照表。
〔註209〕　明宗以兵變入大梁，是以石敬瑭爲前鋒，李從珂殿後；明宗入洛都後，以石
　　　　　敬瑭鎮陝州，李從珂守河中；明宗即位後，派石敬瑭打東川，李從珂卻因得
　　　　　罪宰相安崇誨而在家面壁反省，俟李從珂解禁出爲左衛大將軍時，石敬瑭不
　　　　　久即接任天雄軍兼六軍諸衛副使；明宗殺安崇誨後，李從珂復出爲西都（長
　　　　　安）留守再調鳳翔節度使，此時才再度握有實兵，而石敬瑭稍後已調太原爲
　　　　　北京留守、河東節度使兼大同、振武、彰國、威塞等軍藩漢馬步總管，領北
　　　　　境重兵。分見《資治通鑑》卷274，天成元年三月癸酉條前（入大梁）；同書
　　　　　卷275，天成元年四月己亥條前後（拒西軍）；同書卷277，長興元年九月丁
　　　　　亥條下（以敬瑭討東川）、五月丙辰條前（閒居私第）；同書卷277，長興二
　　　　　年三月丙寅、四月己酉條（大將軍與天雄帥）；同書卷年六月乙丑（西都留守）、
　　　　　三年七月庚子（西京留守調鳳翔）、十一月乙酉（石敬瑭鎮北都）。
〔註210〕　《資治通鑑》卷279，頁9114，清泰元年四月庚午條。
〔註211〕　《舊五代史·唐書末帝紀》卷48，頁1644。
〔註212〕　《新五代史·晉高祖紀》卷8，頁79。
〔註213〕　《資治通鑑》卷280，頁9142，後晉天福元年五月辛卯、甲午條下。關於石
　　　　　敬瑭兵變之研究，參見王吉林，〈遼太宗之中原經營與石晉興亡〉，頁29～90，
　　　　　三、遼太宗得志中原之研究。另見王明蓀，〈契丹與中原本土之歷史關係〉，
　　　　　收入氏著，《遼金元史論文稿》（臺北：花木蘭文化出版，民94），頁14～22，
　　　　　三、契丹遼的左右中原政局及其入主中原。
〔註214〕　《資治通鑑》卷280，頁9161，後晉天福元年閏十一月壬申條後。
〔註215〕　懷州兵先調往河東、澤州刺史通款河東，分見《資治通鑑》卷280，頁9146、
　　　　　天福元年七月丁未條、九月己酉條。

　　李從珂對太原兵變的處置是，先派晉州建雄軍帥張晉達領軍北上，後派幽州軍帥趙德鈞出兵西上，前後夾擊太原。〔註216〕張敬達軍由晉州北上，顯示唐末時期的河東與河中，進入五代時期已切割為河東（太原）、晉州、河中三地。

　　綜觀後唐的三次成功兵變，分別發動於河北的魏州、關中的鳳翔、河東的太原，每次都由不同方位往中央傳導，此現象已可看見汴洛核心區依大河為東阻、以澤州為北險、據陝虢為西哨的形勢特色（參見圖二五），即使各任皇帝即位後都必然對親衛禁軍加以整頓，〔註217〕但上述兵變發動者，一旦領軍通過三方拒止點，中央禁軍即放棄戰鬥意志，棄械轉向投往叛軍；周邊方鎮則大多保持觀望，見機表態。過程中，雖然這些拒止點都沒有爆發戰鬥，看不出阻擋效用，但就禁軍的布置及其與叛軍的接觸點而言，仍然凸顯了這幾個獨特位置的重要性，或許可以視為中央禁軍守備京都區域的心理最後防線。

　　關於保衛河南的觀點，《讀史方輿紀要》論曰：「守關中，守河北，乃所以守河南也。自古及今，河南之禍中於關中者什之七，中於河北者什之九。」〔註218〕顧祖禹此論是根據歷史經驗所做的量化統計，以七：九的比例說明河南核心區的威脅，來自關中與河北最多。然而在前述的兵變史例中，分明可以從地理位置看見來自河東的威脅，但是顧祖與卻不言河東。這個情況頗值得詳究，論之於次段。

〔註216〕晉州本屬河中，後梁開平四年設為節鎮，領晉、絳、沁三州為定昌軍。後梁末帝改為建寧軍。後唐同光元年再改為建雄軍，領州略有增減。明宗李嗣源即位之初，晉州一度由太原兼管。

〔註217〕莊宗之從馬直指揮使郭從謙叛附李嗣源，閔帝之侍衛都指揮使判六軍諸衛事康義誠叛附李從珂，然而，新皇帝即位後，對這些叛附於己的禁軍首領，皆族滅之。參見《資治通鑑》卷275，天成二年二月丙申條、同書卷279，清泰元年四月戊子條。後唐、後晉新皇帝對禁軍的整頓，參見杜文玉，《五代十國制度》，頁390～412。

〔註218〕《讀史方輿紀要·河南方輿紀要序》，頁2083～2084。其文曰：「元魏孝文遠法成周，卜宅中土，規為措置，可謂盛強，乃僅一再傳，而河北遂成戎藪。爾朱榮自河北來矣，爾朱兆自河北來矣，高歡亦自河北來矣。……安、史以河北倡亂，而河南兩見破殘。存勗發憤太原，而朱梁卒為夷滅。」案，據河東而立者，前有元魏、後有沙陀，卻多由河北入河南，是以七：九比例的數字背後，牽涉到各個時代的複雜背景與戰局。變項很多，難以在此逐一深究。

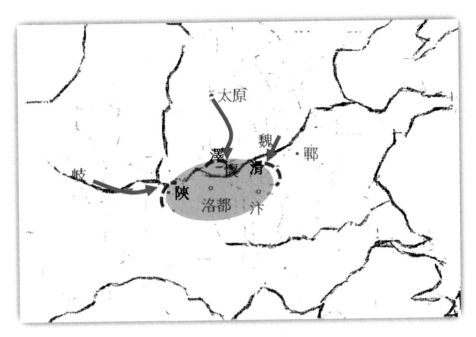

圖二五　汴洛都畿地區的心理防線示意圖

　　李存勗、李嗣源以兵變奪帝，這都是當時鎮帥們親身經歷的事，這種旦夕生死、我武惟揚的生命經驗，可能使他們對「富貴險中求」的道理有一番體認。所以，當李從珂、石敬瑭甚至後晉時期的鎮帥兵變時，大多數將領總是選擇聲勢較強的一方倒戈，正是所謂「天子寧有種耶？」的意識寫照，〔註219〕這些根據勢力強弱，而不是道義黑白的見解，恐怕是當時的主流意識，也是兵變屢起的深層因素；堅持人臣盡節者不是沒有，但如張敬達之盡忠者卻遭副將背叛斬首，後晉竟無人追悼與祭祀，反倒是契丹褒揚其忠烈，以禮葬之，載於史冊。〔註220〕這個現象的形成，至少可以追溯到李存勗施政的用人態度上，其滅梁之後的兼容並蓄或許可以視之爲氣度恢弘，但若換個角度，卻可能是對忠孝節義信念的打擊。這種忽視氣節意識的執政態度，自有其成就的環境背景，新政府如果不極力矯正，同樣不利於其新政權之延續。

〔註219〕重榮起於軍卒，暴至富貴，而見唐廢帝、晉高祖皆自藩侯得國，嘗謂人曰：「天子寧有種邪？兵強馬壯者爲之爾！」雖懷異志，而未有以發也。見《新五代史・雜傳安重榮》卷39，頁583。

〔註220〕歐陽修以其「己雖不屈而諷人降賊，故不得爲死節。」見《新五代史・死事張敬達傳》卷33，頁361～362。另參見《舊五代史・唐書張敬達傳》卷70，頁2171。筆者觀《新五代史》選入〈死節傳〉者僅三人，而嘆何其嚴矣。

三、太原入主河南的地理制約

前述石敬瑭發動兵變在五月，後唐末帝立即派晉州節度使張敬達為主帥，調發易定、河陽、邢州、陝州各軍包圍太原，〔註221〕兵力概估約六萬，二十日之間，張敬達軍已攻抵太原城下。〔註222〕但太原城易守難攻，入秋以後，契丹騎兵入援，代州、忻州刺史未加攔阻，契丹軍得以擊敗後唐張敬達之阻援軍，繞到張敬達南面切斷補給線，後唐軍遭反包圍，在太原城南搭建晉安寨。〔註223〕

對此逆轉之形勢，後唐末帝急令幽州、魏博、關中增兵，分由飛狐道、青山口、河中三地入太原救援張敬達部，又加派忠武節度使趙延壽將兵二萬赴潞州備變（參見圖二六）。十月，暗藏野心的幽州趙德鈞欲獲漁翁之利，趁中央與河東相鬥，逕自改道走易、鎮入潞州，沿途收編軍隊，併其子趙延壽之軍，駐止於團柏谷（今山西祁縣附近），對救援之事逗留不進。閏十一月，契丹在石敬瑭與趙德鈞之間選擇扶立石敬瑭稱帝；同月，張敬達遭部下暗殺，全軍棄械投降，太原聲勢驟升。趙德鈞見漁翁得利的算盤破壞，不知所措地未戰先潰，父子二人奔至潞州，進退失據之下決定投降於契丹軍，遭械送往遼境。〔註224〕

後唐末帝一度欲奔赴魏州倚靠范延光，旋又作罷。他似乎明瞭在這種形況下，無論奔往何處都像折翅之鷹，與其活著面對後續的羞辱，不如堅持死去時的尊嚴，遂與家人自焚於洛陽。

後唐討伐兵變的副將楊光遠襲殺陣中主帥，被視為石敬瑭兵變成功的重要因素，〔註225〕在明宗李嗣源時期曾經同朝為樞密使的幽州趙德鈞與魏博范延光二人，則似乎淪為配角。趙德鈞爭取契丹扶持失敗，以放棄對抗而降於契丹；范延光則在石敬瑭兵變成功後不久，也發動了一場失敗的兵變。

〔註221〕調河陽、安國（邢州）、保義（陝州）、義武（易定）、彰武（延州）節度使參戰，見《資治通鑑》卷280，頁9143～9144，天福元年五月戊戌至丁未條。

〔註222〕唐軍拒契丹入援之戰，步兵死者近萬人，次日遭反包圍時，士卒猶五萬。見《資治通鑑》卷280，頁9148～9149，天福元年九月辛丑、壬寅條下。三年多後，趙瑩言彼時晉陽城內不到五千兵，唐軍十餘萬，疑其誇大強弱比；見同書卷282，頁9200，天福四年三月己未條下。

〔註223〕《資治通鑑》卷280，頁9147～9149，後晉天福元年九月壬寅條前後。

〔註224〕《新五代史‧晉高祖本紀》卷8，頁79，則言叛唐來降。《舊五代史‧晉書高祖紀》卷76，頁2286，亦記晉高祖受趙德鈞、延壽降。然而對趙氏父子降後之處置者，顯為契丹，以幽州已割契丹之故也。另見《舊五代史‧唐書末帝紀》卷48，頁1631、1635～1636。事件經過詳見本文附錄七，後唐清泰三年石敬瑭兵變記事表。

〔註225〕楊光遠叛附以後擔任後晉侍衛親軍都指揮使，是石敬瑭兵變成功的重要因素。論點參見王賡武，《五代時期北方中國的權力結構》，頁163。

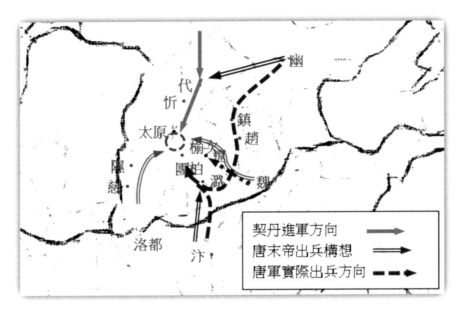

圖二六　後唐反制石敬瑭兵變之出兵方向示意圖（937）

　　對於上述史事，一般視點容易聚焦在成功者而非失敗者身上，如前所見，後唐時期的兵變成功，主要基於政治形勢的棄保而非戰鬥，不過，就本文之角度而言，即使後唐末帝賦予趙德鈞的軍事行動失效，基於幽州位置對太原的牽制條件，仍有關注之的必要。〔註226〕如果僅由作戰佈署角度看後唐末帝的發兵，不論實踐能力如何，其大包圍行動的概念，包含由各個方向、多條路線圍堵的目標與手段皆屬合理，這在朱溫時期曾經實踐過。但因爲趙德鈞的庸劣，破壞了計畫，反倒幫忙使石敬瑭成功（李從珂、石敬瑭、趙德鈞父子經歷對照表，參見附錄八）。〔註227〕

〔註226〕《資治通鑑》卷280，頁9159，天福元年閏十一月己巳條，「天雄軍府尚完，契丹必憚山東，未敢南下」，指出魏博位置居於澤潞南下懷洛的側翼。同書卷，頁9155～9156，天福元年閏十一月條後，「契丹主自以深入敵境，晉安未下，德鈞兵尚強，范延光在其東，又恐山北諸州邀其歸路。」是指魏博與潞澤互爲表裡的形勢。另見《舊五代史・晉書范延光傳》卷97，頁1286。「唐末帝遣延光以本部二萬（由鄴都西上）屯遼州，與趙延壽犄角合勢。」

〔註227〕石敬瑭與趙德鈞的互動關係，史載少見，實則此二人同樣頗具心結。早在莊宗同光三年（925），趙德鈞已是盧龍軍帥，以後更與明宗成爲親家，從各方面看，無論李從珂或石敬瑭，都是趙德鈞的晚輩。明宗駕崩，他一面守在幽州與契丹周旋，一面看著的李從珂由兵變而稱帝，心情不會比石敬瑭更舒坦。待至石敬瑭兵變時，趙德鈞已任幽帥十一年，其鎮邊既久，野心亦重，但李從珂無此覺悟，仍對趙德鈞托以諸道行營都統，以其養子趙延壽爲河東道南

　　對於太原兵變，最可能對其產生側背打擊效果的，一是由河中、晉州北上的晉安軍，另一是過飛狐道經代州（雁門關）、忻州而入太原的幽州軍。但前者已遭契丹軍反包圍，刻正待援，後者經過號稱「山北諸州之喉喉」的飛狐道，〔註228〕即取得就近截堵契丹進出路徑的功能。趙德鈞若依唐末帝指令由河北搗河東之側背，無論對契丹軍或河東軍都可能產生威脅效果，因此，不管為了壯大自己或只是暫時與河南中央聯手除去石敬瑭，趙德鈞都應該優先選擇此條路線行動。〔註229〕

　　史載的表面，契丹似乎是因為桑維翰之長跪不起而決定繼續支持石敬瑭，但是史載內容也顯示契丹方面的理性決策取向。《資治通鑑》曾載契丹出兵南下，「恐山北諸州邀其歸路」，然而山北諸州係屬河東石敬瑭管轄，因此如果契丹選擇支持幽州趙德鈞，才需要顧慮「山北諸州邀其歸路」，其若選擇支持河東，當憂者應是幽州軍自飛狐道截其歸路，或憂范延光與趙德鈞之南北夾擊。〔註230〕可見得契丹在河東與幽州之間做選擇，恐怕不是如史載表面的單純與感性，他必須考慮後唐晉安軍與各路救援軍隊情況，才能決定是否繼續支持太原石敬瑭，而趙德鈞未斷契丹後路在先，又急於與契丹謀帝中國，已經隱隱示弱。

面行營招討使，遂鑄下大錯。《資治通鑑》卷273，同光三年二月甲戌條，「以橫海節度使李紹斌為盧龍節度使。」李紹斌原名趙行實，幽州人，少以騎射事滄州劉守文，守文為弟守光所害，遂事守光，署為幽州軍校明宗即位後，復姓改名為趙德鈞。明宗即位，將女兒嫁給德鈞養子趙延壽，事見《舊五代史・趙德鈞傳》卷98，頁3020～3024。

〔註228〕《讀史方輿紀要・山西》卷39，頁1802。案，此山北諸州，約當五代時期之雲、蔚、代州，俱屬河東。

〔註229〕案，太原兵變之際，趙德鈞其實有諸多可選擇的行動方案，不論依末帝之策（由飛狐道斷契丹與石晉軍後路），或述律太后之策（北向榆關），都可使他在擊敗契丹與石敬瑭之後，再與李從珂較量。但他偏偏放棄能夠威脅契丹軍之後背或側背的有利位置，先南下潞州再北轉圉柏，移師至契丹軍之正面作戰，如契丹述律太后所言，其決心與行動俱屬不智。述律太后策，見《資治通鑑》卷）280，頁9161，天福元年（936）閏十一月壬申條後。吏部侍郎龍敏與李懿的討論顯示，問題不在軍略，而在指揮官趙德鈞的性格，參見，《資治通鑑》卷280，頁9156，天福元年閏十一月己亥條後。

〔註230〕天福元年閏十一月條前後，記載契丹對趙延壽與范延光位置的顧忌，以及兵家權謀之自述，見《資治通鑑》卷280，頁9155～9156。案，當時石敬瑭與李從珂都遣使爭取忻、代等州歸心，無論如何，北邊州刺史最不能接受的，應該是契丹與趙德鈞合流。

　　關中地理形勢原本因為遷都洛陽而見式微，加上五代的外患來自東北面，取代來自西面的唐代後期外患，使得關中形勢的重要性更加降低，河中地位躍昇為制約太原的西南鄰。後唐派出張敬達由河中、晉州一路北上打擊太原，雖然失敗，仍說明原本成為關中屏衛的河中，此際反而成為洛陽之屏衛；只是，李存勗前此未能善加利用，李從珂這番仍遭失敗。

　　綜觀石敬瑭之兵變過程，李從珂不論由西面之河中、晉州出兵攻太原，或由東面之幽州、飛狐與邢州、潞州出兵攔截與夾擊，都足以對太原南下之軍（無論契丹是否支援河東）構成威脅，但因為一方主將遭暗殺，另一方主將棄械投降，使得這兩個方向對太原的干預結果功敗垂成。換言之，若由單方面看太原之南下河南，或具有居高臨下的優勢，然因為河東在地勢上與河北、關中（河中）左右相連，實際上受此兩側力量牽制。

四、後晉的兵變與藩鎮消長

　　後唐末帝清泰三年（936）十一月，石敬瑭受契丹冊封為皇帝，約為父子，即位於太原，史稱晉高祖。〔註231〕這年上距李存勗滅梁僅十三年。

　　與李克用父子一樣，石敬瑭的出身源於晚唐入境的沙陀部族，雖然他的皇位是契丹主冊封而另以晉為國號，但其實他自己的意思仍在繼承李嗣源以來的法統，所以除了國號奉契丹主之命更改以外，其他皆延續李嗣源之舊，仍以洛陽為都，直到在天福三年十月遷都大梁，以洛陽為西京；〔註232〕洛京仍立唐廟祀之。〔註233〕

〔註231〕　《舊五代史・晉書高祖紀》卷75，頁2275，記遼太宗耶律德光冊立文，有「所以余視爾若子，爾待予猶父也。朕昨以獨夫從珂本非公族，竊據國寶……。」案，石敬瑭的年紀比契丹主耶律德光（902～947）長十歲。

〔註232〕　己亥，降制改元；尊明宗之舊，均見《資治通鑑》卷280，頁9154，天福元年十一月。其以李從珂為偽，故沿用明宗國號，改長興七年為天福元年，另見《舊五代史・晉書太祖紀》卷75，頁2274、2281。「建都之法，務要利民。……汴州宜升為東京，置開封府。」見《舊五代史・晉書太祖紀》卷77，頁2384。另見《資治通鑑》卷281，頁9192，天福三年十月戊戌前日，「太常卿奏，今建東京而社稷宗廟皆在西京，請遷至大梁，敕旨，且仍舊。」

〔註233〕　立唐廟，見宋・王溥，《五代會要》（上海：古籍出版社，1978），卷3〈廟制度〉，頁40。此事，兩五代史都記在天福四年十一月乙亥。案，吳國權臣徐知誥於晉天福二年（937）十月稱帝建唐，晉天福四年（939）正月立李唐宗廟，更名李昪。後晉似因此於同年十一月亦立唐廟。

　　如果李從珂以「清君側」為兵變藉口取得皇位讓石敬瑭感到不是滋味，那麼石敬瑭兵變與稱帝的理由，必然讓更多鎮帥覺得強詞奪理，甚至對其屈事契丹的表現引以為恥。〔註234〕天福二年（937）二月，石敬瑭即位才幾個月，即傳出天雄軍帥范延光有意發動兵變的消息，對於其發動兵變的主因，史載有不少版本，包括他對石敬瑭奪位的不滿。〔註235〕

　　范延光兵變，沒有越過汴洛都畿地區的心理防線，首戰在滑州挫敗後即退回魏州，〔註236〕據城抵抗一年二個月，在石敬瑭保證不加害於叛軍官兵之後，以棄械徙鎮收場。〔註237〕此後，天雄軍改由平亂主將楊光遠接掌，原任侍衛親軍馬步軍都指揮使的楊光遠，因而進一步掌握後晉大型藩鎮的兵權，惟經常受到文職宰相兼樞密使的桑維翰裁折，種下心結。〔註238〕天雄重鎮自唐末以來一再發生軍亂，楊光遠掌天雄軍符又露跋扈之狀，桑維翰乃建議石敬瑭將魏博一分為三，〔註239〕並將楊光遠調職。看似明升西都留守，實則貶

〔註234〕即位制文：「顧子何罪？忽有異謀，無名而大舉甲兵，不道而廣勞生聚。……猥惟涼德，俾纂寶圖，成命不迴，固讓莫得。」見《冊府元龜·赦宥》卷93，頁1032。晉新得天下，藩鎮多未服從；石敬瑭之卑辭事契丹，朝野咸以為恥。分見《資治通鑑》卷281，頁9158、9188～9189，天福二年正月戊寅、天福三年七月戊寅條後。

〔註235〕范延光與石敬瑭都出身於明宗陣營，參與夾河滅梁之戰，也曾和趙延壽同事明宗為樞密使。石敬瑭兵變之同月底，天雄軍亂，末帝派宣武軍帥范延光領兵平定之，亂平，調天雄軍帥，隨後奉命領軍北上阻石敬瑭南下，未果。范延光似乎迫於大勢已去，不得不降於石敬瑭。《資治通鑑》記他在趙德鈞兵敗後引兵歸魏，雖奉表請降，心不自安；又說他受術士影響，有「非望之志」，見《資治通鑑》卷282，天福二年正月丁卯條前。《舊五代史·范延光傳》卷97，頁1286～1287，則言其受牙校不臣之謀所逼。《新五代史·雜傳范延光》卷51，頁578，謂其以末帝之敗而懷反側。《遼史·太宗紀》卷3，頁40，更載其於發動兵變之前「遣人請內附」。《舊五代史·唐書末帝紀》卷48，頁1621，記范延光與末帝李從珂為兒女親家。

〔註236〕《資治通鑑》卷281，頁9178～9179，天福二年七月甲寅條前後。

〔註237〕范延光移鎮天平，再請致仕，仍遭楊光遠殺害；石敬瑭不問。見《資治通鑑》卷282，天福五年（八月）己未條。

〔註238〕楊光遠即襲殺晉安寨主帥張敬達叛降太原者，石敬瑭擢為侍衛親軍馬步軍都指揮使，掌中央禁軍。其與桑維翰之過節，見《資治通鑑》卷281，頁9191～9192，天福三年十月戊子條後。參見《舊五代史·晉書楊光遠傳》卷97，頁2987～2988。

〔註239〕一改魏州為鄴都，設廣晉府，二於相州置彰德軍，領澶、衛二州，三於貝州置永清軍，領博、冀州。幾年後的天福六年八月，晉朝又在舊澶州（頓丘）增設德清軍，似為強化德勝津渡口的防衛力量，以備契丹後患。見《舊五代史·晉書高祖紀》卷80，頁2470。魏博地區之指揮系統其實已四區分。

領河陽一軍，遂埋下兵變種子。〔註240〕

　　桑維翰以文人揮灑於武將之間，在五代歷史中具有相當的指標意義。〔註241〕其三分魏博的見解，顯然是由王朝內部的權力分配角度出發，難料數年之後契丹開始入侵中原，可由幽州直抵大河畔，大河北岸因此缺乏一支強而有力的軍隊發揮迎擊功能；後晉中央嘗到苦頭，才再改回為魏博大鎮。

　　石敬瑭長期屈事契丹，成為方鎮兵變的理由。〔註242〕天福六年冬天，成德軍帥安重榮與襄州節度使安從進，聯名發動兵變。〔註243〕成德叛軍在貝州境內與官軍野戰失利後，縮回鎮州，次年正月，安重榮遭執斬首，漆送契丹；〔註244〕襄州安重進起兵先攻鄧州不克，再戰仍敗，退回襄州，次年八月也因食盡城破，舉族自焚。

　　石敬瑭時期的兵變不止上述這幾起，但以范延光與安重榮兩件較具指標

　　　案，魏州在後唐莊宗時已改設為鄴都興唐府，明宗天成四年廢鄴都。後晉又復為鄴都，稱廣晉府。為避免名稱改變帶給讀者困擾，本章大多仍以魏州稱之。

〔註240〕楊光遠亦沙陀裔，唐末隸於周德威麾下，戰傷一臂廢，是亦唐末世代之軍將，見《舊五代史·楊光遠傳》卷97，2985～2991。魏博鎮三分、楊光遠怨望，參見《資治通鑑》卷281，頁9194，天福三年十一月辛亥條前後。

〔註241〕桑維翰似乎是五代中央權力步入正常化的開端，雖然此後發展並不順遂。《資治通鑑》卷284，頁9247，開運元年八月辛丑條下，司馬光讚曰：「桑維翰兩秉朝政，出楊光遠、景延廣於外，……至是一制指揮，節度使無敢違者，時人服其膽略。」方震華認為五代的文臣在軍事上一直無法有所表現，在後晉馮道時期到達低點，見氏著，〈才兼文武的追求──唐代後期士人的軍事參與〉，《臺大歷史學報》期50（2012），頁1～31。

〔註242〕晉割幽州與契丹，契丹猶對太原（北都）徵求不已，石敬瑭嘉勉北都留守安彥威能「屈節奉之」。安彥威對曰：「陛下以蒼生之故，猶卑辭厚幣以事之，臣何屈節之有。」見《資治通鑑》卷282，頁9210，天福五年二月庚戌條下。案，身為前線將領，每天在晉、遼邊境上的瑣碎衝突定然不少，邊境鎮帥有責任遵守晉高祖對契丹折腰的方針，也有義務在這些零星的衝突事件中保護部屬，而這些瑣事不容易出現在史書之中，這樣的理解或許可以使讀者對這群莽撞武夫增加一些同情心。安重榮的兵變雖然針對晉高祖，但卻是以改變晉朝對契丹的外交方針為號召，他似乎企圖指出皇帝對契丹所謂「重信與義」、「以蒼生之故」的卑微態度，是其早先自我削弱的結果。

〔註243〕宋·王溥，《五代會要·契丹》卷29，頁459。另見《舊五代史·後晉高祖紀》卷79，頁2465～2466，安重榮既然傳書諸道云必與契丹決戰，卻驅成德軍是向魏州出兵，可見其兵變反晉是真，驅逐契丹其次。

〔註244〕《資治通鑑》卷283，天福七年正月庚申條前後。戰後，晉以平亂主帥原天平節度使杜重威替安重榮，改鎮州為恆州，成德軍為順德軍。

性（後晉天福年間兵亂記事表，參見本文附錄九）。〔註245〕此時期的兵變與敉平，屬五代藩鎮與中央的權力的拉拔過程，而且是重要的消長階段。後晉透過以侍衛親軍指揮使兼鎮帥的方式，將重要藩鎮兵力納入中央軍力系統，於是京師周邊地區的方鎮兵與中央禁軍結合，中央權重而藩鎮漸弱，藩鎮最重的地區，除了太原就是魏博。

　　後晉屈事契丹的另一個場景，出現在與幽燕地區的互動上，趙德鈞父子始以謀亂而起兵，後以兵敗而降遼，類此人格本應受到唾棄，但在現實上他們轉身之後卻成為「上國使者」，因此在雙方接觸與交涉的過程中，必然有許多小動作造成摩擦不斷，史載所見多是安重榮或景延廣等以言行刺激對方，恐怕只強調了單方面的態度。〔註246〕無論如何，雙方官員之間交涉的摩擦與擴大是導致兵戎相見的重要因素。

　　探究上述晉、遼雙方衝突的事件與原因或許過於繁瑣，即使抽換掉這些歷史人物，契丹照樣可以隨時對中原發動有效的侵略，這是因為在地理形勢上，中原北方的安全閥已經打開，加上晉高祖與遼太宗之間本就是一種不正常的互動情況，不容易長久維持，只要其中一方的皇帝換人，此一勉強屈事而得的和平就容易破壞。然則，失去安全閥的中原一方必遭滅國乎？論於次章。

小　結

　　唐朝外患原本偏自西面而來，關中地當唐都，位置更顯重要。唐末契丹興起，外患轉來自東北面，加上中原內部經濟與政治重心的遷移，使得關中地位的重要性驟降，學者視線因此多聚焦於河北。本章藉由地理形勢的關聯，整理鳳岐與河東聯手反梁的情況，論證《資治通鑑》所謂「西軍自是不振」之說，應該更務實的理解；事實上，李茂貞在反梁戰線上有其不可忽視的貢獻，關中地理形勢在唐末仍然呈現重要意義。

　　朱溫迫遷昭宗進而弒之，導致河北、河東、關中三方藩鎮與位於河南的朱溫為敵，在與三大區塊地理相接的形勢下，河南應該避免與三地同時為敵，即使是輪番開戰，久之仍足以讓河南軍人陷入疲憊，概「兵久而國利者，未

〔註245〕「時晉新得天下，藩鎮多未服從；或雖服從，反仄不安。」見《資治通鑑》卷281，天福二年正月戊寅條下。詳論參見王吉林，〈遼太宗之中原經營與石晉興亡〉，四、石晉的內亂於衰亡，關於天福年間大亂六起之論述。

〔註246〕參見《資治通鑑》卷282、283，天福六年六月條前後、天福八年九月戊子條前後。

之有也」。〔註247〕河東面對河南政權，地勢上可謂左右逢源，既能與關中軍閥聯手，又可與河北藩鎮合作。李存勗獲得河北的支持，得以結合兩地力量「力殄僞梁」，然而，以李存勗之驍勇，苦戰七年才終於擊敗後梁，這當中除了作戰戰略的問題以外，很大的原因是後梁內政自亂致敗。

杜牧（803～852）在〈注孫子序〉中曾感嘆：「主兵者，聖賢材能多聞博識之士，則必樹立其國也；壯健擊刺不學之徒，則必敗亡其國也。然後信知爲國家者，兵最爲大，非賢卿大夫不可堪任其事。」〔註248〕其認爲「壯健擊刺」者爲不學之徒，已將武術與兵學分開看待，並指出兵學是賢卿大夫必具之知能。本文所見之李存勗，即屬杜牧筆下的「壯健擊刺」之徒（或許再加上「騎射」），筆者以爲李存勗之用兵知能尚且不如朱溫。

李存勗滅梁以後的中原地區，進入唐末以來的相對穩定期，在中央政權與地方藩鎮勢力互相拉扯的過程中，兵變成爲主導改朝換代的模式，叛軍分別由河北渡河入滑州、由太原南下出澤州、由關中出關過陝州，通過此三位置以後的叛軍即未再遭遇抵抗，此三處隱然形成保護核心政權的最後一道心理防線。

河東在唐末對抗河南過程中，具有左右逢源的優勢，但是當中原統一之後，河南成爲指揮中樞，此後的河東若與河南對抗，反而必須承受來自左右方面的制約，受此地理形勢制約的石敬瑭仍然兵變成功，並非李從珂的兵力部署有誤，實受契丹外力影響以及鎮帥個別野心的干擾。相對而言，河南中央必須以握緊河東（太原）爲第一要務，如此方有可能在面對東邊河北或西面關中（河中）時，取得外線地位，以利消弭兩地兵變，但是石敬瑭以後的少帝及後漢、後周各君主，對河東的掌控都出了問題，連帶出政權穩定的極大變數。

〔註247〕《十一家注孫子校理・作戰》卷上，頁32。同書卷下〈九地〉，頁250，「故善用兵者，譬如率然。率然者，常山之蛇也。擊其首則尾至，擊其尾則首至，擊其中則首尾俱至。」

〔註248〕《十一家注孫子校理・附錄》，頁312。

第四章　五代後期的政權更迭與地理形勢

　　五代晉少帝與遼朝關係惡化，契丹軍開始逐年入侵，〔註1〕中原政權進入以對抗外患為主的階段，此迄趙匡胤建宋仍未止。

　　歷來的主流觀點認為，石敬瑭割「盧龍一道、雁門關以北諸州」地與契丹，造成中國北方「險要盡失」，從此契丹由塞北進入河北平原暢行無阻，這甚至是造成北宋亡國的主因。〔註2〕中原失去幽州，河北平原似乎無險可守，

〔註1〕　契丹以大遼為國號起於西元 938 或 947 年，其後國號幾經變動的考證，詳見劉浦江，〈遼朝國號考釋〉，《歷史研究》期 6（2001），頁 30～44。無論其遼國號之始及其後之反覆變動如何，《資治通鑑》內文始終稱之為契丹。案，契丹是遼朝統治階層，在興起的過程中吸納了許多其他族群成員，其軍隊的組成也有內外之別，嚴格的說，契丹軍應該專指契丹帳族及四大部族組成的軍隊。本時期，進入中原的契丹將領身分包括契丹、渤海與漢人軍將，蓋幽州割遼才八年，契丹即讓漢人統帥幽州軍隊南下攻打中原政權而未見倒戈，其間之族群意識與統治手段頗耐人尋味，然而契丹部族軍與幽州軍之區別，史載難辨，因此本文並不詳別族屬，契丹與遼併用。詳論參見拙文，〈遼朝軍隊的分類及其編組〉，《中正歷史學刊》期 17（民 103），頁 45～92。

〔註2〕　南宋・葉隆禮，《契丹國志》（臺北：據清嘉慶二年掃葉山房刊本出版者不詳，民 22），〈列傳〉卷 18，頁 244～245。今論參見姚從吾，〈從宋人所記燕雲十六州淪入契丹後的實況看宋遼關係〉，《大陸雜誌史學叢書》輯 2 冊 3（民 59），頁 8。三軍大學編著，《中國歷代戰爭史（第十冊）》，頁 3、228，「燕雲十六州，……一旦割讓契丹後，中原即陷於無國防，暴露於契丹鐵騎蹂躪之下，禍延至宋代三百餘年，不能恢復中原之國運，其為禍之烈可知矣。」李則芬，《隋唐五代歷史論文集》（臺北：臺灣商務，民 78），頁 335，認為北宋之亡，主因在燕雲十六州未收復。高明士、邱添生、何永成、甘懷真合著，《隋唐五代史》（臺北：里仁書局，2006），頁 370，也有類似的觀點。案，該論點以為

加上空間縮小壓縮到作戰的反應時間，的確導致中原政權的攻守地位削弱，區域安全感降低，但這並不表示中原政權對南下的契丹軍應該無能為力，沒有妥善利用河東太原的地位，恐怕才是反制無力的關鍵。

契丹滅晉，劉知遠獨保河東軍不墜，遂能乘隙入主汴洛，建立後漢，此結果與太原特殊之地理位置密切相關。待至郭威簒漢建周，劉知遠之弟在太原自建北漢，倚遼為援，太原、幽州再度與汴洛政權分離，這個格局似乎與朱溫稱帝前後的中原型態相似，不同的是，本時期的太原政權孤立一隅，無論轄境與形勢皆已不如唐末之河東。

本章將梳理五代後期至宋初政局及其抗遼作戰的歷史經驗，論證河東、河北在地理形勢上的表裏關係，以及北宋建都汴洛的盲點與困境。

第一節　契丹為患下的中原格局

一、遊牧與農耕的戰略文化差異

關於遊牧民族入侵中原的動機與目的，學界早有探討，其中不得不關注雙方的文化差異與影響，〔註3〕類此受環境影響而發展出的文化特色，衍生出不同的作戰思維與行動特點，晚近之戰略學者或將之歸類在「戰略文化」中討論。〔註4〕本節試為雙方之戰略文化進行比較分析。

失關險即喪國防，此與法國失守馬其諾防線其國防軍隨即敗降，道理豈非一致？而法國以馬其諾防線為國防保障的概念，已成為近代軍事思想之著名負面教材。

〔註3〕參見沙學浚，〈從政治地理看胡人南下牧馬〉，收入《地理學論文集》（臺北：臺灣商務印書館，民72），沙氏認為文化、經濟發展情況的影響民族存亡，而無論經濟、文化水準高低如何，生活條件與戰鬥條件的結合程度決定戰爭勝敗。蕭啓慶，〈北亞遊牧民族南侵各種原因的探討〉，《食貨》1：12（民61），頁609～619，歸納分敘遊牧民族南侵的幾種學說，強調的是經濟體系及其對政治意識的影響。

〔註4〕戰略文化（strategic culture）是指戰爭行為受不同文化影響所呈現的特色，課題主要產自上世紀的美、日戰爭。二戰後，美國積極介入國際事務，在與中共、北越、阿富汗、車臣等國的軍事衝突中，都曾遭遇挫折，戰略文化遂成專科。美國人類學者米德（Margret Mead 1901～1978）的《菊花與劍》乙書可視為代表作。關於戰略文化的提出、發展等歷史脈絡論述，可參閱趙景芳，《美國戰略文化研究》（北京：時事出版，2009），頁11～62。（美）卡西迪（Robert M.Cassidy）著，《戰略文化與不對稱衝突》（臺北：國防部史編室譯印，民93）。

　　遊牧民族逐水草而居的生活型態，與中原的農耕社會不同。前者以移動性的畜牧活動為核心，遊牧、狩獵甚至掠奪鄰境牲畜與奴隸，都是以能移動的動態對象為主，騎射技術乃成為其求生存的基本技能，經濟活動與財富多屬「動產」，「動」為其特色；後者以滋養土地為財富來源，以經營並維護所在土地為生存條件，社稷為其根本，畜養與建築為基本技能，故以「不動產」為主要財富，「聚」為其特色，至於絲綢、器械、貨幣等精緻文明皆為後發之事。

　　游牧與農耕的生活模式不同，因而呈現不同的作戰思維。遊牧民族長期利用馬匹與弓箭做為運動與狩獵工具，戰鬥時以操縱馬匹與使用弓箭為其特長，故平時工具與戰時戰具不甚區別。其軍隊編組以騎兵為主體，具有強大的衝擊力，逢大規模作戰時能夠迅速徵召集結兵源。〔註5〕但是遊牧社會經常遷徙，不利於人口繁衍，即使全員皆兵，仍不堪於長期的人力消耗。

　　農耕社會少有遠距離運動的機會，狩獵以引誘並製作陷阱為主，弓箭與刀劍的使用必須經過一番演繹與訓練，才能在戰場上發揮，因此戰時以據地築壘之防守為長項，又農業社會善於利用土地資源創造財富，社會安定時的人口繁衍茂盛，戰時常保有兵源眾多的優勢。

　　遊牧民族生活與戰鬥條件相近的特色，衍生出崇尚武功的信念，而騎馬圍捕與狩獵的訓練，使得長距離奔襲成為其作戰技術的強項，相對的，此強項的困擾在於補給接濟不易，故通常其作戰以殺戮丁壯與掠奪資源為手段，甚少採取必須考量補給能力的攻城掠地手段。農業社會則以土地經營與保護社稷為主要信念，擅長於佈陣拒止，守護社稷容易演繹成為以攻城掠地為標的以及「與陣地共存亡」的概念，「守土有責」、「失土即失敗」乃成為普遍認知。

　　歷代關於這些差異特色的史載內容包括：「長兵則弓矢，短兵則刀鋋。利則進，不利則退，不羞遁走」〔註6〕、「其所長者野戰，所短者攻城」〔註7〕、「重兵死，恥病終」〔註8〕等等。唐德宗時期（779～805）的陸贄（754～805）

　　宮玉振，《中國戰略文化解析》（北京：軍事科學出版，2002），頁6～10。

〔註5〕 遼朝「諸道」、「諸路」、「諸部」徵召差異的初步比較，參見拙文，〈遼朝軍隊的分類及其編組〉，頁80～81。

〔註6〕 漢・班固撰，唐・顏師古注，《漢書》（北京：中華書局，2012），卷94〈匈奴傳〉，頁3743，民75年。

〔註7〕 《魏書・高閭傳》卷54，頁1201，「北狄悍愚，……所長者野戰，所短者攻城。若以狄之所短，奪其所長，則雖眾 不能成患，雖來不能內逼。」

〔註8〕 唐・李延壽撰，《北史》（北京：中華書局，2015），卷99〈突厥列傳〉，頁3289。另見《舊唐書・吐蕃列傳》卷196，頁5220。

曾經分析雙方特性並提出具體對策：

> 以水草爲居，討獵爲生，便於馳突，不恥敗亡，此戎狄所長，中國
> 之短也。……脩封疆，守要害，蹊塹隧，列屯營，謹禁防，明斥候；
> 務農足食，非萬全不謀，非百克不鬪。寇小至則遏其入，寇大至則
> 邀其歸，據險以乘之，多方以誤之，使其勇無所加，眾無所用，掠
> 則靡獲，攻則不能。進有腹背支敵之虞，退有首尾不相救之患，是
> 謂乘其弊，不戰而屈人兵，此中國之長也。我之所長，戎狄之短也；
> 我之所易，戎狄之難也。〔註9〕

引文中所說的「要害、塹隧、屯營、據險」都與地理形勢的利用有關，而中
原的地形狀態顯然比大草原要複雜得多，有多種可以交互運用的應付手段，
因此將領對地理形勢的理解極爲重要。北宋的宋琪曾就宋、遼雙方的作戰差
異提出觀察與對策，認爲收復幽州之法，應取宋軍之長項，軍隊當沿太行山
麓行進以維護輜重安全，捨河北中部平緩地形云云。〔註10〕其論述已相當具
體。

　　晉少帝石重貴繼位後，與契丹關係決裂，彼時期的契丹生活特性及其南
侵的氣候依據，與六百年前遊牧民族的情況無大差異，〔註11〕後晉抗遼作戰
初期頗現戰果，這顯示雙方的戰力落差不大，但後晉終究遭契丹滅國，其原
因稍後分析之。

　　在次節論及的晉、遼作戰過程中，遼軍入侵的初期情況是環城呼嘯而過，
後來也調整手段進行圍城戰，但停駐攻城的時程相對短暫，並不過度逗留。
南下之契丹軍若不能立刻有所斬獲，而有補給不便、戰力分離的顧慮，或者
攻勢力道衰減時，就會及時退離。類此爲避免陷困於敵境所採取的「退卻」

〔註9〕　《舊唐書・陸贄傳》卷 157，頁 4925～4926。案，此論雖以吐蕃、回紇爲對
　　　　象，其遊牧特性則相同。

〔註10〕「但徑路所趨，不無險易，必若取雄、霸路直進，未免更有陽城之圍。蓋界
　　　　河之北，陂淀坦平，北路行師，非我所便。況軍行不離於輜重，……挾山而
　　　　行，援糧而進。」詳見《宋史・宋琪傳》卷 264，頁 9123～9128。

〔註11〕《魏書・崔浩傳》卷 35，頁 817～818，「蠕蠕……，故夏則散眾放畜，秋
　　　　肥乃聚，背寒向溫，南來寇抄。」遼軍南侵一樣以秋冬季爲主，遼太宗南
　　　　侵分別在會同六年（943）十二月、七年（944）十二月、九年（946）八月；
　　　　遼世宗南侵，分別爲天祿三年（949）十月、四年（950）十月、五年（951）
　　　　九月；天祿五年九月，世宗遭弑，穆宗即位以後政局不穩，內叛頻繁，因
　　　　此暫停南侵。參見《遼史・太宗、世宗紀》卷 4、5，頁 53、55、57、65、
　　　　66。

行動，並不一定是「敗走」，但漢人自來即以「不羞遁走」視之，頗有輕蔑之意，這就是不同的生活環境而產生的戰略文化差異。

　　晉軍若利用地理形勢預先布置，在契丹軍退卻過程中，進行攔截阻擊，是窺破其弱點而打擊之法，如上引文「寇小至則迴其入，寇大至則邀其歸，據險以乘之……（使其）進有腹背支敵之虞，退有首尾不相救之患。」即是充分理解遊牧民族文化而提出的具體對策。然而，本時期能充分利用己長彼短的將領並不多見，大多未對退卻之敵進行果敢而立即的追擊或攔截，或逕將敵之北退誇耀爲我之勝利，這個現象若非晉將對彼此的差異不夠了解，就是受個人私慾影響而失去理性決策能力，這些虛矯的身段，帶來的是亡國災難。

二、「師不遠襲」與「攻城掠地」

　　唐朝自安史亂後國力驟降，已經無力對周邊國家或民族發動境外作戰，又因爲藩鎮長期割據，中央與藩鎮之間經常進行合縱連橫的謀略鬥爭，這種侷限在國內戰場的作戰形式，長期下來，到唐末五代似乎已經累積出一種不鼓勵遠距離作戰的軍事認知。

　　本文之所以將該認知稱爲信念，是因爲唐德宗時期的杜佑（735～812）在《通典·兵》中已將「師不遠襲」列爲用兵的原則之一，並稱其爲《孫子》曰：「國之貧於師者遠師遠輸，遠師遠輸者則百姓貧。」〔註12〕然而《孫子》原文實爲：「國之貧於師者遠輸，遠輸則百姓貧。」並無「遠師」之語。〔註13〕撇開史料文字與版本的斟酌，單由文本顯示的用兵原則來看《孫子》，即使其內容提醒了遠距離運輸的危險性，但其危險主要來自於經濟（貧）與時間（久）造成的壓迫，而非距離（遠）的本身。也就是說，只要在時間上達到迅速結束戰爭的目的，即使千里出征，尚不至於違背《孫子》觀點。《孫子》在同一篇目提到：「其用戰也貴勝，久則鈍兵挫銳，攻城則力屈，久暴師則國用不足。……故兵聞拙速，未睹巧之久也。夫兵久而國利者，未之有也。」主要

〔註12〕　唐·杜佑，《通典》（北京：中華書局點校本，1988）卷156〈兵九〉，頁3783、3999～4000，標題即定爲「師不襲遠」。

〔註13〕　參見《十一家注孫子十校理·作戰》卷上，頁30～31、42（注十六），「攻城則力屈，……故兵貴勝，不貴久」；注十六注意到《通典》多出「遠輸」二字，惟注釋者未進行文義上的分析，只做版本與句讀上的計較。另參魏·曹操等注，宋·鄭友賢輯遺說，清·孫星衍、吳人冀校，清·畢以珣輯敘錄，楊家駱考，《孫子十家注　吳子》（臺北：世界書局，民73年），頁24。

表達的就是「貴勝不貴久」的用兵理念，至於出兵距離之遠近，實非主要顧慮，不但如此，《孫子》全文當中甚至三番兩次具體論及遠距離興師的可行性，〔註14〕可見杜佑之述與《孫子》之見解有別。

杜佑的論述對晚唐軍事行動的影響，不易探明，但自唐德宗朝以降的學者，如果沒有人注意到他的觀點與《孫子》有所出入，那麼，即使此現象未必表示後人贊同其觀點，至少說明其觀點在唐宋時代並不突兀。〔註15〕回顧唐初國力興盛時期，其實充滿遠距出境長征之例，〔註16〕晚唐以來，作戰距離拉得最遠的應該是黃巢亂軍，但他們是屬於竄擾型的「長征」，並不是計劃性的正規作戰，難以納入軍事信念中討論，除此之外，就是朱溫的四境征伐。

五代的將領如何理解這個看來有問題的「師不遠襲」概念？在後唐同光元年李存勗稱帝之前，郭崇韜等親信即將襲取鄆州視爲「懸軍遠襲」。〔註17〕由河北渡大河襲取鄆州城，與唐朝前期東征高麗、西擊突厥相較，實在稱不上「遠襲」，即使與唐末的實況相較，由太原出兵至魏博、由汴州出兵至長安，距離都遠過由魏博出兵鄆州。郭崇韜在作戰會議中的論點，流傳出來由史官蒐錄史冊，其重點恐怕不是實際距離的遠近，而是時人已把「師不遠襲」化

〔註14〕《十一家注孫子十校理·虛實》卷中，頁118～119，「行千里而不勞者，行於無人之地也。……故知戰之地，知戰之日，則可千里而會戰；」同書卷下〈用間〉，頁289，「凡興師十萬，出征千里，百姓之費，公家之奉，日費千金，內外騷動，怠於道路，不得操事者，七十萬家。」

〔註15〕《十一家注孫子十校理》在「國之貧於師者遠輸」條下，引入杜牧注文，杜注的重點表達遠輸所造成的經濟問題，然而未引杜佑「遠師」之說；但杜牧在「近於師貴賣」條下之注，則又引入杜佑之論。杜牧似乎注意到杜佑在《通典》強調「師不遠襲」有問題，惟歷代未見議論。如清人畢以珣、孫星衍等二位都認爲杜佑《通典·兵》係引用《孫子》語而訓釋，非爲注。參見《孫子十家注》，前附孫星衍序，畢以珣〈孫子序錄〉。另參《十一家注孫子十校理》，頁18～22，前附宋本十一家注孫子及其流變（代序）。另參魏汝霖註譯，《孫子今註今譯》（臺北：臺灣商務印書館，民70）。案，杜牧（803～852）爲杜佑之孫，杜佑卒於元和七年（812），杜牧時方十歲，四十年後杜牧卒，同年朱溫生。

〔註16〕在《通典·兵》各卷所列舉唐初之作戰例證，已不乏遠征之戰例，如卷156，頁3957、3983，「高宗遣薛仁貴、郭待封等伐吐蕃大非川」、「貞觀中，蘇定方率兵討突厥賀魯」，都有唐初境外遠征的例子。另參見《舊唐書》中李靖、侯君集、蘇定方、裴行儉等名將列傳。

〔註17〕後唐同光元年閏四月甲午條下，郭崇韜等皆以爲懸軍遠襲，萬一不利，虛棄數千人。見《資治通鑑》卷272，頁8884。

為腦中之認知。若然，則此信念可能是我國傳統軍事思想在唐末轉變的指標之一，這種轉變恐怕屬於倒退現象。〔註18〕

另一個停滯不前的軍事信念是「攻城掠地」。我國歷代常見的內戰或統一戰爭，總以逐鹿、握鼎為終極目的，傳統的軍事認知是把戰場喻為奕局，設法逐城逐地的吃掉對方地盤，因為城鎮是人力、物資的集散管制中心，加上農業社會重視土地社稷的特性，使得佔領城鎮（戰場目標）與擊敗對手（作戰目的）容易混淆，此現象已稍論之於前章關於潞州攻防戰的軍事知能。〔註19〕在現代的戰爭理論中，目標和目的分得很清楚，取得城鎮經常是階段性的目標，擊敗或者屈服敵人才是目的，而擊敗或屈服敵人甚至未必非取得某城鎮不可，圍城猛攻和圍而不攻都可以成為手段。

朱溫曾圍困時溥於徐州城、圍困李克用於太原城、圍困李茂貞於鳳翔城、圍困晉軍於潞州城，乃至於本文未述及的朱溫與柴榮先後圍攻壽州（安徽壽縣）城，甚至宋初的圍攻太原、幽州城，圍城本來就是中原軍隊作戰時經常施展的手段，但也常見其拘泥於圍城作戰。實際上，在《孫子》的觀點中，卻從來沒有鼓吹過攻城的作戰手段，所謂的「攻城之法」甚至是「不得已」的下策。

靈活運用攻城手段以達擊敗敵人的例子並非沒有，只是不多，例如朱溫在唐昭宗光化元年即利用圍攻鉅鹿城為餌，擊敗來援之晉軍於城外，再追逐至青山嶺封其出口，然後才轉取主目標（山東三州）。在晉梁潞州爭奪戰中，劉知俊於開平二年接手圍攻潞州城時，曾經一度調整手段，將主要兵力轉用於周邊聲援潞州之河東軍。在貞元二年晉梁故元城之戰發生前，雙方軍隊追逐於魏博境內年餘，皆以對方軍隊而非城池為目標。到北宋太平興國四年（979）七月，宋太宗企圖以奇襲幽州收復失地，其重要敗因，其實就是過於執著攻城之戰，而忽略以遼軍為打擊屈服之目標。

〔註18〕 唐末已有學者認為，自唐宣宗大中朝（847～860）以來，軍事知識長期不受重視：「儒將誠則有之，唐自大中以來，以兵為戲者久矣。……一旦宇內塵驚，閫左颸起，遽以褒衣博帶，令押燕頜虎頭，適足以取笑耳。」見《北夢瑣言》，卷14〈儒將成敗〉，頁282。

〔註19〕 內戰通常要顧慮到戰後復原的人心歸復問題，常對平民與牲口莊稼採取維護態度，並且透過取得重要城鎮關隘迫使對手放棄抵抗。侵略性質的戰爭與內戰的不同，侵略性戰爭如果不以統治對方人民為目的，則以鼓勵暴力摧毀與製造混亂以弱化敵人（不只敵軍）為必要手段。這兩種作戰思維產生的行為差異，也可能對本時期契丹軍與中原軍隊的互動帶來影響。

　　宋太宗試圖收復幽燕的作戰行動，如果受到當時的軍事信念影響，執著於攻城略地的手段，是把中原內戰的經驗法則食古不化的運用在契丹軍上，未審契丹軍敗而復返是必然現象，因而，受誤解的軍事信念恐怕才是北宋收復幽燕功敗垂成的深沉因素矣。

三、互爲表裡的幽州與太原

　　石敬瑭割出之「盧龍道」、「雁門關以北」兩大區塊，宋代或以山前、山後稱之；太行山、燕山山脈以東、以南各州爲「山前」，另一面就稱「山後」。〔註20〕山前的盧龍道割出之後，進出塞北之通道與關險由契丹軍接管，等於開放了契丹由塞外進入河北平原的門戶；山後則不同，在朔、雲、蔚、嫣諸州割出的情況下，仍有雁門關（今山西代縣）險與長城相連，成爲河東北面的門戶，能夠堅守雁門關險，即能保障太原之安全。〔註21〕

　　山後與山前之間，本時期有二條主要交通路線，一條走關外，繞雲（今山西大同）、蔚（今山西靈丘）、新州（今河北逐鹿）路線，亦即出雁門關東走長城北面，沿桑乾河水兩岸山線連接至居庸關（今屬北京市昌平區），入關抵幽州。另一條走關內，由代州東走長城內面，經過屬於蔚州南面之石門關（今靈丘附近）、飛狐（今河北淶源境），東入義武鎮境。這二條是李克用與李存勗併幽州分別採行的途徑，其中的飛狐道是重要咽喉，後晉已割交契丹控領。〔註22〕本時期，中原政權大部分時間仍控有易定南面之井陘關（屬恆州）以及邢洺西面的壺關（今山西長治境），理論上，這些州鎮關口應該能夠布署軍隊，對往來於河北平原的契丹騎兵進行攔擊。

　　關於太原、幽州間的地理形勢，唐人有言：「夫幽州、太原，襟帶之地，自河以北，幽州制之，自河以東，太原制之。在兩軍之交，當二境之上，厥有棄地，皆爲曠林，守之，則表裡之勢全，舍之，則候望之路隔。」

〔註20〕　《宋史·地理志》卷90，2249。《讀史方輿紀要·北直一》卷10，頁414～415。參見趙鐵寒，〈燕雲十六州的地理分析〉，《大陸雜誌》卷17期11、12（1958），頁331～335、379～382。

〔註21〕　石敬瑭即位之後，曾以歲貢卅萬疋試圖換回雁門以北與幽薊之地，未果。參見《遼史·太宗紀》卷3，頁41。

〔註22〕　義武軍本以淶水北岸岐溝關（今河北淶水縣境內）爲北通涿州（屬遼境）之關卡，西以飛狐道做爲通聯太原的孔道。參見《遼史·太宗紀》卷4，頁54，會同七年（後晉開運元年）八月，「晉鎮州兵來襲飛狐。」另參見嚴耕望，《唐代交通圖考·河東河北區》卷5，頁1491～1504，「中古時代飛狐道在北塞南北交通上之地位」，惟其考論時限自三國至晚唐。

〔註23〕引文中所謂「幽州、太原，襟帶之地」，就是指河北與河東二區互為表裡，互相牽連，勢不可分，所謂「守之則表裏之勢全」，是指守備易、定，鎮、趙，邢、洺、相等太行山東面諸州，這些州鎮在山下為「表」，山上各有關陘為「裏」，本時期以黃澤嶺（在磁州西北）、馬嶺關（在邢州西北）、土門（即井陘關，在鎮州西）、飛狐道（屬蔚州境，紫荊關以西）等五個陘關為表裏相通之主要道路。〔註24〕前章論及後唐末帝李從珂命幽帥趙德鈞領軍，試圖由飛狐道入河東制太原，即為一例。

太原處於河東之重心位置，《讀史方輿紀要》言其「控帶山、河，踞天下之肩背，為河東之根本，誠古今必爭之地也。」〔註25〕因此之故，五代的河南中央和河東鎮帥經常處於互相猜疑之緊張狀態。石敬瑭以太原導致後唐滅亡，劉知遠亦以太原放任契丹由河北南下滅晉，其弟劉崇更建北漢於太原，反制郭威建後周。當太原恃契丹為外援而與汴洛政權對立時，汴洛的安全指標即由雁門向南推往澤潞與河中；得之則安，失之則危。

幽州矗立河北平原北面，北當塞外，其間重要通道有四條，分置居庸關、古北口（今密雲縣東北二十里）、松亭關（今遵化縣喜峰口北二十里）、臨榆關（今山海關）控扼之，歷代幽州駐置重兵，即以此四關為節流閥，控制軍力進出。《讀史方輿紀要》記幽州：「府關山險峻，川澤流通。據天下之脊，控夷夏之防，巨勢強形，號稱天府。」〔註26〕清楚的說明其功能在「塞外之控、河北之防」，又因其常置重兵，歷代掌握幽州者因此常反向伸手向南，威脅整個河北平原甚至中原安全。

中晚唐以來的河北三鎮跋扈，唐朝乃以昭義、義武軍鎮區隔三大藩鎮，〔註27〕此手段不離憑藉表裡關係，以河東制約河朔的概念。顧祖禹注意到唐

〔註23〕唐·孫逖，〈伯樂川記〉，收入《全唐文》卷312，頁3170。

〔註24〕《讀史方輿紀要·山西》卷39，頁1801～1804，「飛狐蓋山北諸州之喉喉也……紫荊、倒馬兩關，恃飛狐為外險，誠邊陲重地矣。」參見嚴耕望，《唐代交通圖考》（上海：上海古籍出版社，2007），卷5〈河東河北區〉，圖21唐代河陽以東黃河津渡及河北平原交通圖。案，顧祖禹列為山西重險者只三處，分別代表河東與其三面區塊相連的重要孔道，一是河中之蒲津，一為澤州之天井關，皆已分述於前章，第三處即飛狐道，幽、晉間重要通道。

〔註25〕顧祖禹，《讀史方輿紀要·山西二》卷40，頁1806。

〔註26〕顧祖禹，《讀史方輿紀要·北直》卷11，頁440。

〔註27〕以昭義鎮兼領邢、洺、磁三州，利用壺口至壺關之途徑連通山東三州，使鍥入成德、魏博兩鎮之間；以義武鎮通飛狐道延伸崁入盧龍與成德鎮之間，使河北三鎮不能連為一氣。

末的幽州曾二度受制於太原，在〈北直方輿紀要序〉記言：「迨夫李匡籌夷滅於克用，劉守光復繫組於存勗，而幽燕卒并於河東矣。」不過顧氏的敘述僅止於結果，並未解釋彼此之控扼關係。〔註28〕

幽州割給契丹以後，與幽州接壤的易、定、深、冀、滄州成為國境前緣，河北平原陷入險局，此局中之滄州受永濟運河隔離於東邊，深、冀、貝、魏與易、定、鎮、趙、邢諸州境乃成為北軍南下時的縱深戰場，尤其易、定、鎮州位處太行山西麓，鄰控飛狐、井陘關隘，重要地位驟然提升。易州境內有淶水、易水交會於歸義縣（今河北高碑店），以下稱巨馬河，巨馬河水向東穿越幽州境與永濟運河相接，更東為常有氾濫的沼澤區，已屬幽滄之邊陲。河北平原河流多呈東西流向，〔註29〕雖與契丹南下攻擊的方向垂直，且常有漥地、湖泊分布期間，可能形成阻礙，但多數寬闊度不足，水道流量小，除了夏季短期間有較豐沛的水量之外，對騎兵的阻擋效果有限。〔註30〕五代後晉以後的政權，戰馬與騎兵的質與量似乎皆已不足與契丹相抗，〔註31〕惟依賴大河為地障阻擋之，因此大河畔常成為契丹軍的攻勢頂點。

〔註28〕相對於此，其於〈山西方輿紀要序〉中列舉多個史例說明河東對幽州的侵害；在〈山西二〉內容同樣輯錄諸多由太原下河北的史例，如「及安、史之亂，匡濟之功，多出河東。最後李克用有其地，與朱溫為難。」對於五代時期之經驗，則記「迨釋上黨之圍，奮夾河之戰，梁遂亡於晉矣。石敬瑭留守晉陽，遂易唐祚，而使劉知遠居守。開運初，郭威謂知遠曰：『河東山川險固，風俗尚武，土多戰馬，靜則勤稼穡，動則習軍旅，此霸王之資也。』知遠果以晉陽代有中原。劉崇以十州之眾保固一隅。周世宗、宋太祖之雄武，而不能克也。」不過，顧氏對上述這些史例都只直敘其事，讀者必須詳讀各戰例內容，才能深入領會。分見《讀史方輿紀要》，卷10、11、40〈直方輿紀要序〉〈北直一〉〈北直二〉〈山西二〉，頁402～407、440～441、1806～1807。

〔註29〕永濟渠南段，當時引沁水下游往東北流，會清水入白溝、入黃河。不過，當時沁水進入河北平原的實際位置，已難考證。參見張修桂，《中國歷史地貌與古地圖研究》，頁345～346。

〔註30〕參見沙學浚，《中國歷史地理》（臺北：史地製圖社，民52），頁24～26。嚴耕望對河北平原三條南北常用通道之考察，永濟渠係自沁水下游（約在唐迄今武陟縣之北）開渠口，分水東北流，經修武縣南入吳澤陂，東流經新鄉縣西北與清水合。參見嚴耕望，〈河北平原南北交通兩道〉，《唐代交通圖考·河東河北區》卷5，頁1675，圖二十一。

〔註31〕農耕社會的騎射能力訓練條件不如遊牧契丹族，已如前述。取得優良馬匹同樣受限於地理條件，加上後晉戰敗，數萬馬匹遭契丹驅歸其國，更加不利於抗遼態勢。馬匹驅歸契丹，見《資治通鑑》卷286，頁9331，天福十二年正月癸巳。馬政的研究參見，宋常廉，〈北宋的馬政（上）〉，《大陸雜誌》卷25期10（民51年），收入《大陸雜誌史學叢書》輯二冊二（民56），頁255～258。

幽州既位居內外「樞紐地帶」，則契丹取得幽州的利益至少有三：其一，成爲契丹的緩衝空間，提升塞外核心地區的安全。其二，獲得幽州豐富的人力、物力、財力資源，可以充實契丹國力。其三，由幽州南往大河畔一路平曠無阻，佔據了壓迫河南的有利地位。契丹獲此三大利益，國力大幅提升，南進更加方便。

雖然如此，後晉少帝仍可利用表裏形勢以太原制約幽州，不過這種情況有二個先決條件，一是太原必須站在中原政權這邊，二是太原必須確保代州、雁門關以自全。然而歷史的發展實況是，自晉少帝繼任直到五代結束，太原並不完全站在河南中央這邊，以致汴洛政權頻頻處於被動地位。

汴洛政權除了應當確保河東成爲河北的有力側翼之外，也應當強化河北平原各州城鎮的守備力量，成爲個別屹立的基地，才能有效的屏障河南，因此魏博的地位再度受到重視。〔註 32〕但是因爲石敬瑭即位第二年即發生「范延光兵變」，使得天雄軍在平亂後遭分解削弱，後繼的石重貴沒有意識到晉、遼關係和睦是削弱天雄軍的前提條件，導致晉少帝與契丹決裂初期的戰況險象環生，以後才在魏州之南增設澶州鎮寧軍，以浮橋橫跨大河統制南岸原屬天平軍的濮州，然後又再恢復天雄軍。〔註 33〕

待至周世宗收復幽州南境的莫、瀛二州，以巨馬河爲北界，〔註 34〕界南增設雄、霸二州，雄州境內增廣河道，置古瓦橋、益津、淤口三關於河上，成爲南北重要關卡，至宋太宗時改稱高陽關。〔註 35〕莫、瀛二州收復初期已增設阻絕，稍能舒緩相、魏地區承自北面的壓力，直至宋仁宗時，方掘大水廣澤其間，以擴大邊境阻擋效能。〔註 36〕

〔註 32〕　《資治通鑑》卷 284，開運二年四月己丑條，復以鄴都爲天雄軍。

〔註 33〕　開運元年八月癸亥，「置鎮寧軍於澶州，以濮州隸焉」、二年四月己丑「復以鄴州爲天雄軍」，見《資治通鑑》卷 284，頁 9275、9291。

〔註 34〕　參見嚴耕望，《唐代交通圖考・河東河北區》卷 5，圖 18、圖 21，巨馬河在易北境內，易水在易南之境，交會於歸義縣，以下仍稱巨馬河，當時河床寬逾百米，今爲拒馬河。潭其驤主編之《中國歷史地圖（第五冊）》，頁 48～49 圖，則在歸義以西稱淶水。

〔註 35〕　本名關南，北宋太平興國七年二月，改關南爲高陽關，見宋・李燾，《續資治通鑑長編》（北京：中華書局，1995 年）卷 23，頁 514。

〔註 36〕　「太祖嘗令於瓦橋一帶南北分界之所專植榆柳，中通一徑，僅能容一騎。」故知宋初尚未完引水阻隔。見宋・王明清，《揮麈後錄》（臺北，臺灣商務印書館影印文淵閣四庫全書第 1038 冊，民 75）卷 1〈祖宗規模宏遠〉，頁 11。
「宋置保塞軍，爲備邊要地（原注：時易州既沒於契丹，軍城以西，塘水差

第二節　抗遼三戰的後晉經驗

一、晉遼對戰時的河東軍

天福二年（937）正月遼朝設幽州為南京道，[註37] 遼朝似乎不是採取全面、立即進駐的方式接管，這中間可能存有將近一年的過度時期，或許，契丹重視的是財富攫取，至於行政程序等其他方面的習慣，則採逐步磨合與消化的方式。[註38] 相較於此，位於山後的新、雲、應、朔等州，各州地形分離，孤立難援，割出後的情況各自不同，其中雲州不服，堅守七個月而敗；朔州至天福四年仍據城反抗，又孤立半年後，城中丁壯均遭誅害；悲哀的是，石敬瑭更在城破後遣使赴遼道賀。[註39]

天福七年（942）六月，石敬瑭病崩於鄴都（原魏州），宰相馮道與侍衛馬步都虞侯景延廣主導扶立鄴都留守石重貴（914～974），史稱少帝或出帝，沿用天福年號。[註40]

少，於是廣植林木，以限寇騎奔衝。蓋府境自西而北而東，雖多層巒列嶂，而步騎易於突入，自東而南，地尤坦平，滱、易諸川塘濼之利皆在安州以東，故宋人保塞之備，比諸邊為尤切）。」見《讀史方輿紀要・保定府》卷 12，頁 507～508。

[註37] 薛史紀天福二年（937）正月定州奏到，遼改幽州為南京，前此已先派漢將趙思溫主政。通鑑與薛史同。《遼史》記會同元年（938後晉天福三年）十一月改元，後晉正式獻上十六州圖籍，才將幽州設為南京。分見《舊五代史・晉書高祖紀》卷 76，頁 2297。《遼史・太宗紀》卷 3，頁 44～45。《遼史・趙思溫傳》卷 76，頁 1250。《資治通鑑》卷 281，天福二年正月、七月條下。

[註38] 例如，新州在天福二年二月向後晉奏報：「契丹點發新、嬀、蔚等州軍馬，……今已歸服。」新州如果尚未割給契丹，契丹如何向新州要求點發軍隊？如果已經割出，又何必向後晉回報結果？又如，趙思溫當時已由契丹派任幽州，此在《遼史》與兩《五代史》記載皆同，但趙思溫在天福二年六月，仍以臣下的語氣很客氣地向後晉奏報：「瀛、莫兩州，原係當道，其刺史常行周、白彥球，乞發遣至臣本府。」新州奏文，見《舊五代史・晉書高祖紀》卷 76，頁 2305，編纂者注 2。另參見同書卷，頁 2326，幽州趙思溫奏。

[註39] 天福二年二月戊子條下，契丹收雲、新州，見《資治通鑑》卷 281，頁 9169～9170。朔州抗遼，城中丁壯全誅；晉賀朔州平，見《遼史・太宗紀》卷 4，頁 50～51。新州情狀，見《舊五代史・晉書翟璋傳》卷 95，頁 2936～2937。雲州情況，見《新五代史・晉臣傳吳巒》，卷 137，頁 325。

[註40] 《新五代史・晉本紀出帝、晉家人傳》卷 9、17，頁 89、180、185，記石重貴之母為安太妃，而安太妃本石敬瑭之嫂，則石重貴為敬儒子，石重睿才是敬瑭子，似因此，通鑑有石敬瑭欲馮道扶立年幼重睿之載。參見《資治通鑑》卷 283，頁 9237，天福七年五月丙午條下。

　　石重貴以二十九歲英年繼位，任內最嚴峻的問題，如前章所述，是與契丹的關係趨於緊繃。石敬瑭在位的七年期間，主要輔政者為桑維翰，許多將領對其屈事契丹政策不以為然，〔註41〕又因為桑維翰與楊光遠鬥爭失勢，已先遭外放領鎮，〔註42〕朝議遂在石重貴即位後傾向對契丹採取強硬態度。另一方面，在石敬瑭兵變時敗降遭械送遼境的趙延壽，已受遼朝重用成為盧龍節度使，而趙延壽也有臨駕中原的野心，樂見晉、遼衝突，加深了南北劍拔弩張的氣氛。〔註43〕

　　晉、遼關係緊張，於是石重貴再度將桑維翰調回中央。〔註44〕政壇宿敵桑維翰調回中央，對楊光遠是很實際的威脅，〔註45〕在此背景之下，終於促成楊光遠的兵變與遼軍的入侵。〔註46〕

　　天福八年（943）十二月，楊光遠以平盧軍發動兵變，密請契丹入援。〔註47〕九年（944）正月初一，遼以趙延壽為前鋒，領軍五萬南下，〔註48〕分

〔註41〕　例如先前發動兵變的成德帥安重榮、現任侍衛親軍馬步都指揮使景延廣皆是。屈事契丹，見《資治通鑑》卷282，頁9210，天福五年二月庚戌條下。范延光兵變，契丹派人參與後晉軍事；安重榮兵變，契丹派軍助後晉，都顯示石敬瑭時期的晉朝軍事受遼軍干預甚深，分見《遼史·太宗紀》卷3，頁41、48。《資治通鑑》卷282，頁9231，天福六年十二月戊戌條下。

〔註42〕　楊光遠平范延光兵亂，漸跋扈，遭桑維翰架空，由是怨望，見《資治通鑑》卷281，天福三年十一月戊申條下。二人不合，互相論奏，桑維翰下台離京，先後出鎮彰德軍（新置）、泰寧軍、晉昌軍，參見《舊五代史·晉書桑維翰傳》卷89，頁2735～2740。

〔註43〕　契丹得幽州後，先以趙思溫領幽州；趙思溫本幽州將，李存勗收之，鎮平州時叛附契丹，參與契丹援石敬瑭之戰。次年，趙德鈞卒，以趙延壽接替趙思溫為幽州節度使，改幽州為南京，總山南事。天顯末，遼命晉送歸延壽之妻。自是益加激昂圖報。分見《舊五代史·晉書趙德鈞傳》卷98，頁3024～3030；《遼史·趙延壽傳》卷76，頁1247～1248；《資治通鑑》卷281，頁9185，同書卷283，頁9243、9253，天福七年末條、天福八年九月戊子條下。

〔註44〕　桑維翰調回中央先為侍中、兼修國史，其再度兼掌軍機係在隔年六月，契丹第一次入侵之戰後。《資治通鑑》卷283、284，頁9247、9274。

〔註45〕　二人恩怨，參見《舊五代史·晉書楊光遠傳》卷97，頁2987～2990。《資治通鑑》卷283，頁9238，天福七年六月丁卯條前，記劉知遠因石重貴阻其入京輔政而怨之。

〔註46〕　《遼史·太宗紀》卷4，頁52，「上始有南伐之意」。

〔註47〕　晉少帝對楊光遠之兵變已預先調度，惟本文視角主要放在抗遼作戰，對敉平兵變之經過略述之。參見《舊五代史·晉書少帝紀》卷82，頁2546、2547。

〔註48〕　《遼史·太宗紀》卷4，頁53～54，言「五萬騎次」，遼主親率「大軍繼進」，其後有言「麻答遣步卒萬人築營壘」。《舊五代史·晉書少帝紀》卷82，頁2559～2560，後晉稱遼方戚城之戰兵力達十萬。《資治通鑑》卷283，頁9260，開

道由滄、易、定、恆各州進犯，遼太宗耶律德光親率一部繼之，另由皇叔安瑞率一部走雁門關攻向太原。六日，耶律德光攻陷貝州，進屯鄴都。〔註49〕十四日，其騎兵前鋒抵達黎陽。前後才一個月，遼軍南侵已渡河築壘，騎兵更侵掠至河南鄆、濮之境。〔註50〕

天福九年（944）正月初九，亦即在獲悉遼軍入侵後七日，〔註51〕北面行營都部署歸德節度使高行周集結前軍出發，正月十五日到達澶州。〔註52〕若將晉軍的移動速度與唐末朱溫相較，並不算慢，但若與幽州奔騰而至的遼軍相較，換算其距離，則相對緩慢許多。

後晉前軍高行周之部進入魏州時，耶律德光的位置已在元城，但高行周沒有立刻對元城發動攻勢。正月下旬，遼軍之一部在博州刺史引導下，正由馬家口（鄆州境，後唐莊宗滅梁故道）渡河；另一部向後晉前軍發起攻擊，圍高行周軍於戚城（今址不詳）之北；〔註53〕攻擊太原的契丹軍，則受挫於忻州。在此之前，晉少帝已任命河東留守劉知遠為幽州行營招討使，納入恆州順國軍（即唐末之鎮州成德軍）與義武軍，用意當在預先佈署截擊契丹北退之路。〔註54〕

運元年正月乙亥條下，記趙延壽領五萬。若加遼太宗自領之軍，以及由代北攻河東失敗馳入河北之部，若達十萬眾，則是遼軍傾巢而出。案，北宋真宗時的可靠情資顯示，遼朝可派出南侵之軍隊約為九萬四千騎，已是遼朝當時可以派出的最大兵力。參見《續資治通鑑長編》卷55，頁1207～1208，咸平六年（1003）條下，「其偏署將帥，契丹、九女奚、南北皮室當直舍利及八部落舍利、山後四鎮諸軍約十萬八千餘騎，內五千六百常衛戎主，餘九萬三千九百五十，即時入寇之兵也。」

〔註49〕 《資治通鑑》卷283，頁9261，開運元年正月己卯條前後，記「契丹主自攻貝州。」《遼史・太宗紀》卷4，頁53，則記「趙延壽圍貝州。」

〔註50〕 遼史記博州降在二月初一，楊光遠遣人引遼軍於馬家口濟河，博州刺史引遼軍營壘於河之東（頁54）；不過《資治通鑑》俱記為博州刺史。

〔註51〕 據《遼史》所載，其動員最快之「諸部」徵兵，距發兵尚需十日以上，故此次晉方於獲悉入侵七日後出兵，已屬迅速，判斷其先已啟動徵調措施。遼朝軍隊動員之時間分析，參見拙文〈遼朝軍隊的分類及其編組〉，頁80。

〔註52〕 前軍沿河陽之北，由衛、相州進入魏州境；晉少帝自領一部為本隊，三日之後跟進。高行周時為宋州歸德軍（原宣武軍）節度使，其所統前軍包括河陽、陝州兵及部分中央禁軍，少帝所領本隊應以禁衛、親軍為主；兵力俱不詳。見《資治通鑑》卷283，頁9261，開運元年正月庚辰條下。

〔註53〕 通鑑言契丹圍之於戚城，薛史言「遇於戚城之北，為契丹所圍」，見《舊五代史・晉書少帝紀》卷82，頁2556。

〔註54〕 這個任命是著眼於河東對太行山東麓沿線各鎮的表裡形勢，論述依據已見於前節。

晉少帝自領親軍救援高行周部於戚城，另派義成節度使李守貞等急進攔阻渡河的契丹軍。二月初，渡河之契丹軍挫敗於馬家口北退，〔註55〕太原亦奏報已向東追擊敗逃之契丹軍，〔註56〕約此同時，契丹主力則在鄴都附近設伏等待晉軍追擊。但是晉少帝未立即北追，另命河東軍自土門出恆州會兵於邢州，準備增援，或者為攔擊契丹之北退做準備；然而劉知遠的追擊行動僅止於河東境。〔註57〕

遼軍南渡行動失利，設伏襲擊後晉軍未果，攻太原之軍亦敗，遂匯集各路騎兵於鄴境猛攻後晉軍。三月初一，晉、遼雙方主力決戰於戚城之南，兩軍互有勝負，堅持至入夜，苦戰未勝的遼軍入境已達二個月，似因此於當夜分兩路北掠而歸，史稱戚城之戰（參見圖二七）。〔註58〕晉軍至翌日方知遼師已退，並未追擊，〔註59〕直到五月中，才進一步奪回幽州軍佔領的貝州城，恢復戰前疆界。〔註60〕

檢討戚城之戰，在魏博方面，高行周之部於月中已經抵達戰場前線，但態度遲疑，未主動對契丹軍發起攻擊，似因此在月底反遭到契丹軍圍攻，幸有晉少帝本隊來救。在河東方面，劉知遠以河東鎮帥受命為幽州行營招討使，對集結於邢州的指示卻躊躇不進，顯係不為，非不能也。〔註61〕

〔註55〕開運元年二月乙巳條下，遣侍衛馬軍都揮使義成節度使李守貞、神武統軍皇甫遇、陳州防禦使梁漢璋、懷州刺史薛懷讓等，率陳州、懷州兵及部分中央禁軍約萬人，見《資治通鑑》卷284，頁9265～9266。

〔註56〕《舊五代史·晉書少帝紀》卷82，頁2554。契丹自鴉鳴谷遁去，出潞州，係向東與河北契丹大軍會合。

〔註57〕「劉知遠屯兵樂平，不進」，見《資治通鑑》卷284，頁9266。此條薛史未收錄。

〔註58〕戚城之戰，契丹於三月初之退軍，非戰敗而退。其退出的原因不外前節關於戰略文化的分析，惟史無詳載。見《舊五代史·晉書少帝紀》卷82，頁2559。《遼史·太宗》卷4，頁54。河北平原南北交通兩條路線的考察，參見嚴耕望，《唐代交通圖考·河東河北區》卷5，頁1649～1652。

〔註59〕景延廣閉壁不敢追，見《資治通鑑》卷283，開運元年三月乙亥條下。

〔註60〕此役，平盧軍帥楊光遠雖曾經向北出兵，企圖與遼軍會師，但遭圍堵。遼軍既退，平盧軍勢孤，淄、青州相繼敗降。楊光遠之死，參見《資治通鑑》卷284，開運元年十二月癸丑條下、丙戌條前。

〔註61〕河東軍破契丹偉王於忻州。晉少帝命會師山東皆後期不至，至是（劉知遠）雖為都統，而實無臨制之權，密謀大計，皆不得預。分見《資治通鑑》卷283、284，開運元年正月辛丑條、八月癸丑條前。

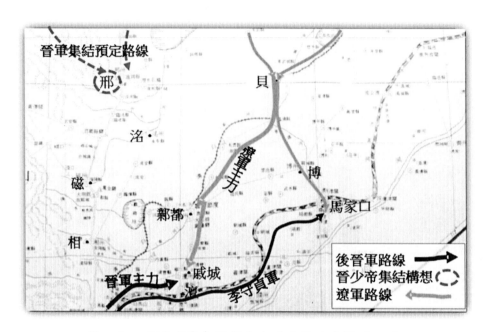

圖二七　晉遼戚城會戰雙方出兵路線示意圖（944）

　　劉知遠之自保心態還可由其與河西的互動窺知，契丹在南侵河北前二個月，已先出兵党項（定難軍），〔註62〕此舉有預防其稍後與河東聯軍來犯之意義，當遼軍出兵河北時，党項遂乘機由契丹西南面出擊報復，石重貴特別授之以「契丹西南面招討使」銜。〔註63〕河東若能利用党項與契丹的矛盾，主導或策應党項攻擊契丹本土，則耶律德光攻擊河北時必有後顧之憂，但劉知遠並無策應行動。〔註64〕

〔註62〕　出兵党項，見《遼史·太宗紀》卷4，頁52。《遼史》中的党項，當時仍為夏州定難軍。定難節帥為李彝殷，開運初，授為契丹西南招討使，見《宋史·夏國傳上》，頁13982。

〔註63〕　《舊五代史·晉書少帝紀》卷82，頁2557。後晉不但設法支持西面的党項軍與契丹作戰，也企圖指使高麗，使向契丹出兵，參見《資治通鑑》卷285，頁9298～9299，開運二年十月條下。

〔註64〕　地略關係上，中原政權在東面的河北失去幽州，尤其需要夏、綏地區在西面對契丹施壓牽制，但是實際上，五代的中原政權不但屢屢不能掌握河東，更無能運用以党項族為主的定難軍。党項族與五代中原政權合力抗遼的考察，參見（日）畑地正憲撰，鄭樑生譯，〈五代北宋的府州折氏〉，《食貨月刊》復刊卷5期5（民64），頁229～249。案，党項與沙陀是兩支晚唐未遭「離散部眾」的內邊部族，因而在唐末各自伸展於中原舞臺，心態上未必相協，惟此部分的討論非本文主軸，略敘之。

此役,侍衛親軍馬步軍都指揮使景延廣爲御營使,因指揮失當、剛愎自用遭罷,由高行周接任;救援成功的侍衛親軍馬軍都指揮使領義成鎮帥李守貞,升任侍衛親軍馬步軍都虞侯改領泰寧軍;對於高行周此次戰役領軍之失,史載似一併歸過於景延廣。〔註65〕如上所見,本時期屬於地方的藩鎮節度使,有部分已改由中央軍高級將領兼任。

石重貴在罷紲景延廣之後恢復設置樞密院,由中書令桑維翰兼掌樞密使,桑維翰統制軍政大權,一改早先徐圖自強之方針,加緊括收民財以備軍儲,規定七戶出一兵強行徵召,又積極增強冀州、澶州駐防兵力;〔註66〕次年四月,恢復設置天雄軍。〔註67〕

二、遼勝晉敗的戰略分析

對中原而言,天福九年正月以來之遼軍入侵,是數百年來侵略最深入的一次外患,而石重貴全力動員河北、河南、河東地區人力物資應戰,規模亦是五代自後唐莊宗以來最大的一次,尤其中原已遭受強勁的天災、水患摧殘,造成數十萬百姓死亡,〔註68〕情況極其悲慘。在此情形下,石重貴仍然強力動員各方軍隊拒止遼軍,實屬艱險。同年六月,二年前才修復的滑州河堤再度決水,水浸河南五州之境,這次嚴重的水患一度環繞梁山周圍,〔註69〕水患退去的情況難以得知,似因氾濫成習,北宋初已將梁山患水稱爲梁山泊。在經歷天災與外患之際,王朝急需改運,當年(944)七月,晉少帝改元開運。

〔註65〕景延廣失職,見《資治通鑑》卷283,開運元年正月壬午條下;同書卷284,同年二月丙午、三月乙亥條下;同書卷284,四月辛酉條前後。高行周、李守貞升職,見《舊五代史・晉書少帝紀》卷82,頁2564。李守貞升職改鎮,另見《資治通鑑》卷284,五月戊寅條下。

〔註66〕詔天下抽點鄉兵,凡七户出一士,六户資之。升冀州爲防禦使額。中書令充樞密使。分見《舊五代史・晉書高祖紀》卷82,頁2562、2563、2566。增強澶州兵力,先以神武(禁)軍充實之,再增建鎮寧軍號,跨河(劉楊)增管原屬天平軍的濮州,參見《資治通鑑》卷284,開運元年五月戊寅條下、八月癸亥條下。案,唐末之該域本屬魏博管,朱溫奏准歸鄆鎮管。

〔註67〕《資治通鑑》卷283,開運二年二丙戌、四月己丑條。案,魏博兵力在范延光兵變之後已遭三分。

〔註68〕自天福六年至八年之水患、乾旱、蝗害,分見《舊五代史・晉書少帝紀》卷81～82,頁2476、2491～2493、2498、2507、2516、2525、2539、2540、2548、2550,開運元年正月記:「是歲,天下餓死者數十萬人。」

〔註69〕天福七年閏三月宋州節度使奏修滑州黄河功畢,詔建廟立碑,見《舊五代史・晉書高祖紀》卷80,頁2491。滑州河決,水環梁山,見同書卷82,頁2567。

當中原天災、外患頻仍之際，江淮地區卻是年豐稔熟，兵食有餘。議者以此為不可多得之北伐良機，但南唐君主已無此宏圖。〔註70〕

契丹軍第一次大舉入侵，不利而退，其去而復返的慣性自可預期，石重貴顯然明瞭契丹南侵的季節性，〔註71〕為了有效對抗遼軍再度入侵，乃先於八月擬訂一個統合調度的作戰編組，將河東、河北、河南鎮兵以及中央禁軍一體納入抗遼作戰體系。此舉應該是在前一次編組的兩個行營（河北、幽州）基礎上，進行擴大與統一的嘗試，也是自後唐莊宗統一中原以來，未曾有過由文人主導的跨地域編組，為二百年來藩鎮擁兵自重的中原注入一股新氣象，獲得時人讚賞。〔註72〕這個迴響顯示，大眾冀望藩鎮的效忠宣示能夠落實在軍隊的統籌調度中。

開運元年閏十二月初一，契丹主閱兵於幽州境，十日之後兵圍恆（鎮）州。隔年（945）正月，前鋒已進入鄴都境。〔註73〕此為遼軍第二度大舉入侵後晉，其兵力不比前次，惟數量不詳，主力改沿太行山東側恆、趙、邢州南下，並未同步發兵攻擊河東。〔註74〕

石重貴以其預置之抗遼編組，派出天平（張從恩）、護國（安審琦）、鄴都（馬全節）三鎮之兵北上集結於邢州拒敵，另命徐帥領軍北遞，屯於鄴都。但邢州禦敵不利，晉軍倉皇退至相州，幸有安審琦堅持領軍回援友軍，契丹主力誤以為後晉援軍抵達，因而北退。〔註75〕遼軍主力後退時，另一部幽州

〔註70〕 見《資治通鑑》卷282，天福六年五月辛巳條下。案，此時南唐李誥（改名昇）即皇帝位不滿四年。

〔註71〕 雙方均於同年十一月三日發布詔令，進入備戰狀態，分見《冊府元龜・親征》卷118，頁1288，詔曰：「蕃寇未平，邊陲多事，即日雖無侵軼，亦須廣設隄防。朕將親率虎貔，躬擐甲冑，候聞南牧，即便北征，不須先定日辰，別行告諭。」《遼史・太宗紀》卷4，頁55。

〔註72〕 抗遼十五將的編組，實際的選將與派職是由樞密使桑維翰決定，范質負責將此名單潤飾文采的放在制書中。戰場職稱在接戰前、後，仍有替換，如徐帥趙在禮由馬步都虞侯升副都統；鄴都留守馬全節原先不在十五將名單，後納為副招討使。見《舊五代史・晉書少帝紀》卷83，頁2572～2577。《冊府元龜・選將》卷120，頁1312。

〔註73〕 天福七年正月癸亥，改鎮州為恆州，成德軍為順國軍，見《舊五代史・晉書高祖紀》卷80，頁2484。遼太宗於十一月三日「徵諸道兵」，32天後發兵，發兵15日抵古北口，再5日，校閱諸道兵於幽州，時為閏十二月一日，10日後，已圍恆州城，見《遼史・太宗紀》卷4，頁55。

〔註74〕 河東似已先挫之於九月，見《舊五代史・晉書少帝紀》卷83，頁2580，代州奏破契丹。「據降者言，虜眾不多。」《資治通鑑》卷284，頁9283，開運二年正月壬戌條前。

〔註75〕 其中義成軍帥皇甫遇及濮州刺史慕容彥超出城覘敵，遭困於漳水北岸，行營

趙延壽軍已越過相州南抵湯陰，聞後晉增兵往相州，隔日亦退。〔註 76〕

　　遼軍主力雖然北撤，仍留有局部兵力牽制恆州，晉少帝則決定趁此時機派大軍北伐，一舉恢復幽州。開運二年（945）二月，石重貴閱兵之後坐鎮戚城發兵北進。〔註 77〕原本退至恆州之遼軍聞訊，再度南下入定州境，陷祁州（今河北無極）。〔註 78〕三月，晉軍進入定州境與守軍合力擊退遼軍，並進一步攻取泰州（今河北保定），〔註 79〕收復易州二城。〔註 80〕原已先退至虎北口（今河北密雲東北）的遼太宗見晉軍北上，遂領五萬契丹軍再度蜂擁而南。〔註 81〕晉軍且退且戰，遼軍則反覆衝擊，激戰五日之後，遼軍在陽城（今河北清苑東南，屬莫州境）附近放棄攻勢而退。〔註 82〕晉軍依舊未握機追擊，反向退保定州。〔註 83〕

　　　　馬步軍都監天平軍帥張從恩以堅守相州城池爲安，不擬發動支援，護國軍帥安審琦則堅持領軍出援；契丹遙見後晉援軍乃退，似因此而導致列位於邯鄲的契丹主力亦北退。張從恩不探敵情，竟也反向退至大河岸邊。分見《舊五代史・晉書少帝紀》卷 83，頁 2590～2591。《舊五代史・晉書列傳皇甫遇》卷 95，頁2920～2922。《資治通鑑》卷 284，頁 9281～9282，開運二年正月條。

〔註 76〕開運二年正月甲寅，「詔右神武統軍張彥澤將兵趣相州。……馬全節等擁大軍在黎陽，不敢追。……契丹果引去。」見《資治通鑑》卷 284，頁 9282～9283。《舊五代史・晉書少帝紀》卷 83，頁 2593。案，張彥澤援軍若至相州，趙延壽退路將有遭截斷之慮。

〔註 77〕因張從恩、馬全節之奏，另有恆州杜威告急，以「此賊未平，固難安寢，當悉眾一戰，以救朔方生靈」，見《舊五代史・晉書少帝紀》卷 83，頁 2593～2594。「宜大舉徑襲幽州。帝以爲然……下詔親征」，見《資治通鑑》卷 284，頁 9283。案，此二書記載之作戰目的不盡相同。

〔註 78〕祁州，景福二年，定州節度使王處存奏於無極縣新置，管無極、深澤二縣。《舊唐書・地理志》卷 39，頁 1511～1512。

〔註 79〕後唐天成三年三月，升奉化軍爲泰州，泰州本屬莫州境，以清苑縣爲理所。《舊五代史・地理志》卷 150，頁 4595。

〔註 80〕晉軍收復滿城、遂城，在易州境，已割屬遼。天福九年三月由定州晉軍攻取之。稍後，仍由契丹收回。參見《舊五代史・晉書少帝紀》卷 82、83，頁 2562、2600～2601。

〔註 81〕《資治通鑑》卷 284，開運二年三月乙卯條下，記「約八萬餘騎」。《舊五代史・晉書少帝紀》卷 83，頁 2601，記「五萬餘騎」。

〔註 82〕開運二年三月，「庚申，賊騎如墻而來，我步軍爲方陣以禦之，選勁騎擊賊，鬥二十餘合，南行十餘里，賊勢稍卻，渡白溝而去。」見《舊五代史・晉書少帝紀》卷 83，頁 2602。馬軍都指揮使符彥卿等將，擁萬餘騎衝擊契丹，呼聲動天地，契丹敗走。見《資治通鑑》卷 284，開運二年三月癸亥條下。

〔註 83〕見《資治通鑑》卷 284，頁 9288，開運年二月丙辰、癸亥條下。《舊五代史・晉書少帝紀》卷 83，頁 2603，記李守貞語「……保全而還，上策也。」

表三　後晉抗遼將領編組一覽表（944）

時　　間	將領職銜與編組	背景情況
天福九年正月庚辰日（7）	以宋州歸德節度使高行周爲北面行營都部署。河陽節度使苻彥卿爲馬軍左廂排陣使。右神武統軍皇甫遇爲馬軍右廂排陣使。陝州節度使王周爲步軍左廂排陣使。左羽林將軍潘環爲步軍右廂排陣使。	正月乙亥（2），邊藩馳告：「契丹前鋒將趙延壽、趙延照將兵五萬入寇，逼貝州。庚辰（7），太原奏契丹入鴈門關。恆、邢、滄皆奏契丹入寇。
正月甲午日（21）	以河東節度使劉知遠爲幽州道行營招討使。恆州節度使杜（重）威副之。定州節度使馬全節爲行營都虞侯。其職員將校委招討使，便宜署置。	
二月乙巳日（2）	派侍衛馬軍都揮使義成節度使李守貞、神武統軍皇甫遇、陳州防禦使梁漢璋、懷州刺史薛懷讓，將兵萬人緣河水陸俱進。	二月甲辰（1），博州刺使周儒引契丹自馬家口濟河，營於東岸，攻鄆州北津以應楊光遠。
二月壬子日（9）	以夏州定難節度使李彝殷爲契丹西南面招討使。	李彝殷於前（8）日自主入侵契丹境。
二月戊午日（15）	詔劉知遠將部兵自土門出恆州擊契丹，又詔會杜威、馬全節於邢州。（知遠引兵屯樂平不進。）	二月戊申（5），李守貞等敗契丹軍於馬家口。
五月丁亥（1）	以鄴都留守張從恩爲貝州行營都部署，以滑州節度使皇甫遇爲行營都虞侯，以左神武統軍潘環掌騎兵，右神武統軍張彥澤掌步兵。	三月癸酉（1），戚城之戰。五月丁亥（1）張從恩上言：「趙延昭雖據貝州，麾下將士久客思歸，宜速進軍攻擊。」
八月辛丑（1）	北京留守劉知遠充北面行營都統。 鎮州節度使杜威充北面行營都招討使。 鄆州節度使張從恩充馬步軍都監。 西京留守景延廣充馬步軍都排陣使。 徐州節度使趙在禮充馬步軍都虞侯。〔註84〕 晉州節度使安叔千充馬步軍左廂排陣使。 前兗州節度使安審信充馬步軍右廂排陣使。	命十五將以禦契丹。

〔註84〕十月庚戌（11），北面行營馬步都虞侯趙在禮（升）爲北面行營副都統，（增）鄴都留守馬全節爲北面行營副招討使，見《舊五代史·晉書少帝紀》卷83，頁 2580。

河中節度使安審琦充馬步軍都指揮使。 河陽節度使符彥卿充馬軍左廂都指揮使。 滑州節度使皇甫遇充馬步軍右廂都指揮使。 右神武統軍張彥澤充馬軍排陣使。〔註85〕 滄州節度使王廷胤充步軍左廂都指揮使。 陝州節度使宋彥筠充馬軍右廂都指揮使。 前金州節度使田武充步軍左廂排陣使。〔註86〕 左神武統軍潘環充步軍右廂排陣使。	

資料來源：《資治通鑑》卷283～284、《舊五代史》卷82。

　　第二次抗遼作戰，後晉前線將領異動與軍隊調動頻繁且混亂，〔註87〕統軍的節度使如河東軍帥劉知遠、順德（原成德）軍帥杜重威、天平軍帥張從恩等人的行動消極，態度多以自保為策，幸賴幾位中堅將帥冒險犯難，擊退遼軍。戰後，晉少帝分兩批議獎、調動，〔註88〕其中，行營馬步都監天平軍帥張從恩以御軍無方（邢、相州撤退），已先拉下充東京留守；〔註89〕右神武統軍張彥澤因及時增援相州嚇退趙延壽，戰後獲領彰德軍鎮（管相、衛州）；〔註90〕行營都招討使杜重威因恆州被圍毫無作為而遭眾怨，戰後仍加守太傅銜，移至天雄鎮；〔註91〕劉知遠雖掛名為行營都統，然未見其有所作為，戰

〔註85〕 十一月壬午（14），（增）貝州節度使何建為澶州節度使兼北面行營馬軍右廂排陣使，見《舊五代史・晉書少帝紀》卷83，頁2584。

〔註86〕 十一月丙戌（18），前金州節度使田武（調）為滄州節度使兼北面行營步軍右廂都指揮使，見《舊五代史・晉書少帝紀》卷83，頁2584。

〔註87〕 此番北伐行營仍以原先十五將之編組為班底，爾後隨戰況發展有所更動，詳情略述。

〔註88〕 獎詔名單中的慕容彥超尚不入十五將之列，分見《舊五代史・晉書少帝紀》卷83、84，頁2606、2612。

〔註89〕 開運二年正月甲寅，以天平節度使張恩權東京留守，見《資治通鑑》卷284，頁9283。

〔註90〕 《舊五代史・晉書少帝紀》卷84，頁2621。

〔註91〕 恆州被圍，加銜，見《舊五代史・晉書少帝紀》卷83，頁2606。杜重威為晉少帝姑丈，史載此君既貪暴且畏懦，戰後請調，不待朝命即棄鎮而歸。四月鄴都復置天雄軍，以鄴都留守馬全節為天雄帥，六月即與杜重威對調，分見《資治通鑑》卷284，開運二年五月各條、六月癸酉條。《新五代史・雜傳杜重威》卷52，頁592～594，評其「無行而不知將略」。《舊五代史・漢書杜重威傳》卷109，頁3285～3287，稱其其領成德鎮，未嘗以一騎一士救部內城邑，但閉壁自守「每敵騎數十驅漢人千萬過城下，如入無人之境，重威但登陴注目，略無邀取之意。」

後仍加封北平王。〔註92〕

在此戰況混亂加上河東軍未出兵支援的情況下，南犯的契丹軍因爲難以突破後晉陣地而退，再一次顯示，北邊關險盡失的中原軍隊仍有可能在河北戰場抗擊遼軍，可見石敬瑭割地不能成爲後晉亡國的藉口，以後的北宋抗遼不利，同樣不應該以失去幽燕關險而卸責。

由表面的結果看晉少帝二度與契丹交手，似乎都成功地將之擊退，如前所述，因爲遊牧民族的戰略文化差異，契丹軍的主動退卻未必是「戰敗」，〔註93〕且其北退途中一路燒毀物資、劫掠婦孺，受蹂躪的還是中原百姓。但是二度「成功退敵」似乎讓石重貴產生驕傲心態，〔註94〕在此背景下，桑維翰遭皇帝親佞排擠，再度離開權力核心。〔註95〕原先稍微能夠統一編組掌握的各鎮軍力，因爲晉少帝的偏執，桑維翰的失勢，〔註96〕高級將領的自私與內鬥，〔註97〕遂不再能發揮作用。

〔註92〕 天福九年之役，中央稱「知遠引兵屯樂平不進」已如前述，此次作戰無河東軍相關記載。關於劉知遠對河北戰況不相助，《資治通鑑》卷286，天福十二年正月乙卯條後，則以劉知遠方面的敘事角度記「初，晉主（少帝）……徒尊以虛名，而諸軍進止，實不得與聞。」案，樂平位遼州境，南向間道通邢州，北有路經井陘往恆州，參見《太平寰宇記・河北道鎮州》卷61，頁1248；嚴耕望，《唐代交通圖考・河東河北區》卷5，頁1433～1439。

〔註93〕 遼史對其前二次南侵晉少帝的行動，俱不言敗，僅稱「不利」，見《遼史・太宗紀》卷4，頁54、56。

〔註94〕 《資治通鑑》卷285，開運二年八月丙寅條後。

〔註95〕 石重貴即位，娶嫂（一說爲嬸）馮氏，立爲后，馮氏「頗干政事」，其兄馮玉因此而爲樞密使兼宰相，與群小排擠桑維翰，少帝「乃及于敗」，參見《舊五代史・晉書后妃列傳》卷86，頁2668、2671、2682。

〔註96〕 李守貞憚桑維翰，見《舊五代史・漢書李守貞傳》卷109，頁3296。晉少帝遠桑維翰，庇杜重威，參見《資治通鑑》卷284，開運二年四月丙辰條前。桑維翰的失勢對後晉第三次抗遼戰爭的影響似值得注意，鄭學檬在其「五代樞密使之職權膨脹，侵犯相權」的論述中，以桑爲翰爲例指「宰相侵奪樞密使權力」，見氏著，《五代十國史研究》（上海：上海人民出版社，1991），第二章五代十國政治制度研究。筆者以爲，五代職官制相侵的評議宜注意戰亂時期的非常態現象。

〔註97〕 例如，李守貞與晉少帝之親信李彥韜彼此蔑視，而劉知遠與晉少帝的姑丈杜重威早已不和。時李守貞以侍衛親軍馬步都指揮使領天平軍，李彥韜爲侍衛親軍馬步都虞侯，後升爲馬軍都指揮使領陳州鎮安軍（新置）。是李彥韜位在李守貞之下，而屢偵其事。二人曾共同排擠桑維翰。李彥韜又長期與慕容彥超（劉知遠之弟）不合，分見《資治通鑑》卷284，開運二年二月丙戌條、同書卷285開運二年十二月丁亥條前、同書卷開運三年六月己丑條、八月甲戌條。劉知遠惡杜重威之記載，見《舊五代史・漢書高祖紀》卷99，頁3045；

　　統一調度抗遼作戰的軍隊，必然帶動役籍、運輸、補給、指揮等等整個系統的統合，各項資源也必須統一調度，極大程度影響了藩鎮權力，尤其河北道諸鎮。〔註98〕後續的發展顯示，這個方向並沒有獲得健全的對待，後晉內外、文武、上下之間充滿利益的矛盾與衝突，需要一位能夠服眾的人物輔佐，桑維翰的出線及其成就，本應該成為後人詮釋五代中央與藩鎮權力變遷的重要指標，但隨著後晉下一回的戰敗，遼朝佔領中原加速了方鎮勢力瓦解，桑維翰的成果隨之消散。由宋朝屯兵過度集中的現象回顧此際的發展，後晉藩鎮保有適當軍權以有助於中央抵禦外患，或許算是良性的發展方向，但在此次挫折後中斷。

　　上述契丹第二次大舉進犯，路線與前次不同，戰法同樣採取慣用的騎兵優勢，竭力深入。沿途的易定、恆趙、邢洺、貝州等城鎮未能發揮阻止或牽制的基地功能，面對南來之契丹騎兵，大抵只是據城固守，惟賴河南軍隊疾行北上增援，待援軍到達後才合軍出擊。〔註99〕由抗遼將領的名單編組（參見表三），對照河北戰場經過，可清楚呈現後晉依賴河南兵力支援的情形。

　　戰術運用方面，後晉軍臨敵布陣，若採步兵方陣搭配局部馬軍力量，稍能遏止契丹騎兵逞威。此時尚未見遼軍有步騎協同作戰的描述。遼軍若敗，除非恆趙、易定二鎮之馬軍堪用，否則後續追奔阻攔契丹軍的任務，很自然地要寄望於騎射性格亦盛的河東軍了。〔註100〕

　　值得注意的是遼軍在兩次深入之後，似乎已經洞悉後晉軍的作戰方式，而在第三次入侵時有所調整。

　　開運三年（946）六月，定州再奏契丹壓境。〔註101〕這個時間點不是遊

　　　　另參《資治通鑑》卷282，天福四年三月己未條。杜重威曾取代劉知遠為侍衛
　　　　親軍馬步都指揮使職，見同書卷，天福六年八月戊子條下。
〔註98〕　王賡武，《五代時期北方中國的權力結構》，頁172～173。
〔註99〕　劉知遠對此抗遼作戰方式有其觀點：「常、定內地也，……何須多備兵幕。招
　　　　寇引敵。馳鬭是戎人所長，堅守乃為我之力，伺隙馳變，平之非晚」，見《冊
　　　　府元龜・帝王》卷46，頁503～504。時有祁州城發兵出擊，卻遭契丹精騎奪
　　　　門入城，刺史沈斌成仁，見《資治通鑑》卷284，頁9284，開運二年二月條後。
〔註100〕河東騎兵能戰之史例參見，《資治通鑑》卷271，頁8872～8873。後梁龍德二
　　　　年正月，李存勗引兵趣望都，以親軍千騎遇奚酋五千騎，為其所圍。……契
　　　　丹大敗，逐北至易州。
〔註101〕《舊五代史・晉書少帝紀》卷84，頁2639。《遼史・太宗紀》卷4，頁57，
　　　　當年六月無南伐事，八月始南伐，九月閱兵於幽州，侵定州。又記五月「易
　　　　州戍將孫方簡請內附。」《資治通鑑》卷285，頁9304～9305，意指定州土著
　　　　孫方簡引契丹入寇。

牧民族大舉入侵的慣常季節，晉少帝依然立即編組行營，以天平軍帥李守貞充北面行營都部署領軍北上，八月二日駐軍定州，同月九日，李守貞即班師回澶州。迄九月遼軍正式發動攻勢時，留在定州的張彥澤部與遼將趙延壽部遭遇，此二將雙雙回報勝仗，〔註102〕其中張彥澤雖回報戰勝，其軍隊卻退至恆州。〔註103〕十月，晉少帝以杜重威為北面行營都指揮使，領諸將率大軍北上，誓言「收復幽燕，盪平塞北」。〔註104〕

杜重威所領之北面行營沿河北平原中路的貝、冀一線，於十一月進入瀛州（河北河間），〔註105〕而遼軍於同月初已經沿河北平原西側之太行山麓圍攻恆州，〔註106〕原在瀛州之契丹軍方才受命轉西向恆州增援。甫入瀛州的杜重威，聞訊立即分軍追擊，卻遭敗績，遂領行營退至武強。當杜重威採納張彥澤之建議再度領軍沿滹沱河西上推進至恆州時，在中渡橋遭遇遼軍主力，晉軍一度奪得中渡橋過河，有機會與北岸恆州鎮合兵，但杜重威背棄了過河出戰之部屬，竟改採守勢紮營築壘於滹沱河之南。遼軍見機乃派兵繞道至淺處

〔註102〕 李守貞八月二日駐軍定州，五日奏言擊退虜騎千餘，少帝於九日詔其班師。似乎晉少帝是因李守貞之奏，而詔其回澶州，而留相州節度使張彥澤之部在定州。詳見《舊五代史‧晉書少帝紀》卷84，頁2640～2641。《資治通鑑》卷285，頁9306，開運三年八月條下。李守貞與契丹千餘騎轉戰四十里事，在《舊五代史‧漢書李守貞傳》卷109，頁3297，記其「與契丹偏師遇」。但遼方八月無戰報，《遼史‧太宗紀》卷4，頁57。類似地，通鑑與薛史都記劉知遠在九月破契丹三萬寇河東，敗之。但遼史無此可疑的紀錄。見《資治通鑑》卷285，頁9310，開運三年九月條。

〔註103〕 晉張彥澤與遼趙延壽各自回報戰勝，分見《舊五代史‧晉書少帝紀》卷84，頁2643。《遼史‧太宗紀》卷4，頁57。案，張彥澤既自恆州與晉軍主力會合，則知張彥澤實係戰敗。參見《資治通鑑》卷285，頁9312，開運三年十一月條下。

〔註104〕 以杜重威（天雄軍）為北面行營都指揮使，改李守貞為北面行營兵馬都監，加上左右廂都指揮使安審琦之兗州泰寧軍，符彥卿之徐州武寧軍，皇甫遇之滑州義成軍，馬軍都排陳使梁漢璋之貝州永清軍，以及奉國軍等，又以洺州團練使薛懷讓為先鋒都指揮使。盪平塞北之敕勝，見《舊五代史‧晉書少帝紀》卷85，頁2648。《資治通鑑》卷285，頁9812，開運三年十月條前後。

〔註105〕 薛史與通鑑均記契丹瀛州刺史詐降，引晉軍發兵北上之事，薛紀更言「國家深以為信，遂有發兵之舉」。不過《遼史》載遼主當年九月閱兵於幽州，十一月圍鎮州之後，斷橋阻止晉軍救援，並召位於瀛州之南院部族軍往恆州，故知遼軍主力在定、恆州一路。後晉主力走瀛、莫一路，並非遼軍預想之作戰布局，而杜重威分兵追契丹南院部族軍，亦敗。分見《舊五代史‧晉書少帝紀》卷84，頁2645。《資治通鑑》卷285，頁9311，開運三年九月丙辰條下。

〔註106〕 《遼史‧太宗紀》卷4，頁57。十一月戊子朔，進圍鎮州。

過河，遮斷晉方糧道與退路，〔註107〕於是重演了天福元年十一月張晉達部被圍於晉南故事；與之不同的是，杜重威稍後即主動棄械投降（參見圖二八）。〔註108〕

易定、恆趙兩鎮受北面行營投降的影響，未再堅守，而杜重威本人就是天雄軍帥，三鎮既降，於是河北平原再無抗遼之軍，加上河南河北諸州鎮之兵力大都編入此次北面行營之中，因而，北面行營的投降，表示河北與汴洛之間已經沒有晉軍的戰鬥防線。十二月初，遼軍只派後晉降將率二千騎兵，就輕易度河奪取汴京，後晉滅國。〔註109〕

檢視第三次晉遼作戰，遼軍在包圍恆州後，若循其慣常戰法，理應大舉南奔（當時此路線只相州節度使張彥澤率兵北上），但卻未採前二次的長驅直入戰法，反而斷橋阻援，更召另一路的部族軍集中至恆州增援，此舉透露遼軍有決戰於恆州的意圖，遼軍改以包圍恆州爲手段，吸引來援之晉軍而擊滅之，這似乎是參考了中原戰略文化所做的調整，尤其在戰術上，當晉、遼兩軍對戰於中渡橋畔時，遼軍也開始運用幽州步軍（遼史稱爲漢軍）搭配其騎軍，〔註110〕而這正是前一次阻擋遼軍攻勢的晉軍戰術。本次作戰，晉軍在數量、位置與戰力各方面未必居於劣勢，但因情報掌握不實，加上都指揮使杜重威之儒怯，終以投降棄械收場。〔註111〕遼軍方面，其能夠吸取前幾次與中原軍隊作戰不利的經驗，調整其戰略與戰術，實具有重要意義。這個關於契丹軍戰略與戰術上的重要調整，無論在軍事戰略或歷史學界，都尚未見前輩時賢探討。

〔註107〕 戰況見《資治通鑑》卷285，頁9315，十一月甲寅條前後。沿滹沱河推進，王清帥步兵奪中渡橋，全營遭背棄而殉國，詳見《舊五代史‧晉書列傳王清》卷95，頁2924。

〔註108〕 晉軍總兵力，《遼史‧太宗紀》卷4，頁58，記爲二十萬眾來降，當係誇大。《資治通鑑》卷286，頁9336，天福十二年正月乙卯條後，言杜重威行營降兵約十萬。另見《舊五代史‧漢書杜重威傳》卷109，頁3291，「臣以十萬漢軍降於皇帝」。

〔註109〕 遼主派張彥澤率二千騎自封丘門斬關而入，得晉少帝，殺桑維翰。分見《遼史‧太宗紀》卷4，頁58。《資治通鑑》卷285，頁9321～9323。宋‧陶岳，《五代史補》（杭州：杭州出版社，2004），卷3〈桑維翰責張彥澤〉。

〔註110〕 遼軍之步騎戰鬥搭配，見《遼史‧太宗紀》卷4，頁57。遼軍編組之研究，參見拙文，〈遼朝的軍隊及其編組〉，《中正歷史學刊》期17（民103），頁70～85。

〔註111〕 「滹水之降」，見《舊五代史‧晉書少帝紀》卷85，頁2653～2655。遼史未載遼軍入侵兵力。《資治通鑑》卷286，天福十二年正月乙卯條後，記契丹主自言其兵三十萬。案，遼軍最大入侵兵力約十萬餘，此數字顯爲誇辭。

圖二八　晉遼恆州會戰雙方出兵路線示意圖（946）

　　河東方面，直至後晉河北行營授降乃至亡國，劉知遠始終採取觀望態度。
〔註112〕當南北兩股力量相鬥於河北之際，河東地位恰在雙方側面，保有選擇
時間與地點投入戰力的主動權；似因此故，遼軍在第二次沿太行山麓一線入
侵南下時，其撤退行動顯得比第一次敏感。然而劉知遠始終只做壁上觀，上
文提到的河東軍止於樂平（原可由井陘入恆州或青山口入邢州）已是顯例，此
次，晉、遼之主戰場就在恆州附近，若河東軍願意及時出兵救援，更非難事。

　　晉少帝在石敬瑭累積若干年的資本條件下，有心抗遼，在三次抗遼的過
程中可以發現，中原軍隊並非敗在國力衰弱，也不是基本戰力不如契丹軍，
更不是什麼河北平原無險可守，而是亡在高級將領的腐化與自私。後代論述
後晉抗遼之失敗與亡國，不但未體認遼軍在河北戰場的調適與進步，在咒罵
石重貴等君臣無能以後，通常仍不忘將割讓幽州的石敬瑭揪出來鞭撻一頓。

<hr />

〔註112〕見《冊府元龜・帝王》卷46，頁503～504。參見《新五代史・漢隱帝紀》卷
　　　　10，頁107，「嗚呼！……方出帝時，漢高祖居太原，常憤憤下視晉，而晉亦
　　　　陽優禮之，幸而未見其隙。及契丹滅晉，漢未嘗有赴難之意。出帝已北遷，
　　　　方揚以兵聲言追之。」

石重貴面對將叛國亡，竟束手就縛，苟且求活，次年（947）正月，遭牽送北境，揚灰異域，難知所終。〔註113〕石晉因抗遼而敗亡，抗遼之戰源於契丹凌駕，契丹之凌駕則始於石敬瑭邀援，故引外力而逐內亂確實是石晉遭滅的根本原因，應驗史家「報應」之論，不過這個報應的理則是針對石敬瑭家族而言，無關乎後晉失敗的軍事戰略作為。

三、劉知遠入主河南之途徑

契丹主入汴京，不接受降禮、迎駕禮，滅晉的意圖相當明顯。中樞神經遭拔除的後晉各藩鎮，立刻陷入無天子狀態，絕大多數鎮帥在第一時間俱不敢造次。〔註114〕契丹主入駐汴京之後，要求行政官員體系如常運作，進而透過既有組織召喚指定的鎮帥至大梁。部分鎮帥受召後不再放回，〔註115〕改派契丹使者或監軍至其鎮治，取而代之；另一部分直接派契丹貴族、幽州漢將或降附之軍將，率領小隊進駐治城接管之；只有少部分州郡抵抗，殺契丹使者或者改附南唐、後蜀。〔註116〕

上述藩鎮的順服現象，可以與中唐以來的跋扈情況相對照，顯示唐末的藩鎮歷經五代後梁、後唐、後晉的整頓，已趨於順服。而各地鎮帥之放棄反抗，意即各鎮之親軍牙兵必須解散，於是各地馬甲軍械受到管制，甚至集中

〔註113〕難知所終，見《舊五代史・晉書少帝紀》卷85，頁2664。同書頁，編纂者注引都興智、田立坤，〈後晉石重貴石延熙墓誌銘考〉，記其逝於遼天贊皇帝（景宗）保寧六年（974）六月。

〔註114〕「契丹主分遣使者，以詔書賜晉之藩鎮：晉之藩鎮爭上表稱臣，被召者無不奔馳而至。」《資治通鑑》卷286，頁9330，天福十二正月癸巳條後。

〔註115〕「建雄留後劉在明朝于契丹……契丹主遣右諫議大夫趙熙使晉州，括率錢帛。」「東方群盜大起，……亟遣泰寧節度使安審琦、武寧節度使符彥卿等歸鎮」「天平李守貞、天雄杜重威奉表歸命。」分見《資治通鑑》卷286、287，頁9344、9346、9368，天福十二年二月戊寅條，二月條末，七月丙申條下。在此前後，契丹已對其所認定之戰犯「治罪」，殺害包括景延廣，楊光遠之子楊承勳，李彥紳，劉繼勳，趙在禮等官員。

〔註116〕以《資治通鑑》卷286，天福十二年正月癸丑條下所載為例，由契丹或幽州軍將取代者，包括義成、橫海、鎮寧（澶州）、護國、昭義、忠武、鳳翔等鎮，其隨新帥進駐之兵員多寡不一，如隨趙匡贊入主護國軍之牙兵約千餘人；耶律德光北歸，留戍大梁之幽州兵一千五百人。王賡武統計北方卅三位節度使中，只有二位積極抵抗，一在關中，一在河東。見氏著，《五代時期北方中國的權力結構》，頁175。

北運，〔註117〕整個中原地區的軍事組織架構顯然已經癱瘓，在此情況下，即使中原人口藩眾，契丹仍可以少制多，至此，自唐朝以來的方鎮獨立性格已經不值得討論。外患入侵造成的災難更甚於內戰，其屠戮搶奪交織著飢荒失所之慘狀，為唐末五代以來僅見，中原的經濟與社會秩序遭受重創，人口大量損耗。〔註118〕

　　契丹屠殺中原百姓與解散藩鎮兵力，徹底地解決了藩鎮二百餘年據地自雄的問題，〔註119〕相對的，中原兵源與作戰形態也因兵燹創痍而受到深刻影響，本文稍後論及劉知遠、郭威之相關作戰時，將會提醒其中的兵力數字變化。

　　二月初，契丹主耶律德光在大梁即皇帝位，併中原為遼境，紀為會同十年。契丹滅渤海國廿年後，續滅中國，成為東亞霸主，絕對是當時的國際大事。十五天後，劉知遠（895～948）亦在太原稱帝，以延續晉高祖石敬瑭的年號為號召，紀為天福十二年（947），史稱後漢高祖，時年五十二。

　　契丹軍入境的暴虐行為激發漢人反抗，在其兵力有限而中原反抗力量漸增的情況下，契丹軍的行動明顯受到地理條件制約，例如，當耶律德光獲知劉知遠在太原稱帝之後，立刻在潞州、相州、河陽三地指派遼朝的新節度使「以控扼要害」，〔註120〕但處理陝州則不積極。在地略上，太原對耶律德光所在地（汴洛）的威脅途徑，除了上述東面的要害之地，還有西面的河中、陝州。陝州兵在劉知遠稱帝之前，已殺契丹監軍表明不受代，但耶律德光並未

〔註117〕馬匹驅歸契丹；節度使、刺史毋得置牙兵、市戰馬；契丹以船數十艘載晉鎧仗，自汴泝河歸其國。分見《資治通鑑》卷286，頁9330～9331、9339、9353，天福十二年正月乙未、二月丁巳、四月丙寅條。

〔註118〕放縱其軍隊強暴百姓、掠奪資源，燒殺擄掠導致百姓流離失所，丁壯斃於鋒刃，老弱委於溝壑，自東、西兩畿及鄭、滑、曹、濮，數百里間，財畜殆盡，以及契丹北歸路上屠相州城，其後發掘之頭蓋骨竟達十餘萬。分見《資治通鑑》卷286，頁9334～9335、9351，天福十二年正月癸丑條下、四月己未條下。

〔註119〕王賡武論及藩鎮權力的下降的時間，卻是在後漢劉知遠的短暫統治期間：「他們（藩鎮）的軍隊都會被瓜分，並於契丹北撤後解除武裝。……這個王朝（後漢）的重要性在於，在其短暫的統治期內，北中國的藩鎮權力下降到了足以對中央權力構成威脅的臨界點以下。藉此可以推論，此後的藩鎮完全由侍衛親軍主導，成為新權力結構的基礎。」見氏著，《五代時期北方中國的權力結構》，頁176。案，通鑑明確記載契丹入中原解除藩鎮武裝，因此本文主張多數藩鎮解體的時間點，應在契丹入境之後，而非其離境後。

〔註120〕《舊五代史‧漢書高祖紀》卷99，頁3054。《資治通鑑》卷286，天福十二年二月甲戌條後。記為昭義、彰德、河陽節度使。

立刻攻擊陝州，而是在給予反抗軍首領以留後官銜無效之後，才出兵攻擊。〔註121〕這個差異，顯示耶律德光對汴洛之東、西兩境的掌控強度有所不同，似乎東境係契丹進出中原之交通線，故其對西面之狀況處置不如東境積極。

　　發生抗暴事件的地區除了相州與澤潞外，河北澶州也遭到義軍襲擊，契丹將領一度被圍，另在河南之宋、亳、密州也傳出暴民佔領州縣消息，〔註122〕宋州位置鄰近汴京，尤具威脅感。《資治通鑑》在澶州民眾起義之後記耶律德光「由是無久留河南之意。遣兵救澶州。」〔註123〕由地理位置分析，稍早相州民與昭義軍起義，已經威脅到河陽與邢、洺之地的安全，也影響到耶律德光北返之路，稍後若澶州也遭奪取，則反抗力量有可能合流，將耶律德光隔困於河南漢境。所以，前述耶律德光所謂的「控扼要害」，除了針對劉知遠稱帝所帶來的可能危害之外，顯然也因為上述區域的反抗行動有阻斷其北返路途的顧慮，於是開始思考北遷時機。三月中旬尚未入夏，耶律德光在大梁即位才一個半月，突然決定將朝廷移往恆州（遼中京），〔註124〕命文武百官及宮女等數千人隨行。

　　《資治通鑑》轉載耶律德光在大梁對後晉百官之語曰：「天時向熱，吾難久留，欲暫至上國省太后，當至親信一人於此為節度使。」〔註125〕由其留置之代理人是遼朝「宣武軍節度使」而非「留守」可知，其北返的意涵就是遷都，此當與契丹對中原之控扼不如預期有關，未必是單一的天候炎熱因素。耶律德光在北移途中驟崩，〔註126〕幽州趙延壽欲趁機擴權總制契丹南面（漢人）軍

〔註121〕　契丹統治手段殘暴導致百姓揭竿反抗，反抗行動已經威脅到其南北交通要害，必須增強軍隊之控扼。保義軍情況及契丹軍在陝州、相州、澤潞州的挫折，參見《資治通鑑》卷286，頁9340、9343～9346。

〔註122〕　《資治通鑑》卷286，頁9345～9346，天福十二年三月條前。另見《舊五代史·契丹》卷137，頁4296，「斷澶州浮梁。契丹大恐，沿河諸藩鎮並以腹心鎮之。」

〔註123〕　《資治通鑑》卷286，頁9345，天福十二年二月癸未條前。《舊五代史·漢書高祖紀》卷99，頁3056，同樣記其因澶州有變，「懼甚，由是大河之南，無久留之意」。

〔註124〕　五代方面史料皆言其「遁」「歸」，未言其遷都。關於遼太宗意圖之討論參見，林鵠，〈論遼太宗離汴非棄中原〉，《文史》輯2（2015），頁282～288。關於恆州城市與地形重要性的整理參見，李孝聰，〈論唐代後期華北三個區域中心城市的形成〉，《北京大學學報》期2（1992），頁58～60。

〔註125〕　《資治通鑑》卷286，頁9348～9349，天福十二年三月癸巳條下。《遼史·太宗紀》卷4，頁60，「（若）非汴州炎熱，水土難居，只得一年，太平可指掌而至。」

〔註126〕　《資治通鑑》卷286，頁9356，天福十二年四月丙子條前後。

國事，但遭契丹永康王制伏。〔註127〕永康王取得南征軍領袖地位，隨即於恆州即位自稱遼帝，然後北返契丹與其叔父爭奪皇位，〔註128〕留下在恆州的「文武百官」，以及中原的破碎殘局。

此殘局可分由河南、河北、河東、關中四個區塊說明遼軍留下的兵力。契丹主在汴、洛都心區域留下蕭翰為節度使，鎮壓之兵力不下於一千五百人。〔註129〕河北以恆州（中京）為核心，後晉文武百官迫遷至此，契丹皇族麻答留守其間，駐軍約數千兵馬。〔註130〕河東未受契丹侵暴，太原劉知遠仍擁有兵力約五萬步騎，是當時唯一強大且具有收拾殘局能力之藩鎮。〔註131〕至於關中，以其力量尚未統合，對中原政局之影響仍微。

劉知遠在天福十二年二月稱帝並諭知諸鎮，然而，稍後遭契丹鎮壓的澶州義民來請援、遭攻擊的陝州來求救，太原皆未出兵相救，但先派軍向北奪回代州，取得雁門關控制權。〔註132〕不久，昭義軍殺契丹使者降附太原，劉知遠仍然沒有實際的援助行動。一直到耶律德光北歸，屠相州城之後，〔註133〕劉知遠得知契丹所署之昭義軍聲言欲攻潞州，才在四月派史弘肇出兵爭取澤、潞，同時在太原北面嵐、忻、代等州展開佈署，〔註134〕然後才正式與遼軍開戰。

〔註127〕《資治通鑑》卷287，頁9358，天福十二年五月乙酉條下。

〔註128〕永康王兀欲北上與其叔父李胡爭皇位，並幽禁其祖母（述律），史稱遼世宗，參見《遼史·世宗紀》卷5，頁63～64；詳情參見同書〈耶律屋質傳〉卷77，頁1255～1257。

〔註129〕《資治通鑑》卷287，頁9378，天福十二年十一月條前。記契丹留幽州兵千五百戍大梁，則他處應另有契丹兵。

〔註130〕遼以恆州為中京，見《遼史·太宗紀》卷4，頁59。恆州僅三千五百契丹兵。參見《資治通鑑》卷287，天福十二年閏七月庚午條前、辛巳條前，「麻答遣其將楊袞將契丹千五百人及幽州兵（二千）赴之」、「契丹所留兵不滿二千」。

〔註131〕劉知遠與晉少帝相猜忌，及契丹深入河南，劉知遠初無攔截入援之志，甚至進貢獻，但以身不入汴而遭契丹質疑，遂起而相抗。參見《舊五代史·漢書高祖紀》卷99，頁3053。河東富強冠諸鎮，步騎至五萬人，見《資治通鑑》卷286，頁9335，天福十二年正月條後。

〔註132〕《舊五代史·漢書高祖紀》卷99，頁3055。《資治通鑑》卷286，頁9344，天福十二年二月己卯條。案，代州失之於開運三年十二月，契丹南侵獲恆州，進而襲取之。

〔註133〕耶律德光北歸，阻於相州，因而強攻並屠城，見《資治通鑑》卷286，頁9351，天福十二年四月己未條前後。

〔註134〕《資治通鑑》卷286，頁9352～9353，天福十二年四月乙丑條後。案，地略條件上，河東失澤潞則太原動盪；欲固太原，必先忻、代。

　　在時間關係上，前述亂民佔據相州是在二月二十一日，遼主發相州節帥率兵征討未見其功，約四天之後，昭義鎮也殺契丹使者依附河東。待至遼主北行，於四月初強攻並屠相州城，打通北返之路繼續北上時，當時的澤、潞州已不服從契丹。對契丹軍而言，劉知遠有能力利用潞州形勢，出壺口關或青山嶺，截擊北歸之契丹軍，〔註135〕似乎因此，契丹昭義帥耿崇美是在遼軍屠殺相州北上之後，才放出契丹軍「將攻潞州」的消息，意圖牽制劉知遠。〔註136〕

　　至於「將攻潞州」的耿崇美是刻意不進還是受到澤州守軍的阻擋，史載未詳；本文懷疑其刻意不進，是因為契丹主力已經北返，耿崇美若果真積極搶攻取得潞州，反而必須考慮其孤軍受困潞州的風險，故其行動很可能刻意緩慢。總之，當史弘肇領太原一萬步騎「救援」潞州時，竟然比耿崇美先進入潞州，進而在澤州附近擊敗耿崇美。耿崇美順勢退至懷州，與河陽之契丹軍會合。〔註137〕雖然耿崇美部已退到河南，但澤州刺史一度不敢開門接納史弘肇軍，似乎顧慮契丹回軍報復。〔註138〕

　　耿崇美退到懷州時，河陽已被抗暴義軍佔據，洛陽也一度失守，耿崇美遂與其他契丹軍合流，共逼河陽。五月十三日，澤州放太原軍通過天井關南下，此舉意味契丹由河南北退之路將遭遮斷，屆時耿崇美等契丹軍即使攻下

〔註135〕青山嶺、黃澤嶺都曾是五代梁晉相爭時期河東軍與天雄軍進出太行山的通道。請注意契丹與太原之承天軍在井陘附近發生戰鬥的意涵，這表示契丹很在意來自西面太行山上的威脅。參見《資治通鑑》卷286，頁9341～9342，9357，天福十二年二月甲戌條下、四月丁丑條前。本時期河東對四境的進出路線，可參見朱一帆對唐末五代河東對四境攻守方向與路線的整理，見氏著，〈唐末五代軍事地理研究〉，雲南大學碩士論文（2015），頁27～34。

〔註136〕昭義軍殺契丹使者歸附太原的時間在二月二十五至二十七之間，但到四月十日才有契丹軍「屯澤州將攻潞州」的消息。《新五代史·漢臣史弘肇傳》卷30，頁330，記「是時契丹北歸，留耿崇美攻王守恩於潞州。」薛傳之意同；似指契丹軍已在潞州開戰。但《資治通鑑》卷286，頁9352、9354，天福十二年四月乙丑（10日）條前，先記「契丹昭義節度使耿崇美屯澤州，將攻潞州」，同月庚午（15日）條下又記「時耿崇美、崔廷勳至澤州，聞弘肇兵已入潞州，不敢進。」《舊五代史·漢書高祖紀》卷99，頁3062，記「是月（日？），蕃將耿崇美屯澤州，史弘肇遣先鋒將馬誨率兵擊之。」是則，契丹昭義節度使當時還在澤州附近，未進攻潞州。

〔註137〕對照《舊五代史·漢書高祖紀》卷99，頁3062、《資治通鑑》卷286，天福十二年四月乙丑、庚午條。

〔註138〕澤州刺史之堅守，見《資治通鑑》卷287，頁9361，天福十二年五月丁酉條下。另見《舊五代史·漢書高祖紀》卷100，頁3066。

河陽甚至洛陽城，仍將遭到包圍，遂由衛州急退，沿路掠奪而北。〔註139〕在汴梁之契丹蕭翰軍，見洛陽契丹軍退，二日之後亦撤離。〔註140〕

如果，耿崇美軍果敢的奪取澤州（此在時間關係上是可能的），並將太原軍擋在太行山上，則河陽的契丹軍很可能再度「收復」洛陽，而此時劉知遠還在河中，最快在五月底才會進至河洛地區。〔註141〕上述的假設若然發生，奪回河、洛的蕭翰契丹軍，將會推進到新安附近與劉知遠軍決戰，〔註142〕彼時劉知遠是否能夠順利接收中原，即難逆料，而耿崇美與蕭翰也必將與河東軍有一場硬戰。這樣的反向推論，或許能讓讀者更理解劉知遠派史弘肇由澤潞突入河南，絕非率爾爲之，實際上對壓迫契丹北退與順利接收中原具關鍵的戰略作用，即使當時澤潞的戰鬥規模既不大也不久。

六月，劉知遠領主力進抵洛陽，入繼大梁，仍沿用後晉天福年號，以汴州爲東京。藩鎮相繼來附。〔註143〕劉知遠由太原經陰地關，出晉、絳州進入洛陽的路線，是經作戰會議討論後的決定，《資治通鑑》記下當時的討論內容：

> 帝集群臣庭議進取，諸將咸請出師井陘，攻取鎮（恆）、魏，先定河北，則河南拱手自服。帝欲自石會趨上黨。郭威曰：「虜主雖死，黨眾猶盛，各據堅城。我出河北，兵少路迂，旁無應援，若群虜合勢，共擊我軍，進則遮前，退則邀後，糧餉路絕，此危道也。上黨山路險澀，粟少民殘，無以供億，亦不可由。近者陝、晉二鎮，相繼款

〔註139〕「今北軍以去，得此城何用？」見《資治通鑑》卷287，頁9362，天福十二年五月辛丑條前。案，此間契丹軍包括由澤州退下以及原在河陽之二路，就當時契丹軍之戰力與河洛之情況，契丹軍若續戰，尚不至於遭漢軍包圍殲滅，然其即使獲得洛陽，仍失外援，已無濟於整體劣勢之改變。

〔註140〕蕭翰退走之時，挾漢人掌書記胡嶠同行。胡嶠原是縣令，被迫深入北境七年，蕭翰以後因謀反伏誅，胡嶠得以輾轉返國，時爲後周廣順三年，所著《陷虜記》記其見聞，流傳至今。見《新五代史‧四夷附錄契丹》卷73，頁505～508。

〔註141〕自陝而東，則至洛矣。絳州東北至晉州一百四十里，絳州南至陝州二百里，見《元和郡縣圖志‧河東道》卷12，頁330。絳州南至陝州爲二百二十里，見《太平寰宇記‧河東道絳州》卷47，頁983。在蕭翰撤離汴州五日之後（二十日），劉知遠的軍隊才到晉州，再四日進至絳州，分見《舊五代史‧漢書高祖紀》卷100，頁3067。《資治通鑑》卷287，頁9364～9365，天福十二年五月甲辰、戊申條。

〔註142〕此處地形，參見《資治通鑑》卷279，頁9110～9111，清泰元年三月乙丑至丁卯條。當時潞王李從珂兵變，行至陝州，中央則派出康義誠引侍衛親軍，至新安待之。唐初李世民亦帥師東出，與當時佔據洛陽之王世充軍，序戰於新安。參見《舊唐書‧王世充傳》卷54，頁2233。

〔註143〕《舊五代史‧漢書高祖紀》卷100，頁3070～3071。

附，引兵從之，萬無一失，不出兩旬，洛、汴定矣。帝曰：「卿言是
也。」蘇逢吉等曰：「史弘肇大軍已屯上黨，群虜繼遁，不若出天井，
抵孟津爲便。」司天奏：「太歲在午，不利南行。宜由晉、絳抵陝。」
帝從之。〔註144〕

此載指出劉知遠可選擇的三條路線與行動方案，一是出井陘關，先定河北。
二是經上黨出天井關，直取孟洛。三是循河中抵陝。多數將領主張採第一條
路線，向東直接攻擊契丹軍於恆州；劉知遠自己傾向選擇第二條路線，由上
黨一舉戡定河洛；郭威則請劉知遠以安全爲重，應走河中南下出陝州的路，
上黨一路交給史弘肇開拓。〔註145〕無論如何，劉知遠的河東軍事實上是兵分
兩路進入河南，由史弘肇軍先與耿崇美爭潞澤，俟史弘肇進入汴洛之後，劉
知遠的主力才由陝州入京。〔註146〕（參見圖二九）

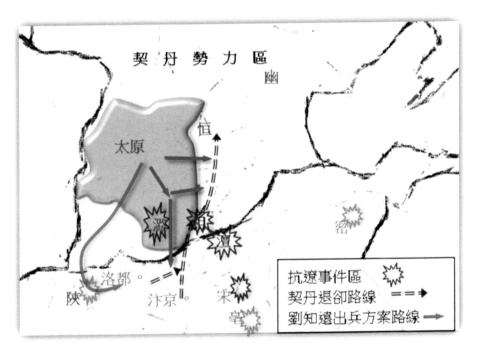

圖二九　劉知遠入主汴洛的可能路線示意圖（947）

〔註144〕　《資治通鑑》卷287，頁9359，天福十二年五月辛卯條。
〔註145〕　薛紀則記爲劉知遠自己決定由晉、絳州經陝州一路而行，與郭威無關。見《舊
　　　　　五代史·漢書高祖紀》卷100，頁3066。
〔註146〕　案，太原步騎約五萬，史弘肇帥一萬攻澤潞，則劉知遠所領軍隊當不下二萬，爲
　　　　　主力。史弘肇隨後擔任侍衛親軍（馬步軍）都指揮使，是後漢實際掌握兵權者。

劉知遠陣營對出兵恆州這條路線的討論，顯示河東軍在他手上有出戰河北的本事，也坐實了開運初年後晉少帝在抗遼戰爭中對他的懷疑。

四、鄴都拒命與恆州起義

劉知遠的政權並非直接承自後晉，而是逐步接收契丹放棄的中原，初期實際取得的只有河南兩京之地，當時的各方鎮歸附態度以及整個社會秩序，都亟待釐清與重振，劉知遠似因此對百姓施以嚴刑重罰，要等到三年之後郭威建周，才會逐漸解除嚴管。〔註147〕因為方鎮武力已遭契丹繳械削弱，鎮帥對劉知遠之入主中原，只有歸附與觀望二途，其中，導致後晉亡國的杜重威與李守貞之地位尤其尷尬，雖然立刻奉表歸命並自請移鎮，然心存疑懼。

劉知遠踐祚，有意測試諸鎮順服程度，遂令杜重威移宋州，李守貞改河中，趙匡贊（趙延壽之子）遷長安，〔註148〕此舉引發三人不安，先後據城相抗。尤其杜重威與劉知遠早有心結，而契丹軍尚未完全退出河北，故劉知遠方才於六月入汴，杜重威在閏七月即以鄴城相抗，並向駐軍恆州之契丹求援。

當時契丹新主兀欲北歸爭奪皇位，〔註149〕由皇族麻答留守恆州，仍控邢州，契丹騎兵縱橫於邢、洺之境，河北情況混沌未明。杜重威據鄴城，其西有邢州之呼應，北有恆州契丹軍（含幽州兵）約三千五百人來援。〔註150〕而企圖由洺州北上收邢州的後漢軍甫遭契丹千餘騎兵擊退，可見劉知遠的可用兵力有限，〔註151〕河南各鎮雖已歸附後漢，但是在邢洺地區未收復以前，實難以傾力對付杜重威。

〔註147〕《資治通鑑》卷287，頁9373，天福十二年八月乙未條下，記「時四方盜賊多，朝廷患之，故重其法。」另參見《新五代史・漢臣史弘肇傳》卷30，頁330～333，以史弘肇之濫刑殺，可見社會之亂。《舊五代史・漢書隱帝紀》卷101，頁3122，編纂者注。

〔註148〕趙延壽子趙匡贊原受契丹派任河中護國軍，趙延壽隨耶律德光北上，其子遂留在中原。長安已改為雍州，隔年正月雍州晉昌軍改為永興軍，本文為求語意一致，仍稱長安。

〔註149〕《遼史・世宗紀》卷5，頁63～64。

〔註150〕遣契丹兵一千五百，幽州兵約二千助杜重威，見《資治通鑑》卷287，頁9369，天福十二年閏七月庚午條前。

〔註151〕契丹滅晉，驅戰馬二萬歸其國，至是，漢兵乏馬，見《資治通鑑》卷287，頁9375，天福十二年八月乙巳條下。邢洺州爭奪戰，參見《宋史・薛懷讓傳》卷254，頁8888。

幸運地，恆州百官在八月自主起義，契丹再退至定州。〔註152〕恆州收復，邢州契丹兵恐遭孤立，隨即亦棄城而退。〔註153〕契丹軍退，鄴城即孤立無援，同年十一月，杜重威以食盡而降。〔註154〕隔年三月，契丹再棄易、定州，中原疆域終於回到晉初界線。〔註155〕

劉知遠未與遼軍發生硬戰即取得河北，實歸功於恆州百官起義。《讀史方輿紀要》言恆州地略：

> 府控太行之險，絕河北之要，西顧則太原動搖，北出則范陽震慴。若夫歷清河，下平原，逾白馬，道梁宋，如建瓴水於高屋，驅駟馬於中逵也。……五代時，契丹爲河北患，常恃眞、定以抗之。眞、定覆，而滹沱以南不可爲矣。宋以眞定爲重鎭，河北之安危繫焉。〔註156〕

其謂恆州位置在幽州與太原之間，以此地位能夠牽制幽、晉二大鎭，並以唐李光弼、郭子儀敗安史亂軍爲例，證明恆、定的重要性，所舉爲由西向東進之例；本文第二章述及唐末朱溫在河北擊退幽州軍後，隨即以恆、定爲根據地，經井陘西上，拔承天軍，進逼太原，〔註157〕則是反向西上之例。

引文謂「歷清河，下平原，逾白馬，道梁宋」大約是以契丹軍循河北平原南下直搗大梁滅後晉的史事爲例證，顧氏因此提出恆、定爲河北安危之所繫的觀點。不過，由恆、定南趨大梁並非一蹴可幾，本文前章已借晉、汴相爭之例，指出當時李存勗由河東入恆定區，雖在柏鄉一役大敗梁軍，但其後仍需經歷故元城之戰奪取魏博區，才有可能越河直搗大梁；本節爬梳後晉開運年間遭契丹長驅直入事，也指出恆、定幾乎未發揮牽制功效，而是靠戚城一戰退敵；待至開運三年的滹水敗降，河北不守，其實與杜重威自己就是魏

〔註152〕契丹留守恆州兵不滿二千，卻令所司給糧萬四千，又因出援天雄軍，實際僅剩八百人。受挾持的後晉百官乘著契丹分兵而內部空虛之際，將之北驅至定州，詳見《資治通鑑》卷287，頁9371、9373，天福十二年閏七月辛巳條前、八月辛卯條下。

〔註153〕《資治通鑑》卷287，頁9373，天福十二年八月庚寅條前。案，恆州恢復後，復爲鎭州成德軍。

〔註154〕《資治通鑑》卷287，頁9378，天福十二年十一月丁丑條。案，杜重威爲導致中原生靈荼炭之大罪人，終遭磔尸啖肉之禍

〔註155〕易、定州是契丹自行放棄，似與當年正月契丹內部的動亂有關，見《遼史·世宗紀》卷5，頁64。通鑑則載「（契丹）聞鄴都既平，常懼華人爲變。」見《資治通鑑》卷288，頁9388，乾祐元年三月丙子條前。

〔註156〕《讀史方輿紀要·北直五》卷14，頁589。

〔註157〕參見本文第二章第四節，時在光化二年三月。

博鎮帥有關。所以說，顧祖禹的例舉固有其依據，但在分析時仍需注意魏博和山東三州位置的影響。前述恆州起義產生地緣關係上的連鎖效應，就是邢州契丹軍必須棄城北退，然後鄴都杜重威才會因援絕而降，惜乎顧氏未加蒐錄。無論如何，恆州處於幽州、太原與魏博三大區塊之中央位置，其動靜足以牽制此三大區塊之穩定。因而耶律德光挾持後晉百官北走，選定以恆州爲遙控中原之中京，實具地略慧眼。

　　契丹入主中原之初，臨近南唐（吳）、蜀的部分州鎮不願被契丹統治，乃就近依附之，先後引發兩地出兵中原的興趣。蜀主即利用中原的凋敝條件，積極出兵，欲取鳳翔。〔註158〕然而由蜀地進入關中之交通層峰重阻，翻山越嶺之後即使攻下一、二城鎮，其後繼之補給仍然受限於蜀道狹長曲折，難以順暢，既不利於據城堅守，也不利其後續之攻勢擴張，因此困難度頗高。〔註159〕反之，河南方面只要確保來往關中的補給路線順暢，握有河中、陝虢、華同之地，即可動員諸鎮兵員、物資，源源注入關中，較諸於蜀地，更具有宰制的優勢，而本時期河南與關中關係未斷，故蜀軍勢力依舊難以進入關中。〔註160〕至於南唐未乘隙而入的原因，併下節論之。

第三節　河東與河南再度對峙

一、後漢的兵力與政局發展

　　中原人力物資遭契丹破壞殆盡，後漢建立在浩劫之後。《資治通鑑》記史弘肇領河東軍進入河南，使得朝廷兵力頓增數倍，〔註161〕實際上此所謂增加

〔註158〕雄武節度使何重建斬契丹使者，以秦、階、成三州降蜀。蜀主出兵關中，欲取鳳州，分見《資治通鑑》卷286，頁9330、9339，天福十二年正月乙未、二月壬戌條。

〔註159〕蜀兵限於糧道，食盡而去。見《資治通鑑》卷288，頁9404～9405，乾祐元年十二月壬午條後。

〔註160〕趙匡贊原本與李守貞同叛於關中，又及時悔過入京，實際上並無發生戰鬥；蜀主出兵救援鳳翔，被後漢王景崇調發之關中兵擊退。趙匡贊奉表歸朝以及王景崇退蜀兵，分見《資治通鑑》卷287，頁9382～9384，乾祐元年正月條下、正月丁丑條前。王景崇雖退蜀兵，卻讓侯益先一步入朝自陳，適逢後漢高祖崩逝，竟造成稍後王景崇以鳳翔叛漢。詳見《新五代史·雜傳王景崇》卷53，頁603～605。

〔註161〕「北來兵與朝廷兵合，頓增數倍。」見《資治通鑑》卷287，頁9369～9370，天福十二年七月辛未條下。

數倍者，只不過是增加史弘肇部之兵力約一萬人，〔註162〕則當時汴京兵力恐怕只有頂多三千人，這樣的兵力，與唐末以來的軍隊數字相較，可以說是十去其九，因此，後漢收服鄴都之戰，只能採取圍城緩攻之法。當時攻城主帥以「急攻徒殺士卒」，提醒劉知遠要節約兵力，而副將慕容彥超卻堅持強攻，導致「傷者萬餘，死者千餘」，於是彥超不復敢言。〔註163〕此死亡數字若放在五代前期的戰場上，其實不算沉重，然此際竟讓主將噤口。

劉知遠稱帝不到一年即病崩，十八歲的皇子劉承祐繼位，史稱隱帝，遺命囑託蘇逢吉（宰相）、楊邠（樞密使）、史弘肇（侍衛親軍馬步軍都指揮使）、郭威（副樞密使）等大臣輔政。〔註164〕乾祐元年（948）三月底，傳來河中李守貞與長安、鳳翔同叛的消息，〔註165〕後漢先後編組行營討伐叛亂，〔註166〕但諸行營各有統帥，而此三地叛亂又互有連繫，討叛諸軍不協，效果不彰。八月，後漢增派樞密使郭威為「西面軍前招慰安撫使」赴前線節制諸軍，〔註167〕郭威所領之兵以侍衛親軍為主。

李守貞反叛時，立即南下奪取潼關，目的不外乎欲藉由潼關之險，阻止中央軍西上。此時，若潼關西面之同州與之同叛，河中與長安叛軍即得相通，則中央對關中即難控領，幸而同州未叛，所以平亂軍進攻河中時可不需顧慮來自西面的側翼威脅。〔註168〕同州匡國軍距河中最近，竟不與李守貞同叛，〔註169〕

〔註162〕天福十二年四月乙丑，遣史弘肇率兵一萬人趨潞州。《舊五代史・漢書高祖紀》卷99，葉3061。

〔註163〕《資治通鑑》卷287，頁9377，天福十二年十月戊戌、丙午條下。

〔註164〕見《舊五代史・漢書隱帝紀》卷101，頁3103。《新五代史・漢紀隱帝》卷10，頁103，記劉知遠因長子承訓而先薨，哀極而不豫。

〔註165〕關中之邠、涇、華、同四鎮通報其反，見《資治通鑑》卷288，乾祐元年三月丁丑條下。「高祖晏駕，杜重威被誅，守貞愈不自安，乃潛畜異計」，參見《舊五代史・李守貞傳》卷109，頁1439。長安晉昌軍帥趙匡贊已入朝，牙兵趙思綰據長安反，參見《新五代史・雜傳趙思綰》卷53，頁605～606。

〔註166〕《舊五代史・漢書隱帝紀》卷101，頁3115、3116、3125，記有「永興軍一行兵馬都部署」、「河中府城下一行都部署」、「西南面行營都虞侯」、「河府、永興、鳳翔行營諸軍」之各種稱謂。

〔註167〕郭威躍升，見《資治通鑑》卷288，頁9392、9394、9396、9397，乾祐元年四月壬午（升樞密使）、七月庚申條下（加同平章事）、八月壬午條下（節制諸軍）、乾祐元年八月己亥條前（從征之禁軍）。

〔註168〕三月底，李守貞派王繼勳入據潼關；四月二日，陝州都監王玉奏復潼關。分見《資治通鑑》卷288，頁9390，乾祐元年三月丁丑條後；《舊五代史・漢書隱帝紀》卷101，頁3114。《宋史・王繼勳傳》卷274，頁9353。

〔註169〕同州未同叛，見《資治通鑑》卷288，頁9391，乾祐元年四月條前。

雖史載內容未予凸顯，然就地理形勢而言，同州其實動見觀瞻，具有重要意義。當時的實際發展是，潼關由陝州派軍迅速奪回，而長安、鳳翔二地叛首本就不是當地之常駐將領，對當地的動員能力有限，因此北漢在平叛過程中就沒有用到同州匡國軍。

郭威審度此三地之亂，認為河中李守貞為叛首，因而決定集中兵力攻擊河中，對長安、鳳翔只以少數軍隊拘束之，且囿於兵力不足，仍採長塹圍城之法，避免強攻猛打。〔註170〕一年四個月後（乾祐二年（949）七月），長安亂兵先釋甲就擒，河中李守貞突圍失敗，自焚而亡。河中、長安既平，鳳翔即成孤軍。如前所述，即使鳳翔獲得來自蜀地的外援，但受到秦嶺的限制，蜀地之輸出通常難以相繼，侷促一方的鳳翔之叛，拖到十二月亦平。〔註171〕郭威領軍平亂成功，權力與聲勢迅速竄升，〔註172〕又因為與執政重臣關係融洽，愈受信任與重用。〔註173〕

當年十一月，遼世宗權位已趨穩固，契丹軍開始恢復南侵，〔註174〕於是郭威以樞密使的身分再調離京，督導河北諸將抗遼。隔年（950）五月，郭威更以樞密使職兼領鄴都留守、天雄軍節度使，督河北全境兵甲錢穀，〔註175〕此權兼內外之現象為五代以來僅見。

〔註170〕與諸將議攻討，見《資治通鑑》卷288，頁9397，乾祐元年八月乙未條後。

〔註171〕長安叛平於乾祐二年七月，郭威隨即返京。鳳翔之叛由另將平於十二月。分見《資治通鑑》卷288，頁9411、9417。鳳翔戰況另參見《舊五代史‧漢書隱帝紀》卷101，頁3128～3129；同書卷102，頁3138；同書卷103，頁3163。

〔註172〕郭威戰後返京，過洛陽，因西京留守相見失禮，竟立即拔下另派人取代之，可見郭威當時權兼內外，聲勢之高。對此，司馬光罕見的引附歐陽修的評論於文後，指出五代後漢軍將越權、紀綱敗壞。事見《資治通鑑》卷288，頁9412～9413，乾祐二年八月條下。

〔註173〕五代時期，以樞密使身分領軍出征的只有後唐的郭崇韜，惟其平蜀後的下場悽慘。對照之下，郭威有功不居，臨賞不受，移功與人，遍賜其財，故不但未受另一樞密使楊邠排擠，更受到侍衛親軍都指揮使史弘肇關照。參見《資治通鑑》卷288、289，頁9414、9422，乾祐二年九月壬寅條前後、乾祐三年四月壬午條前後。

〔註174〕此後連續三年南侵，直到穆宗即位後，因政局不穩停止南侵。《資治通鑑》卷289，頁9415～9416，乾祐二年十月己丑條前。參見《遼史‧世宗紀》卷5，頁65、66。

〔註175〕契丹前軍至貝州，陷高老鎮千餘家，諸鎮守閉關自固，漢隱帝慮天雄帥高行周年高避事，派郭威速出鎮河朔。十二月，契丹軍退。見《舊五代史‧漢書隱帝紀》卷102，頁3154～3156，注二。遣樞密使郭威率師巡邊，宣徽使王峻監軍，參預軍事，見《資治通鑑》卷289，頁9422，乾祐三年四月壬午條下。

　　就在北漢接連平定各地叛亂，政權逐漸穩定的時候，卻在當年（950）底發生蕭牆之禍。〔註176〕原來劉承佑即位近二年以來，始終忿於無法親自決策，自覺受制於執政大臣，而大臣之間本有文官與武將的矛盾，加上后戚試圖干政等等諸多紛擾，再經過譖臣之口舌醞釀，後漢的宮廷風暴終於擴大成為流血政變。在隱帝的主導下，樞密使與侍衛親軍馬步都指揮使等執政大臣及其家屬先後遇害。郭威因駐軍鄴都而幸免於難，於是發動兵變反擊，引兵南下經澶州、入滑州，〔註177〕沿途兩地節帥相繼迎降。劉承佑急召其叔父兗州鎮帥慕容彥超北上，領軍相拒，雙方軍隊在汴京北郊對峙，成員皆以禁軍為主。〔註178〕開戰後，禁軍大多倒向郭威，隱帝在混亂中遭弒，慕容彥超則逃回兗州。

　　五代以兵變奪位者，在郭威之前的李嗣源、李從珂、石敬瑭，一旦領軍進入河南地，中央禁軍大多不再堅持而放棄作戰（參見圖二六），而此次郭威的聲勢並不稍遜於上述諸君，卻在汴都以北與現任皇帝發生戰鬥，此現象與本文先前提出禁軍在汴洛周邊有心理防線之論，似相違悖，實則未必。郭威以兵變入滑州，穿越禁衛軍的心理防線，原本已未遭抵抗，緊急受詔赴難而來的慕容彥超雖有親信戰隊相隨，但在了解情況後，仍然稍觸即潰。可見即使劉知遠家族勢力多安置在京師周邊掌有軍隊，依舊難有作為。

　　雖然隱帝兵敗遭弒，但劉知遠宗室頗盛，北京留守劉崇、忠武軍帥兼侍衛馬步副都指揮使劉信，皆為劉知遠之弟，武寧軍帥劉贇則是劉崇之子。〔註179〕

〔註176〕「（洪建弟）業由是積怨（楊、史），蕭牆之變，自此而作。」詳見《舊五代史·漢書列傳李洪建》卷107，頁3229～3251。

〔註177〕案，滑州帥宋延渥之母為李存勗女，妻為劉知遠女，其家世顯赫，迎降之意義重大。以後，其女適趙匡胤，為北宋皇后。參見《宋史·宋渥傳》卷255，頁8905～8907。通鑑記「其妻晉高祖女永寧公主」，與宋史本傳異，參見《資治通鑑》卷289，頁9434～9435，乾祐三年十一月辛巳條下。另見《舊五代史·漢書后妃傳》卷104，頁3198。

〔註178〕侍衛步軍都指揮使王殷將兵屯澶州，已附郭威陣營。隱帝以侍衛馬軍都指揮使李洪建權判侍衛司事，內侍省使閻晉卿權侍衛馬軍都指揮使。分見《資治通鑑》卷289，頁9428、9432、9434，乾祐三年十一月辛未、丙子、己卯條下。慕容彥超係劉知遠之同產弟，見《舊五代史·周書慕容彥超傳》卷130，頁3991。

〔註179〕郭威「獻議請以劉贇入承正統」，見《冊府元龜·帝王部》卷8，頁86。「庚戌，帝以北京馬步軍都指揮使、泗州防禦使、檢校太保劉崇為太原尹、檢校太尉。」。乾祐元年三月丙辰，「北京留守、檢校太尉、同平章事劉崇加宋州節度使兼侍衛親軍馬步軍都指揮使。」分見《舊五代史·漢書隱帝紀》卷101，

因此，郭威雖以兵變入京，未便貿然取代，乃先導立武寧鎮帥劉贇爲帝，〔註180〕使原本有意出兵南下干涉的劉崇暫時留兵太原。又請太后在新皇帝到達京師之前臨朝聽政，自己則以抵禦契丹入侵爲辭，退出汴京赴河北禦寇，另備一齣兵士擁戴的劇情。

武寧鎮帥劉贇對此意外飛來之尊寵顯然充滿疑懼，由徐州赴宋州的三百六十里路，走了將近一個月還沒走到；更慢的是郭威，由汴京北上禦寇，走了快一個月還沒過河，但見劉贇已然入甕，隨即於澶州發動兵變。〔註181〕

對於郭威奪位的盤算，司馬光未在《資治通鑑》揭露，只在《資治通鑑考異》案語議論，〔註182〕惟未說明其議論之依據。本文由時間點推郭威北上之禦敵行動，可清楚呈現郭威的拖延行程別有用心，其既因「北面事急，戎狄深侵」而離汴北上，但卻在滑州逗留達十二日，至澶州又逗留三日，〔註183〕當年，後晉少帝由東京急趨澶州禦戎，僅費三日路程，可見司馬光直指郭威預謀之語，並非隨勢臆測。〔註184〕

二、郭威平亂的力時空因素

郭威（951～953）即位，建元廣順（951），改國號周，史稱後周太祖。〔註185〕同月，北京劉崇亦以續延漢胄在太原稱帝，史稱北漢。〔註186〕就當時的禮法背景而論，劉崇確實有與郭威爭正統的條件，但是劉崇時期掌管的

頁3057、3109。另見《資治通鑑》卷290，頁9440，乾祐三年十一月丁亥條下。案，劉知遠后戚在此間仍有影響力，此處略論。河東節度使劉知遠稱帝，河東鎮已經升爲北京，無河東之軍政稱謂，惟史載仍慣稱太原政權爲河東。

〔註180〕是歲，議立徐州節度使贇爲帝，（案，通鑑考異引隱帝實錄云：初議立徐帥，太后遣中使馳諭劉崇，請崇入續大位，崇知立其子，上章謙遜。）建04，頁3197。

〔註181〕徐州西至宋州三百六十里；開封府至滑州二百二十里，滑州韋城縣渡河至濮州一百三十里，參見《太平寰宇記》卷15〈河南道徐州〉、卷57〈河北道澶州〉，頁295、1174。

〔註182〕《資治通鑑考異》言：周祖舉兵既克京城，所以不即爲帝者，蓋以漢之宗室崇在河東、信在許州、贇在徐州，……俟其離徐已遠，去京稍近，然後併信除之，則三鎮去其二矣，然後自立，則所與爲敵者唯崇而已。此其謀也，豈馮道受拜之所能沮乎！引自《資治通鑑》卷289，頁9440，後漢隱帝乾祐三年十一月丙戌條後。

〔註183〕《舊五代史·周書太祖紀》卷110，頁3337；日程見同書卷，頁3335。

〔註184〕《資治通鑑》卷283，頁9262，開運元年正月乙酉、戊子條。

〔註185〕《舊五代史·周書太祖紀》卷110，頁3338。

〔註186〕《資治通鑑》卷290，頁9453，廣順元年正月戊寅條。

河東鎮只含太原及其以北數州，屬於弱勢的河東，除非南下搶佔澤潞、晉絳、河中等重要區域，才能對汴京形成壓力。劉知遠宗室對郭威的抗拒，除了太原之外，還有徐州與兗州的呼應。〔註187〕

後周樞密院當時能掌握的軍隊數量僅約六萬，〔註188〕面對這三方面的同步抗拒，郭威選擇以徐州爲首先發兵的目標。似因劉贇之死，徐州拒命者已失去號召力，屬於較易擊滅的目標，故於當年三月即平。〔註189〕

北漢在二月已開始南向攻擊晉州，惟出戰不利，退而轉向契丹求助，欲效石敬瑭故事，請契丹行冊封禮，以叔姪互稱。九月，太原在契丹主之助威下二度由團柏南犯，似圖潞州，但契丹主卻在途中遭部下弑殺，契丹軍未戰即回，北漢出戰又敗。〔註190〕十月，北漢又出兵二萬，會同契丹援軍出陰地關攻晉、絳州。〔註191〕對於北漢的積極攻勢，郭威採取守勢。此舉的考慮因素，似乎是因爲即使一開始就把劉崇趕回太原，以太原易守難攻的形勢，短期之內仍難以屈服，〔註192〕卻可能因此與契丹再啓正面衝突，同時的兗州引南唐爲援已經跡象明顯，若南唐此時引軍北侵，將導致南北兩地同時開戰，以後周兵力不足的現狀，後果難料。〔註193〕

郭威三月平定徐州亂，十月才派樞密使王峻領軍北上支援晉州，北漢久侵晉州無功，乃於十二月退軍，〔註194〕此後太原與汴洛政權進入對峙階段。

〔註187〕案，劉贇被廢爲湘陰公後不久遭害，其部屬據徐州城拒命。另一宗室劉信已於去年十二月自殺於許州。劉崇於二月初，由陰地關向晉州、隰州大出兵，以損傷頗眾，數日而退。慕容彥超逃歸兗州後，雖然表面恭敬的接受事實，卻潛結於北漢，請援於南唐。

〔註188〕《舊五代史・周書太祖紀》卷110，頁3316，注引《東都事略・魏仁浦傳》：「仁溥少爲刀筆吏，隸樞密院，太祖問以卒乘數，仁溥對曰：帶甲者六萬。太祖喜曰：天下事不足憂也。」

〔註189〕廣順元年正月癸酉、己卯條下，記翟廷美反；三月丙子條前記克徐州事，分見《資治通鑑》卷290，頁9452、9459。

〔註190〕《資治通鑑》卷290，頁9463、9465，廣順元年九月癸亥、十月辛卯條。

〔註191〕《資治通鑑》卷290，頁9466，廣順元年十月丁未條前，記契丹出兵五萬。案，契丹所稱出兵，屢誇大，時以遼穆宗新立，軍政待理，恐難出大軍；且契丹之戰法不拘於攻城，而該役之經過以圍城爲主，此係中原戰法，契丹若有萬騎，當已經侵入河中，故其五萬之數不可信。遼朝此後十年政局不穩，常發生內部叛亂，未再大舉南侵，出兵對象以周邊部族爲主。

〔註192〕晉陽城之形勢，自唐末迄今尚不曾因爲遭圍攻而敗降。

〔註193〕《資治通鑑》卷290，頁9469，廣順元年十二月戊子條下，王峻之語：若車駕出汴，則慕容彥超引兵入汴，大事去矣。

〔註194〕《資治通鑑》卷290，頁9467、9470。

在北漢三度發兵南下期間，後周對兗州帥與南唐之通款暫時採取容忍態度，禁止屬下首先挑起衝突，以其當前之重敵在北而自己實力有限也。〔註195〕但是應該積極的兗州卻沒有把握時機，同步呼應太原的發難。廣順元年十二月，當郭威擊退北漢軍之後，隨即於次年（952）正月編組行營，以侍衛親軍為主力東擊兗州，同月，南唐軍在徐州遭擊退。〔註196〕兗州失去南唐的援助，只能據城而守。後周軍圍營柵、穴地道、築土山攻城，迄五月，以強攻而克之。〔註197〕

　　郭威兵變稱帝之時，上距契丹蹂躪中原不過四年，社會仍在復甦之中，中央兵力依舊有限，難以同時在二處用兵，因此他掌握用兵的主動權，採取緩急不同的對策，刻意地避免同時對三方出兵，以彌補兵力不足的困難，成功的舒緩特定方面的壓力（參見表四、圖三十）。

表四　後周太祖發兵平叛時間區隔示意表

年月 項目	廣順元年（951）												廣順二年（952）											
	1	2	3	4	5	6	7	8	9	10	11	12	1	2	3	4	5	6	7	8	9	10	11	12
平徐州	▨	▨	▨																					
拒太原		▨	▨						▨	▨	▨	▨												
平兗州													▨	▨	▨	▨	▨							

資料來源：《資治通鑑》

　　當時兵力不足的情況，還可由藥元福事蹟互證。天福十二年（947），鳳翔侯益與長安趙匡贊先後附於蜀主，後漢討之；當年十二月蜀地派出兵力合約七萬，後漢卻只派出禁軍數千往關中接應，藥元福已參與其戰。〔註198〕以

〔註195〕廣順元年三月丙子，當後周平定徐州之後，曾敕令沿淮之州縣軍鎮自守疆土，不得縱一人一騎擅入淮地。是即避免對南面啟釁，見《資治通鑑》卷 290，頁 9459。

〔註196〕泗州時屬南唐。《資治通鑑》卷 290，頁 9473，廣順二年正月甲子條下，「唐主發兵……聞周兵將至，退屯流陽（泗州境）」。

〔註197〕《資治通鑑》卷 290，頁 9477～9478，廣順二年五月條。

〔註198〕「（藥元福）從趙暉討王景崇於鳳翔。時兵力寡弱，不滿萬人。」《宋史·藥元福傳》卷 254，頁 8896。關於鳳翔、長安附蜀，蜀出兵力；後漢出兵力之記載，參見《資治通鑑》卷 287，頁 9377，9379～9380，9382～9383，天福十二年十月條、十二月條後。侯益為後唐莊宗舊將，歷事各朝，《宋史》有傳。

後，郭威發軍討平徐州之戰，藥元福擔任的是行營兵馬都監；拒止北漢進擾晉州之戰，行營都排陣指揮使也是藥元福；攻兗州之戰，行營都虞侯還是藥元福。此三地相距甚遠，如果後漢、後周兵多將廣，不至於需要藥元福每戰必與，可見得在後晉亡國之後的中原丁壯銳減，以致後漢以來的兵源明顯不足。

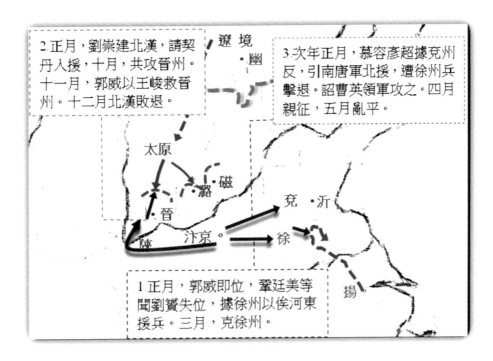

圖三十　郭威出兵三地的時空關係示意圖（951）

三、北漢立足太原的條件

　　後周的內部情勢，在兗州之亂平定後已趨穩定，此際之郭威理應回軍北上消滅河東之劉崇，以確保後周革命成功的正統性，〔註199〕但他反而試圖與契丹修好，以修法惠民為先，以經濟建設充實國力為重。〔註200〕在軍隊方面，中央侍衛親軍已經是王朝最強大的軍隊，郭威繼續節制各州鎮武備，縮限方

〔註199〕　當時遼朝政情不穩，大臣離貳，幽州也發生嚴重水患，節度使甚至有意歸附，郭威有條件趁此良機北伐。參見，《舊五代史・周書太祖紀》卷112，頁3418，注一引李瀚事蹟。另參，《宋史・李瀚傳》卷262，頁9063。
〔註200〕　敕令邊境不得入契丹境俘掠，參見《舊五代史・周書太祖紀》卷112、113，頁3424～3626、3446～3447、3486～3487。

鎮擁兵的可能，更進一步加強化京師及其周邊地區之軍力，[註201] 迄其病殂，仍以調養國力爲主，未見對北漢施以強攻猛打的軍事行動。換言之，郭威即位之後的施政重心在調養中原政權體質，一方面充分利用方鎮兵權遭契丹解除的結果，強化中央軍之實力，一方面避免與強鄰遼朝發生衝突，因此而未與北漢大動干戈。

後周廣順三年（953），樞密使王峻、鄴都留守天雄軍帥領侍衛親軍馬步都指揮使王殷先後遭貶，王殷甚至被殺，此二人都是郭威革命的元從親信，握有兵權。[註202] 王殷被殺之後，鄴都停廢，侍衛親軍馬步都指揮使職缺不補，天雄軍符交給平亂老將符彥卿掌握，另由皇子晉王柴榮（符彥卿女婿）掌全國內外兵馬事。[註203] 隔年正月改元顯德（954），同月，郭威以疾崩，遺制以柴榮（921～959）繼位，史稱周世宗，時年三十三，沿用顯德年號。

北漢見後周喪主，柴榮新立，乃於二月發兵三萬南攻潞州，另向契丹請得數千騎兵支援，[註204] 後周昭義節度使接戰不利，退守潞州城內。柴榮親征，發三路軍隊北上迎戰，一路由天雄軍（魏州）、鎮寧軍（澶州）編成，自磁州西上太行山，經遼州繞至北漢軍後；另一路護國軍（河中）自晉州東北往潞州方向邀擊之；柴榮自領侍衛親軍及義成軍（滑州）等諸軍，由澤州北上。原本圍攻潞州的北漢軍聞訊，改向澤州前進，雙方遭遇於高平（澤州北

〔註201〕 節制地方軍備，見廣順二年十月庚寅詔，「帝以諸州器甲造作不精，……仍令罷之，仍選擇諸道作工，赴京作坊」。十一月甲戌，詔逐年減納牛皮數。廣順三年七月丁酉詔，屬令佐之職、警察之職者，州府不得差監徵軍將下縣。強化京師周邊兵力，見廣順二年七月丁卯，升陳州、曹州爲節鎮，分以侍衛馬、步軍都指揮使領之，典（親）軍如故。分見《舊五代史・周書太祖紀》卷112、113，，頁3421、3429、3433、3474。

〔註202〕 史載對此二人的下場自有其得罪的個別原因，然而因爲此二人職掌正是郭威革命之時所掌之權力，所以很難不讓人不相信，郭威是爲了避免革命事件在他身後重演所採取的預防性措施。參見《資治通鑑》卷291，頁9493、9495～9496，廣順三年二月癸亥條前後、十一月戊辰調後。

〔註203〕 罷鄴都，柴榮判內外兵馬事，見《資治通鑑》卷291，頁9499，顯德元年正月條戊寅條後。案，此時符彥卿女已嫁柴榮，是郭威親家。

〔註204〕 基於對《遼史》契丹軍的理解，筆者對此次契丹軍隊援助北漢達萬騎之記載，持保留態度。《資治通鑑》卷291，頁9501，顯德元年二月條下，記爲「萬餘騎」，然而在同書卷年，頁9506，引《資治通鑑考異》卷30，楊袞全軍而退條下，另引《五代史補》記「劉崇求援於契丹，得騎數千。」惟此數字似未受司馬光重視。

境），展開決戰（參見圖三一）。〔註205〕這場五代後期知名的重要戰役，史稱
高平之戰，北漢軍先勝後敗，契丹軍未救即退，劉崇遁歸太原。〔註206〕

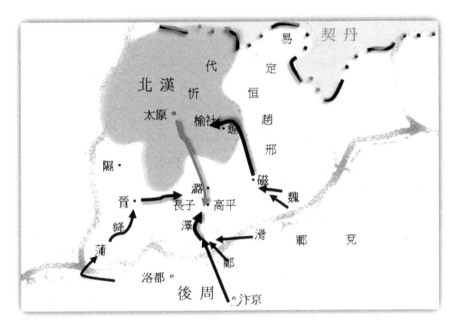

圖三一　高平會戰雙方出兵路線示意圖（954）

柴榮藉檢討高平之役對禁軍完成整頓後，〔註207〕四月開始對北漢改採攻
勢，分兵攻取河東諸州，進圍晉陽城，忻、代二州以城降。〔註208〕但契丹稍
後以數千騎兵應援北漢，打通忻州，後周軍因此退出太原，〔註209〕北漢得以

〔註205〕 詳見《資治通鑑》卷291，頁9503～9506，顯德元年三月壬辰條後。《舊五代
　　　　 史‧周書太祖紀》卷114，頁3510。
〔註206〕 何世同將此役放在屬於戰術性的「遭遇戰」項下，其書附圖8-3之後周河中
　　　　 一路軍，宜改向東邀擊。見氏著《殲滅論》，頁276～279。另參見《中國歷
　　　　 代戰爭史（第十冊）》，附圖十一～371。
〔註207〕 整頓侍衛親軍，見《舊五代史‧周書世宗紀》卷114，頁3518～3521。
〔註208〕 以河東行營都部署符彥卿爲爲主力，領步騎二萬出兵太原，另加河中、陝州、
　　　　 河陽、廊州兵，總兵力應該不會超過五萬，所謂「諸軍數十萬聚於太原城下」，
　　　　 顯係誇辭。參見《資治通鑑》卷291，頁9508～9510。另見《舊五代史‧周
　　　　 書世宗紀》卷114，頁3532，「時大集兵賦及徵山東、懷、孟、蒲、陝丁夫數
　　　　 萬，急攻其城。」
〔註209〕 見《舊五代史‧後周世宗紀》卷114，頁3530，注記符彥卿忻州之敗事。另
　　　　 見《資治通鑑》卷291，頁9509～9510，顯德元年四月己未條前。同書卷292，
　　　　 頁9514～9515，五月條下，記契丹屯騎數千於忻、代之間，後周放棄忻州。
　　　　 參見《遼史‧穆宗紀》卷6，頁72。

恃援頑抗。迄五月底，後周以大雨及士卒疲病爲由，解圍退兵，附近州郡先後回歸北漢。〔註210〕後周雖退，北漢主劉崇卻因爲高平戰敗與太原受困，憂憤致疾而崩，子劉承鈞繼之，年二十九，依舊父事契丹，史載劉承鈞「勤於爲政，境內粗安」。〔註211〕

自唐末以來，太原先後歷經朱溫二度圍攻李克用，後唐李從珂圍攻石敬瑭，再經後周柴榮出兵圍攻劉崇，以後還有北宋趙匡胤先後親征圍攻劉承鈞，但是晉陽城從來沒有一次失守過。原因除了晉陽城埲堅固以外，其坐落山西高原重心位置，進出路途艱險，攻方補給運送不易，是重要因素。李克用被圍困在太原時，太原以北諸州仍由河東將領掌控，稍可互相支援，朱溫遇上久雨與傳染病蔓延，只得退兵；石敬瑭據太原反，遭後唐軍長圍緩攻，卻因爲契丹援軍破關而入，反將後唐軍包圍於晉安寨；後周及宋朝皇帝先後親征北漢，也都因爲無法阻擋契丹進入雁門關、通過石嶺關，使得圍城戰功虧一簣。《讀史方輿紀要》云山西形勢：

> 山西之形勢最爲完固。關中而外，吾必首及夫山西。蓋語其東則太行爲之屏障，其西則大河爲之襟帶，於北則大漠、陰山爲之外蔽，而勾注、鴈門爲之內險，於南則首陽、底柱、析城、王屋諸山濱河而錯峙，又南則孟津、潼關皆吾門戶也。……且夫越臨晉，溯龍門，則涇、渭之間，可折箠而下也；出天井，下壺關、邯鄲、井陘而東，不可以惟吾所向乎？是故天下之形勢必有取於山西也。」〔註212〕

此段內容勾勒河東具有完整的地理形勢，其言「而勾注、鴈門爲之內險」的相對意思，就是此險也可恃之與外援聯結。因此，後周軍圍攻太原如果無法有效掌控忻、代二州，就無法阻止契丹入援，〔註213〕亦即，攻克北漢之難，是難在背後支援的遼朝政權。

〔註210〕 見《資治通鑑考異》卷30，五月攻晉陽不克議引還條，「又聞忻口之師不振，帝數日憂沮不食，遂決還京之意。」另參見嚴耕望，《唐代交通圖考·河東河北區》卷5，圖十八。

〔註211〕 史載劉承鈞「勤於爲政，愛民禮士，境內粗安。」《資治通鑑》卷292，頁9520，顯德元年十一月戊戌條下。

〔註212〕 見《讀史方輿紀要·山西方輿紀要序》卷39，頁1774。清代山西境概同於唐河東道。

〔註213〕 稱代州「外壯大同之藩衛，內固太原之鎖鑰。根柢三關，咽喉全晉。向以山川扼塞，去邊頗遠，稱爲腹裏。」稱忻州「翼蔽晉陽，控帶雲、朔，左衛勾注之塞，南扼石嶺之關，屹爲襟要。」見《讀史方輿紀要·山西二》卷40，頁1845、1849。

其所謂「涇、渭之間，可折箠而下」是指由河中入關中之路，「出天井、下壺關，邯鄲、井陘而東」是取太行諸陘進入河南、河北孔道。河東必須掌握河中與澤潞，地理形勢才能稱完固，上述途徑，於李克用父子與朱溫相鬥時期，劉知遠據地自保及其入主中原時期，都受到充分利用，已見論於前章。由地略觀點看北漢，其對河中、澤潞、井陘各個關隘都無能掌握，僅剩忻、代與山後契丹相通，因而始終不能對汴洛政權產生威脅，係處於勢弱格局；相對的，後周及其後之北宋幾度出兵圍攻晉陽城，卻都因為契丹之入援而功敗垂成，可以說，北漢是因為契丹之保護而繼續存在著。

將高平之戰的契丹支援軍力與以往對照，可以看見此時期契丹派出的援軍數量同樣不比從前，雖然契丹稱北漢皇帝為「兒皇帝」，不過在北漢屢遭攻擊時，契丹從未直接「興師問罪」於後周，這其中有契丹自己內部的因素。〔註214〕當時契丹在位者為遼穆宗（951～969 在位），史載此帝不親政務，好飲嗜殺，內部不協，似因此而對北漢的求救，始終只以救援行之。〔註215〕稍後當南唐不敵後周入侵，於顯德二、三年多次遣使浮海入契丹請救兵時，契丹同樣無意利用此機會出兵干預中原政局。〔註216〕趙匡胤建宋以後，在建隆、乾德年間與北漢的大小戰爭多起，遼朝對北漢仍以救援為主，一直要到遼景宗（969～982 在位）時期，契丹內部政權相對穩定之後，才會升高緊張情勢。在此背景下，原本當作契丹南侵跳板的幽州與太原，暫時成為中原與遼朝之間的緩衝區。

〔註214〕 契丹在永康王繼位為世宗之時，引發皇族繼承（遼太祖）帝系的爭執，此爭執在往後三任皇帝繼位時持續存在。遼朝讓國皇帝與遼太宗都是遼太祖之子，世宗是讓國皇帝之子，繼位者穆宗則是太宗之子，接續之景宗又是世宗之子，世宗、穆宗、景宗三位皇帝即位的前幾年，都發生內部謀反事件，說明契丹政權在遼太宗耶律德光以後，開始進入內鬥的循環。參見曾國富，〈五代時期契丹南侵的促動與制約因素〉，收入《五代史研究（中）》（臺北：花木蘭出版社，民 102），頁 201～212。

〔註215〕 遼大同元年（後漢天福十二年，947），契丹皇室兀欲返遼爭得皇位，是為世宗。次年曾與南唐合議攻後漢，未成行。其後兩年，都發生契丹貴族謀反事件。《資治通鑑》卷 287，天福十二年六月壬申條下，記其因「國人不附，諸部數叛，興兵誅討，故數年之間，不暇南寇。」但是據《遼史》記其於後漢乾祐二年（遼天祿三年，949）十月再度開始於秋冬之際南侵，此後二年皆「自將南伐」，迄大同五年（951）遼世宗遭弒，穆宗即位，往後十年才未見大規模侵犯河北境，迄穆宗天祿十三年，遼朝多以支援後漢而派兵，見《遼史·世宗、穆宗紀》卷 5、6，頁 65～78。

〔註216〕 《資治通鑑》卷 292，顯德二年十月壬申條下、三年二月壬辰條前；同書卷 293，三年十二月壬申條後。

四、柴榮的南征與北伐

　　柴榮在北漢政權新敗、契丹威脅緩解、國內政局安定的情況下，開始著手於版圖擴張。〔註217〕《資治通鑑》記柴榮對文臣王朴獻上的「平邊策」欣而納之，王朴之策以先易後難為論軸，主張先取得南唐江北之地，次而江南，再依序戡定南方各國；南方既定，幽燕必望風內附，最後再以強兵取河東。有些學者因而以王朴之策係後周、北宋進行統一大業的國家戰略，〔註218〕實際上，當時不只有王朴一人進策論，而柴榮對南唐採取的軍事行動也不是「以輕兵撓之」，反而是兩度以大軍強力壓境掃蕩。〔註219〕而北宋統一各國的用兵順序，不但與王朴策論不同，其中關於「燕地必望風內附」的想像，更不曾發生。

　　顯德二年（955）四月，柴榮先以蜀為出兵對象，派鳳翔節度使王景攻擊秦、鳳州。九月，敗蜀兵，鳳州城遭圍，附近之秦州、階州（甘肅武都）、武州（甘肅成縣）皆畏懼而降。〔註220〕《舊五代史》記柴榮謀取秦、鳳二州的原因是州民怨蜀苛政，順應民乞而收復舊地。〔註221〕這當然是表面的堂皇理由，由地理位置觀察，即能理解其出兵的必要性。鳳州位於秦嶺山脈西段南面，有「梁秦驛道」連通鳳翔，經鳳州通興元府，再通後蜀成都；興元府位

〔註217〕柴榮在高平會戰後進行軍事革新，除了軍隊，土地承租制度、考試制度、宗教寺院與管理甚至禮制都有所改革，在他即位的第二年，中原地區已呈現一股昭蘇氣象；惟日夜操勞造成柴榮精力透支與短命。參見《資治通鑑》卷291，頁9517～9519。

〔註218〕王祿雄，〈五代後周世宗的戰略構想與戰略作為〉，淡江大學國際事務與戰略研究所碩士論文（民87），第三章後周世宗的大戰略構想。

〔註219〕見《舊五代史·周書王朴傳》卷128，頁1679～1680、1682。另見《新五代史·周良臣傳》卷31，頁343～344。《舊五代史·周書世宗紀》卷128，頁3908。《資治通鑑》卷292，頁9525～9526，顯德二年三月丙辰條後。案，中華本《舊五代史》，頁1681～1682，案語引《默記》言「取三關，取淮南，皆朴為謀」。但陳尚君本未錄。歐史原文是「其後宋興，平定四方，惟并獨後服，皆如朴言。」通鑑則只記「上欣然納之」，語意較寬。詳論參見曾瑞龍，〈以北漢問題為核心的宋遼軍事衝突〉，《暨南史學》輯1（2002），頁94～111，收入氏著《經略幽燕》（香港：中文大學出版社，2003）。

〔註220〕天福十二年正月，秦、階、成三州降蜀，見《資治通鑑》卷286，頁9330。後周收克鳳州於十一月，參見《資治通鑑》卷292，頁9530～9531、9532～9533，顯德二年九月壬子條前、十一月戊申條下。案，秦、鳳二州分別在鳳翔之西、南邊，隔山相鄰，鳳州被後周軍圍困，其他三州不戰而降，是因為三州通往蜀地之途必經鳳州，而這三州都屬邊境之州，附近屬於少數民族生活區，並無應援能力。

〔註221〕《舊五代史·周書世宗紀》卷115，頁3561。

於漢中盆地。對後周而言，據鳳州可恃其險要以脅制漢中盆地，取得對漢中盆地側背打擊的有利地位，亦即，如果蜀軍企圖利用漢中盆地北上進入關內，無論走褒斜舊道或洛谷道北上，後周軍都可以藉由鳳州出擊興元府，進而切斷進入谷道的蜀軍補給，阻止蜀軍進入關中。〔註222〕

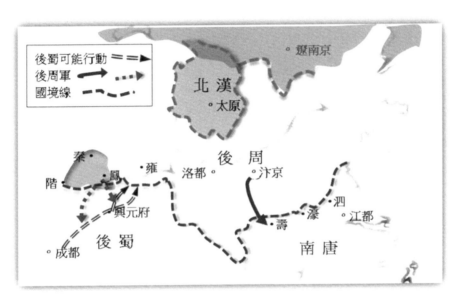

圖三二　柴榮取秦鳳階三州的戰略意涵示意圖（955）

柴榮在攻克鳳州城之際，已在淮水中游對南唐發動攻勢，〔註223〕可見柴榮取鳳、秦諸州的目的，並不是要立刻對蜀地用兵，而是利用鳳州建立一個進可攻退可守的戰略性前哨，在其對淮南用兵之時，能嚇阻蜀地與太原的可能勾連，以免對關中甚至河南產生干擾（參見圖三二）。此一戰略性行動確實成功的嚇阻了蜀主。〔註224〕

〔註222〕參見嚴耕望，〈漢唐褒斜驛道〉、〈通典所記漢中秦川驛道〉，收入《唐代交通圖考（三）》，頁750～753、758～759，唐末五代屢次對蜀用兵，主力皆取散關、鳳州、興州之道；參閱其圖十二。《中國歷代戰爭史（第十冊）》，頁3510，認為其目的僅圖鳳翔之安全而已。案，若然則蜀主無須修書請好。

〔註223〕淮水每冬淺涸，南北長期無戰事，唐壽州監軍吳廷紹悉罷其戍兵，故柴榮於十一月初選擇由此段進攻。也疏導汴水自埇橋以南之汙澤。見《資治通鑑》卷292，頁9532，顯德二年十一月乙未條前後。

〔註224〕周世宗既取秦、鳳，蜀主曾致書世宗，請修好，書言「此則皇帝念疆場則已經革幾代，舉干戈則不在盛朝，特軫優容，曲全情好。永懷厚義，常貯微衷。……今各給鞍馬衣裝錢帛等，專差禦衣庫使李彥昭部領送至貴境，望垂宣旨收管。」見宋·王明清，《揮麈後錄·蜀孟昶上周世宗書》卷5，頁12。

　　後周攻討南唐的過程並非順利，爲避免偏離本文論軸，此處只簡單的以三階段說明。第一階段自顯德二年十一月開始，派出前軍渡淮攻擊，陸上作戰勢如破竹地向南擴張，惟壽州城頑抗屹立，久之，後周軍攻擊持續力到達頂點，反遭壓縮回到壽州境。第二階段自顯德四（957）年二月起，柴榮成功的發展後周水軍，二度親征，水陸戰俱勝，壽州城降，但攻勢在濠州城再度受阻。第三階段自顯德四年十一月起，柴榮三度越淮，破濠州城，沿淮水掃蕩順流而東，再破江上南唐水軍，南唐主請降，時在顯德五年（958）三月。全程耗時約二年四個月，得南唐江北十四州六十縣之地，迫使南唐主撤去帝號，改用後周紀年。

　　柴榮伐南唐，上距契丹滅晉才十一年，中原社會的經濟活力恐怕還沒完全恢復，就此角度而言，後周之對南唐用兵，難以排除具有覬覦南唐豐饒土地與財富的動機。在軍事上，後周憑恃著訓練精良的軍隊，對南唐採取的是正面壓制作戰，這種打硬仗的作法，造成的南唐陣亡戰士可能高達六至八萬人，〔註225〕這個死亡數字在五代後期絕非小數目，如果加上後周方面的戰損，以及因戰禍而喪生的百姓，耗損恐達十萬人，其動員戰場及附近之民力用於築壘攻城、伐木造船、通浚水道，動輒驅策數十萬眾的情形明載於史，整個過程已與《孫子》所描述的戰場災難情況相去不遠。〔註226〕不過，柴榮取得江北之後的國賦倍增，似因此暫時停止南面攻勢，改以收復幽州爲目標。

　　後周進攻南唐時，兩地政權已經各自更迭超過半個世紀，雙方的參戰將領多數是南北分治以後出生者，唐朝滅亡所帶動的恩怨情緒甚微，雖然在北宋學者眼中，南向出兵是結束分裂的統一之戰，但若站在南唐君臣立場，其論點未必具有說服力。此一長時間分裂後所進行的內戰，性質上與唐末藩鎮間的勢力爭奪戰已不盡相同，與中央政權平定境內軍亂、兵變的性質也不相同，尤其南唐長期供奉李唐宗廟，一樣自許正統，而中原政權幾經易代，雙方將士都有效忠其君主的正當立場，難以正反、逆順論之。

〔註225〕前引三階段之死亡數字，包括「萬餘」、「四萬」、「七千」已近六萬，此數字並不包含淮西諸州與廬、滁諸州之戰況，以及水戰之陣亡者。

〔註226〕《十一家注孫子校理・作戰、謀攻》卷上，頁 30、48～51，「其用戰也勝，久則頓兵挫銳」、「攻城之法，爲不得已。……將不勝其忿而蟻附之，殺士三分之一，而城不拔者，此攻之災也。」。

　　若以唐初對忠烈軍將的禮敬觀念，對於各自忠於其君（國）而效命戰場的將領，無論生死勝敗，對手均應給予相對的敬重，〔註227〕不過，五代後周的實際情況卻是識實務者為俊傑，而堅持頑抗者全輸。其中淮上三大重鎮（壽、濠、楚州）的守將表現，恰成三種類型的對比，楚州防禦使張彥卿在南唐軍潰逃之際，堅守楚州城逾四十日，城破之後仍行巷戰頑抗，《資治通鑑》記其「矢刃皆盡，彥卿舉繩床以鬭而死，所部千餘人，至死無一人降者。」〔註228〕張彥卿之懷抱忠肝義膽壯烈犧牲，其忠君盡責的人格實不遜於南唐壽州守將劉仁贍，更勝於濠州守將郭廷謂，然而以周世宗之「英主」，不但未以軍禮厚葬張彥卿，更因此怒而屠城，殃及無辜，足以使周世宗英名蒙羞。〔註229〕可見戰爭伴隨著暴力的無限制擴張，難以理性發展。

　　《孫子》云：「上兵伐謀，其次伐交，其次伐兵，其下攻城。」又云：「戰勝而天下曰善，非善之善者也。……古之所謂善戰者，勝於易勝者也。故善戰者之勝也，無智名，無勇功。」〔註230〕如果柴榮對南唐主的幾次請降之舉，能夠善加利用，或許同樣可以在避免大量傷亡的情況下獲得江北富饒之地。史載皆以柴榮為「英主」，〔註231〕以此角度看待柴榮取得江北之戰，恐怕很值得後代的「英主」借鏡。

　　顯德六年（959）四月底，南唐戰況結束一年有餘，後周發步騎數萬抵滄州，改以水、陸並進，直入幽州境。柴榮親率之先鋒軍隊尚不足五百騎，五日之間，契丹守軍所管益津關、瓦橋關、莫州城皆未戰而降。當李重進（侍

〔註227〕唐初對忠烈軍將的禮敬觀念，參見《資治通鑑》卷189，武德四年十月乙巳條後。李靖曰：「王者之師，宜使義聲先路。彼為其主鬭死，乃忠臣也，豈可同叛逆之科籍其家乎？」

〔註228〕《資治通鑑》卷1294，頁9578，顯德五年正月乙巳條前後。

〔註229〕《舊五代史·周書世宗紀》卷118，頁3670，記「楚州城內軍民死者萬餘人」。陸游，《南唐書》（臺北：臺灣商務據文淵閣四庫全書影印本，民72年）卷14〈張彥卿傳〉，頁3～4，載「楚州城破，……無一人降，周世宗怒而縱軍大掠，屠其城。」另見《舊五代史·周書世宗紀》卷118，頁3670。其忠烈事另見《舊五代史考異》引趙鼎臣《竹隱畸士集》。案，趙匡胤建宋後，三位反抗其奪位者（韓通、李筠、李重進）同樣有傳；而南唐張彥卿豈非死得其所！然後周與南唐的史書，俱見劉仁贍傳，竟無張彥卿傳。

〔註230〕《十一家注孫子校理·謀攻、形》卷上，頁46～48、73～74。

〔註231〕《舊五代史·周書世宗紀》卷119，頁3739，「江北、燕南，取之如拾芥，神武雄略，乃一代之英主也。」《新五代史·周世宗紀》卷12，頁125，「其為人明達英果，論議偉然。」

衛親軍馬步軍都指揮使）率領的主力軍於五月初一跟上柴榮，正準備對幽州發動攻勢之際，柴榮忽然「不豫」，北伐行動嘎然而止。〔註232〕此次北伐，柴榮似乎吸取了對南唐水上作戰的經驗，充分運用永濟渠的水道運輸功能，大量使用船隻承載。〔註233〕就河北平原的地理條件而言，因為其主力沿運河而北，摒棄走太行山東麓沿魏、貝、冀而抵瀛、莫的傳統陸路，幽境守軍顯然大出意外，這個奇襲手段將戰爭的損耗降至最低，獲得非常正面的歷史評價，恰與其血戰江北成為強烈對比。〔註234〕

　　史載遼穆宗對於後周襲取幽境城關，無意出兵奪回。〔註235〕遼朝在當年底與次年秋、冬，曾經發生數起后族與皇族謀反事件，〔註236〕加上遼穆宗經常酗酒、不理朝政，這些背景因素使後人相信，如果柴榮能夠繼續領兵直搗幽州府，將很有可能收復河北失地，改寫歷史。可惜其於同年六月以過度操勞而早逝，英年三十九歲。

第四節　汴洛肩背之慮與河東地位

一、趙匡胤的政權鞏固措施

　　顯德六年七月柴榮崩，子宗訓（953～973）繼位，年僅七歲，史稱恭帝。〔註237〕柴宗訓即位不久，中央立刻在七月發布了二波與禁軍有關的將領異動命令，〔註238〕這些人事異動，顯示柴榮崩逝之後的政治與軍事權力已經開始

〔註232〕後周收二關，參見《資治通鑑》卷294，頁9579，顯德六年四月條下，以瓦橋關為雄州，以益津關為霸州。宋·李攸，《宋朝事實》（臺北：台灣商務影印清武英殿本，民72）卷20，頁314。

〔註233〕利用水道運輸未必比陸路省時，此須視陸行以馬以驢以步以車而定，不過水路卻一定能大幅減少徵調民力用於長距離運輸的經濟成本，避免勞役擾民的痛苦，更降低其軍需補給於半途遭契丹攔截的可能性。後周對運輸日程之定制，見《五代會要·度知》卷15，頁258，漕運水陸行程制。

〔註234〕《新五代史·周世宗紀》卷12，頁126，「其北取三關，兵不血刃，而史家猶譏其輕社稷之重，而僥倖一勝於倉卒，殊不知其料彊弱、較彼我而乘述律之殆，得不可失之機，此非明於決勝者，孰能至哉？誠非史氏之所及也！」

〔註235〕《新五代史·四夷附錄第二》卷73，頁904，謂其國人曰：「此本漢地，今以還漢，又何惜耶？」案，述律為庖者因其醉而殺之。

〔註236〕《遼史·穆宗紀》卷6，頁76。

〔註237〕《舊五代史·周書恭帝紀》卷120，頁3741。

〔註238〕參見《舊五代史·周書恭帝紀》卷120，頁3743～3744。此異動顯示，侍衛

朝向對李重進不利的方向發展。五代梁、唐、晉、漢的繼位者，屢屢遭遇權臣擅政與兵變奪權危機，前車之鑑不遠，後周柴宗訓再度以幼年繼統，次年正月即傳兵變，同月，趙匡胤（927～976）迫柴宗訓禪位，自建國號宋，改元建隆，史稱宋太祖，時年三十三。

趙匡胤登基的前二年，主要處理的大約是政權穩固的問題，概兵變事件在建宋之前一再重演，任何一位有意厚奠基業的帝王，都應該看得出其中的痛苦處，並尋思防範之道。趙匡胤鞏固基業的努力可以分成兩個方向回顧，一是對付來自外部的反對勢力，二是防範出自內部的可能威脅。

趙匡胤稱帝，預想的剗除對象首推李重進，李重進就是在後周太祖郭威臨終之前奉命向柴榮行禮，以定君臣之分者，〔註239〕所以在周世宗柴榮殞落以後，最有資格受推戴的二位之一就是李重進，另一位是郭威女婿張永德，原是趙匡胤的長官。〔註240〕張永德在陳橋兵變之前可能已經向趙匡胤表明推戴立場，〔註241〕其與李重進不睦，〔註242〕卻對趙匡胤頗為賞識，換言之，張、趙二人早已併肩站在李重進對面。趙匡胤即位後首先解除李重進的侍衛親軍都指揮使職務。〔註243〕就此發展而言，生為郭威外甥的李重進，在改朝換代後已注定其走上絕路的命運，一如柴榮之子宗訓，延年十二載之後依舊殞命。〔註244〕不過，感受沉重壓力的李重進似受到趙匡胤刻意曖昧的態度影響，沒能在第一時間發難，反而是昭義軍帥李筠，首先表態不服從。〔註245〕

親軍將帥兼領之方鎮位置，有往京師外圍邊移跡象；其中新出頭的高懷德、張令鐸二人出自侍衛親軍，以後在趙匡胤兵變過程中，都有推戴功。

〔註239〕見《資治通鑑》卷291，頁9500，顯德元年正月壬辰條。案，然而無論就身分、資歷、軍功各方面，郭威外甥李重進的條件都在趙匡胤之上。

〔註240〕澶州節度使兼殿前都點檢、駙馬都尉張永德落軍職，由趙匡胤替其殿前都點檢職。《舊五代史・周世宗紀》卷119，頁1583。

〔註241〕《續資治通鑑長編》卷1，頁21，建隆元年八月丙子條後。

〔註242〕《資治通鑑》卷293，頁9560，顯德三年十月甲申條下。

〔註243〕《續資治通鑑長編》卷1，頁7、23，建隆元年正月己未條、九月己酉條。及上受禪，命韓令坤為馬步軍都指揮使（取代重進）。

〔註244〕《舊五代史・周書恭帝紀》卷120，頁3752。

〔註245〕《續資治通鑑長編》卷1，頁24，建隆元年九月戊申條前後，「且使（守珣）說重進稍緩其謀，無令二凶並作，分我兵勢。……重進信之。上已平澤、潞，則將經略淮南，戊申，徙重進為平盧節度使，度重進必增疑懼，庚戌，又遣六宅使陳思誨齎鐵券往賜，以慰安之。」參見《宋史・周三臣李筠傳》卷484，頁13973～4。

　　李筠憑藉昭義鎮的條件，若得北漢爲援，對趙匡胤的威脅將較引南唐爲援的李重進更爲直接。〔註246〕建隆元年（960）四月，宋朝以侍衛親軍馬步軍副都指揮使石守信、殿前副都點檢高懷德率領前軍，由澤州進討李筠。五月初，再派殿前都點檢慕容延昭及彰德軍留後王全斌領軍自東路與前軍會師，另命洺州向西面巡檢，防止北漢軍出太行山南下。五月中，趙匡胤親領本軍出征。結果，李筠軍敗，退回澤州城內頑抗，至六月中，以城破而亡。趙匡胤繼攻潞州，李筠之子以城降，昭義鎮平。

　　北漢若成功的與李筠相結，將可以獲得前哨基地，增大對宋都的威脅。但北漢屹立的政治號召是反周復漢，而李筠的立場則是因爲忠於周室而反宋，〔註247〕此一邏輯上的矛盾阻礙了雙方的互信，聯手難以合意。故李筠兵敗被圍時，北漢並未積極增援，在澤州城破之後即引兵退回太原。解決了李筠，趙匡胤開始對付淮南李重進。九月，命馬步軍副都指揮使石守信爲揚州行營都部署，帥禁軍討之，不到二個月，石守信即攻破揚州城。〔註248〕李重進也試圖引南唐爲援，不過，他早年征討南唐的「戰功」，此刻反成爲他請援於南唐的汙點。而且，南唐自喪失江北諸州以後，對中原政權頗爲忌憚，因此，李重進之反宋行動不但沒有獲得南唐的實際支援，南唐主甚至因爲二度見識到中原大兵攻破揚州城，懼而由金陵（今江蘇南京）遷都南昌。〔註249〕

　　趙匡胤對付反對勢力，除了出兵鎮壓之外，似乎也考慮到避免一再使用暴力而累積仇恨，因而於建隆元年七月，諭使成德帥郭崇入朝；八月，令保義軍帥袁彥朝見；同月，查護國軍帥楊承信無反狀；十月，徙建雄軍帥楊庭璋赴靜難軍。〔註250〕二年（961）八月，令義武節帥孫行友舉族歸朝，削官奪爵。其對鎮帥無論是防範性調動或者出兵鎮壓，都是爲了確保其皇權穩固，

〔註246〕若李重進立刻響應李筠並且發難，不但將壯大反對者的聲勢，對趙匡胤而言也會形成腹背受敵的困擾，此將一如郭威即位之後的情況，因此，趙匡胤必須設法延緩李重進舉兵的進度，避免南北兩方面同時用兵，而他的確做到這點。

〔註247〕李筠曾領潞州軍符攻北漢，下遼州，獲其刺史。見《舊五代史·周世宗紀》卷119，頁1582。

〔註248〕出兵破揚州城。見《續資治通鑑長編》卷1，頁25、28，建隆元年九月己未、十一月丁未條下。

〔註249〕「乃升洪州爲南昌，建南都。建隆二年，留太子從嘉監國，景遷于南都。」《新五代史·南唐世家》卷62，頁777。

〔註250〕「陝帥袁彥凶悍，信任羣小，嗜殺贓貨，且繕甲兵，太祖慮其爲變，遣美監其軍以圖之。」《宋史·潘美傳》卷258，頁8991。

而採取事前預防的積極手段，〔註251〕換言之，其對不服從方鎮所採取的出兵行動，與陳橋兵變不宜分開看待。〔註252〕

　　趙匡胤於一年內軟硬兼施的瓦解反對勢力以後，開始對內部的可能威脅加以裁削，學者在這部份多聚焦討論其「杯酒釋兵權」的手段。〔註253〕趙匡胤顯然非常了解戰場是滋養暴力與英雄的溫床，戰場經歷特別容易培養生死與共的群體意識，那些君臣聚宴時交出軍權的畫面，若放在五代以來的藩鎮發展脈絡中理解，除了顯示趙匡胤把防範中央禁軍將領干政之經驗予以精緻化之外，也感受得到他追隨柴榮的經歷中揣摩到的治國手腕。然而，宋朝以遼為患的格局至為明顯，邊境鎮帥手無重兵，實難以有效禦敵，就此視角而言，宋朝方鎮有名無實的畸形發展現象，實可上循至桑維翰在後晉少帝時期的整合失敗。

　　宋初除了殿前都點檢、副都點檢的職務遭解除不再設置外，其他都指揮使職也由更年輕的將校補任，因此，解除這些元勳功將的軍職，並不意味趙匡胤要削弱侍衛親軍或殿前軍的實力，反而應該解讀為強兵政策的一部分，設法使這二支中央軍隊維持在可以直接由皇帝掌控的狀態，至於對此強兵政策成功與否的檢討，則是另一個研究專題。除了經常校閱軍隊，視察造艦與訓練水師之外，趙匡胤也致力於地方州縣治理的正常化，強化中央治權與繼

───────────────

〔註251〕 「上既即位，欲陰察羣情向背，頗為微行。……且當是時此物果足恃乎？」《續資治通鑑長編》卷1，頁30，建隆元年十二月條後。另參見同書卷2，頁52，建隆二年八月己酉條前後。

〔註252〕 黃仁宇，〈宋太祖趙匡胤〉，《領導文粹》（2000.9），頁42～45，言其「在中國歷史中創立了一種不經過流血而誕生一個主要朝代的奇蹟。」另參見氏著，《中國大歷史》（臺北：聯經出版公司，1993），第十一章北宋：大膽的試驗。案，就政變導致韓通之死而言，已難論為「不流血」，遑論引發後續與李筠與李重進的兵戎相見。其論點似可商榷。

〔註253〕 「杯酒釋兵權」是後人的統稱，大約是指宋太祖建隆、開寶年間相關諸事，如，建隆二年（961）閏三月，殿前都點檢慕容延釗、侍衛親軍馬步軍都指揮使韓令坤罷軍職，只領節度使；七月，殿前副都點檢高懷德、殿前都指揮使王審琦、殿前都虞侯張令鐸罷軍職；三年九月，侍衛親軍馬步軍都指揮使石守信表解軍職。解軍職，專指解除典禁軍的職位。分見《續資治通鑑長編》卷2，建隆二年閏三月甲子朔、七月庚午；同書卷3，建隆三年九月戊午條。另見同書卷10，開寶二年十月己亥條下。「杯酒釋兵權」曾是宋史研究的熱門議題，如丁則良、徐規、柳立言等，大部分圍繞在此事記載的真實性與手段之謀略性兩個面向討論。詳參聶崇岐，〈論宋太祖收兵權〉，《燕京學報》期34（1948）頁85～106，收入氏著《宋史叢考》（北京：中華書局，1980）。范學輝，〈關於杯酒釋兵權若干問題的再探討〉，《史學月刊》期3（2006），頁38～49。

續限縮鎮帥權力，減少軍職鎮將對州縣事務的干預。〔註254〕這些關於宋初政策的探討，必然與宋朝終結反覆的五代政權更迭現象有關，惟此部分亦非本文論旨。〔註255〕

趙匡胤於建隆元年十一月，以侍衛親軍及殿前軍合力攻破揚州城以後，沒有進一步壓迫南唐。大約二年之後，因為湖南武平軍帥之死引發軍亂，繼任者向荊南求援同時也向宋朝請師，趙匡胤遂決定乘此機會解決荊南與湖南。建隆四年（963）正月，以山南東道節度使為湖南道行營都部署，中央樞密副使為副，徵發附近十州之兵會師襄陽，〔註256〕迫使高繼冲交出指揮權，瓦解盤據荊南五十七年（907～963）的高氏割據政權，同年三月，盡收湖南之地。〔註257〕

趙匡胤以軍迫降的取得荊、湖之地，除了政治、經濟方面的收穫外，就地理形勢而言，是取得直接通往南漢國之途徑，同時也獲得了對南唐、後蜀兩地的施力槓桿，使宋軍處於有利的外線攻勢位置，稍晚，宋朝對這兩個政權出兵，皆採取兵分兩路的方式夾擊而勝。即使宋朝是在擊滅其南面各獨立政權後才瓦解北漢，本文對所謂宋初有「先南後北的政策」觀點依舊不敢苟同，〔註258〕事實上，宋軍在建隆、乾德年間與北漢發生多起戰役，趙匡胤

〔註254〕分見《續資治通鑑長編・太祖》前3卷，建隆元年十月乙酉，兩京軍巡及諸州馬步判官之補選，收由吏部流內銓注擬選；二年三月，令諸州決大辟訖，錄案奏聞，由刑部詳覆之；三年十一月甲子，詔殿前、侍衛兩司將校，無得冗占直兵，限其數。十二月癸巳，縣主簿下置縣尉乙員（另置弓手），管盜賊鬥訟，區分縣城內外管理權責，鎮將所主，不及鄉村，但郭內而已。另見《宋史・郭廷謂傳》卷271，頁9297，「乾德二年，……州承舊政，有莊宅戶、車腳戶，皆隸州將，鷹鷂戶日獻雉兔，田獵戶歲入皮革；又有鄉將、都將、鎮將輩互擾閭里，廷謂悉除之。」

〔註255〕咸信，趙匡胤有意使宋朝走出五代以來武人治國的陰影，他的詔令彼此間具有結構性的關聯，顯然不是一時興起的規定，許多措施內容，對於奠定宋朝基業具有深遠的影響。相關議題的討論文獻與整理，可參考曾瑞龍，《經略幽燕（979～987）：宋遼戰爭軍事災難的戰略分析》（香港：中文大學出版，2003），第一章。另見金毓黻，《宋遼金史》（臺北：臺灣商務印書館，民80），頁13～18，宋立國之基本政策、宋積弱的原因。

〔註256〕《續資治通鑑長編・太祖》卷4，乾德元年正月庚申條下。

〔註257〕《續資治通鑑長編・太祖》卷4，乾德元年二月壬辰、三月壬戌條。

〔註258〕建隆四年（963）三月，宋軍下荊南、朗州，同年七月，曹彬即跨入北漢界，捕獲生口千人以獻。八月，王全斌、曹彬、郭進等將攻下太原境內樂平，置效順軍。九月，北漢軍引契丹軍反攻，北宋以洺、濮、趙境之兵救援。十二月，曹彬等將又分別攻北漢遼、石州。乾德二年（964），北宋昭義軍步騎萬

甚至在開寶二年（969）二月御駕親征北漢，而當時的南漢、南唐都未收服。

宋朝結束五代十國分裂局面，要到太平興國四年（979）滅北漢以後，才達到宋人所謂的「統一」，這個說法沿用至今，然而，大宋帝國除了幽燕未復以外，至少包括西夏、大理等地仍然維持實質獨立，安南更從此脫離中國的歷史版圖，成為今日越南。

二、趙光義突襲幽州的敗因

宋相趙普曾提醒趙匡胤，北漢為遼、宋兩大國之緩衝區，建議緩圖北漢。〔註259〕趙匡胤表面上附和他的說法，實際上隔年就親征北漢，即使該役未盡全功，已足以打破認為宋太祖有「先南後北」戰略的觀點。值得思考的是，宋朝究竟應該放著讓北漢當作緩衝區，還是自己掌握這個表裏山河？

宋太祖開寶元年（968）九月，北漢主劉繼元新立，趙匡胤乘機發兵北伐，先奪團柏谷，進圍太原。十一月，以契丹軍入援而退。〔註260〕隔年趙匡胤親征，分以昭義、建雄軍二路進攻太原，主力在東，〔註261〕另派彰德軍往鎮、定州布署，成功的阻止契丹軍走河北來襲的企圖。〔註262〕圍攻晉陽城之宋軍四面築壘，壅汾水引灌入城，圍城時間長達約三個月，契丹援軍二度受阻於石嶺關（忻州境）與土門，〔註263〕但是當契丹軍強行打通石嶺關後，宋軍即不再能夠圍困太原，終於在閏五月，以「暑雨多破腹病，而契丹亦復遣兵來

餘攻遼州，北漢引契丹六萬反攻，宋再以六萬軍隊赴戰。同年十一月，宋軍出兵西川，次年正月，後蜀降伏。乾德四年正月，北漢侵宋，契丹寇易北。認為趙匡胤有先南後北的統一戰略，見徐規、方如今，〈評宋太祖的「先南後北」統一戰略〉，收入《宋史研究論文集》（鄭州：河南大學出版社，1984），頁 517～534。不同觀點參見梁偉基，〈先南征後北伐：宋初統一全國的唯一戰略（960～976）？〉，《中國文化研究所學報》新創號期 8（1999），頁 73～100。

〔註259〕「太原當西北二邊，使一舉下之，則邊患我獨當之。何不姑留以削平諸國……於是用師荊湖，繼取西川。」《續資治通鑑長編・太祖》卷9，頁204～205。

〔註260〕北漢權臣弒殺劉繼恩，迎立劉繼元，宋師隨即入侵。征戰與圍城戰況敘述簡略，見《續資治通鑑長編・太祖》卷9，頁206～209，開寶元年九月前後條。

〔註261〕趙匡胤親帥主力在東路跟進，發諸道軍屯潞、晉、磁等州，潞州一路，饋餉塞道，見《續資治通鑑長編・太祖》卷10，頁216～217，開寶二年二月。宋太祖親征北漢前後，遼穆宗遭弒，遼景宗繼位。

〔註262〕見《續資治通鑑長編・太祖》卷10，頁220～221，開寶二年五月。

〔註263〕契丹軍企圖由定州入土門未果，見《續資治通鑑長編・太祖》卷10，頁221，開寶二年五月戊寅條下。

援」為由，退出太原。〔註264〕宋初的太原可以利用忻州獲得契丹支援，是自後周以來的經驗，趙匡胤親自試了二次，知道忻州險峻難制，才改變主意先伐南漢。

自開寶三年（970）八月迄四年二月平南漢，南面僅剩南唐與吳越二大國。倍感緊張的南唐雖主動撤去國號，降損制度，仍無意放棄領土。趙匡胤等了三年終於對南唐大出軍，出兵前先與遼朝保持緩和關係。〔註265〕南唐激烈抵抗，仍於開寶八年（975）十二月滅國。整理了八個月後，趙匡胤轉向北面，再攻太原，北漢依然求援於契丹，但趙匡胤於九年十月忽然崩逝，事遂暫寢。〔註266〕

趙光義（939～997）繼兄而立，史稱太宗，改元太平興國。趙光義上任不到三年，先迫使吳越獻上十三州領地，隨即將箭頭指向北漢。太平興國四年（979）正月，宋軍兵分多路，御駕經洺、邢、趙州，由鎮州上太原，二月，擊破契丹軍於石嶺關南，進圍晉陽。值得一提的是趙光義似深諳契丹入援北漢的行徑，其由澶州入河北經洺、邢州，駐鎮州指揮太原圍城戰，顯然是以嵌制企圖由幽、易而來的契丹軍為重點。另一個重點是遼景宗此番派出的救援軍與以前不同，其數量既多且重，動員包括契丹族軍、契丹禁軍、南北二院所管大部族軍、眾部族軍，大同軍（屬地方軍）等，另再派出北院部、乙室部二支大部族軍，進駐南京道（幽州）預防宋軍突擊。〔註267〕

契丹救援北漢的二條途徑，由代州雁門關經忻州石嶺關而入，由鎮州經土門而入，此二條路都遭宋軍切斷，北漢受圍約三個月後終於投降。〔註268〕趙匡胤在位時期，雖然將用兵重點暫時轉向南方，但對於北漢的削弱仍不遺

〔註264〕《續資治通鑑長編・太宗》卷20，頁442，記樞密使曹彬觀點：言「周世宗時，史超敗於石嶺關，人情震恐，故師還。太祖頓兵甘草地中，軍人多被腹疾，因是中止，非城壘不可近也。」曹彬未言契丹復來援。

〔註265〕《遼史・景宗紀》卷8，頁94。《續資治通鑑長編・太祖》卷16，頁337，開寶七年三月條，契丹遣使奉書來聘。以後三年，皆互相遣使報聘。

〔註266〕命伐北漢，宋太祖崩。見《續資治通鑑長編・太祖》卷17，頁374、380～381。北漢求援於契丹，見《遼史・景宗上》卷8，頁96。

〔註267〕詳論請參拙文，〈遼朝的軍隊及其編組〉，頁65～69。宋軍回報契丹騎數萬入侵，敗於石嶺關，見《續資治通鑑長編・太宗》卷17，頁447，三月乙未條下。

〔註268〕《續資治通鑑長編・太宗》卷20，頁452，太平興國四年五月。「北漢平，凡得州十，軍一，縣四十一，戶三萬五千二百二十，兵三萬。」吳越王獻地的數字可做對比：（太平興國三年五月）凡得縣八十六，戶五十五萬六百八，兵十一萬五千三十六。

餘力，攻城器具也久經準備，[註 269] 故當趙光義傾全國之力攻擊北漢時，太原周邊州縣應聲而下，實際的抵抗力量只太原城內之有限軍力。

趙光義似乎因平定北漢而志得意滿，回經鎮州時突然決定襲取幽州。[註 270] 六月丁卯日，宋軍於通過祁溝關界，在涿州外驅離契丹守軍，涿州城降，二日後與契丹駐南京主力戰於幽州城外，契丹敗走，但追擊的宋軍沒有進一步奪取燕山各關隘，[註 271] 使得契丹騎兵得以去而復來，契丹軍在宋軍圍困幽州城之際突然出現，導致宋軍敗績於高梁河畔。[註 272]

趙光義首度突襲失敗的原因，在於宋師應該奪取山北諸隘口固守之，以確保契丹軍短期內不能再度入關，以便宋師專注的圍攻幽州城。推而論之，即使宋軍將契丹軍擋在關外，如願地攻破幽州城，並不等於能夠即刻恢復幽州全境，別忘記李克用與李存勗取得幽州的經過，皆非一役而成。[註 273] 趙光義如何能以一場戰役之勝利而取得幽冀全境？趙光義宣戰式的襲擊「遼朝的幽州」，歷來幾乎無人評之為行動草率，但他的確魯莽的開啟了北宋與契丹

[註 269] 趙匡胤退師後，一方面要求河北鎮、深、趙、邢、洺各州管內之縣鎮軍寨，強化工事，一方面採遷徙太原周邊居民，以絕其供饋。參見《續資治通鑑長編‧太祖》卷 10，頁 225，開寶二年閏五月。同書卷，頁 230，開寶二年七月。

[註 270] 《續資治通鑑長編‧太宗》卷 20，頁 454。

[註 271] 「先是宋師自并幸幽，乘其無備，帝方獵，急歸牙帳，議棄幽、薊，以兵守松亭、虎北口而已。……至是，于越救至，宋遂退師。」南宋‧葉隆禮，《契丹國志‧景宗》卷 6，頁 81。「軍于得勝口以誘敵。帝麾兵擊之，士皆鼓勇，斬首千餘級。色珍襲其後，宋師始卻。色珍軍於清沙河北，為南京聲援。」清‧畢沅，《續資治通鑑》(北京：中華書局，1957) 卷 10〈宋紀太宗〉，頁 241。

[註 272] 襲幽州之敗，史載相當簡略，戰況參見《續資治通鑑長編‧太宗》卷 20，頁 454～457。學界對此戰役的討論頗多，參見宋常廉，〈高梁河戰役考實〉，《大陸雜誌》卷 39 期 10 (1967)，頁 26～36。張義忱，〈論宋遼高梁河之戰〉，《瀋陽師範學院學報》期 3 (1988)，頁 87～91。李裕民，〈宋太宗平北漢始末〉，《山西大學學報》期 3 (1982)，頁 86～94，收入氏著《宋史新探》(西安：西安師範大學出版社，1999)，頁 65～81。傅樂煥，〈關於宋遼高梁河之戰〉，收入氏著《遼史叢考》(北京：中華書局，1984)，頁 29～36。漆俠，〈宋太宗第一次北伐——高梁河之戰——宋遼戰史研究之一〉，《河北大學學報》期 3 (1991)，收入氏著《探知集》(保定：河北大學出版，1999)，頁 168～186。對易、定地緣重要性的分析，另見李孝聰，〈論唐代後期華北三個區域中心城市的形成〉，《北京大學學報》期 2 (1992)，頁 56～58。

[註 273] 宋人李攸的觀點已指出，收幽州宜派良將十餘人領兵十萬，奪取自易州以東至於灤州的五道關口，四出襲其巢穴，然後會 (師) 於幽州，參見《宋朝事實》卷 20，頁 315。

之間的直接衝突。同年九月，契丹開始報復性南伐，以後幾乎年年入侵，契丹遂成為宋朝最棘手之外患。

　　經過七年的整備，趙光義在雍熙三年（986）三月，兵分三路正式發動北伐戰役，一路由河北平原北上，企圖吸引並牽制遼軍主力，一路由代州，東取飛狐道而下，循李存勗路線入幽州，一路走山後，由雁門關攻取蔚州進控居庸關，循李克用滅幽州途徑，以期一舉將遼軍殲滅於河北戰場。中路軍力戰取得飛狐道，但在山後一路（新、媯州）則遭遼軍壓制，導致宋軍全線潰敗，收復幽燕之舉再度功敗垂成。〔註274〕

　　雖然北宋出兵幽州意在收復失土，實現大一統，〔註275〕但是現實的幽州情況與太原恐怕截然不同，宋人或可將太原視為倚遼朝而立的偽政權，將攻伐太原視為內戰性質的統一戰爭，契丹應當明白出兵援助北漢乃屬干涉他國糾紛的舉動，理不直氣不壯，故其既敗即退；但幽州割為遼領土已達半個世紀，契丹軍自認為與宋人戰於幽州是保衛國境，宋人若理解這層差異性，則其對經略幽燕之論述應當有不同的思維，但趙光義卻始終執著於以「收復」幽州為目標。由軍事戰略的角度思考，趙光義圍攻幽州城之敗，與趙匡胤圍太原之敗（969）、朱溫圍潞州之敗（908）的問題恐怕都出在目標、目的與手段分不清楚所致，這再度為本文的主張提出例證：晚唐以來的軍事思想可能呈現停滯甚至退化走勢。〔註276〕

〔註274〕雍熙三年三月，北伐軍分三路出師：東路由曹彬和米信分統，曹彬為「幽州道行營前軍馬步水陸都總管」，米信為「幽州西北道行營馬步軍都總管」，出雄州；中路由田重進擔任「定州路行營馬步都總管」，出飛狐；西路由潘美任「雲、應、朔等州行營馬步都總管」，出雁門（今山西代縣）。高梁河戰役與雍熙北伐事蹟，參見程光裕，《宋太宗對遼戰爭考》（臺北：中國文化大學圖書館原稿書，民65）。張其凡，〈從高梁河之敗到雍熙北伐〉，收入氏著，《宋初政治探研》（廣州：暨南大學出版社，1995），頁131～147。

〔註275〕幽州軍民的歸附意願如何？這恐怕才是值得研究的問題。大一統，見李攸，《宋朝事實》卷20，頁317，「帝曰，今汾晉未平，燕冀未復，謂之一統，可乎？……然則帝欲大一統，而復幽燕者，其意在此不在彼也。」此者，謂國庫儲三百萬貫以贖陷沒契丹之百姓；彼者，謂大一統也。契丹對燕雲十六州的撫綏政策，宋人所記燕雲淪入契丹後的情況，參見姚從吾，〈從宋人所記燕雲十六州淪入契丹後的實況看宋遼關係〉，頁8～11。

〔註276〕參見第二章朱溫圍潞州之敗（908）之評論，與本章第一節關於「攻城掠地」的探討。

在與遼朝軍事對抗過程中，宋朝因爲廣屯「兵險」於河南，導致太原、魏博、鎮定各處的兵力不足，已見歷代學者探討。本文以爲，在這個守勢作戰的理則下，宋朝是否運用太原與幽州互爲表裏的地理形勢，重視河東對河北戰場側翼地位，是不可忽視的觀察重點。〔註277〕

三、五代迄宋的建都因素考察

北宋因循後周，以汴京爲都而擴建之，〔註278〕直到靖康二年（1127）閏十一月，汴京城遭金兵攻佔而南遷，前後約168年。

在趙匡胤的政權穩固並收服南面諸國之後，曾經考慮移都洛京，但爲晉王趙光義等人勸阻，這些包括文武官員的勸阻意見內容，鮮由地理形勢角度討論汴京的潛在威脅，晉王趙光義甚至以建都「在德不在險」之語，成功的阻止遷都。〔註279〕

學者研究宋朝建都於汴京的考量，主要在於水陸交通發達、運補便利，可供屯糧兵食，聚重兵於京師，企圖置重兵以當山河之險，是依照「國依兵而立，兵以食爲命，食以漕運爲本，漕運以河渠爲主」的邏輯。〔註280〕這種將軍隊糧餉與國都安全制約在一起的觀點，有其缺陷，學界對於北宋朝建都

〔註277〕案，鎮、定可做爲截擊契丹軍的基地，但是一方面宋朝騎兵不足，一方面有後晉滹水之降的前例，似因此使得北宋佈署在該地區的兵力有限。宋軍攔截成功的戰例雖有，惟成效不大。

〔註278〕「東京，汴之開封也。梁爲東都，後唐罷，晉復爲東京，宋因周之舊爲都。建隆三年，廣皇城東北隅，命有司畫洛陽宮殿，按圖修之，皇居始壯麗矣。」《宋史·地理志》卷85，頁2097。

〔註279〕見《續資治通鑑長編》卷17，開寶九年四月癸卯條下，頁，「始議西幸，起居郎李符上書陳八難，曰：「京邑凋弊，一難也。宮闕不完，二難也。郊廟未修，三難也。百官不備，四難也。畿內民困，五難也。軍食不充，六難也。壁壘未設，七難也。千乘萬騎，盛暑從行，八難也。」……鐵騎左右廂都指揮使李懷忠乘間言曰：「東京有汴渠之漕，歲致江、淮米數百萬斛，都下兵數十萬人，咸仰給焉。陛下居此，將安取之？且府庫重兵，皆在大梁，根本安固已久，不可動搖。若遽遷都，臣實未見其便。」上亦弗從。……上曰：「吾將西遷者無它，欲據山河之勝而去冗兵，循周、漢故事，以安天下也。」參見《宋史·李懷忠傳》卷260，頁9022。另見宋·邵伯溫，《邵氏聞見錄》（北京：中華書局，1997）卷7，頁66，引王禹偁之說。

〔註280〕詳論見，全漢昇，《唐宋帝國與運河》（臺北：中研院歷史語言研究所，1995），第七章。

之探討已多，〔註281〕本文則由五代政權發展的脈絡補述之。

《舊五代史・地理志》記：「梁開平元年，梁祖初開國，升汴州爲開封府，建名東京，……後唐復降爲汴州，……晉天福中，復升爲東京，復以前五縣隸之，漢、周並因之。」許多人似乎因此把東京當作唯一京城，實際上，後梁建都尚搖擺於汴京與洛京間。〔註282〕

梁始升汴州爲開封府，建爲東都，其原因除了集散轉輸之便利外，似乎比較著重於彰顯尊榮，而非以國都安全與國家命脈之連結爲思維。〔註283〕《舊五代史》摘錄朱溫即位制書言：「興王之地，受命之邦，集大勳有異庶方，霈慶澤所宜加等。故豐沛著啓祚之美，穰鄧有建都之榮，用壯鴻基，且旌故里，爰遵令典，先示殊恩。宜升汴州爲開封府，建名東都。」〔註284〕所謂「興王之地，受命之邦」是指朱溫於唐昭宗天復元年以地封梁王，當年四月，唐帝將傳國寶送到汴梁。〔註285〕朱溫自從三十二歲起就擔任汴州刺史，從宣武鎮開始一路奮鬥至位兼四鎮節帥，再兼天下兵馬大元帥，甚至稱帝，此期間，其設置僚府、運籌帷幄的場地向來就在汴州，故將汴州視爲「故里」，因循於稱帝前的習慣，無意遷就眾議以西京洛陽爲首都。但大部分的官員不見得明瞭他的意圖，沒有意識到這是二百多年來的大變化，以爲在開封上朝只是暫時現象，因此不到半年即開始「疑訝」，朱溫因爲這些議論，令文武百官先赴

〔註281〕 陳峰，〈從定都開封說北宋國防政策的演變及其失敗〉，《陝西大學學報》期2（1991），頁60～65。馬強，〈論北宋定都汴京〉，《中國史研究》期2（1988），頁34～43。另見，王明蓀，〈兵險德固──論北宋之建都〉，《中國中古史研究》期7（2007），頁153～177。王文由汴京地理環境、宋人對都汴京的議論，及汴京後來遭遇遼、金兵臨城下的兩起史例，論所謂「兵險德固」之說或可以成立，但不能長久。

〔註282〕 《舊五代史・地理志》卷150，頁4582～4583。王恢，《中國歷史地理──歷代疆域形勢》（臺灣：學生書局，民67），頁1034。張步天，《中國歷史地理（下冊）》（湖南：湖南大學出版社，1988），頁172～177。都認爲五代除了後唐都洛陽外餘皆都開封。

〔註283〕 參見《元和郡縣圖志・關內道》卷1，頁1～2。請注意李吉甫案語，其引漢初婁敬分析洛陽與關中之形勢。吾人可據之以對照漢唐時人的思維與朱溫建汴京時的思維，器識顯然有別。

〔註284〕 《舊五代史・梁書太祖紀》卷3，頁113。

〔註285〕 「唐帝降御札，出傳國寶，……朝于梁國」，《舊五代史・梁書太祖紀》卷3，頁107。同書（中華書局版），頁16，則紀：「唐帝御札勅宰臣張文蔚等備法駕奉迎梁朝。……及金吾左右二軍，離鄭州。丙辰，達上源驛。」是朱溫在開封受禪，而有別於前往洛陽取之。

西京，只留部分官員在東都。〔註286〕延至開平三年正月，終於遷太廟入西都，赴南郊祭天。〔註287〕

　　朱溫建梁於汴洛，反而開啓了中原的分裂與統一戰爭，幽、滄二境表面上雖然都臣服於朱溫，但彼此互鬥；關中地區軍閥經常出兵挑釁；梁軍爭奪潞州敗退，危及河南（二年五月）；河東軍意圖南下河中，開始挑戰晉、絳州（二年八月）；這些背景事件可能讓朱溫注意到開封之無險可守，而決定遷都回洛陽，總之，朱溫建梁之後以汴京爲首都的時間並不久。〔註288〕

　　朱友珪逆弒朱溫，繼位於洛陽，但七個月後，朱友貞派人殺兄奪位，卻改即位於東都。朱友貞不在洛陽繼位的理由是：「夷門，太祖創業之地，居天下之衝，北距并、汾，東至淮海，國家藩鎮，多在關東，命將出師，利於近便。公等如堅推戴，冊禮宜在東京，賊平之日，即謁洛陽陵廟。」〔註290〕表面上看，它似乎是考量軍國大計，基於對外戰爭的的需要，但是實際上，如果拿掉「夷門，太祖創業之地」幾個字，剩下的理由全部可以套用在洛陽。其中，值得討論的是「國家藩鎮，多在關東，命將出師，利於近便」的說詞，這個論點是以當時的戰場爲準，以爲把指揮中心設在東面可以就近調遣。尤其朱友貞是在內亂的情況下奪回皇位，前此，其擔任東都馬步軍都指揮使達二年，接掌東都留守已七個月，對駐汴軍隊較能夠掌握，故以國家有亂爲拖詞，選在對他相對安全的開封即位。雖然他承諾盡快赴洛陽謁陵，但是實際上除了在貞明三年十二月底赴洛陽一次以外，他未曾再往西都，而且那一次因爲戰情緊張，也沒能完成郊祀。〔註291〕

〔註286〕「十月，帝以用軍，未暇西幸，文武百官等久居東京，漸及疑訝，令就便各許歸安，只留韓建，……其宰臣張文蔚已下文武百官，並先於西京祗候。」《舊五代史‧梁書太祖紀》卷4，頁130。

〔註287〕《舊五代史‧梁書太祖紀》卷4，頁158～160。

〔註288〕梁太祖乾化元年正月壬戌詔：「東京舊邦，久不巡幸。」見《舊五代史‧梁書太祖紀》卷6，頁211。

〔註290〕《舊五代史‧梁書末帝紀》卷8，頁255。

〔註291〕貞明三年十二月戊辰：「陛下踐祚以來，尚未南郊。」《資治通鑑》卷270，頁8822。案，行郊禮，是確認天子身分的重要儀式，《舊五代史‧唐書莊宗紀》卷28，頁749，亦載，「周德威戲燕使曰：『大燕皇帝尚未郊天，何怯劣如是耶！』」另《資治通鑑》卷269，頁8797，貞明元年九月壬午條前，記朱友貞未在洛陽完成南郊之禮，河陽節度使張歸霸之女因而固辭冊后事。

後唐莊宗滅後梁，以恢復李唐帝國爲號召，因此將國都由汴京遷回洛都，復以長安爲西京，開封府降回宣武鎮。〔註292〕但以大戰之後天災頻仍，民生問題成爲皇帝的主要顧慮，李存勗於同光三年，一度欲移駕開封就食。〔註293〕開封的交通條件遠比洛陽優越，南北物資輸轉，最經濟便利的方式是經由水路經運河，在船隻由運河道轉換到大河道的過程中，由於牽涉到雨季、河寬與水位、流速等不同的條件數據，需要掌握季節或者變換船隻，進而發展出一套管制作業程序，〔註294〕因此若單單就中央收取賦租、漕運饋糧的考量而言，洛陽的條件當然不如開封優越。

石敬瑭兵變是以恢復明宗時代的政治爲號召，即位之初仍以洛陽爲都。次年，爲處理范延光兵變而前往大梁，再度感受到此地的交通便利性，因而遷都，其制文稱：「建都之法，務要利民。……當數朝戰伐之餘，是兆庶傷殘之後，車徒既廣，帑廩咸虛，經年之輦粟飛芻，繼日而勞民動眾，常煩漕運，不給供須。今汴州水陸要衝，山河形勝，乃萬庾千箱之地，是四通八達之郊。爰自按巡，益觀宜便，俾升都邑，以利兵民。」〔註295〕據此，知其遷都的主要思維依然根據粟芻漕運之便利，考量文武百官之給養，〔註296〕然而，利民決非建都唯一思考的因素；尤其，汴州其實並不具備「山河形勝」之樣貌。吾人面對此制文內容強言形勢的現象，與其評論其用詞空泛，不如體會其用詞背後所呈現的意義，亦即，儘管其解釋遷都的理由是因爲漕運之利，卻仍然必須套一個地理形勢角度的說詞，說服外界。

後漢劉知遠在中原殘敗之後，稱帝入京，其建都之制曰：「浚都重地，汴水明區，控襟帶於八方，便梯行於萬國，眷言王氣，允稱皇居。其汴州宜仍舊爲東京。」〔註297〕在筆者看來，此文的重點只是要表達「仍舊以汴州爲東京」而已，而且，一如後晉，其建都制文同樣試圖加入地理形勢上的支持條

〔註292〕《舊五代史・唐書莊宗紀》卷30，頁841～842。
〔註293〕《資治通鑑》卷274，頁8951，同光三年閏十二月庚子條下。
〔註294〕《通典・食貨》卷10，頁221。另見《新唐書・食貨志》卷53，頁1366，「以歲二月至揚州入斗門，四月已後，始渡淮入汴，常苦水淺，六七月乃至河口，而河水方漲，須八九月水落始得上河入洛，而漕路多梗，船檣阻隘。……可於河口置武牢倉，鞏縣置洛口倉，使江南之舟不入黃河，黃河之舟不入洛口。」
〔註295〕《舊五代史・晉書高祖紀》卷77，頁2384，天福三年十月庚辰條。御札曰：
〔註296〕晉高祖天福三年十月戊寅：「帝以大梁舟車所會，便於漕運，丙辰，建東京於汴州，復以汴州爲開封府。」《資治通鑑》卷281，頁9191。
〔註297〕《舊五代史・漢書高祖紀》卷100，頁3071，注引制文。

件，而相當勉強的稱讚此區具備「控襟帶於八方」的形勢。本研究認為，汴州雖是四通八達之地，但若論其形勢「控襟帶於八方」，則有浮誇之嫌；唐德宗時的宣武軍節度使韓弘稱大梁形勢，也只說「襟帶河、汴，控引淮、泗，足以禁制山東。」〔註298〕這種硬要強調大梁地理形勢優越的現象，顯示五代晉、漢兩代統治者的建都，都是搖擺在國防安全與民生經濟之間做決定。〔註299〕

　　後漢祚短，郭威以兵變得位，聲稱只是依循舊章，以汴京為首都。〔註300〕待後周世宗繼位，開始大興汴京土木，恢弘首都基地，更廣修汴京對外水路，使船運四通八達，〔註301〕奠定汴京成為經貿重心長達二個世紀的基礎。

　　開封的興起，主要得利於水路交通之便利，但因其地勢四野平疇，對於國家安全而言，將成為首都防衛的致命傷，宋朝對此缺陷除加強構築城牆的防禦功能，並集結重兵宿衛保護此一神經中樞之外，未見其設計他項輔助方法。若以兵力之集結為山川險阻之替代，是企圖以人為的力量克服地理形勢之不足，然而，人的因素在短時間內可能發生變化，其複雜性難以與自然地形的持久性相提並論，實不可據以為長期之依賴。故《讀史方輿紀要》引宋人之言稱，開封若倚河北、河東而立，雖然可以因此南向控制江、淮，卻因為形勢渙散，難以防守。〔註302〕

　　當後梁崩潰之際，曾經有請梁末帝移駕洛陽以為最後戰場之論，但未受採用。〔註303〕北宋范仲淹在仁宗時與宰相呂夷簡論建都時，也持類似說法：「洛

〔註298〕轉引自《讀史方輿紀要・河南》卷47，頁2137。案，在顧祖禹徵引之歷代論點中，絕大多數是指大梁水陸都會、天下會要之地以外，是四戰之地，韓弘的論點已屬異見。

〔註299〕錢穆，《中國歷代政治得失》（臺北：聯經出版公司，1998），頁106、107，論五代迄宋之都汴京，為遷就當時形勢之選擇。案，其所謂的形勢，應該是指政治或經濟環境，而非地理形勢。

〔註300〕「朕以眾庶所逼，逃避無由，扶擁至京，尊戴為主。……改元建號，祗率於舊章。」《舊五代史・周書太祖紀》卷110，頁3339。

〔註301〕增闊京城，見《資治通鑑》卷292，頁9532，顯德二年十一月丁未條下；《舊五代史・周書世宗紀》卷116，頁3587。廣修水路，分見《資治通鑑》卷292，頁9532，顯德二年十一月乙未條下、同書卷293，頁9569，顯德四年四月乙酉條下、同書卷294，頁9577～9578、9582、9594～9595，顯德五年正月己丑、三月辛亥條下、六年二月甲申條前後。

〔註302〕「汴都背倚燕、趙，面控江、淮，泰嶽鎮其左，溫、洛縈其右，為天下奧區。然形勢渙散，防維為難。」《讀史方輿紀要・河南》卷47，頁2137。

〔註303〕《資治通鑑》卷272，頁8898，後唐同光元年十月丁丑條下。議者認為以開封之形勢，唐軍得之必不能久留。但梁末帝並不認為移往洛陽會多一點安全感，因而放棄轉進頑抗，選擇以開封為死所。

陽險固，汴爲四戰之地。太平宜居汴；即有事，必居洛陽。」〔註304〕可見由後梁到北宋，一直有在洛京與汴京之間取捨的爭論。在本文所見的脈絡中，洛陽看似四面屏障，但從河東、河北、河南的大區域形勢而言，其位置距離開封仍然太近，都汴與都洛恐怕沒有差別；不論是李克用的河東軍、石敬瑭的河東軍、劉知遠的河東軍，其軍隊出澤州下懷州之後，對河南汴、洛地區守軍所帶來的濃厚陰影並無二致。

　　五代政權無論建都汴、洛，此二位置在首都防衛安全上所遭遇到的致命傷是一致的，這點其實不用等到宋朝才看見，由五代的政權更迭過程，已經一目了然。李存勗滅後梁，是由河東東下河北再攻河南，繞越決河氾濫區，由曹州攻下汴京，很明顯地，大河是阻擋北來威脅的有利障礙，但只要入侵者過河，汴、洛即感受到極大威脅。後唐李嗣源、李從珂兵變的經過，說明挑戰者的軍隊只要南渡大河、東取陝州，汴、洛京區的軍隊就已經喪失鬥志，更別說自潞澤下河陽的石敬瑭了（參見圖二四）。當郭威兵變引軍南下經澶州、入滑州時，後漢隱帝即使有心引軍與叛軍相對峙，依舊無法壓低叛軍的聲勢，慕容彥超的幫助乃成爲杯水車薪。

　　比較特殊的是契丹軍入侵所導致的兩次朝代更替，一次是石敬瑭發動兵變，引契丹軍入援，趙德鈞放棄抵抗，叛軍得以由澤州南下河陽，後唐禁軍不戰而降，石敬瑭順利進入洛京。另一次是石重貴與契丹開戰，後晉北面行營全部棄械於滹水之畔，契丹遂引兵自趙、邢、相、衛州，南渡入汴，這兩次導致朝代覆滅的入侵，都不是由契丹軍直接攻入河南。

　　撇開政略上的議論，上述的經驗顯示河東太原在地理形勢上對河南汴洛地區的影響，這個影響可能是間接的，但無損其重要性。前文已經強調，河東劉知遠必須爲後晉的亡國負責，歐陽修在〈漢隱帝紀〉感嘆：「方出帝時，漢高祖居太原，常憤憤下視晉，而晉亦陽優禮之，幸而未見其隙。及契丹滅晉，漢未嘗有赴難之意。出帝已北遷，方陽以兵聲言追之，至土門而還。」並指責劉知遠對後晉少帝（即出帝）「無復君臣之義，而幸禍以爲利者，其素志也。」〔註305〕歐陽修指責劉知幸禍以爲利，應該不會只憑一次追「至土門而還」，就下定論爲「其素志也」，但他以劉知遠由太原追到土門爲作態之例是有意義的，對照出早先杜重威與契丹決戰於滹水之畔時，劉知遠同樣可以

〔註304〕轉引自《讀史方輿紀要・河南》卷47，頁2137～2138。
〔註305〕參見《新五代史・漢隱帝紀》卷10，頁107。

由土門出兵東下攔截契丹，但那次劉知遠連出兵的姿態都沒做出來；有了一而再三的例證，才會稱之爲「其素志也」。土門之南還有馬嶺關，可由邢州經關而上至遼州，二條都是唐末朱溫圍攻李克用之時曾使用的路線。由地理形勢的角度看這段歷史，不但可以論證劉知遠暗藏之禍心，更可以看出傳統上認爲汴京主要承受來自河北壓力的觀點，其實過於直覺，〔註306〕忽略了河東對河北的影響條件。

顧祖禹由歷史經驗觀察首都位置與國家存亡的關係，得出河南在形勢上最受河北威脅的結論，言：「以宋太祖之雄略而不能改其轍也，從而都汴。都汴而肩背之慮實在河北，識者早已憂之矣！……守關中、守河北，乃所以守河南也。」〔註307〕然而本文之梳理，先已指出李存勗未能妥善運用河東形勢以取河南，繼發現因爲河東軍帥劉知遠停滯不東出，才使得河北成爲威脅後晉國都安危之來源區，究其根本，實以位於汴洛之中央政權未能有效掌握太原所致。因而，若論河北對汴都有肩背之慮，則更不可忽視河東位於河北平原側翼的重要性。可以說，就中原四大區塊的地理形勢而言，如果說汴都的肩背之慮在關中與河北，那麼緩解此憂慮的藥效應該在河東。

小　結

根據五代初期的晉、梁之爭與後期抗遼作戰的經驗，本時期幽燕與河洛的地理形勢關係，其合理的邏輯應該是：失去燕山之險，將危及幽、薊安全；失去幽薊之地，將危及鎮、趙、冀、貝；失去鎮、趙、冀、貝，魏博即無險可手；失去魏博，河南必然震動。然而，南宋葉隆禮在《契丹國志》的嘆論，卻將澶淵之盟、慶曆增幣的恥辱，蔓延上溯至石敬瑭割地，〔註308〕經由本文之分析，已見其因果敘述牽強，更遑論其將澶淵之盟與慶曆增幣怪罪於石晉，則其大宋祖宗竟全無責任矣。

〔註306〕參見《讀史方輿紀要·河南》卷47，頁2138，楊時、岳飛之論。

〔註307〕參見《讀史方輿紀要·河南方輿紀要序》，頁2084。

〔註308〕「論曰：臣於慶曆年間劉六符求關南一事，每爲之三嘆焉。契丹之禍，始於石晉割幽、燕，而石晉卒有少帝之辱；蔓延於我朝，……何則？天下視燕爲北門，失幽、薊則天下常不安。幽、燕視五關爲喉襟，無五關則幽、薊不可守。晉割幽、薊，併五關而棄之，此石晉不得不敗，澶淵不得不盟，慶曆之邀脅亦不得不爲慶曆也，至於宣和則極矣。六符之來，世以智計歸之，而孰知釀禍之由，已有所自來哉！」南宋·葉隆禮，《契丹國志·列傳》卷18，頁244～245。

　　後晉少帝抗遼作戰的經過，說明以河北為戰場的戰爭，必須控領河東，俾對入境遼軍施以夾擊、阻擊與追擊，換句話說，即使失去幽州及其以北之關險，當契丹入侵河北平原時，中原政權仍可以藉河東與河北的表裏關係特性，打擊入侵者。後晉亡國的重要原因，是河東屢與中央作梗所致；由遼太宗以避暑省親為由的北歸過程，尚且對河東軍多方防備，可見河東居高臨下的側翼地位至為明顯。北宋若善用幽燕與河東之關係特性抗擊遼軍，應該有機會阻止或弱化進犯之遼軍，進而收復幽州。惟目前所見，論者對於宋朝無力收復幽州、甚至被迫南遷的罪責，大多一股腦地歸咎始作俑者石敬瑭，對宋朝屢戰不勝的檢討仍多諱論，筆者頗以為奇。

　　宋太宗取太原以後奇襲幽州，並非不可行，但在作戰目標與手段上有重大錯誤，又因宋太祖原先已與遼國議和，宋太宗襲擊幽州形同毀約宣戰，導致契丹年年南侵，為患中土，實為宋太宗草率決策的後果。

第五章　結　論

　　唐朝設置藩鎮之初，對抵禦外患與社會穩定有正面功能，即使其後演變為自擅兵賦於一方，但仍保有遙尊天子的姿態；憑藉這層意識上的尊敬，晚唐的中央與藩鎮還維持著薄弱的上下關係，直到黃巢率眾入關，逐唐自立。受黃巢之亂的影響，秦宗權棄防禦使而為蔡賊，恰恰成就了棄盜匪而為汴帥的朱溫。〔註1〕擊滅秦宗權，是朱溫生命歷程的重要轉捩點，使他躍為河南一霸，一度成為唐人心目中的戡亂英雄，以致唐廷上下對他充滿太多不切實際的憧憬。

　　朱溫曾追隨黃巢轉戰各地，佔領關中，他的經歷顯然有助於他透視皇室衰微與方鎮自主的關聯。他轉附官軍不是因為唐朝復興有望，而是因為黃巢已不可為，因此，朱溫不會成為微弱皇權的忠誠維護者，也不甘於繼續擔任擅據一方的藩鎮。

　　以宣武鎮的位置加上向外擴張的企圖，朱溫先西後東的分區、個別、逐次、吞噬河南諸鎮，他成功的重要條件，是以體制內的鎮帥身分，利用中央官員復興皇室的期盼，獲得中央對他軍事行動的支持。簡單的說，就是假天子之詔令行諸鎮之兼併。

　　在強迫昭宗遷都洛陽以前，朱溫的兼併策略堪稱順利，加上他用兵能夠適當掌握時間、空間與兵力的關係，盡量使自己的兵力集中在特定時空，形成局部優勢，以利打擊對手，例如：文德元年（888）對秦宗權發動攻勢之前的干涉性出兵魏博與河陽、光化三年（900）退燕軍回師鞏固邢洺州之戰、天

〔註 1〕「申叢執宗權，撾折其足，送於汴。朱溫出師迎勞，接之以禮，……宗權曰：僕若不死，公何以興？天以僕霸公也。」《舊唐書・秦宗權傳》卷 200，頁 5399。

復元年至二年（901～902）進軍邠岐再迴軍河中之戰，這幾場戰役的用兵方式，頗合乎今日野戰戰略理論中的「內線作戰」要領。

當昭宗遷洛以後，原本自擅一方的藩鎮紛紛傳檄反對朱溫，稱霸河南的朱溫因而必須同時面對來自河東、河北、關中三大區塊的壓力。但是三方藩鎮的實際反應強度不一，因此梁軍不至於同時遭受三面夾攻，不過必須輪番征戰於三地，加上淄青鎮起兵反抗，以至於梁軍不但未能全取關中，且因疲於奔命消耗戰力，延遲了對澤潞與河北主目標的攻勢。

軍事戰略上，朱溫勢力由盛轉衰的關鍵有二，其一是關中鎮帥聯合河東抵制，拖累了梁軍；關中邠岐鎮並非傳統的割據型方鎮，無論李茂貞對李唐皇室的忠誠度如何，在昭宗遷洛以後，復興皇室成為關中軍閥與梁軍纏鬥的有力陳辭。其二是河北各鎮的抗拒，削弱了梁軍；河朔三鎮是傳統割據大鎮，其自擅兵賦早已與地方上的利益盤結，只要利益不被斬斷，其效忠李唐或臣服朱梁實無二致。然而朱溫對魏博牙兵的屠殺鎮壓，及其後對趙、定二帥的移鎮企圖，迫使二鎮倒向河東，幽州更自立稱帝。河東與河北相結，河南的優勢為之逆轉，可見唐末的河東勢力能夠插足於在河北戰場，很大一部分是朱溫製造的機會，不是李存勗的謀略。

在地理形勢上，河東、河北聯手，足以對河南梁軍形成犄角優勢，惟李存勗未能妥善利用此間地理形勢，沒有利用澤潞、河中對河南施以戰略性的兩面攻勢，以至於雙方夾河對戰長達七年之久，徒然消耗兵力與將領，無端損失百姓生命。

藩鎮統軍的形式在後唐期間變化不大，後晉開始以中央禁衛親軍主將兼任京畿附近區域節帥，桑維翰執政時期，曾試圖將大河南北重要藩鎮統一編組，一致抗遼，此不失為整合中央與藩鎮軍事力量的良性發展，惜因後晉內政不修、軍將自私，導致兵敗國亡，桑維翰的努力終究曇花一現。在後晉遭契丹滅國以後，唐朝以來的藩鎮尾大不掉問題意外的獲得根本解決，然而節度使功能的完全弱化，卻又使得後繼的宋朝缺少邊防重鎮，難以發揮抗擊契丹的功能。唐朝建立藩鎮自有其背景與功能，宋朝面對新興的契丹外患，應當有效法的必要，卻因為藩鎮自主的問題剛獲得解決，遂不能用。

唐末首都東移，關中相對式微，加上契丹外患來自東北面，使得五代時期的競逐區域以河東、河北、河南三區塊為焦點。石敬瑭建晉、石重貴抗遼、劉知遠建漢的過程，都突顯了河東地理形勢在五代時期的重要性，這個重要

性建立在南、北政權以河北為戰場的背景上，它表達了地理形勢上的二個價值意義：一是太原、幽州以及山前、山後互為表裡的關係；此關係經由李克用父子自太原二度佔領幽州、李從珂命幽州趙德鈞西上太原（未果）、契丹經由土門與石嶺關救援太原之北漢、趙光義由太原經土門入河北奇襲幽州等史事彰顯。二是河東位於南北戰場的側翼，具有可干涉河北的角色特性；此角色經由唐末的晉、梁相爭於河北、五代的石重貴抗遼於河北等戰役呈現。上述的地理形勢特性，局部解釋了後唐、後晉、後漢三代政權都出自於河東的原因。

後唐統一中原後，屢因兵變更換權力核心，其過程足以說明汴洛都畿區為四戰之地，國防安全性不良。即使汴洛形勢不佳，五代建都之考量，俱以交通與經濟因素優先，迄趙匡胤以兵變得位，別無選擇的繼承後周以之為都，又因為契丹屢自幽州馳騁南下，使得宋朝首都的壓力主要來自河北。因此，位於汴洛的中央政權，必須穩控太原，以有助於對幽州（另一方面則包括河中甚至關中）之有效影響，俾益鞏固中央政權。在這個觀點之下，宋初關於建都於汴京或洛京的討論，已屬次要，而其「兵險德固」之觀點實有理則上的扞格；兵力的聚集與地理形勢各有其意義，二者的關係只有相輔相成，不能互相取代。

吾人於千年之後評論宋朝的建都，或許可以理性地指出宋朝對於建構河東甚至河北戰力，不夠積極。回顧本文第二章言及尹源、顧炎武、黃宗羲等學者關於藩鎮強弱的討論，他們不都冀望其中央政府效法唐代設置邊鎮強藩嗎！然而，自晚唐至宋初，對國都安全威脅最烈者不也正來自河東軍人！宋朝既懲五代之弊，又怎會在甫擊滅北漢政權之後又在太原建置重兵呢？這個現象讓筆者相信，在週期性發展的歷史洪流中，即使是言之有據的理性分析，仍經常遭到淹沒。

自後晉少帝以後，中原政權與契丹戰爭不斷，由這時期的抗遼戰爭得知，失去北邊關險的中原軍隊仍有可能在河北戰場抗擊遼軍，石重貴抗遼戰爭的失敗，是對恆定、太原地區掌握不力，以及缺少戰略性騎兵所致，因此，就國防而論，石敬瑭割地不能成為後晉亡國的藉口，以後的北宋抗遼不利，更沒道理歸責於失去幽燕關險。

北漢立國未取得河中與澤潞要域，侷促於太原，實屬弱勢政權，全賴契丹軍入境支援而立。宋朝收服南面各政權之後，國力大增，高舉統一大纛擊

滅北漢，其稍後對幽州之突擊，無異正式與遼宣戰，但宋太宗顯然沒有做好與遼朝開戰的充分準備。

軍事作戰方面，宋太宗以收復幽州爲著眼的奇襲，既非以遼朝之契丹軍爲作戰目標，亦未採取奪關險之手段阻止契丹軍再入河北，其似乎囿於傳統「攻城掠地」的軍事信念，將攻取太原的概念照搬至幽州，而攻城之戰耗力費時，契丹援軍遂得以去而復返。在戰爭理則上，必須先釐清擊滅北漢與襲擊幽州的戰爭性質有所不同，宋人可能自認爲其取太原、攻幽州，既是統一國土也是收復失土，並無差別，但在幽州人的眼中恐怕未必如此，與遼朝立場更大相逕庭。遼朝不曾統治北漢，卻實質管理幽州四十餘年，其視宋朝出兵幽州爲侵略領土，必然施以報復。宋初二帝的視野只從收復幽州出發，〔註 2〕因而戰場總在河北，壓力俱在宋方。似乎是宋人領土認知上的盲點，片面的以收復失土爲作戰目的，而非以擊敗遼朝爲作戰目的，如果攻勢的軍事戰略（收復失土）與守勢的國家戰略（境內驅敵）相矛盾，必然自我削弱。

後人對於宋遼長期戰爭的認知，已由原本的收復幽州演變爲中原政權抵抗外患入侵的戰爭，這其中當然受到後續戰況發展與宋人觀點的極大影響，但是即使在宋初，幽州人對宋朝所謂的收復失土，似乎未必全然歡迎。後晉時期，趙延壽受契丹主之命領燕師南侵，燕師在戰場上的進取絲毫不遜色於契丹軍，其幾番進入後晉國境，未聞戰場倒戈事件；相對的，後晉至北宋，幾度北伐進入幽州境，雖然也有部分州縣迎降，但幽州城始終堅持相抗，那麼，當時幽州人對中原政權的認同態度恐怕是值得注意的問題。

幽州鎮帥乙職，自中唐以來即長期出自地方軍人，唐末五代只由李克用與李存勗兩易其主，而且李克用換上的幽帥劉仁恭仍是幽州軍人出身，此後經過河東系統的周德威、李嗣源短暫統治，又改由趙德鈞長期任帥，趙德鈞也出身於幽州軍人；史載趙德鈞、趙延壽父子都有君臨中原的抱負。溯其根源，對於幽州人在宋遼戰爭時期的敵宋態度，遂不得不往中唐以來藩鎮長期割據的影響上去尋找答案。

藩鎮的跋扈現象雖然在五代時期終止，但是藩鎮割據的不良影響卻似乎貫穿宋朝，以幽州爲主角。五代時期的幽州試圖與河南中央分庭抗禮，在趙

〔註 2〕此由宋人留存的相關文獻及其討論內容得以分析，目前所見其內容大多限於對遼朝南面軍國事的討論。即使如此，其對南京道軍隊組織的觀察與敘述仍不夠充分，因而，學界對遼朝軍隊的了解至今仍無法深入。關於對遼軍的探索，參見拙文，〈遼朝的軍隊及其編組〉，《中正歷史學刊》期 17（民 103）。

德鈞身上已經顯現，即使石敬瑭將幽州割給契丹，而契丹以趙延壽總管幽州事，遂能夠利用趙延壽的野心成功的對付河南中原政權。如果後晉迄趙宋各朝皇帝的出身，在趙延壽的眼裡只不過是鎮帥軍將巧取豪奪的結果；如果宋朝軍隊的北伐，在幽州軍人的眼裡仍然只是各方勢力先後傾軋的延續，那麼，宋人對其祖宗「收復」幽州失敗的書寫，相當值得史家深思，因為這裡面遺漏了幽州人對「統一」的抗拒，而這個未受到後人重視的抗拒心態，與其地理形勢的重要性相加乘之後，實質地影響了宋朝國運。

　　人類歷史的治亂現象有其週期性，研究者也常受斷代區分的影響，有始有終的加以切割，然而週期性的發展其實環環相扣，難有始終。許多學者視宋朝為一個週期轉捩的起點，但其中存在著亂世整合不完全的遺憾，宋人透過經濟實力暫時遮蓋了這個遺憾，但是問題並未真正解決。雍熙北伐後的一個半世紀，金人仍由太原與幽州二路南下，汴京陷落，北宋滅亡。由地理形勢看北宋的滅亡，與宋初之未能收復幽州絕對有關，然而似因為宋人諱論太祖、太宗之失，遂屢屢將問題推給北方關險失控，或直接把石敬瑭搬出來責罵。

附錄一　唐末朱溫與徐、郓、兗各鎮交兵記事表（887～900）

序	年	月	記　事
1	僖宗光啓三年（887）	十一	感化節度使時溥自以於全忠爲先進，官爲都統，顧不得領淮南，而全忠得之，意甚恨望。全忠以書假道於溥，溥不許。（淮南留後李）璠至泗州，溥以兵襲之，（牙將）郭言力戰得免而還。
2	文德元年（888）	正月	癸亥，以全忠爲蔡州四面行營都統，代時溥，諸鎮兵皆受全忠節度。
3		九月	朱全忠以饋運不繼，且秦宗權殘破不足憂，引兵還。丙申，遣朱珍將兵五千送楚州刺史劉瓚之官。
4		十月	徐兵邀朱珍、劉瓚不聽前，珍等擊之，取沛、滕二縣，斬獲萬計。
5		十一	時溥自將步騎七萬屯吳康鎮，朱珍與戰，大破之。朱全忠又遣別將攻宿州，刺史張友降之。
6	昭宗龍紀元年（889）	正月	汴將龐師古拔宿遷，軍于呂梁。時溥逆戰，大敗，還保彭城。
7		五月	李克用大發兵，遣李罕之、李存孝攻孟方立。
8		六月	克用拔磁、洺二州。乘勝進攻邢州。方立弟遷（攝洺州刺史），求援於朱全忠。全忠假道於魏博，羅弘信不許，全忠乃遣將間道入邢州共守。 朱珍拔蕭縣，據之，與時溥相拒。
9		八月	丙子，全忠進攻時溥壁，會大雨，引兵還。
10		十一	朱全忠求領鹽鐵，孔緯獨執以爲不可，……全忠乃止。 朱全忠遣龐師古將兵自潁上（屬潁州）趨淮南，擊孫儒。
11	大順元年（890）	正月	李克用急攻邢州，孟遷食竭力盡，執王虔裕及汴兵以降。 汴將龐師古等眾號十萬，渡淮，聲言救楊行密，攻下天長，壬子，下高郵。

12		二月	乙丑，加朱全忠守中書令。 龐師古引兵深入淮南，己巳，與孫儒戰於陵亭（今高郵之東），師古兵敗而還。 時溥求救於河東，李克用遣其將石君和將五百騎赴之。 李克用將兵攻雲州防禦使赫連鐸，克其東城。鐸求救於盧龍節度使李匡威，匡威將兵三萬赴之。克用引還。
13		四月	宿州將張筠逐刺史張紹光，附于時溥；朱全忠帥諸軍討之。溥出兵掠碭山，全忠遣牙內都指揮使朱友裕擊之。 赫連鐸、李匡威表請討李克用。朱全忠亦上言，請帥汴、滑、孟三軍，與河北三鎮共除之。
14		五月	詔削奪克用官爵、屬籍，以張濬為河東行營都招討制置宣慰使，京兆尹孫揆副之，以鎮國節度使韓建為都虞侯兼供軍糧料使，以朱全忠為南面招討使，李匡威為北面招討使，赫連鐸副之。
15		七月	官軍至陰地關。朱全忠遣驍將葛從周將千騎潛自壺關夜抵潞州，犯圍入城。又遣別將攻李罕之於澤州。又遣軍於澤州之北，為從周應援。全忠奏請孫揆赴鎮。 張濬出戰，又敗。自是不敢復出。存孝引兵攻絳州。
16		九月	壬寅，朱全忠軍于河陽。
17		十月	乙酉，朱全忠自河陽如滑州視事，遣使者請糧馬及假道于魏以伐河東，羅弘信不許；又請於鎮，鎮人亦不許。全忠乃自黎陽濟河擊魏。
18		十一	絳州刺史棄城走。是役也，朝廷倚朱全忠及河朔三鎮；及濬至晉州，全忠方連兵徐、鄆，雖遣將攻澤州而身不至。
19		十二	辛丑，汴將丁會、葛從周擊魏，朱全忠自以大軍繼之。
20	大順二年 （891）	正月	魏羅弘信軍于內黃。丙辰，朱全忠擊之，五戰皆捷，至永定橋，斬首萬餘級。弘信懼，遣使厚幣請和。全忠命止焚掠，歸其俘，還軍河上。魏博自是服於汴。
21		七月	李克用急攻雲州，赫連鐸奔吐谷渾部，繼而歸於幽州。 朱全忠遣使與楊行密約共攻孫儒。 邢洺節度使李存孝勸李克用攻鎮州，克用從之。八月，克用巡澤潞，遂涉懷孟之境。
22		八月	朱全忠遣其將丁會攻宿州，克其外城。
23		十月	壬午，宿州刺史張筠降于丁會。 李克用攻王鎔，大破鎮兵。李匡威引幽州兵救之，克用還軍邢州。
24		十一	曹州（屬天平軍）都將郭銖殺刺史郭詞，降於朱全忠。泰寧節度使朱瑾將萬餘人攻單州（原宋兗州境）。

		乙丑，時溥將劉知俊帥眾二千降於朱全忠，溥軍自是不振。 辛丑，壽州將劉弘鄂惡孫儒殘暴，舉州降朱全忠。
25	十二	乙酉，汴將丁會、張歸霸與朱瑾戰於金鄉（兗州境），大破之，殺獲殆盡，瑾單騎走免。
26	二月	戊寅，朱全忠出兵擊朱瑄，遣其子友裕將兵前行，軍于斗門（在濮陽縣界）。 丁亥，朱瑄大破全忠。汴將張歸厚於後力戰，全忠僅免。 時溥請和於全忠。全忠乃奏請移溥他鎮，仍命大臣鎮徐州。詔以門下侍郎、同平章事劉崇望同平章事，充感化節度使，以溥爲太子太師。溥恐全忠詐而殺之，據城不奉詔，崇望及華陰而還。
27	四月	時溥遣兵南侵，至楚州，楊行密將張訓、李德誠敗之于壽河，遂取楚州，執其刺史劉瓚。 楊行密屢敗孫儒兵，破其廣德營。
28	六月	楊行密大敗孫儒軍，擒儒於陣，斬之，傳首京師。
29	八月	以楊行密爲淮南節度使、同平章事。
30	九月	時溥迫監軍奏稱將士留己。
31	十月	復以溥爲侍中、感化節度。朱全忠奏請追溥新命；詔諭解之。
32	十一	時溥濠州刺史張璲，泗州刺史張諫以州附於朱全忠。 乙未，朱全忠遣其子友裕將兵十萬攻濮州（屬天平軍），拔之，執其刺史邵倫。遂令友裕移兵擊時溥。
33	正月	時溥遣兵攻宿州，刺史郭言戰死。
34	二月	時溥求救於朱瑾，朱全忠遣其將霍存將騎兵三千，軍曹州以備之。瑾將兵二萬救徐州，存引兵赴之，與朱友裕合擊徐、兗兵於石佛山下（近彭城），大破之，瑾遁歸兗州。辛卯，徐兵復出，存戰死。 朱友裕圍彭城，時溥數出兵，友裕閉壁不戰。朱瑾宵遁，友裕不追。 龐師古攻（石）佛山寨，拔之。
35	四月	癸未，全忠自將如徐州；戊子，龐師古拔彭城，時溥舉族登燕子樓自焚死。
36	八月	朱全忠命龐師古移兵攻兗州，與朱瑾戰，屢破之。
37	十二	朱全忠請徙鹽鐵於汴州以便供軍；崔昭緯以爲全忠新破徐鄆，兵力倍增，若更鄰鹽鐵，不可復制，乃賜詔開諭之。 汴將葛從周攻齊州刺史朱威，朱瑄朱權引兵救之。
38	二月	朱全忠自將擊朱瑄軍于魚山（在鄆州）。瑄與朱瑾合兵攻之，兗、鄆兵大敗，死者萬餘人。

景福元年（892）（列26～32）
景福二年（893）（列33～37）
乾寧元年（894）（列38）

39	三月	朱全忠遣軍將張從晦慰撫壽州，從晦陵侮州刺史，刺史盡殺其將後自殺。
40	五月	朱瑄、朱瑾求救於河東，李克用遣騎將假道於魏，渡河應之。
41	十一	朱全忠遣使至泗州，陵慢刺史張諫，諫舉州降楊行密。行密遣押牙唐令回持茶萬餘斤如汴宋貿易。全忠執令回，盡取其茶。揚、汴始有隙。
42	正月	幽州軍民數萬以麾蓋歌鼓迎李克用入府舍；克用命李存審、劉仁恭將兵略定巡屬。 朱全忠遣朱友恭圍兗州，朱瑄自鄆以兵糧救之，友恭設伏敗之於高梧，盡奪其餉，擒河東援將。 楊行密表朱全忠罪惡，請會易定、兗鄆、河東兵討之。
43	二月	朱全忠軍于單父（在宋州境），爲朱友恭聲援。 李克用表劉仁恭爲盧龍留後，留兵戍之。
44	三月	王珂、王珙爭襲河中節帥。 楊行密浮淮至泗州，攻濠州，拔之，執刺史張璲。丁亥，圍壽州。
45	四月	楊行密圍壽州，汴兵敗走。 河東遣萬騎馳入于鄆，朱友恭退歸于汴。
46	乾寧二年（895）五月	王行瑜兄弟攻河中，王珂求救於李克用。
47	七月	李克用大舉蕃、漢兵南下，上表請討王行瑜、李茂貞、韓建之，又移檄三鎮。行瑜等大懼。 戊戌，削奪王行瑜官爵。癸卯，以李克用爲邠寧四面行營都討使。
48	八月	上復遣延王戒丕、丹王允諭克用，令且赦茂貞，併力討行瑜。且命二王拜克用爲兄。以李克用爲行營都統。
49	九月	辛未，朱全忠自將擊朱瑄，戰於梁山（在壽張縣）；瑄敗走還鄆。
50	十月	朱全忠遣都將葛從周擊兗州，自以大軍繼之。癸卯，圍兗州。
51	十一	王行瑜敗走邠州。李克用入邠州，行瑜部下斬傳其首。李克用旋軍渭北。齊州刺史朱瓊舉州降於朱全忠。 朱瑄遣將兵萬餘人襲曹州，以解兗州之圍。
52	十二	朱瑄、朱瑾屢爲朱全忠所攻，民失耕稼，財力俱弊。告急於河東，李克用遣數千騎假道於魏以救之。
53	乾寧三年（896）閏正月	克用遣蕃、漢都指揮使李存信將萬騎假道于魏以救兗、鄆軍于莘縣（西距魏州九十里）。存信戢眾不嚴，侵暴魏人，弘信發兵三萬夜襲之，自是與河東絕，專志於汴。全忠得專意東方。
54	四月	李克用擊羅弘信，攻洹水，殺魏兵萬餘人，進攻魏州。

55	五月	李克用攻魏博，侵掠徧六州。朱全忠召葛從周於鄆州，使將兵營洹水以救魏博，留龐師古攻鄆州。
56	六月	克用引兵擊從周。克用請脩好以贖落落，全忠不許，以與羅弘信，使殺之。克用引軍還。 葛從周自洹水引兵濟河，屯于楊劉，復擊鄆，破兗、鄆、河東之兵。兗、鄆屢求救於李克用，克用發兵爲羅弘信所拒，兗、鄆由是不振。
57	七月	茂貞進逼京師，官軍敗績。丙申，上至華州；韓建視事於龍興寺。茂貞遂入長安，燔燒俱盡。
58	九月	河東將李存信攻臨清，敗汴將葛從周於宗城北，乘勝至魏州北門。
59	十月	李克用自將攻魏州，敗魏兵於白龍潭（在魏縣西），追至觀音門（魏州羅城西門）。朱全忠復遣葛從周救之，屯于洹水，全忠以大軍繼之，克用乃還。
60	十一	朱全忠還大梁，復遣葛從周東會龐師古，攻鄆州。
61	正月	龐師古、葛從周併兵攻鄆州，朱瑄不復出戰，但引水爲深壕以自固。辛卯，師古等營於水西南。丙申，陷鄆州。
62		朱瑾留大將康懷貞守兗州，與河東將史儼、李承嗣掠徐州之境以給軍食。全忠遣葛從周將兵襲兗州。懷貞聞鄆州已失守，遂降。
63	二月	朱瑾與史儼、李承嗣擁州民渡淮，奔楊行密。於是鄆、齊、曹、棣、兗、沂、密、徐、宿、陳、許、鄭、滑、濮皆入于全忠。惟王師範保淄青一道，亦服於全忠。李存信在魏州，聞兗、鄆皆陷，引兵還。
64	乾寧四年（897） 三月	保義節度使王珙攻護國節度使王珂，珂求援於李克用，珙求援於朱全忠。宣武將敗河中兵於猗氏南；河東將敗陝兵於猗氏，又敗之於張店，遂解河中之圍。
65	八月	李克用自將擊劉仁恭，大敗。
66	九月	朱全忠大舉擊楊行密，遣龐師古以徐、宿、宋、滑之兵七萬壁清（河）口，將趨揚州。葛從周以兗、鄆、曹、濮之兵壁安豐（屬壽州），將趨壽州。全忠自將屯宿州，淮南震恐。
67	十月	劉仁恭奏請自爲統帥以討克用。詔不許。
68	十一	行密引大軍濟淮，與瑾等夾攻之，汴軍大敗，斬師古及將十首萬餘級，餘眾皆潰。葛從周營於壽州西北，壽州團練使朱延壽擊破之，退屯濠州，聞師古敗，奔還。行密由是遂保據江、淮之間，全忠不能與之爭。

69		正月	壬辰，李克用遣李嗣昭守河中。
70		三月	朱全忠遣副使萬年韋震入奏事，求兼鎮，朝廷不得已，以全忠為宣武、宣義、天平三鎮節度使。 義昌（滄景州）節度使盧彥威與盧龍節度使劉仁恭爭鹽利，仁恭遣其子守文將兵襲滄州，彥威奔魏州；羅弘信不納，乃奔汴州。仁恭遂取滄、景、德三州。 朱全忠與劉仁恭脩好，會魏博兵擊李克用。
71		四月	丁未，全忠至鉅鹿城下，敗河東兵萬餘人，逐北至青山口。 朱全忠遣葛從周分兵攻洺州，拔之，斬刺史。
72		五月	攻邢州，刺史棄城走。辛未，磁州刺史自剄。以葛從周為昭義留後，守邢、洺、磁三州。
73	光化元年（898）	七月	忠義（山南東道）節度使趙匡凝陰附於楊行密。全忠遣宿州刺史尉氏氏叔琮將兵伐之，丙申，拔唐州，擒隨州刺史趙匡璘，敗襄州兵於鄧城。
74		八月	趙匡凝遣使請服於朱全忠，許之。 上欲賜李克用、朱全忠詔，使之和解。克用欲奉詔，而全忠不從。
75		九月	魏博節度使羅弘信薨，軍中推其子節度副使紹威知留後。
76		十月	李克用遣步騎二萬出青山，將復山東三州。葛從周出戰，大破之。 王珙引汴兵寇河中，王珂告急於李克用；克用遣李嗣昭救之，敗汴兵。
77		十二	昭義節度使薛志勤薨。李罕之擅引澤州兵夜入潞州據之。克用怒而讓之。罕之請降於朱全忠，執河東將馬溉等及沁州刺史傅瑤送汴州。克用遣李嗣昭將兵討之。李嗣昭先取澤州，收罕之家屬送晉陽。
78		正月	楊行密與朱瑾將兵數萬攻徐州，軍于呂梁，朱全忠遣騎將張歸厚救之。 劉仁恭發幽、滄等十二州兵十萬，欲兼河朔；攻貝州，拔之，進攻魏州，營于城北；魏博節度使羅紹威求救於朱全忠。 羅紹威遣使脩好於河東，且求救。
79	光化二年（899）	二月	朱全忠自將救徐州，楊行密聞之，引兵去；
80		三月	朱全忠遣將將兵救魏博，屯于內黃。幽州兵大敗。時葛從周自邢州將精騎八百已入魏州，與宣義牙將賀德倫出戰，仁恭復大敗。長驅追至臨清。鎮人亦出兵邀擊於東境，五百里間，僵尸相枕。仁恭自是不振，而全忠益橫矣。 壬午，李克用遣李嗣昭將兵救之。會仁恭已為汴兵所敗，紹威復與河東絕。嗣昭引還。

			葛從周乘破幽州之勢，自土門攻河東，拔承天軍；別將氏叔琮自馬嶺入，拔遼州樂平，進軍榆次。李克用遣內牙軍副周德威擊之，叔琮棄營走；德威出石會關，從周亦引還。 丁巳，朱全忠遣河陽節度使丁會攻澤州，下之。
81		五月	克用遣兵攻李罕之，圍潞州。朱全忠出屯河陽。辛丑，遣其將張存敬救之，壬寅，又遣丁會將兵繼之，大破河東兵。 克用以李嗣昭爲蕃、漢馬步都指揮使，再攻潞州。
82		六月	乙丑，李罕之疾亟。丁卯，全忠表罕之爲河陽節度使，以丁會爲昭義節度使；未幾，又以其將張歸霸守邢州，遣葛從周代會守潞州。
83		七月	朱全忠海州戍將陳漢賓請降于楊行密。 朱全忠召葛從周於潞州，使賀德倫守之。
84		八月	丙寅，李嗣昭引兵至潞州城下，分兵攻澤州。己巳，汴將棄澤州走，河東兵進拔天井關。賀德倫閉城不出，李嗣昭日以鐵騎環其城，捕芻牧者，附城三十里禾黍皆刈之。乙酉，德倫等棄城宵遁，趣壺關，河東將李存審伏兵邀擊之，殺獲甚眾。葛從周以援兵至，聞德倫等已敗，乃還。
85		十一	陝州都將朱簡殺李璠，自稱留後，附朱全忠。仍請更名友謙，預於子姪。
86		正月	李克用大發軍民治晉陽城塹，
87		四月	朱全忠遣葛從周帥兗、鄆、滑、魏四鎮兵十萬擊劉仁恭。
88		五月	庚寅，拔德州，斬刺史；己亥，圍劉守文於滄州。仁恭復遣使卑辭厚禮求援於河東，李克用遣周德威將五千騎出黃澤，攻刑、洺以救之。
89		六月	劉仁恭將幽州兵五萬救滄州，營於乾寧軍。葛從周留張存敬、氏叔琮守滄州寨，自將精兵逆戰於老鴉堤，大破仁恭，斬首三萬級，仁恭走保瓦橋。劉仁恭卑辭求援於河東。
90	光化三年 （900）	七月	秋，七月，李克用復遣都指揮使李嗣昭將兵五萬攻邢、洺以救仁恭，敗汴軍於內丘（內丘縣至邢州三十五里）。王鎔遣使和解幽、汴。會久雨，朱全忠召從周還。
91		八月	八月，李嗣昭又敗汴軍于沙門河（邢州境）。進攻洺州。乙丑，朱全忠引兵救之，未至，嗣昭拔洺州，擒刺史朱紹宗。全忠命葛從周將兵擊嗣昭。
92		九月	九月，葛從周自鄴縣渡漳水，營於黃龍鎮；朱全忠自將中軍三萬涉洺水置營。李嗣昭棄（洺州）城走，從周設伏於青山口，邀擊，大破之。 朱全忠以王鎔與李克用交通，（自洺州）移兵伐之，下臨城，踰滹沱，攻鎮州南門，焚其關城。鎔懼，以其子節度副使昭祚

		及大將子弟爲質,以文繪二十萬犒軍;全忠引還,以女妻昭祚。全忠遣張存敬會魏博兵擊劉仁恭。甲寅,拔瀛州。
93	十月	丙辰,拔景州;辛酉,拔莫州。 張存敬攻劉仁恭,下二十城;乃引兵西攻易定,辛巳,拔祁州（無極、深澤二縣）殺刺史楊約。 張存敬攻定州,易定兵大敗,餘眾擁處直奔還,軍中推爲留後。處直請改圖,全忠許之。劉仁恭遣其子守光將兵救定州,軍於易水之上;全忠遣張存敬襲之,殺六萬餘人。由是河北諸鎮皆服於全忠。 先是王郜告急於河東,李克用遣李嗣昭將步騎三萬下太行,攻懷州,拔之,進攻河陽。河陽留後侯言不意其至,狼狽失據,嗣昭壞其羊馬城。會佑國軍（河南府）將閻寶引兵救之,河東兵乃退。
94	十一	季述等矯詔令太子監國,迎太子入宮。季述欲殺崔胤,而憚朱全忠,但解其度支鹽鐵轉運使而已。朱全忠在定州行營,聞亂,丁未,南還。
95	十二	戊辰,至大梁。全忠遣李振如京師詗事。

資料來源:《資治通鑑》卷257～260。

附錄二　五代晉、岐軍事合作對抗後梁記事表（908～910）

年	月	記　事
開平二年 （908）	五月	蜀主遣將將兵會岐兵五萬攻雍州，晉張承業亦將兵應之。
	六月	壬寅，（梁）以劉知俊為西路行營都招討使以拒之。
	九月	晉周德威、李嗣昭將兵三萬出陰地關，攻晉州，刺史徐懷玉拒守；帝自將救之，丁丑，發大梁，乙酉，至陝州。
開平三年 （909）	三月	（岐屬保塞軍亂）。庚辰，帝至河中，發步騎會高萬興兵取丹、延。
	五月	丁卯，帝命劉知俊乘勝取邠州；知俊難之，辭以闕食，乃召還。
	六月	乙未朔，知俊奏「為軍民所留」，遂以同州附於岐。……知俊遣使請兵於岐，亦遣使請晉人出兵攻晉、絳。
	七月	河東兵寇晉州，抄掠至堯祠而去。
	八月	以鎮國節度使康懷貞為西路行營副招討使。 岐王欲遣劉知俊將兵攻靈、夏，且約晉王使攻晉、絳。（梁）詔楊師厚將兵救晉州，晉兵解圍遁去。
	十一	岐王欲取靈州以處劉知俊，且以為牧馬之地，使知俊自將兵攻之。朔方節度使韓遜告急；詔鎮國節度使康懷貞、感化節度使寇彥卿將兵攻邠寧以救之。懷貞等所向皆捷，克寧、衍二州，拔慶州南城，刺史李彥廣出降。遊兵侵掠至涇州之境，劉知俊聞之，（接次月）
	十二	十二月，己丑，解靈州圍，引兵還。帝急召懷貞等還，遣兵迎援於三原青谷；懷貞等還，至三水（屬邠州），知俊遣兵據險邀之，左龍驤軍使壽張王彥章力戰，懷貞等乃得過。懷貞與裨將李德遇、許從實、王審權分道而行，皆與援兵不相值。至昇平（屬坊州），劉知俊伏兵山口，懷貞大敗，僅以身免，德遇等軍皆沒。岐王以知俊為彰義節度使，鎮涇州。

	四月	護國節度使冀王友謙上言晉、絳邊河東，乞別建節鎮，壬申，以晉、絳、沁三州爲定昌軍，以溫琪爲節度使。
開平四年（910）	七月	岐王與邠、涇二帥各遣使告晉，請合兵攻定難節度使李仁福；晉王遣振武節度使周德威將兵會之，合五萬眾圍夏州，仁福嬰城拒守。
	八月	辛未，以鎮國節度使楊師厚爲西路行營招討使，會感化節度使康懷貞將兵三萬屯三原。甲申，遣夾馬指揮使李遇、劉綰自鄜、延趨銀、夏，邀其歸路。
	九月	李遇等至夏州，岐、晉兵皆解去。

資料來源：《資治通鑑》卷 266～267

附錄三　唐末五代梁、晉爭奪潞州記事表（906～908）

年	月	記　事
哀帝天祐三年（906）	閏十二月	李嗣昭攻潞州，丁會舉軍降於河東。 朱全忠命諸軍治攻具，將攻滄州。壬申，聞潞州不守；甲戌，引兵還。 河東兵進攻澤州，不克而退。
天祐四年（907）	正月	辛巳，梁王（朱全忠）休兵於貝州。 丁亥，王入館於魏，有疾，臥府中。壬寅，至大梁。 河東兵猶屯長子，欲窺澤州。王命保平節度使康懷貞悉發京兆，同華之兵屯晉州以備之。
	三月	癸未，王（朱全忠）以亳州刺史李思安為北路行軍都統，將兵擊幽州。
改元開平	四月	李思安引兵入其境，所過焚蕩無餘。己酉，直抵幽州城下。 戊辰，大赦，改元，國號大梁。以汴州為開封府，命曰東都；以故東都為西都；
	五月	壬辰，命保平節度使康懷貞將兵八萬會魏博兵攻潞州。
	六月	康懷貞至潞州，晉昭義節度使李嗣昭、副使李嗣弼閉城拒守。懷貞晝夜攻之，半月不克，乃築壘穿蚰蜒塹而守之，內外斷絕。晉王以蕃、漢都指揮使周德威為行營都指揮使，帥馬軍都指揮使李嗣本、馬步都虞侯李存璋、先鋒指揮使史建瑭、鐵林都指揮使安元信、橫衝指揮使李嗣源、騎將安金全救潞州。 晉兵攻澤州，帝遣左神勇軍使范居實將兵救之。
	七月	劉守光既囚其父，自稱盧龍留後，遣使請命。甲午，以守光為盧龍節度使、同平章事。

	八月	晉周德威壁於高河，康懷貞遣親騎都頭秦武擊之，武敗。 丁巳，帝以亳州刺史李思安代懷貞為潞州行營都統，黜懷貞為行營都虞侯。思安將河北兵西上，至潞州城下，更築重城，內以防奔突，外以拒援兵，謂之夾寨，調山東民饋軍糧。德威日以輕騎抄之，思安乃自東南山口築甬道，屬於夾寨。德威與諸將互往攻之，排牆填塹，一晝夜間數十發，梁兵疲於奔命。夾寨中出芻牧者，德威輒抄之，於是梁兵閉壁不出。
	十一	甲申，（梁）夾馬指揮使尹皓攻晉江豬嶺寨（在長子西南，屬潞州境），拔之。戊子，（滄州）遣使請降。加守文中書令，撫納之。
	十二	晉王命李存璋攻晉州，以分上黨兵勢。壬戌，（梁）詔河中、陝州發兵救之。丁卯，晉兵寇洺州。
開平二年 （908）	正月	晉王疽發於首，病篤。周德威等退屯亂柳。辛卯，晉王李克用卒，子存勗繼位。
	二月	李思安等攻潞州，久不下，士卒疲弊，多逃亡。晉兵猶屯余吾寨，帝疑晉王克用詐死，欲召兵還，恐晉人躡之，乃議自至澤州應接歸師，且召匡國節度使劉知俊將兵趣澤州。
	三月	壬申朔，帝發大梁；丁丑，次澤州。辛巳，劉知俊至。壬午，以知俊為潞州行營招討使。 帝以李思安久無功，亡將校四十餘人，士卒以萬計，更閉壁自守，遣使召詣行在。甲午，削思安官爵，勒歸本貫充役。斬監押楊敏貞。 帝留澤州旬餘，欲召上黨兵還，遣使就與諸將議之。諸將以為李克用死，余吾兵且退，上黨孤城無援，請更留旬月以俟之。帝從之，命增運芻糧以饋其軍。 劉知俊將精兵萬餘人擊晉軍，斬獲甚眾，表請自留攻上黨，車駕宜還京師。 帝以關中空虛，慮岐人侵同華，命知俊休兵長子旬日，退屯晉州，俟五月歸鎮。
	四月	夾寨奏余吾晉兵已引去，帝以為援兵不能復來，潞州必可取，丙午，自澤州南還；壬子，至大梁。梁兵在夾寨者亦不復設備。 晉王大閱士卒，以前昭義節度使丁會為都招討使。甲子，帥周德威等發晉陽。 己巳，晉王軍於黃碾，距上黨四十五里。
	五月	辛未朔，晉王伏兵三垂岡下，詰旦大霧，進兵直抵夾寨。梁軍無斥候，不意晉兵之至，將士尚未起，軍中驚擾。晉王命周德威、李嗣源分兵為二道，德威攻西北隅，嗣源攻東北隅，填塹燒寨，鼓噪而入。梁兵大潰，南走，招討使符道昭馬倒，

		為晉人所殺。失亡將校士卒以萬計，委棄資糧、器械山積。周德威、李存璋乘勝進趣澤州。（梁）龍虎統軍牛存節自西都將兵應接夾寨潰兵，至天井關。澤州城中人已縱火喧噪，欲應晉王。存節至，乃定。晉兵尋至，緣城穿地道攻之，存節晝夜拒戰，凡旬有三日。劉知俊自晉州引兵救之，德威焚攻具，退保高平。 潞州圍守歷年，士民凍餒死者太半，市裡蕭條。李嗣昭勸課農桑，寬租緩刑，數年之間，軍城完復。 壬辰，（梁）夾寨諸將詣闕待罪，皆赦之。

資料來源：《資治通鑑》卷 265～266。

附錄四 後梁開平二年至四年天災記事表（908～910）

年	月	天災記事
開平二年 （908）	五月	己丑，令下諸州，去年有蝗蟲下子處，蓋前多無雪，至今春六陽，致為災沴，實傷隴畝。必慮今秋重困稼穡，自知多在荒陂榛蕪之內，所在長吏各須分配地界，精加窮撲，以絕根本。
	七月	甲戌，大霖雨，陂澤泛溢，頗傷稼穡，帝幸右天武軍河亭觀水。
三年（909）	六月	己亥，以久雨，命官祈禱於神祠靈迹。
	八月	甲午，以秋稼將登，霖雨特甚，命宰臣以下禱於社稷諸祠。
	九月	詔曰：「秋冬之際，陰雨相仍，所司擇日拜郊，或慮臨時妨事，宜令別更擇日奏聞。」
四年（910）	四月	丁卯，宋州節度使、衡王友諒進瑞麥，一莖三穗。（《資治通鑑》載：友諒獻瑞麥，帝曰：「豐年為上瑞，今宋州大水，安用此為！」）
	五月	己丑朔，以連雨不止，至壬辰，御文明殿，命宰臣分拜祠廟。
	七月	時陳、許、汝、蔡、潁五州境內有蝝為災。俄而許州上言，有野禽羣飛蔽空，旬日之間，食蝝皆盡，是歲乃大有秋。
	八月	己巳，次陝府。是時憫雨，且命宰臣從官分禱靈迹，日中而雨，翌日止，帝大悅。
	九月	辛丑，以久雨，命宰臣薛貽矩禜定鼎門，趙光逢祠嵩岳。
	十月	《五代會要》，「十月，青、宋、冀、亳水（發），詔令本州以省倉粟、麥等賑貸。」
	十一	戊戌，詔曰：「自朔至今，暴風未息，諒惟不德，致此咎徵。皇天動威，罔敢不懼。宜徧命祈禱，副朕意焉。」
	十二	己巳，詔曰：「滑、宋、輝、亳等州，水潦敗傷，人戶愁嘆，朕為民父母，良用痛心。其令本　州分等級賑貸，所在長吏監臨周給，務令存濟。」壬辰，賑貸東都畿內，如宋、滑制。

資料來源：《舊五代史・梁書太祖紀》

附錄五　五代梁、晉夾河對戰記事表
（917～923）

年	月	記　事
貞明三年 （917）	正月	詔宣武節度使袁象先救潁州，既至，吳軍引還。
	三至 八月	契丹南侵，圍幽州，（晉）力退之。
	十一	晉王聞河冰合，曰：「用兵數歲，限一水不得渡，今冰自合，天贊我也。」亟如魏州。
	十二	戊辰，進攻楊劉城，使步兵斬其鹿角，負葭葦塞塹，四面進攻，即日拔之，獲其守將安彥之。
貞明四年 （918）	正月	晉兵侵掠至鄆、濮而還。
	二月	河陽節度使、北面行營排陳使謝彥章將兵數萬攻楊劉城。甲子，晉王自魏州輕騎河上；彥章築壘自固，決河水，瀰浸數里，以限晉兵，晉兵不得進。
	六月	壬戌，晉王自魏州勞軍於楊劉，自泛舟測河水，其深沒槍。王謂諸將曰：「梁軍非有戰意，但欲阻水以老我師，當涉水攻之。」甲子，王引親軍先涉，諸軍隨之。匡國節度使北面行營排陳使謝彥章帥眾臨岸拒之，晉兵不得進，乃稍引卻，梁兵從之。及中流，鼓譟復進，彥章不能支，稍退登岸；晉兵因而乘之，梁兵大敗，死傷不可勝紀，河水為之赤，彥章僅以身免。是日，晉人遂陷濱河四寨。
	七月	晉王遣間使持帛書會兵於吳，吳人辭以虔州之難。 晉王謀大舉入寇，周德威將幽州步騎三萬，李存審將滄景步騎萬人，李嗣源將邢洺步騎萬人，王處直遣將將易定步騎萬人，及麟、勝、雲、蔚、新、武等州諸部落奚、契丹、室韋、吐谷渾，皆以兵會之。

	八月	并河東魏博之兵，大閱於魏州。 乙丑，晉王自魏州如楊劉，引兵略鄆、濮而還，循河而上，軍於麻家渡。賀瓌、謝彥章將梁兵屯濮州北行臺村，相持不戰。晉王好自引輕騎迫敵營挑戰，危窘者數四，賴李紹榮力戰翼衛之，得免。
	十二月	晉王欲趣大梁，而梁軍扼其前，堅壁不戰百餘日。庚子朔，晉王進兵，距梁軍十里而舍。 王欲自將萬騎直趣大梁，周德威曰：「梁人雖屠上將，其軍尚全，輕行徼利，未見其福。」不從。戊午，下令軍中老弱悉歸魏州，起師趣汴。庚申，毀營而進，眾號十萬。 賀瓌聞晉王已西，亦棄營而躡之。晉王發魏博白丁三萬從軍，以供營柵之役，所至，營柵立成。壬戌，至胡柳陂。癸亥旦，候者言梁兵自後至矣。周德威曰：「……王宜按兵勿戰，德威請以騎兵擾之，使彼不得休息，至暮營壘未立，樵爨未具，乘其疲乏，可一舉滅也。」王不納，即以親軍先出。德威不得已，引幽州兵從之，謂其子曰：「吾無死所矣。」是日，兩軍所喪士卒各三之二，皆不能振。
貞明五年 （919）	正月	晉李存審於德勝南北築兩城而守之。晉王以存審代周德威為內外蕃漢馬步總管。晉王還魏州，遣李嗣昭權知幽州軍府事。
	四月	賀瓌攻德勝南城，百道俱進，以竹笮聯艨艟十餘艘，蒙以牛革，設睥睨、戰格如城狀，橫於河流，以斷晉之救兵，使不得渡。晉王自引兵馳往救之，陳於北岸，不能進；遣善游者馬破龍入南城，見守將氏延賞，延賞言矢石將盡，陷在頃刻。……隨以巨艦實甲士，鼓譟攻之。艨艟既斷，隨流而下，梁兵焚溺者殆半，晉兵及得渡。瓌解圍走，晉兵逐之，至濮州而還。瓌退屯行臺村。
	八月	乙未朔，宣義節度使賀瓌卒。以開封尹王瓚為北面行營招討使。瓚將兵五萬，自黎陽渡河掩擊澶、魏，至頓丘，遇晉兵而旋。 瓚為治嚴，令行禁止，據晉人上游十八里楊村，夾河築壘，運洛陽竹木造浮橋，自滑州饋運相繼。晉蕃馬步副總管、振武節度使李存進亦造浮梁於德勝。
	十月	晉王如魏州，發徒數萬，廣德勝北城，日與梁入爭，大小百餘戰，互有勝負。 劉鄩圍張萬進於兗經年，城中危窘，晉王方與梁人戰河上，力不能救。萬進遣親將劉處讓乞師於晉，晉王未之許，處讓於軍門截

		耳曰：「苟不得請，生不如死！」晉王義之，將爲出兵，會鄴已屠兗州，族萬進，乃止。
	十一	辛卯，王瓚引兵至戚城，與李嗣源戰，不利。
	十二	晉王自將騎兵自河南岸西上，邀其餉者，俘獲而還；梁人伏兵於要路，晉兵大敗。晉王以數騎走，梁數百騎圍之，李紹榮識其旗，單騎奮擊救之，僅免。
		戊戌，晉王復與王瓚戰於河南，瓚先勝，獲晉將石君立等；既而大敗，乘小舟渡河，走保北城，失亡萬計。
		晉王乘勝遂拔濮陽。帝召王瓚還，以天平節度使戴思遠代爲北面招討使，屯河上以拒晉人。
貞明六年（920）	四月	河中節度使冀王友謙以兵襲取同州，逐忠武節度使程全暉，全暉奔大梁。友謙以其子令德爲忠武留後，表求節鉞，帝怒，不許。既而懼友謙怨望，己酉，以友謙兼忠武節度使。制下，友謙已求節鉞於晉王，晉王以墨制除令德忠武節度使。
	五月	帝以泰寧節度使劉鄩爲河東道招討使，帥感化節度使尹皓、靜勝節度使溫昭圖、莊宅使段凝攻同州。
		閏六月，劉鄩等圍同州，朱友謙救于晉；
	七月	晉王遣李存審、李嗣昭、李建及、慈州刺史李存質將兵救之。
	八月	李存審等至河中，即日濟河。梁人素輕河中兵，每戰必窮追不置。存審選精甲二百，雜河中兵，直壓劉鄩壘，鄩出千騎逐之；知晉人已至，大驚，自是不敢輕出。晉人軍于朝邑。
		河中事梁久，將士皆持兩端。諸軍大集，芻粟踊貴。友謙諸子說友謙且歸款於梁，以退其師。
		晉人分兵攻華州，壞其外城。李存審等按兵累旬，乃進逼劉鄩營，鄩等悉眾出戰，大敗，收餘眾退保羅文寨。又旬餘，存審謂李嗣昭曰：「獸窮則搏，不如開其走路，然後擊之。」乃遣人牧馬於沙苑。鄩等宵遁，追擊至渭水，又破之，殺獲甚眾。存審等移檄告諭關右，引兵略地至下邽，謁唐帝陵，哭之而還。
	十一	戊子朔，蜀主將兵伐岐，出故關，壁於咸宜，入良原。丁酉，王宗儔攻隴州，岐王自將萬五千人屯汧陽（在鳳翔東）。癸卯，蜀將陳彥威出散關，敗岐兵于箭筈嶺，蜀兵食盡。引還。
龍德元年（921）五月改元	四月	張文禮遣使告亂于晉王，且奉牋勸進，因求節鉞。晉王方置酒作樂，聞之，投盃悲泣，欲討之。僚佐以爲文禮罪誠大，然吾方與梁爭，不可更立敵於肘腋，宜且從其請以安之。王不得已，遣節度判官盧質承制授文禮成德留後。
		陳州刺史惠王友能反，舉兵趣大梁，詔陝州留後霍彥威、宣義節度使王彥章、控鶴指揮使張漢傑將兵討之。右能至陳留，兵敗，赴還陳州，諸軍圍之。
	七月	惠王友能降。

龍德元年 （921）	八月	庚申，晉王以瑨為成德留後，又命天平節度使閻寶、相州刺史史建瑭將兵助之，自邢洺而北。文禮先病腹疽；甲子，晉兵拔趙州，刺史王鋌降，晉王復以為刺史，文禮聞之，驚懼而卒。其子處瑾祕不發喪，與其黨韓正時謀悉力拒晉。
	九月	晉兵渡滹沱，圍鎮州，決漕渠以灌之，獲其深州刺史張友順。壬辰，史建瑭中流矢卒。
	十月	晉王欲自分兵攻鎮州，北面招討使戴思遠聞之，謀悉楊村之眾襲德胖北城，晉王得梁降者，知之。
		己未，晉王命李嗣源伏兵於戚城，李存審屯德勝，先以騎兵誘之，……梁兵大敗，思遠走趣楊村，士卒為晉兵所殺傷及自相蹂藉、墜河陷冰，失亡二萬餘人。
		晉王以李嗣源為蕃漢內外馬步副總管、同平章事。
	十一	晉王使李存審、李嗣源守德勝，自將兵攻鎮州。張處瑾遣其弟處琪、幕僚齊儉謝罪請服，晉王不許，盡銳攻之，旬日不克。處瑾使韓正時將千騎突圍出，趣定州，欲求救於王處直，晉兵追至行唐，斬之。
	十二	辛未，契丹攻幽州，李紹宏嬰城自守。契丹長驅而南，圍涿州，旬日拔之，擒刺史李嗣弼，進攻定州。王都（處直假子）告急于晉，晉王自鎮州將親軍五千救之，遣神武都揮使王思同將兵戍狼山之南以拒之。
龍德二年 （922）	正月	甲午，晉王至新城南，……是夕，晉王宿新樂。契丹主軍帳在定州城下，敗兵至，契丹舉眾退保望都。
		戊戌，晉王引兵趣望都，契丹逆戰，晉王以親軍千騎先進，遇奚酋禿餒五千騎，為其所圍。晉王力戰，出入數四，自午至申不解。李嗣昭聞之，引三百騎橫擊之，虜退，王乃得出。因縱兵奮擊，契丹大敗，逐北至易州。……乃北歸。晉王至幽州，使二百騎躡契丹之後，曰：「虜出境即還。」騎恃勇追之，悉為所擒，惟兩騎自他道走免。
		晉王之北攻鎮州也，李存審謂子嗣源曰：「梁入聞我在南兵少，不攻德勝，必襲魏州。……戴思遠果悉楊村之眾趣魏州。
龍德二年 （922）	二月	晉王聞德勝勢危，自幽州赴之，五日至魏州。思遠聞之。燒營遁還楊村。
		晉天平節度使兼侍中閻寶築壘以圍鎮州，決滹沱水環之。……諸軍未集，鎮人遂壞長圍而出，縱火寶營，寶不能拒，退保趙州。……晉王聞之，以昭義節度使兼中書令李嗣昭為北面招討使，以代寶。
	五月	乙酉，晉李存進至鎮州，營于東垣渡，夾滹沱水為壘。
	八月	莊宅使段凝與步軍都指揮使張朗引兵夜渡河襲之，詰旦登城，執存儒，遂克衛州，戴思遠又與凝攻陷淇門、共城、新鄉，於是澶州之西，相州之南，皆為梁有；晉人失軍儲三之一，梁軍復振。

	九月	戊寅朔，張處瑾使其弟處球乘李存進備，將兵七千人奄至東垣渡。時晉之騎兵亦向鎮州城，兩不相還。鎮兵及存進營門，存進狼狽引十餘人鬪于橋上，鎮兵退，晉騎兵斷其後，夾擊之，鎮兵殆盡，存進亦戰沒。晉王以蕃漢馬步總管李存審爲北面招討使。丙午夜，城中將李再豐爲內應，密投絙以納晉兵，比明，畢登。晉王以魏博觀察判官晉陽張憲兼鎮冀觀察判官，權鎮州軍府事。
同光元年（923）	三月	李繼韜乃使繼遠詣大梁，請以澤潞爲梁臣。梁主大喜，更命安義軍曰匡義， 安義舊將裴約戍澤州，……遂據州自守。梁主以其驍將董璋爲澤州刺史，將兵攻之。 契丹寇幽州，晉王問帥於郭崇韜，……己卯，徙存審爲盧龍節度使，輿疾赴鎮。以蕃漢馬步副總管李嗣領橫海節度使。
同光元年（923）	四月	己巳，升壇，（晉王）祭告上帝，遂即皇帝位，國號大唐，大赦，改元。魏州爲興唐府，建東京，又以鎮州爲眞定府，建北都，又於太原府建西京。
	閏四月	甲午，契丹寇幽州，至易定而還。 鄆州盧順密來奔，……謂鄆州守兵不滿千人，可襲取。 壬寅，遣嗣源將所部精兵五千自德勝趣鄆州。比及楊劉，日已暮，陰雨道黑，……癸卯旦，嗣源兵盡入，遂拔牙城。

資料來源：《舊五代史・梁書帝紀》、《舊五代史・唐書帝紀》。

附錄六　後唐明宗時期出兵對象
記事表（927～933）

對象	起訖		記　事
荊南	天成二年二月	天成四年七月	高季興既得夔、忠、萬三州，請朝廷不除刺史，自以子弟爲之，不許。季興輒遣兵突入州城，殺戍兵而據之。又遣兵襲涪州，不克。魏王繼岌遣押牙韓珙等部送蜀珍貨金帛四十萬，浮江而下，季興殺珙等於峽口，盡掠取之。 二月壬寅，制削奪季興官爵，以山南東道節度使劉訓爲南面招討使，東川節度使董璋充東南面招討使，會湖南軍三面進攻。 三月，劉訓兵至荊南，楚王殷遣都指揮使許德勳等將水軍屯岳州。高季興堅壁不戰，求救於吳。吳人遣水軍援之。 五月，帝遣樞密使孔循往視之，仍攻之不克，遣人入城說高季興；季興不遜。庚午，詔劉訓等引兵還。高季興請舉鎮附於吳。吳受其貢物，辭其稱臣。 七月癸巳，以與高季興夔、忠、萬三州爲豆盧革、韋說之罪，皆賜死。 三年三月，楚王殷如岳州，遣水軍擊荊南，俘斬以千數，進逼江陵。季興請和。 六月辛巳，高季興復請稱藩于吳，吳進季興爵秦王，帝詔楚王殷討之。 九月己亥，以武寧節度使房知溫兼荊南行營招討使，知荊南行府事；分遣中使發諸道兵赴襄陽，以討高季興。 十二月，荊南節度使高季興寢疾，命其子從誨權知軍府事；丙辰，季興卒。 四年，五月，高季興子從誨襲位，乃因楚王殷以謝罪於唐。帝許之。 七月，甲申，以從誨爲荊南節度使兼侍中。己丑，罷荊南招討使。

汴州	天成二年十月	天成二年十月	十月乙酉，帝發洛陽，將如汴州。民間訛言帝欲自擊吳，又云欲制置東方諸侯。宣武節度使、檢校侍中朱守殷疑懼，判官高密孫晟勸守殷反，守殷遂乘城拒守。 己丑，帝至大梁，四面進攻。守殷知事不濟，盡殺其族，引頸命左右斬之。癸卯，以保義節度使石敬瑭爲宣武節度使兼侍衛親軍馬步都指揮使。
易定	天成三年四月	天成四年二月	初，義武節度使兼中書令王都鎮易定十餘年，自除刺史以下官，租賦皆贍本軍。及安重誨用事，稍以法制裁之；帝亦以都篡父位，惡之。時契丹數犯塞，朝廷多屯兵於幽、易間，大將往來，都陰爲之備，浸成猜阻。都恐朝廷移之他鎮，腹心勸都爲自全之計，都乃求婚於盧龍節度使趙德鈞，又遣使與成德節度使王建立結爲兄弟，陰與之謀復河北故事。 四月庚子，詔削奪王都官爵。壬寅，以王晏球爲北面招討使，以橫海節度使安審通爲副招討使，以鄭州防禦使張虔釗爲都監，發諸道兵會討定州。 五月，禿餒以萬騎突入定州；晏球退保曲陽，都與禿餒就攻之。晏球與戰於嘉山下，大破之，禿餒以二千騎奔還定州。晏球追至城門，……定州城堅，不可攻，晏球增脩西關城以爲行府，使三州民輸稅供軍食而守之。 （中略） 四年二月，癸丑，定州都指揮使馬讓能開門納官軍，王都舉族自焚，擒禿餒及契丹二千人。
慶州	天成三年十月	天成三年十二月	九月辛丑，徙慶州防禦使竇廷琬爲金州刺史。 冬十月，廷琬據慶州拒命。詔靜難節度使李敬通（周）〔註1〕發兵討竇廷琬。 十二月，甲辰，李敬周奏拔慶州，族竇廷琬。
東、西川	長興元年八月	長興三年五月	天成四年十二月，安重誨使李仁矩鎮閬州，訵董璋反狀，仁矩增飾而奏之。朝廷又使武信節度使夏魯奇治遂州城隍，繕甲兵，益兵戍之。璋大懼。時道路傳言，又將割綿、龍爲節鎮，孟知祥亦懼。 長興元年秋七月，戊辰，兩川以朝廷繼遣兵屯遂、閬，復有論奏，自是東北商旅少敢入蜀。 八月，利、閬、遂三鎮報董璋反。 九月癸亥，知祥遣使約董璋同舉兵。璋引兵擊閬州。丙戌，下制削董璋官爵；興兵討之。丁亥，以孟知祥兼西南供饋使。以天雄節度石敬瑭爲東川行營都招討使，以夏魯奇副之。丁未，族誅董璋子光業。

〔註1〕李敬周，參見《舊五代史·唐書明宗紀》卷39，頁1206，輯纂者注。

			十月癸丑，東川兵陷徵、合、巴、蓬、果五州。 十二月，石敬瑭征蜀未有功，安重誨請自往督戰。石敬瑭本不欲西征，及重誨離上側，乃敢累表奏論，以爲蜀不可伐，上頗然之。縱歸西川兵先戍夔州者千五百人。 長興二年二月己丑，石敬瑭以遂、閬既陷，糧運不繼，燒營北歸。 五月己亥，下詔，以重誨離間孟知祥、董璋、錢鏐爲重誨罪，并二子誅之。丙午，帝遣西川進奏官蘇愿、東川軍將劉澄各還本鎮，諭以安重誨專命，興兵致討，今已伏辜。 十一月，孟知祥聞甥姪在朝廷者皆無恙，遣使告董璋，欲與之俱上表謝罪。璋怒，由是復爲怨敵。 長興三年二月，孟知祥三遣使說董璋，以主上加禮於兩川，苟不奉表謝罪，恐復致討；璋不從。 四月乙丑，東川節度使董璋會諸將，謀襲成都。 五月，知祥自將兵八千趣漢州，東川兵大敗，璋奔回。命廷隱將兵攻梓州。璋至梓州，遭部將斬首，舉城迎降。 七月乙未，孟知祥上表謝罪，自是復稱藩。 十月己酉朔，凡劍南自節度使、刺史以下官，聽知祥差署訖奏聞，朝廷更不除人；唯不遣戍兵妻子，然其兵亦不復徵也。 四年二月癸亥，以孟知祥爲東西川節度使、蜀王。
党項	長興三年正月	長興三年五月	正月己丑，以党項掠使臣及外國入貢者，遣靜難節度使藥彥稠、前朔方節度使康福將步騎七千討之。 五月，康福奏党項鈔盜者已伏誅，餘皆降附。
夏州	長興四年二月	長興四年七月	戊午，定難節度使李仁福卒；庚申，軍中立其子彝超爲留後。先是，河西諸鎮皆言李仁福潛通契丹，朝廷恐其與契丹連兵，併吞河右，南侵關中，會仁福卒，三月，癸未，以其子彝超爲彰武留後，徙彰武節度使安從進爲定難留後，仍命靜塞節度使藥彥稠將兵五萬，以宮苑使安重益爲監軍，送從進赴鎮。 四月，彝超上言，爲軍士百姓擁留，未得赴鎮，詔遣使趣之。李彝超不奉詔，遣其兄阿囉王守青嶺門，集境內党項諸胡以自救。藥彥稠等進屯蘆關，彝超遣党項抄糧運及攻具，官軍自蘆關退保金明。 七月，安從進攻夏州。李彝超兄弟登城謂從進曰：「夏州貧瘠，非有珍寶蓄積可以充朝廷貢賦也；但以祖父世守此土，不欲失之。蕞爾孤城，勝之不武，何足煩國家勞費如此！幸爲表聞，若許其自新，或使之征伐，願爲眾先。」上聞之，壬午，命從進引兵還。

資料來源：《資治通鑑》卷275～278。

附錄七　後唐清泰三年石敬瑭兵變記事表（936）

月	記　事
正月	癸丑（23），唐主以千春節置酒，晉國長公主上壽畢，辭歸晉陽。帝醉，曰：「何不且留，遽歸，欲與石郎反邪！」石敬瑭聞之，益懼。〔註1〕
四月	初，石敬瑭欲嘗唐主之意，累表自陳羸疾，乞解兵柄，移他鎮；帝與執政議從其請，移鎮鄆州。房暠、李崧、呂琦等皆力諫，以爲不可，帝猶豫久之。
五月	辛卯（3），以敬瑭爲天平節度使，以馬軍都指揮使、河陽節度使宋審虔爲河東節度使。制出，兩班聞呼敬瑭名，相顧失色。 甲午（6），以建雄節度使張敬達爲西北蕃漢馬步都署，趣敬瑭之鄆州。 戊戌（10），昭義節度使皇甫立奏敬瑭反。 壬寅（14），制削奪敬瑭官爵。 乙巳（17），以張敬達兼太原四面排陳使，河陽節度使張彥琪爲馬步軍都指揮使，以安國節度使安審琦爲馬軍都指揮使，以保義節度使相里金爲步軍都指揮使，以右監門上將軍武廷翰爲壕寨使。 丙午（18），以張敬達爲太原四面兵馬都部署，以義武節度使楊光遠爲副部署。 丁未（19），又以張敬達知太原行府事，以前彰武節度使高行周爲太原四面招撫、排陳等使。張敬達將兵三萬營於晉安鄉（晉陽城南）。 戊申（20），敬達奏大軍至太原城下，西北先鋒馬軍都指揮使安審信領五百騎兵叛奔晉陽。〔註2〕

<hr>

〔註1〕案，此稱「唐主」，應作「帝」。似因通鑑之史料來源出自石敬瑭方面之故爾。以下各條迄十一月改元前，俱同。

〔註2〕《資治通鑑》未記張敬達軍至太原城下，此條採自《舊五代史・唐書末帝紀》卷48，頁1623。

	天雄節度使劉延皓恃后族之勢，驕縱，奪人財產，減將士給賜，宴飲無度。捧聖都虞侯張令昭因眾心怨怒，謀以魏博應河東，癸丑（25），未明，帥眾攻牙城，克之；延皓脫身走，亂兵大掠。
六月	甲戌（17），以宣武節度使兼中書令范延光為天雄四面行營招討使知行府事。以張敬達充太原四面招討使，以楊光遠為副使。 丙子（19），以西京留守李周為天雄軍四面行營副招討使。
七月	丁未（21），〔註3〕范延光拔魏州，斬張令昭。詔悉誅其黨七指揮。張敬達發懷州彰聖軍戍虎北口，其指揮使張萬迪將五百騎奔河東。 石敬瑭遣間使求救於契丹，……復書許俟仲秋傾國赴援。
八月	己未（3），以范延光為天雄節度使，李周為宣武節度使、同平章事。 癸亥（7），應州言契丹三千騎攻城。張敬達築長圍以攻晉陽。 戊寅（21），以成德節度使董溫琪為東北面副招討使，以佐盧龍節度使趙德鈞。 唐主（帝）使端明殿學士呂琦至河東行營犒軍，楊光遠謂琦曰：「願附奏陛下，幸寬宵旰。賊若無援，且夕當平；若引契丹，當縱之令入，可一戰破也。」帝甚悅。帝聞契丹許石敬瑭以仲秋赴援，屢督張敬達急攻晉陽，不能下。
九月	契丹主將五萬騎，號三十萬，自揚武谷（在代州崞縣）而南，旌旗不絕五十餘里。代州刺史張朗、忻州刺史丁審琦嬰城自守，虜騎過城下，亦不誘脅。 辛丑（15），契丹主至晉陽，陳於汾北之虎北口。……與唐騎將高行周、符彥卿合戰，敬瑭乃遣劉知遠出兵助之。……唐兵斷而為二，步兵在北者多為契丹所殺，騎兵在南者引歸晉安寨。契丹縱兵乘之，唐兵大敗，步兵死者近萬人，騎兵獨全。敬達等收餘眾保晉安，契丹亦引兵歸虎北口。 壬寅（16），敬瑭引兵會契丹圍晉安寨，置營於晉安之南，……敬達等士卒猶五萬人，馬萬匹，四顧無所之。 甲辰（18），敬達遣使告敗於唐，自是聲問不復通。 唐主（帝）大懼，遣彰聖都指揮使符彥饒將步騎兵屯河陽；詔天雄節度使兼中書令范延光將魏州兵二萬由青山趣榆次；盧龍節度使東北面招討使兼中書令北平王趙德鈞將幽州兵出契丹軍後；耀州（陝西今縣）防禦使潘環糾合西路戍兵，由晉、絳兩乳嶺出慈、隰，共救晉安寨。契丹主移帳於柳林，過石會關，不見唐兵。 庚戌（24），遣樞密使忠武節度使隨駕諸軍都部署兼侍中趙延壽將兵二萬，如潞州。 辛亥（25），帝如懷州。以右神武統軍唐思立為北面行營馬軍都指揮使，帥扈從騎兵赴團柏谷。

〔註3〕《舊五代史·唐書末帝紀》卷48，頁1627，記在七月戊子（2）日，領軍至鄴都攻城。

十月	壬戌（9），詔大括天下將吏及民間馬，又發民爲兵，每七戶出征夫一人，自備鎧仗，謂之「義軍」，期以十一月俱集。 唐主（帝）命趙德鈞自飛狐踰契丹後，鈔其部落，德鈞請由土門路西入，帝許之。趙州刺史、北面行營都指揮使劉在明先將兵成易州，德鈞命在明以其眾自隨。德鈞至鎮州，以董溫琪領招討副使，邀與偕行；又表稱兵少，須合澤潞兵，乃自吳兒谷趨潞州，癸酉（18），至亂柳。 時范延光受詔將部兵二萬屯遼州，德鈞又請與魏博軍合。延光知德鈞合諸軍，志趣難測，表稱魏博兵已入賊境，無容南行數百里與德鈞合，乃止。 〔註4〕
十一月 （後晉改 元天福）	以趙德鈞爲諸道行營都統依前東北面行營招討使，以趙延壽爲河東道南面行營招討使，以翰林學士張礪爲判官。 庚寅（5），以范延光爲河東道東南面行營招討使，以宣武節度使同平章事李周副之。 辛卯（6），以劉延朗爲河東道南面行營招討副使。趙延壽遇趙德鈞於西唐（今長治沁縣），悉以兵屬德鈞。唐主（帝）遣呂琦賜德鈞敕告，且犒軍。德鈞志在併范延光軍，逗留不進，詔書屢趣之德鈞乃引兵北屯團柏谷口。 丁酉（12）契丹主欲立敬瑭爲天子，敬瑭讓者數四，將吏復勸進，乃許之。契丹主作冊書，命敬瑭爲大晉皇帝，是日，即皇帝位。割……十六州以與契丹，仍許歲輸帛三十萬匹。 己亥（14），制改長興七年爲天福元年，大赦。敕命法制，皆遵明宗之舊。 趙德鈞欲倚契丹取中國，至團柏踰月，按兵不戰，去晉安纔百里，聲問不能相通。德鈞累表爲延壽求成德節度使。
閏十一月	契丹主自以深入敵境，晉安未下，德鈞兵尚強，范延光在其東，又恐山北諸州邀其歸路，欲許德鈞之請立爲帝。 帝（石敬瑭，下同）聞之，大懼，亟使桑維翰見契丹主，……跪於帳前，自旦至暮，涕泣爭之。契丹主乃從之。 晉安寨被圍數月，高行周、符彥卿數引騎兵出戰，眾寡不敵，皆無功。芻糧俱竭。 甲子（9），楊光遠乘其無備，斬敬達首，帥諸將降於契丹。時晉安寨馬猶近五千，鎧仗五萬，契丹悉取以歸其國，唐之將卒悉以授帝。 丙寅，帝與契丹主將引兵而南，契丹以其將高謨翰爲前鋒，與降卒偕進。 丁卯（12），至團柏，與唐兵戰。趙德鈞、趙延壽先遁，符彥饒、張彥琦、劉延朗、劉在明繼之，士卒大潰，相騰踐死者萬計。 己巳（14），延朗、在明（逃）至懷州，唐主始知帝即位、楊光遠降。 壬申（17），唐主還至河陽，命諸將分守南、北城。趙德鈞、趙延壽南奔潞州，唐敗兵稍稍從之，其將時賽帥盧龍輕騎東還漁陽。 甲戌（19），帝與契丹主至潞州，德鈞父子迎謁於高河，契丹主慰諭之，

〔註4〕 《舊五代史・唐書末帝紀》卷48，頁1636，記「帝以詔諭延光（與德鈞會合），延光不從。」

父子拜帝於馬首。……遂瑣德鈞、延壽，送歸其國。

帝將發上黨，契丹主令太相溫將五千騎衛從至河梁。

丁丑（22），唐主命河陽節度使萇從簡與趙州刺史劉在明守河陽南城，遂斷浮梁，歸洛陽。

己卯（24），帝至河陽，萇從簡迎降，舟楫已具。

唐主命馬軍都指揮使宋審虔、步軍都指揮使符彥饒、河陽節度使張彥琪、宣徽南院使劉延朗將千餘騎至白馬阪行戰地，……乃還。

庚辰（25），唐主又與四將議復向河陽，而將校皆已飛狀迎帝。帝慮唐主西奔，止契丹千騎扼澠池。

辛巳（26），唐主與曹太后、劉皇后、雍王重美及宋審虔等攜傳國寶登玄武樓自焚。

資料來源：據《資治通鑑》卷 280。

附錄八 李從珂、石敬瑭、趙德鈞父子 經歷對照表

年　月		石敬瑭經歷	李從珂經歷	趙德鈞父子經歷
宗明宗天成元年	四月	己亥，權知陝州兵馬留後。	權知河中府兵馬留後。	
	五月			甲申，幽州節度使檢校太保李紹斌，加檢校太傅同平章事，復姓名為趙德鈞。
	六月		戊子，為河中節度使。	
天成二年	正月		辛未，加同平章事。	
	二月	庚寅，陝州節度使檢校司徒，加檢校太傅兼六軍諸衛副使。		
	九月			乙丑，趙德鈞為河陽節度使。
	十月	癸卯，為汴州節度使兼六軍諸衛副使侍衛親軍馬步都指揮使。		
	十一月		庚申，河中節度使檢校太保同平章事，進爵邑並加檢校太傅。	
天成三年	四月	戊寅，為鄴都留守充天雄軍節度使加同平章事。		

	五月	丁未，鄴都留守天雄軍節度使石敬瑭、河陽節度使趙延壽並加駙馬都尉。		鄴都留守天雄軍節度使石敬瑭、河陽節度使趙延壽並加駙馬都尉。
	九月			丁酉，河陽節度使駙馬都尉趙延壽為檢校司徒。
四年	四月			壬子，河陽節度使趙延壽為宋州節度使。
長興元年	二月	乙巳，天雄軍節度使石敬瑭為御營使。		
	四月		戊戌，皇子河中節度使從珂進位檢校太尉封開國公。	
	九月	丁亥，天雄軍節度使石敬瑭兼東川行營都招討使。		
長興二年	二月			己丑，宋州節度使趙延壽為左武衛上將軍充宣徽北院使。
	三月		丙寅，以皇子從珂為左衛大將軍。	
	四月	己酉，天雄軍節度使石敬瑭兼六軍諸衛副使。		甲辰，以宣徽北院使左衛上將軍趙 延壽為檢校太傅行禮部尚書充樞密使。
	六月	乙亥，以石敬瑭為河陽天雄軍節度使。	乙丑，依前檢校太傅，加同平章事行京兆尹充西都留守。	
長興三年	七月		乙亥，以皇子西京留守京兆尹從珂為鳳翔節度使。	
	十一月	丁亥，河東節度使兼大同彰國振武威塞等軍蕃漢馬步總管。		己丑，樞密使趙延壽加同平章事。
長興四年	五月		戊寅，皇子鳳翔節度使從珂封潞王。	
	九月			戊寅，樞密使范延光、趙延壽並加兼侍中。戊

				戌，以樞密使趙延壽為汴州節度使。
閔帝順應元年	正月	北京留守、河東節度使兼大同彰國振武威塞等軍蕃漢馬步總管石敬瑭加兼中書令。	庚寅，鳳翔節度使、潞王從珂加兼侍中。	幽州節度使檢校太尉兼中書令趙德鈞加檢校太師兼中書令。
	二月	以北京留守石敬瑭權知鎮州軍州事。	宣授鳳翔節度使潞王從珂權北京留守。	汴州節度使檢校太尉兼侍中趙延壽，並加檢校太師。
	三月	以北京留守河東節度使石敬瑭依前檢校太尉兼中書令，其眞定尹充鎮州節度使大同彰國振武威塞等軍蕃漢馬步總管如故。		

資料來源：《舊五代史·後唐帝紀》。

附錄九　後晉天福年間兵亂記事表
（937～943）

年	記　事
二年	六月癸未，天雄軍節度使范延光反。 丁未，東都巡檢張從賓反。（附和范延光）
	七月壬子，義成軍（符彥饒）亂。（附和范延光） 丙子，安州屯防指揮使王暉殺其節度使周瓌（附和范延光）。
	八月乙巳，赦非死罪囚及張從賓、符彥饒、王暉餘黨。
三年	九月己酉，赦范延光。〔註1〕
四年	三月丙辰，靈州戍將王彥忠以懷遠城反。 己未，彥忠降，供奉官齊延祚殺之。〔註2〕
五年	五月丙戌，安遠軍（安州）節度使李金全叛附于唐。
	六月丁巳，克安州。〔註3〕
六年	十月，山南東道節度使（襄州）安從進反。
	十二月丙戌，成德軍節度使安重榮反。

〔註1〕 延光請降，高祖不許，延光遂堅壁，攻之，久不克，卒悔而赦之，復官職徙鎮天平，賜鐵卷，城中將吏軍民今日以前罪，皆釋不問。參見《冊府元龜・赦宥》卷93，頁1034，錄敕魏府上下制文。

〔註2〕 《舊五代史》卷78，頁2407，「詔：齊延祚辜我誓言，擅行屠戮，……宜除名，決重杖一頓配流。」

〔註3〕 兩史皆記在丁巳日（23），《資治通鑑》卷282，頁9214～9215，記在天福五年六月丁未日（13），馬全節斬承裕（唐將）及其眾千五百人于城下，送監軍杜光業等五百七人于大梁。

七年	正月丁巳，克鎮州，安重榮伏誅，赦廣晉。
	正月，彰武軍亂，攻延州。遣曹州防禦使何重建將兵救之，同、鄜州援之，乃得免。〔註4〕
	八月戊午，高行周克襄州。〔註5〕
八年	十二月甲寅，平盧軍節度使楊光遠反。〔註6〕

資料來源：主據《新五代史·晉本紀》。

〔註4〕《資治通鑑》卷283，頁9234，天福七年二月癸巳條前。兩五代史均未載。
〔註5〕《資治通鑑》卷283，頁9239～9240，天福七年八月條前後，高行周圍襄州，踰年不下，城中食盡。八月，拔之，安從進舉族自焚。
〔註6〕案，楊光遠引契丹軍及契丹盧龍趙延壽軍南下，欲演石敬瑭故事以侵晉。隔年十二月丁巳，楊承勳囚其父光遠以降；俱見殺。

－258－

參考文獻

一、**史料**（依朝代）

1. 魏・曹操等注，清・孫星衍、吳人驥校，清・畢以珣輯敘錄，宋・鄭友賢輯遺說，楊家駱考，《孫子十家注》，臺北：世界書局，民73年。

2. 春秋・孫武撰，三國・曹操等注，楊丙安校理，《十一家注孫子校理》，北京：中華書局，1999年。

3. 漢・司馬遷撰，劉宋・裴駰集解，唐・司馬貞索隱，唐・張守節正義，《史記》，北京：中華書局，2014年。

4. 漢・班固撰，唐・顏師古注，《漢書》，北京：中華書局，2012年。

5. 劉宋・范曄撰，唐・李賢等注，晉・司馬彪補志，《後漢書》，北京：中華書局，2007年。

6. 晉・陳壽撰，南朝宋・裴松之注，《三國志》，北京：中華書局，2012年。

7. 唐・李延壽，《北史》，北京：中華書局，2015年。

8. 唐・李林甫等撰，《唐六典》，北京：中華書局，1992年。

9. 唐・李絳，《李相國論事集》，臺北，臺灣商務印書館，民55年。

10. 唐・陸贄，《陸宣公奏議》，臺北：中華書局，民69年。

11. 唐・白居易，《白居易集》，北京：中華書局，1979年。

12. 唐・杜佑，《通典》，北京：中華書局，1988年。

13. 唐・杜牧，《樊川文集》，臺北：九思出版社，民68年。

14. 唐・李吉甫，《元和郡縣圖志》，北京：中華書局，1983年。

15. 五代・孫光憲，《北夢瑣言》，北京：中華書局，2002年。

16. 後晉・劉昫等撰，《舊唐書》，北京：中華書局，1975年。

17. 宋・歐陽修、宋祈等修纂，《新唐書》，北京：中華書局，1975年。

18. 宋・范祖禹，《唐鑑》，臺北：臺灣商務印書館，民72年。

19. 宋・薛居正等撰、陳尚君輯纂，《舊五代史新輯會證》，上海：復旦大學出版社，2005年。

20. 宋・薛居正等撰，《舊五代史》，北京：中華書局，2007年。

21. 宋・樂史，《太平寰宇記》，北京：中華書局，2007年。

22. 宋・陶岳，《五代史補》，杭州：杭州出版社，2004年。

23. 宋・歐陽修撰、徐無黨注，《新五代史》，北京：中華書局，1974年。

24. 宋・司馬光編著，元・胡三省音註，《資治通鑑》，北京：中華書局，1956年。

25. 宋・司馬光撰，《資治通鑑考異》，臺北：臺灣商務印書館，民72年。

26. 宋・陸游，《南唐書》，臺北：臺灣商務印書館，民72年。

27. 宋・李攸，《宋朝事實》，臺北：臺灣商務印書館，民72年。

28. 宋・王明清，《揮塵後錄》，臺北：臺灣商務印書館，民75年。

29. 宋・邵伯溫，《邵氏聞見錄》，北京：中華書局，1997年。

30. 宋・葉夢得，《石林燕語》，北京：中華書局，1984年。

31. 宋・王溥，《五代會要》，上海：古籍出版社，1978年。

32. 宋・王欽若等編纂，《冊府元龜》，南京：鳳凰出版社，2006年。

33. 南宋・王應麟，《玉海》，京都：中文出版社，1977年。

34. 南宋・葉隆禮，《契丹國志》，臺北：據清嘉慶二年掃葉山房刊本出版者不詳，民22年。

35. 元・脫脫等撰，《宋史》，北京：中華書局，1974年。

36. 明・黃宗羲，《明夷待訪錄》，臺北：世界書局，不著年。

37. 清・顧炎武原著，黃汝成集釋，《日知錄集釋》，臺北：世界書局，1991年。

38. 清・顧祖禹，《讀史方輿紀要》，北京：中華書局，2005年。

39. 清・趙翼著，王樹民校證，《廿二史箚記校證》，北京：中華書局，2007年。

40. 清・王鳴盛，《十七史商榷》，臺北：廣文書局，民60年。

41. 清・董誥、阮元、徐松等編撰，《全唐文》，北京：中華書局，1982年。

42. 清・畢沅，《續資治通鑑》，北京：中華書局，1957年。

二、專書（依姓氏筆畫）

1. 三軍大學編著，《中國歷代戰爭史》，臺北：黎明文化公司，民78年。

2. 中國軍事史編寫小組，《中國軍事史》，北京：解放軍出版社，1988年。

3. 王小甫，《隋唐五代史：世界帝國，開明開放》，臺北：三民書局，2008年。

4. 王鳳翔，《晚唐五代秦岐政權研究》，陝西：三秦出版社，2009年。

5. 王恢，《中國歷史地理──歷代疆域形勢》，臺灣：學生書局，民67年。

6. 王賡武著，胡耀飛、尹承譯，《五代時期北方中國的權力結構》，上海：中西書局，2014年。

7. 不著原作者，王士品、潘光建同譯，《拿破崙戰史》，臺北：實踐學社，民50年。

8. 方積六，《黃巢起義考》，北京：中國社會科學出版社，1983年。

9. 方積六，《中國軍事通史》，北京：軍事科學院出版社，1998年。

10. 朱玉龍編著，《五代十國方鎮年表》，北京：中華書局，1997年。

11. 任德庚，《中國地理》，臺北：三民書局，民83年。

12. 任育才，《唐史研究論集》，臺北：鼎文書局，民64年。

13. 全漢昇，《唐宋帝國與運河》，臺北：中研院歷史語言研究所，1995年。

14. 杜瑜，《中國經濟重心南移──唐宋間經濟發展的地區差異》，臺北：五南圖書出版公司，2005年。

15. 杜文玉，《五代十國制度》，北京：人民出版社，2006年。

16. 杜維運，《史學方法論》，臺北：華世出版社，民68年。

17. 汪國禎，《余伯泉將軍與其軍事思想》，臺北：中華戰略學會，民91年。

18. 何世同，《殲滅論》，臺北：上揚國際開發公司，民91年。

19. 何世同，《中國戰略史》，臺北：黎明文化公司，民94年。

20. 何世同，《戰略概論》，臺北：黎明文化公司，民93年。

21. 余衍福，《唐代藩鎮之亂》，臺北：聯經出版公司，民69年。

22. 沙學浚，《中國歷史地理》，臺北：史地製圖社，民52年。

23. 金毓黻，《宋遼金史》，臺北：臺灣商務印書館，民35年。

24. 何燦浩，《唐末政治變化研究》，北京：中國文聯出版社，2001年。

25. 宮玉振，《中國戰略文化解析》，北京：軍事科學出版社，2002年。

26. 李震，《歷代戰爭方略研究》，臺北：武學書局，民44年。

27. 李震，《中國歷代戰爭史與經世學之融貫》，臺北：中國文化大學圖書館藏（公治書室）原稿，民84年。

28. 李震，《中國歷代戰爭史話》，臺北：黎明文化公司，民74年。

29. 李則芬，《隋唐五代歷史論文集》，臺北：臺灣商務印書館，民78年。

30. 李孝聰，《中國區域歷史地理》，北京：北京大學出版社，2004年。

31. 李碧妍，《危機與重構：唐帝國及其地方諸侯》，北京：師範大學出版社，2015 年。

32. 岑仲勉，《黃河變遷史》，臺北：里仁書局，民 71 年。

33. 林瑞翰，《五代史》，臺北：民智書局，民 52 年。

34. 吳廷燮，《唐方鎮年表》，北京：中華書局，1980 年。

35. 胡戟主編，《唐研究縱橫談》，北京：中國社會科學出版社，1996 年。

36. 胡敏遠，《野戰戰略用兵方法論》，臺北：揚智文化出版社，2005 年。

37. 姚瀛艇編，《宋代文化史》，臺北：雲龍出版社，1995 年。

38. 軍事科學院戰爭理論與戰略研究部編，《中國古代經典戰爭戰例》，北京：解放軍出版社，2012 年。

39. 高明士、邱添生、何永成、甘懷眞合著，《隋唐五代史》，臺北：里仁書局，2006 年。

40. 徐培根，《國家戰略概略》，臺北：國防研究院印，民 49 年。

41. 唐長孺，《魏晉南北朝隋唐史三論》，武漢：武漢大學出版社，1993 年。

42. 許倬雲，《我者與他者：中國歷史上的內外分際》，臺北：時報文化出版公司，2009 年。

43. 張儐生，《魏晉南北朝史》，臺北：幼獅文化事業公司，民 76 年。

44. 張達志，《唐代後期藩鎮與州之關係研究》，北京：中國社會科學出版社，2011 年。

45. 張修桂，《中國歷史地貌與古地圖研究》，北京：社會科學文獻出版社，2006 年。

46. 張正田，《「中原」邊緣——唐代昭義軍研究》，臺北：稻鄉出版社，民 96 年。

47. 張其凡，《五代禁軍初探》，廣州：暨南大學出版社，1993 年。

48. 張其凡，《宋初政治探研》，廣州：暨南大學出版社，1995 年。

49. 張鳳翔，《晚唐五代秦岐政權研究》，陝西：三秦出版社，2009 年。

50. 張廣智、陳新，《年鑑學派》，臺北：揚智文化出版社，1799 年。

51. 郭武雄，《五代史輯本證補》，臺北：臺灣商務印書館，民 65 年。

52. 郭武雄，《五代史料探源》，臺北：臺灣商務印書館，民 85 年。

53. 國防部，《國防部聯合作戰研究委員會會史》，臺北：國防部，民 59 年。

54. 程光裕，《宋太宗對遼戰爭考》，臺北：中國文化大學圖書館藏原稿，民 65 年。

55. 黃永年，《唐史史料學》，上海：上海書店，2002 年。

56. 黃仁宇，《赫遜河畔談中國歷史》，臺北：時報文化出版公司，1989 年。

57. 黃仁宇，《放寬歷史的視界》，臺北：允晨文化出版公司，1990 年。

58. 黃仁宇，《中國大歷史》，臺北：聯經出版公司，1993 年。

59. 曾瑞龍，《經略幽燕》，香港：中文大學出版社，2003 年。

60. 雷海宗，《中國文化與中國的兵》，北京：商務印書館，2003 年。

61. 趙雨樂，《唐宋變革期之軍政制度——官僚機構與等級之編成》，臺北：文史哲出版社，民 83 年。

62. 趙景芳，《美國戰略文化研究》，北京：時事出版社，2009 年。

63. 盧建榮，《咆哮彭城——唐代淮上軍民抗爭史（765～899）》，臺北：五南圖書出版公司，2008 年。

64. 樊文禮，《李克用評傳》，濟南：山東大學出版社，2005 年。

65. 鄭學檬，《五代十國史研究》，上海：人民出版社，1991 年。

66. 錢穆，《中國歷代政治得失》，臺北：聯經出版公司，1998 年。

67. 穆渭生，《唐代關內道軍事地理研究》，陝西：人民出版社，2008 年。

68. 瞿林東，《中國史學史綱》，臺北：五南圖書公司，2002 年。

69. 譚其驤主編，《中國歷史地圖集》，北京：中國地圖出版社，1982 年。

70. 羅獨修，《先秦勢治思想探微》，臺北：中國文化大學出版部，民 91 年。

71. 嚴耕望，《唐代交通圖考》，上海：上海古籍出版社，2007 年。

72. （日）小島毅著，何曉毅譯，《中國思想與宗教的奔流：宋朝》，桂林：日本講談社授權廣西師範大學出版，2014 年。

73. （英）杜希德（Denis Twitchett）著，黃寶華譯，《唐代官修史籍考》，上海：上海古籍出版社，2010 年。

74. （英）杜希德（Denis Twitchett）主編，《劍橋中國隋唐史》，北京：中國社會科學出版社，1990 年。

75. （英）杜希德（Denis Twitchett）主編，《劍橋中國隋唐史》，臺北：南天書局，1997 年。

76. （英）尼爾‧弗格森（Nell Ferguson）著，黃煜文譯，《文明》，臺北：聯經出版公司，2012 年。

77. （美）卡西迪（Robert Cassidy）著，《戰略文化與不對稱衝突》，臺北：國防部史編室譯印，民 93 年。

78. （美）賈德‧戴蒙（Jared Mason Diamond）著，王道還、廖月娟譯，《槍砲、病菌與鋼鐵：人類社會的命運》，臺北：時報文化出版公司，1998 年。

79. （美）亨丁敦（E, Huntington）、克興（S. W. Cushing）原著，王海初、鄭次川譯，《人文地理學概論 Principles of human geography》，上海：商務印書館，民 19 年。

80. （瑞士）約米尼（Antoine-Henri Jiminy）原著，鈕先鍾譯，《戰爭藝術》，臺北：麥田出版社，民 103 年。

81. （德）Gerhard Ritter. "*Schlieffen Plan： Critique of a Myth*" Published by Greenwood Press.1979.

三、論文（依姓氏筆畫）

1. 王吉林，〈統一期間北魏與塞外民族的關係〉，《史學彙刊》期 10，民 69 年。

2. 王吉林，〈遼太宗之中原經略與石晉興亡〉，《中國歷史學會史學集刊》期 6，民 63 年。

3. 王明蓀，〈契丹與中原本土之歷史關係〉，收入氏著《遼金元史論文稿》，臺北：花木蘭文化出版社，民 94 年。

4. 王明蓀，〈兵險德固——論北宋之建都〉，《中國中古史研究》期 7，民 96 年。

5. 王德毅，〈司馬光和資治通鑑〉，收入《宋史研究集》冊 4，民 58 年。

6. 王怡辰，〈唐代後期鹽務組織及其崩壞〉，《晚唐的社會與文化》，臺北，學生書局，民 80 年。

7. 王援朝，〈唐代藩鎮分類芻議〉，《唐史論叢》輯 5，1990 年。

8. 王振芳，〈論太原在五代的戰略地位〉，《山西大學學報》期 3，1997 年。

9. 王鳳翔，〈十國之說的由來〉，《史學月刊》期 11，2008 年。

10. 王興亞，〈中原地域稱謂的由來及其地域範圍的嬗變〉，《石家莊學院學報》卷 17 期 4，2015 年。

11. 王賡武，〈馮道——論儒家的忠君思想〉，《中國歷史人物論集》，臺北：正中書局，民 62 年。

12. 文崇一，〈經驗研究與歷史研究方法和推論的比較〉，收入瞿海源、蕭新煌主編《社會學理論與方法研討會論文集》，臺北：中央研究院民族學歷史所，民 71 年。

13. 毛漢光，〈五代之政治延續與政權轉移〉，《史語所集刊》51：2，收入《中國中古政治史論》，臺北：聯經出版公司，民 79 年。

14. 毛漢光，〈北朝東西政權之河東爭奪戰〉，《臺灣大學文史哲學報》期 35（1987），收入《中國中古政治史論》，臺北：聯經出版公司，民 79 年。

15. 毛漢光，〈唐末五代政治社會之研究—魏博二百年史論〉，《史語所集刊》50：2，收入《中國中古政治史論》，臺北：聯經出版公司，民 79 年。

16. 方震華，〈才兼文武的追求—唐代後期士人的軍事參與〉，《臺大歷史學報》期 50，2012 年。

17. 方震華，〈正統王朝的代價-後梁與後唐的政權合理化問題〉，《臺大歷史學報》期 35，2005 年。

18. 石磊，〈五代的兵制（上、下）〉，《幼獅學誌》1：2、1：3，民 51 年。

19. 傅先召，〈唐朝後期潁州隸屬變動及其對政局的影響〉，《安徽師範大學學報》卷 39 期 6，2011 年。

20. 成一農，〈唐代的地緣政治結構〉，收入李孝聰主編，《唐代地域結構與運作空間》，上海：上海辭書出版社，2003 年。

21. 任育才，〈唐代官學教育的變革〉，《興大歷史學報》期 8，民 87 年。

22. 宋晞，〈從資治通鑑看司馬光史論〉，《宋史研究論叢（三）》，臺北：中國文化大學出版社，民 77 年。

23. 宋德熹，〈唐代後半期門閥與宦官之關係〉，收入淡江大學中文系主編，《晚唐的社會與文化》，臺北：臺灣學生書局，民 79 年。

24. 宋常廉，〈高梁河戰役考實〉，《大陸雜誌》卷 39 期 10，民 56 年。

25. 宋常廉，〈北宋的馬政（上）〉，《大陸雜誌》卷 25 期 10，民 51 年。

26. 何燦浩，〈唐末方鎮的類型〉，《中國社會歷史評論》卷 2，2000 年。

27. 何燦浩，〈略論唐末藩鎮的兼併〉，《慶祝何茲全先生九十歲論文集》，北京：師範大學出版社，2001 年。

28. 沙學浚，〈從政治地理看胡人南下牧馬〉，《學粹》卷 13 期 4，民 60 年。

29. 李裕民，〈宋太宗平北漢始末〉，《山西大學學報》期 3，收入氏著，《宋史新探》，西安：西安師範大學出版社，1999 年。

30. 李崇新，〈試論唐末五代晉梁爭霸的軍事得失〉，《南京理工大學學報》卷 20 期 1，2007 年。

31. 李崇新，〈試論唐末五代晉梁爭雄的政治策略博弈〉，《南京理工大學學報》卷 18 期 6，2005 年。

32. 李孝聰，〈論唐代後期華北三個區域中心城市的形成〉，《北京大學學報》期 2，1992 年。

33. 李孝聰，〈區域歷史地理的理論思維與研究方法〉，《中國區域歷史地理》，北京：北京大學出版社，2004 年。

34. 邢義田，〈契丹與五代政權更迭之關係〉，《食貨月刊》，1971 年。

35. 吳楓、任爽，〈五代分合與南唐的歷史定位〉，《東北師大學報》期 5，1994 年。

36. 杜文玉，〈論後唐莊宗李存勗〉，《電大學報》期 2，1988 年。

37. 杜文玉，〈唐末五代時期西北地緣政治的變化及特點〉，《人文雜誌》期 2，2011 年。

38. 林瑞翰，〈五代豪侈、暴虐、義養之風氣〉，收入《大陸雜誌史學叢書》輯 2 冊 2，民 56 年。

39. 林瑞翰，〈五代君臣之義淡而政風多貪黷〉，收入《大陸雜誌史學叢書》輯 2 冊 2，民 56 年。

40. 林瑞翰，〈資治通鑑五代史補注〉上、下，《幼獅學誌》11：1、11：2，民 62 年。

41. 林瑞翰，〈歐陽修《五代史記》之研究〉，《國立臺灣大學文史哲學報》期 23，民 63 年。

42. 林瑞翰，〈宋代兵制初探〉，《歷史學系學報》期 3，民 65 年。

43. 林瑞翰，〈宋太祖太宗之御將及太宗之治術〉，《歷史學系學報》期 5，民 67 年。

44. 林鵠，〈論遼太宗離汴非棄中原〉，《文史》輯 2，2015 年。

45. 周阿根，〈《李茂貞墓誌》錄文校補〉，《文物春秋》期 3，2009 年。

46. 周寶珠，〈朱梁建都開封及其歷史意義〉，《開封大學學報》卷 12 期 3，1998 年。

47. 周世範，《朱梁何以能代唐〉，《山西大學學報》期 2，1987 年。

48. 岳東，〈後梁的黃淮軍人〉，《內蒙古民族大學學報》卷 16 期 4，2010 年。

49. 范學輝，〈關於杯酒釋兵權若干問題的再探討〉，《史學月刊》期 3，2006 年。

50. 胡長明，〈毛澤東評點"後唐滅梁"〉，《黨史博覽》期 11，2010 年。

51. 胡如雷，〈唐五代時期的"驕兵"與藩鎮〉，收入氏著，《隋唐五代社會經濟史論稿》，北京：中國社會科學出版社，1996 年。

52. 姚從吾，〈國史擴大綿延的一個看法〉，《中原文獻》5：4～5：6，民 62 年。

53. 姚從吾，〈從宋人所記燕雲十六州淪入契丹後的實況看宋遼關係〉，收入《大陸雜誌史學叢書》輯 2 冊 3，民 59 年。

54. 孫國棟，〈唐宋之際社會門第之消融〉，《新亞學報》卷 4 期 1，民 48 年。

55. 徐規、方如今，〈評宋太祖的「先南後北」統一戰略〉，收入《宋史研究論文集》，鄭州：河南大學出版社，1984 年。

56. 唐長孺，〈魏晉才性論的政治意義〉，《魏晉南北朝史論叢》，北京：商務印書館，2010 年。

57. 桂齊遜，〈河東軍對晚唐政局的影響〉，《中國歷史學會集刊》期 26，1994 年。

58. 張其凡，〈五代都城的變遷〉，《暨南學報》期 4，1985 年。

59. 張其凡，〈五代政權遞嬗之考察：兼評周世宗的整軍〉，《華南師範大學學報》，1985 年。

60. 張其凡，〈從高梁河之敗到雍熙北伐〉，收入氏著，《宋初政治探研》，廣州：暨南大學出版社，1995 年。

61. 張家駒，〈宋代社會中心南遷史〉，收入《張家駒史學文存》，上海：人民出版社，2010 年。

62. 張國剛，〈唐代藩鎮軍將職級考略〉，收入氏著，《唐代藩鎮研究》，北京：中國人民大學出版社，2010 年。

63. 張子俠，〈建國以來朱溫研究評述〉，《安徽史學》期 3，1998 年。

64. 張正田，〈以「盧從史事件」觀昭義軍節度使對唐代的重要性—並略論昭義地理形勢概況〉，《中正歷史學刊》期 6，民 89。

65. 張偉然，〈唐人心目中的文化區域及地理意象〉，收入李孝聰主編，《地域結構與運作空間》，上海：上海辭書出版社，2003 年。

66. 張耀飛，〈五代十國時期的扞蔽與平衡——以荊南爲中心〉，收入杜文玉主編，《唐史論叢》輯 15，陝西：三秦出版社，2012 年。

67. 張春蘭，〈唐五代時期的城市管理制度〉，收入杜文玉主編，《唐史論叢》輯 11，陝西：三秦出版社，2008 年。

68. 張義忱，〈論宋遼高梁河之戰〉，《瀋陽師範學院學報》期 3，1988 年。

69. 陳登武，〈復讎新釋——從皇權的角度再論唐宋復讎個案〉，《臺灣師大歷史學報》，2003 年。

70. 陳華，〈歷史解釋中之地理因素〉，《食貨》卷 4 期 10，民 64 年。

71. 陳宛瑜，〈唐末梁盛晉衰原因之探討〉，《史苑》，1999 年。

72. 郭啓瑞，〈唐末關中安全體系的破壞〉，收入淡江大學中文系主編，《晚唐的社會與文化》，臺北：臺灣學生書局，民 79 年。

73. 梁太濟，〈朱全忠勢力發展的四個階段〉，《春史：卞麟錫教授還曆紀念唐史論叢》，1995 年。

74. 陸揚，〈論馮道的生涯——兼談中古晚期政治文化中的邊緣與核心〉，《唐研究》卷 19，北京：北京大學出版社，2013 年。

75. 傅斯年，〈夷夏東西說〉，《中央研究院史語所集刊》6：4，民 25 年。

76. 傅樂煥，〈關於宋遼高梁河之戰〉，收入氏著，《遼史叢考》，北京：中華書局，1984 年。

77. 傅衣凌，〈關於朱溫的評價〉，《廈門大學學報》期 1（1959），收入《傅衣凌治史五十年文編》，北京：中華書局，2007 年。

78. 勞榦，〈中國歷史上的治亂週期〉，《大陸雜誌》卷 17 期 1，民 47 年。

79. 黃仁宇，〈宋太祖趙匡胤〉，《領導文粹》，2000 年。

80. 黃英士，〈書評：《經略幽燕——宋遼戰爭軍事災難的戰略分析》〉，《華岡史學》創刊期，民 102 年。

81. 黃英士，〈遼朝的軍隊及其編組〉，《中正歷史學刊》期 17，民 103 年。

82. 黃英士，〈沙陀的族屬及其族史〉，《德明學報》卷 34 期 2，民 99 年。

83. 黃英士，〈史載沙陀三事辨析〉，《德明學報》卷 37 期 1，民 102 年。

84. 曾國富，〈試析五代晉王李存勗滅後梁的條件〉，《廣西社會科學》，2004 年。

85. 曾國富，〈五代後漢速亡探因〉，《湛江師範學院學報》，2004 年。

86. 曾國富，〈略論五代名將李存勗〉、〈試析五代晉王李存勗滅後梁的條件〉，收入《五代史研究（下）》，臺北：花木蘭文化出版社，民 102 年。

87. 曾國富，〈略論五代後唐的「小康」之局〉、〈後唐莊宗失政及其歷史教訓〉，收入《五代史研究（中）》，臺北：花木蘭文化出版社，民 102 年。

88. 楊冬生、楊岸青，〈李嗣昭爲李克用之元子辨〉，《山西教育學院學報》卷 3 期 1，2000 年。

89. 賈志剛，〈唐代河東承天軍史實尋踪——以五份碑誌資料爲中心〉，《人文雜誌》期 6，2009 年。

90. 漆俠，〈宋太宗第一次北伐——高梁河之戰——宋遼戰史研究之一〉，收入氏著，《探知集》，保定：河北大學出版社，1999 年。

91. 鄧小南，〈論五代宋初"胡/漢"語境的消解〉，《文史哲》期 5，2005 年。

92. 趙鐵寒，〈燕雲十六州的地理分析〉，《大陸雜誌》卷 17 期 11、12，民 47 年。

93. 臧榮，〈論五代時期的汴晉爭衡〉，《史學月刊》，1984 年。

94. 齊勇鋒，〈五代禁軍初探〉，收入史念海主編，《唐史論叢》輯 3，西安：陝西人民出版社，1987 年。

95. 廖德松，〈論鳳翔鎮在唐末五代初期所扮演的角色及其影響〉，《史苑》，2000 年。

96. 蔣武雄，〈遼太祖與五代前期政權轉移的關係〉，《東吳歷史學報》期 1，民 84 年。

97. 蔣武雄，〈遼與後漢建國的關係〉，《東吳歷史學報》期 2，民 85 年。

98. 蔣武雄，〈遼與北漢興亡的關係〉，《東吳歷史學報》期 3，民 86 年。

99. 蔣武雄，〈遼與後晉興亡關係始末〉，《東吳歷史學報》期 4，民 87 年。

100. 劉浦江，〈遼朝國號考釋〉，《歷史研究》期 6，2001 年。

101. 樊文禮，〈試論唐末五代代北集團的形成〉，《民族研究》期 2，2002 年。

102. 樊文禮，〈試析李克用在晉汴爭霸中失利的原因〉，《煙台師範學報》期 4，1998 年。

103. 聶崇岐，〈論宋太祖收兵權〉，收入氏著，《宋史叢考（上冊）》，北京：中華書局，1980 年。

104. 韓國磐，〈唐末五代的藩鎮割據〉，《歷史教學》期 8，1958 年。

105. 羅慶生，〈地緣戰略理論的回顧與前瞻〉，收入《新世紀的國防挑戰與回應》，臺北：國防部主辦全民國防教育學術研討會論文集，2010 年。

106. 蕭啓慶，〈北亞遊牧民族南侵各種原因的檢討〉，收入氏著，《元代史新探》，臺北：新文豐書局，民72年。

107. （日）小川琢治，〈黃河下游平原的戰略地理意義〉，《地理雜誌》330～331號，1916年。

108. （日）大澤正昭，〈唐末の藩鎮と中央權力——德宗・憲宗朝を中心として〉，《東洋史研究》卷32期2，1973年。

109. （日）松井等，〈宋對契丹的戰略地理〉，《滿朝地理歷史研究報告》4號，1918。

110. （日）谷川道雄，王霜媚譯，〈關於河朔三鎮藩帥的繼承〉，收入《第一屆國際唐代學術會議論文集》，臺北：臺灣學生書局，1989年。

111. （日）日野開三郎，〈五代鎮將考〉，收入劉俊文主編，《日本學者研究中國史論著選譯（第五卷）》，北京：中華書局，1993年。

112. （日）畑地正憲撰，鄭樑生譯，〈五代北宋的府州折氏〉，《食貨月刊》復刊卷5期5，民64年。

113. （日）堀敏一，〈藩鎮親衛軍の權力結構〉，收入劉俊文主編，《日本學者研究中國史論著選譯（第四卷）》，北京：中華書局，1993年。

114. （日）堀敏一，〈五代宋初における禁軍の發展〉，《東洋文化研究所紀要》冊4，1953年。

115. （日）堀敏一，〈朱全忠政權の性格〉，《駿台史學》期11，1960年。

116. （日）堀敏一，〈朱全忠の廳子都〉，收入《和田博士古稀記念東洋史論叢》，東京：講談社，1961年。

117. （日）堀敏一，〈唐末諸叛乱の性格——中国における貴族政治の没落について〉，《東洋文化》號7，1971年。

118. （日）周藤吉之，〈五代節度使の支配體制——特に宋代職役との關聯に於いて〉，《史學雜誌》卷61期4，1952年。

119. （日）菊池英夫，〈五代禁軍の地方屯駐に就いて〉，《東洋史學》期11，1954年。

120. （日）菊池英夫，〈五代禁軍に於ける侍衛親軍司の成立〉，《史淵》期70，1956年。

121. （日）佐竹靖彦，〈朱溫集團の特性と後梁王朝の形成〉，收入《中國近世社會文化史論文集》，臺北：中央研究院歷史語言研究所，1992年。

122. （英）杜希德著，張榮芳譯，〈唐代藩鎮勢力的各種類型〉，《大陸雜誌》卷66期1，1983年。

123. （韓）金宗燮，〈五代中央對地方的政策研究——以對州縣政策爲主〉，《中國社會歷史評論》卷4，2002年。

四、學位論文（先博後碩）

1. 何永成，〈十國創業君主個案研究——楊行密〉，中國文化大學史學博士論文，民 81 年。

2. 李崇新，〈唐末五代的晉梁之爭研究〉，南京大學歷史博士論文，2003 年。

3. 陳奕亨，〈唐五代河南道藩鎮與中央關係之研究〉，臺灣師範大學歷史博士論文，民 94 年。

4. 曾賢熙，〈唐代汴州－宣武軍節度使研究〉，中國文化大學史學博士論文，民 80 年。

5. 趙國光，〈唐代河南道及都畿道與國勢盛衰之關係〉，中國文化大學史學博士論文，民 92 年。

6. 王怡辰，〈中晚唐權鹽與政局的關係〉，臺北，中國文化大學史學碩士論文，民 78 年。

7. 王慶昱，〈梁晉爭衡下的河北藩鎮研究〉，陝西師範大學歷史碩士論文，2013 年。

8. 王祿雄，〈五代後周世宗的戰略構想與戰略作爲〉，淡江大學國際事務與戰略研究碩士論文，民 87 年。

9. 王眞眞，〈唐代汴州軍事地位研究〉，山東大學歷史碩士論文，2014 年。

10. 朱一帆，〈唐末五代河東地區軍事地理研究〉，雲南大學歷史碩士論文，2015 年。

11. 李曉霞，〈五代奠都開封述論〉，東北師範大學歷史碩士論文，2004 年。

12. 桂齊遜，〈唐代河東軍研究〉，中國文化大學史學碩士論文，民 80 年。

13. 陳忱，〈論唐末朱溫勢力的興起〉，首都師範大學歷史碩士論文，2009 年。

14. 陳玟旭，〈五代北宋時期河東地區研究——以軍政爲考察中心〉，臺灣師範大學歷史碩士論文，民 95 年。

15. 郭啓瑞，〈唐代後期關中防衛形勢之演變〉，中國文化大學史學碩士論文，民 74 年。

16. 黃英士，〈沙陀與晚唐政局〉，中國文化大學史學碩士論文，民 100 年。